Christian Schicha, Carsten Brosda (Hg.)

Politikvermittlung in Unterhaltungsformaten

ikö-Publikationen

herausgegeben vom

Institut für Informations-
und Kommunikationsökologie e. V.

Band 3

LIT

Christian Schicha, Carsten Brosda (Hg.)

Politikvermittlung in Unterhaltungsformaten

Medieninszenierungen zwischen
Popularität und Populismus

LIT

Die Deutsche Bibliothek – CIP-Einheitsaufnahme

Politikvermittlung in Unterhaltungsformaten : Medieninszenierungen zwischen
Popularität und Populismus / Christian Schicha, Carsten Brosda (Hg.) . –
Münster : LIT, 2002
   (ikö-Publikationen ; 3)
   ISBN 3-8258-5484-1

© **LIT** VERLAG Münster – Hamburg – London
   Grevener Str. 179   48159 Münster   Tel. 0251–23 50 91   Fax 0251–23 19 72
   e-Mail: lit@lit-verlag.de   http://www.lit-verlag.de

Inhalt

CHRISTIAN SCHICHA / CARSTEN BROSDA
Politikvermittlung zwischen Information und Unterhaltung – Eine Einführung.......... 7

Grundlagen

ANDREAS DÖRNER
Medienkommunikation und Unterhaltungsöffentlichkeit
Zirkulation der Diskurse und virtuelle Vergemeinschaftung 38

THOMAS MEYER / CHRISTIAN SCHICHA
Medieninszenierungen zwischen Informationsauftrag und Infotainment
Kriterien einer angemessenen Politikvermittlung 53

Historische Perspektiven

HORST PÖTTKER
Unterhaltsame Politikvermittlung
Was von der deutschen Volksaufklärung des 18. Jahrhunderts zu lernen ist 61

THYMIAN BUSSEMER
**„Nach einem dreifachen Sieg-Heil auf den Führer
ging man zum gemütlichen Teil über"**
Propaganda und Unterhaltung im Nationalsozialismus.
Zu den historischen Wurzeln eines nur vermeintlich neuen Phänomens 73

CHRISTIAN SCHICHA
Das „Ereignismanagement" des nationalsozialistischen Regimes
Zur Theatralität des Führerkultes 88

Unterhaltung und Darstellungspolitik

CARSTEN BROSDA
,Emotionalisierung' als Merkmal medialer Politikvermittlung
Zur Diskursivität emotionaler Äußerungen und
Auftritte von Politikern im Fernsehen 111

LUDGERA VOGT
Scharping im Pool
Über Chancen und Risiken der Privatisierung des Politischen 134

CARSTEN BROSDA / CHRISTIAN SCHICHA
Politikvermittlung im Unterhaltungskontext
Formen politischer Rituale und ihre Grenzen 152

Politiker-Auftritte im Fernsehen

JENS TENSCHER / ALEXANDER GEISLER
Politiker kommen ins Gespräch
Chancen und Risiken von Politikerauftritten im Fernsehen 169

TANJEV SCHULTZ
Menschelnde Unterhaltung mit Politikern
Daten und Überlegungen zu Auftritten in Promi-Talkshows 182

HANNES SCHWARZ
Wählen via Fernbedienung
Politikerauftritte in Unterhaltungsformaten –
Eine neue Kultur politischer Meinungsbildung? 195

Unterhaltung und Journalismus

CLAUDIA WEGENER
Trotz Gegenwind im Markt behauptet
Politische Fernsehmagazine im Zeitalter des Infotainments 210

RUDI RENGER
Politikentwürfe im Boulevard
Zur Ideologie von ‚Tabloid-Formaten' 223

GÜNTHER RAGER / LARS RINSDORF
Wieviel Spaß muss sein?
Unterhaltsame Politikberichterstattung im Feldversuch 233

ANDREAS HEPP
Westerwelle im Container
Journalismus und Politik in der ‚Spaßgesellschaft' 249

Zu den Autorinnen und Autoren 254

CHRISTIAN SCHICHA / CARSTEN BROSDA

Politikvermittlung zwischen Information und Unterhaltung – Eine Einführung

„Was ich mit der Infotainisierung der Politik meine, ist [...] die zunehmende Garnierung politischer Beiträge mit unterhaltsamen Elementen. Kein Politiker, der sich weigerte, in einer Talk-Show über den größten anzunehmenden Unsinn zu quasseln, in einer Show den Affen zu spielen, durch Säle zu hopsen und Schlager anzustimmen. Kein Politiker, der sich weigerte, in spektakulären Show-Aktionen für seine Politik zu werben, kein Umweltminister, der nicht durch den Rhein schwimmt, kein Sozialminister, der nicht Reibekuchen verkauft, kein Kanzler, der nicht die Wein-Königin bekränzt – oder noch fortschrittlicher – auch kein US-Präsident – der nicht bei jeder sich bietenden Gelegenheit vor Kameras Saxophon spielte." (Dietrich Leder)[1]

Einleitung

Politikvermittlung in der „Mediendemokratie" zeichnet sich zunehmend durch Formen aus, die nicht mehr dem traditionellen Bild einer sachlichen Beschäftigung mit Fragen des Allgemeinwohls entsprechen. Statt dessen gewinnen unterhaltende Formate an Bedeutung: Politiker versuchen durch Auftritte in Talkrunden, Boulevardmagazinen und Fernsehshows die zunehmend politikverdrossenen Wähler zu erreichen. Auch abseits der dezidiert unterhaltenden medialen Angebote ist ein Trend zur Unterhaltung festzustellen: In politischen TV-Magazinen werden unterschiedliche Unterhaltungselemente von der Satire bis hin zu visuellen Verfremdungsstrategien eingesetzt. Selbst bei den öffentlich-rechtlichen Anbietern übernehmen Moderatoren z.T. die Rolle von Alleinunterhaltern, die Politik in einer lockeren und amüsanten Form aufbereiten und präsentieren. Die Berichterstattung in den Printmedien zeichnet sich immer stärker durch Visualisierungselemente aus, in denen weniger politische Sachverhalte, sondern Verbraucherinformationen und Lifestyle-Themen die Inhalte dominieren. Nicht nur Boulevardzeitungen berichten zunehmend aus dem Privatleben von Spitzenpolitikern.
Die ehemals streng voneinander getrennten Kontexte politischer Information und Unterhaltung vermischen sich also zusehends. Mediale Absatzstrategien bestimmen den Rahmen der erlebnisorientierten und emotional wirksamen Inszenierungen. Politik muss auf die gewandelten Rahmenbedingungen reagieren, wenn sie auch weiter in der Berichterstattung berücksichtigt werden will.
Die Bewertung der Veränderungen sind gespalten: Während die einen kulturkritisch den Untergang klassisch rationaler und demokratischer Politik beschwören, heben die anderen partizipative Hoffnung und rezipientenorientierte Argumente hervor. Beides scheint zu einfach zu sein, Produkt einer dichotomischen Betrachtungsweise – hier die Information, dort die Unterhaltung – die nicht nur obsolet ist, sondern wahrscheinlich niemals faktische Relevanz besessen hat.

---

1 Vgl. Leder 1996, S. 92

In dem vorliegenden Sammelband sollen die Motive und Ziele unterhaltender Darstellungsstrategien auf den Ebenen von Politik und Medien problematisiert werden. Aus einer normativ-demokratietheoretischen Perspektive stellt sich die Frage, ob innovative und unterhaltsame Formen der Politikvermittlung die Grenzen einer angemessenen Politikvermittlung überschreiten oder ob sie Bürger dazu motivieren, das Interesse an politischen Zusammenhängen (wieder) zu erlangen. Folgende Fragen liegen dem vorliegenden Band u.a. zugrunde:

- Welche Veränderungen haben sich in den letzten Jahren und Jahrzehnten im Verhältnis zwischen Medien und Politik ergeben und welchen Stellenwert nimmt die Unterhaltungszentrierung im Rahmen der politischer Berichterstattung ein?
- Welche (unkonventionellen) Strategien wenden Politiker an, um die Aufmerksamkeit der Journalisten und Rezipienten zu erreichen?
- Sind derartige Strategien erfolgversprechend, um politikverdrossene Bürger zu erreichen oder schaden die dem ohnehin schlechten Image von Politikern?
- Durch welche Mechanismen hat sich die Medienberichterstattung bei der Präsentation von Politik gewandelt, um die Aufmerksamkeit der Zuschauer und Leser zu erlangen?
- Lassen sich unterhaltende und informierende Elemente aus einer normativ-demokratietheoretischen Perspektive heraus bewertet angemessen miteinander kombinieren oder nicht?

Untersuchungen zum Stand der Qualität und Quantität der politischen Berichterstattung

Massenmedien sind programmrechtlich angehalten, Informationen über politische Prozesse in nennenswertem Umfang anzubieten. Dabei ist zu differenzieren zwischen dem rein quantitativen Programmangebot und den konkreten Inhalten der politischen Berichterstattung. Bei den Inhalten stellt sich die Frage, inwieweit als politische Sendungen etikettierte Programmangebote tatsächlich politische Informationen anbieten oder ob diese durch sogenannte unterhaltungszentrierte „soft news" (u.a. Sport, Lifestyle, Mode) ersetzt werden.
Rund drei Viertel der Sendezeit im Fernsehen bestehen aus unterhaltenden Produktionen, während Informationssendungen zunehmend in den Hintergrund rücken.[2] Die öffentlich-rechtlichen Rundfunkanbieter haben nach wie vor einen Vorsprung an Informationssendungen im Vergleich zu den privaten Veranstaltern, die z.T. einen verschwindend geringen Anteil an Nachrichtensendungen besitzen (z.B. RTL 2, Kabel1) oder sich aufgrund ihrer Definition als Spartenkanal im Sport- oder Musikbereich von vornherein von jeglichem Informationsanspruch über ihr spezifischen Genres hinaus verabschiedet haben. Da die Zuschauerakzeptanz für Informationssendungen der öffentlich-rechtlichen Sender in den letzten Jahren deutlich zurückgegangen ist und Marktführer RTL seit 1994 mehr Zuschauer an seine Hauptnachrichten bindet als das ZDF, versuchen auch die öffentlich-rechtlichen Programmmacher, ihre Nachrichten oder politischen Magazine unterhaltsamer zu gestalten. Als Beispiele sind hier die mittlerweile eingestellten Produktionen *Privatfernsehen* in der ARD sowie *Frontal* im ZDF zu nennen. Aber auch klassische Magazine wie *Monitor* setzen Unterhaltungselemente u.a. in Form von Satiren ein.

---

2 Vgl. Haller 1996

Während politisch-theoretische Öffentlichkeitskonzepte, die sich mit der politischen Kommunikation beschäftigen, kontinuierlich weiterentwickelt werden, ist die empirische Inhaltsforschung bezogen auf politischen Medienprogramme allerdings weitgehend punktuell geblieben. Die langfristige Entwicklung der Darstellungsstrategien des Fernsehens ist bislang nur lückenhaft dokumentiert. Der Blick auf aktuelle Untersuchungen zur Medienentwicklung im „Leitmedium" Fernsehen auf der Mesoebene der Themen und Beiträge (Politikvermittlung, Media-Agenda-Setting) offenbart dennoch einige grundlegende Tendenzen, auf die im Folgenden näher eingegangen werden soll.

Weiss und Trebbe haben in einer aktuellen Studie die Programmstrukturen deutscher Fernsehvollprogramme zwischen 1998 und 1999 untersucht.[3] Insgesamt kann seit der Entstehung des dualen Systems von einer wechselseitigen Konvergenz zwischen öffentlich-rechtlichen und privat-kommerziellen Anbietern ausgegangen werden. Die privaten Fernsehanbieter haben ihren Politikanteil und das Korrespondentennetz ausgebaut, während die öffentlich-rechtlichen Anbieter sich bei der Darstellungsform eher der Tendenz zur News-Show mit einem hohen Infotainmentanteil angepasst haben. Erwartungsgemäß fällt der Anteil politischer Information in den Nachrichten bei ARD und ZDF im Vergleich zu den privat-kommerziellen Anbietern höher aus. Es zeichnet sich ein kontinuierlicher Rückgang politischer Informationsleistungen ab, der vor allem die Programmentwicklung in den privaten Fernsehvollprogrammen prägt. Dort verdrängt zunehmend die Unterhaltungszentrierung die politische Publizistik. Insgesamt gelangen die Autoren zu dem Schluss, dass ein Bedeutungsverlust des Fernsehens als Medium der politischen Information und Meinungsbildung in Deutschland zu verzeichnen ist. Während ARD und ZDF den Umfang ihrer politischen Publizistik mit ca. 20% in den letzten Jahren kaum verändert haben, hat beispielsweise RTL diesen Anteil während des Untersuchungszeitraums von 4,8% auf 2,8% fast halbiert. Damit bietet RTL jedoch immer noch mehr Informationen an als alle übrigen privaten Vollprogramme in Deutschland insgesamt.

Einer Langzeitanalyse von Wegener über politische Fernsehmagazine zufolge ist auf der Ebene der Programminhalte neben einer Zunahme an Unterhaltung auch eine Zunahme an Beschleunigung, Visualisierung und Personalisierung in den untersuchten Programmen zu verzeichnen.[4] Politische Beiträge fallen im Vergleich zu den Vorjahren kürzer aus. Dies führt zu qualitativen Einbußen hinsichtlich der Ausführlichkeit, in der die einzelnen Sachverhalte dargestellt werden (können). Insofern sieht die Autorin die Problematik, dass politische Inhalte stereotypisiert werden und die Sensationalität von Einzelfällen in den Vordergrund gerückt wird. Diffizile Hintergründe und die ausführliche Diskussion komplexer Sachverhalte werden bei der Schilderung von Ereignissen vernachlässigt. Die Unterhaltungszentrierung in den Medien führt jedoch nicht zwangsläufig dazu, dass die Inhalte trivialisiert werden, wie Wegener am Beispiel öffentlich-rechtlicher Politik-Magazine aufzeigt.[5] Beim Vergleich zwischen öffentlich-rechtlichen und privat-kommerziellen Fernsehanbietern werden ebenfalls Konvergenzentwicklungen im Verständnis wechselseitiger Anpassungen hinsichtlich der Form und Inhalte bei der Präsentation politischer Sachverhalte in Magazinen konstatiert. Diese Entwicklung wird auch in Langzeitstudien von politi-

---

3 Vgl. Weiss/Trebbe 2000
4 Vgl. Wegener 2001; vgl. auch den Beitrag von Wegener in diesem Band.
5 Zu diesem Ergebnis kamen wir auch bei der qualitativen Analyse der Politikmagazine *ZAK* (ARD) und *Frontal* (ZDF), die über einen hohen Unterhaltungsgehalt verfügen (vgl. Meyer/Ontrup/Schicha 2000).

schen Nachrichtensendungen gesehen.[6] Es zeichnet sich weiterhin ein Trend zur Personalisierung ab. Politik wird in den Nachrichten konfliktbetonter dargestellt. Für einen durchgängigen und dramatischen Trend zum Infotainment fehlen jedoch eindeutige empirische Belege. Von einer zunehmenden Entpolitisierung kann ebenfalls nicht ausgegangen werden, da der relative Anteil und das Sendevolumen politischer Informationssendungen am Gesamtprogramm weitestgehend konstant geblieben ist.
Gleichwohl hat die These von der Depolitisierung und Privatisierung einen realen Hintergrund, wie Marcinkowski, Greger und Hüning anhand ihrer Untersuchungsergebnisse aufzeigen, da der Stellenwert nicht-politischer Inhalte zu Lasten des Anteils an politischen Informationen zugenommen hat und politische Berichterstattung verstärkt auf Ereignisse mit erhöhtem Aufmerksamkeits- und Reizwert reagiert, was zu einer tendenziellen Vernachlässigung wenig spektakulärer Ereignisse der Routinepolitik führt.[7] Die Präferenz für Normverstöße (Negativität), so die Autoren, nimmt auch in der politischen Berichterstattung zu, wobei die diskursive Qualität der Politikvermittlung in Nachrichten eher gering ist. Nachrichtenwerte wie Kontroversen und Konflikte treten im politischen Informationsangebot in Fernsehnachrichten unverändert stark hervor. Die momentane Form der Berichterstattung resultiert zu einem guten Teil aus dem Zwang zur Tagesaktualität, der offenkundig bezogen auf den Informations- und Argumentationsgehalt der Berichte einen negativen Einfluss hat, weil er nicht an eine notwendigen Einordnung des Themas und der kontroversen Debatte in einen größeren Zusammenhang gekoppelt wird.

Was ist Unterhaltung?

Unter den Versuchen, den Unterhaltungsbegriff zu definieren, finden sich ganz verschiedene Bedeutungszuschreibungen. Neben der Unterhaltung im Verständnis von „Gespräch", einem weitergehenden „Gedankenaustausch", über die Bezeichnung einer „festlichen gesellschaftlichen Veranstaltung" bis hin zu den Kategorien „Zerstreuung", „Kurzweil" oder „Zeitvertreib" lassen sich unterschiedliche Ausprägungen klassifizieren.[8]
Seßlen hat die vielfältigen Aufgaben und Leistungen der Unterhaltung für die Rezipienten wie folgt zusammengestellt.[9] Es geht dabei um:
- die Einübung von Wertvorstellungen,
- die emotionale Verstärkung von Weltbildern,
- ein Gefühl sozialer Harmonie,
- die Integration von (sub-)kulturellen Momenten,
- sowie eine Lenkung des Konsumverhaltens.

Formale Kategorien der unterhaltenden Darstellung werden mit Annehmlichkeit, Abwechslung, Zerstreuung, Stimulation, Erleben, Bequemlichkeit und Entlastung bzw. Erholung assoziiert; sie zielen auf Kurzweil und ggf. auf Überraschungsaffekte. Die unterhaltsamen Inhalte hingegen werden oft mit negativen Attributen in Verbindung gebracht, da eine Flucht aus der realen Welt des täglichen Lebens in eine Welt des Unterhaltsamen unterstellt

---

6 Vgl. Bruns/Macinkowski 1997, Marcinkowski/Greger/Hüning 2001
7 Vgl. Marcinkowski/Greger/Hüning 2001
8 Vgl. Stumm 1996, S. 72, Schmitz 1995, S. 25ff.
9 Vgl. Seßlen 1993, S. 708f., weiterführend Westerbarkey 2001

wird.[10] Unterhaltung gilt dann als banal, belanglos, flachsinnig, harmlos, suspekt und trivial; zugleich können unterhaltende Inhalte aber auch als abenteuerlich, lustig und phantasievoll wahrgenommen werden. Genuss und Zeitvertreib werden als zentrale Motive für die Unterhaltungsorientierung genannt.[11]

Medienunterhaltung

„Unterhaltung ist, was unterhält." (Gerhard Maletzke)[12]

Maletzkes tautologische Definition ist längst nicht so trivial wie es auf den ersten Blick hin scheint. Was dahintersteckt ist das Bild eines aktiven Publikums, das im Rezeptionsprozess selbst entscheidet, was als unterhaltsam wahrgenommen wird. Die Funktionen von Medienunterhaltung für die Rezipienten können entsprechend unterschiedlich ausfallen, da es sich beim Publikum um eine heterogene Gruppe mit unterschiedlichen Erfahrungen, Gewohnheiten, Erwartungen und Unterhaltungsbedürfnissen handelt:

„Medienunterhaltung kann der Flucht aus der Realität, aus Bindung und Verantwortung ebenso dienen wie der sozialen („parasozialen") Begegnung, dem zeitweiligen Ausleben asozialer Tendenzen, sie dient als Gesprächsstoff, sie kann entspannen, erleichtern, entlasten, Emotionen aktivieren, Tagträume initiieren, Orientierungshilfen bieten, Sinnmuster liefern, das Gute und das Böse konkretisieren, das Alltagswissen bestätigen und vieles mehr."[13]

Neben diesen vielfältigen Wirkungsoptionen ist die Unterhaltungsfunktion von Fernsehprogrammen in einer Reihe von Landesrundfunkgesetzen, Staatsverträgen, Landesmediengesetzen und Verträgen zur Kommunikationspolitik verankert. In den Richtlinien für die Sendungen des Zweiten Deutschen Fernsehens von 1989 zum Beispiel heißt es: „Das Programm soll umfassend informieren, anregend unterhalten und zur Bildung beitragen."[14]

Die programmgestalterische Trennung zwischen Information und Unterhaltung lässt sich dahingehend verstehen, dass Information als kontextorientiertes Datenmaterial bezeichnet werden kann, während Unterhaltungselemente als „Verpackung" von Informationen dienen können, um Informationen attraktiv zu vermarkten. In einer kommerziell ausgerichteten Medienlandschaft unter Konkurrenzbedingungen ist Information eine „Ware", die unter dem Primat der Aktualität die Aufmerksamkeit der Rezipienten und Werbekunden erreichen will. Der Großteil der in der Medienpraxis unter den Begriff der Information gefassten Medienangebote ist weit entfernt von dem, was aus der normativen Perspektive von Verfassung und Gesetzgebung als politisch-gesellschaftlich relevanter Kernbereich der Rundfunkinformation zu bezeichnen wäre. Vielmehr ist – wie bereits erwähnt – der Anteil von Unterhaltungselementen gestiegen, während die Informationsvermittlung kontinuierlich abnimmt.

---

10 Vgl. Dehm 1984, S. 44
11 Vgl. Westerbarkey 2001, S. 20, Vorderer 2001, S. 117
12 Maletzke 1995, S. 94
13 Maletzke 1995, S. 95
14 Zit. nach Klaus 1996, S. 404

Unterhaltung bildet innerhalb der Fernsehforschung einen Bereich, der zunächst klar von Information, Beratung oder Bildung abgegrenzt wird. Unterhaltung und Information gelten auf den ersten Blick als gegensätzliche Genres, obwohl eine Reihe von Informationsvermittlungen mit unterhaltenden Komponenten verknüpft werden. Die Aufgabe der Meinungsbildung kann, so das BVerfG in seinen Rundfunkurteilen, nicht nur in Nachrichtenprogrammen erfolgen. Explizit werden auch Hör- und Fernsehspiele, musikalische Darbietungen und Unterhaltungssendungen mit dieser Aufgabe in Zusammenhang gebracht. Eine dichotomische Trennung von Unterhaltung und Information ist daher in der empirischen Betrachtung der politischen Wirkungen des Fernsehens kaum möglich.

„Unterhaltungssendungen
- tragen zur Festigung und Erhaltung zwischenmenschlicher Beziehungen bei,
- sie geben Anregungen für gegenseitiges Verständnis,
- sie helfen beim Zurechtfinden in dieser Welt,
- sie erweitern das Wissen über sich selbst,
- sie vermitteln und stärken persönliche Ziel- und Wertvorstellungen,
- sie lassen Routinezwänge des Alltags vergessen,
- sie erleichtern das Ertragen schwieriger Probleme, und
- sie schaffen emotionale Entspannung."[15]

Insgesamt aber werden Unterhaltungsprogramme trotz der skizzierten Eigenschaften für die öffentliche Meinungsbildung bislang als wenig „wertvoll" erachtet. Unterhaltung löst ihrem Anspruch zufolge zwar den Wunsch nach „direkter Problemlösung" in bezug auf die unmittelbaren Emotionen des Rezipienten aus. Information hingegen stellt Wissen bereit, das der Rezipient bearbeiten und verstehen muss.[16] Unterhaltungselemente, die in Informationsangeboten eingesetzt werden, sind als angemessen zu erachten, sofern sie unterstützend und motivierend dazu beitragen, sich mit Informationen auseinander zu setzen.

Infotainment

Seit geraumer Zeit ist im Rahmen der Medienberichterstattung eine Abnahme der klaren Differenz zwischen Informations- und Unterhaltungsformaten festzustellen. Es sind neue Formate entstanden, die u.a. als „Docudrama", „Faction" oder „Reality-TV" bezeichnet werden. Empirisch ist für die politische Berichterstattung zu konstatieren – das haben zumindest die Analysen der entsprechenden Sendungen gezeigt –, dass eine Vermischung der Formen durch Infotainmentelemente zunehmend als fester Bestandteil auch in „seriöser" Berichterstattung eine Rolle spielen, um die Zuschauer an die Sendungen zu binden.

„In Infotainment-Sendungen verschmelzen stilistische Mittel und Thematiken aus den Bereichen Unterhaltung und Information. Sie kopieren und integrieren in bewusster Abgrenzung zum „alten" Format politischer Magazine die Montagetechniken, Bildästhetik und Intensität von Video- und Musikclips und zeichnen sich durch ein Wechselspiel von Einspiel-Beiträgen und Gesprächen aus."[17]

---
15 Teichert 1978, S. 83
16 Vgl. Neuberger 1996
17 Tenscher 1998, S. 193

Wittwen konstatiert eine uneinheitliche Verwendung des Schlagworts „Infotainment", das als „Sammelbegriff für die Möglichkeiten zur unterhaltenden Aufbereitung von Informationen" gilt.[18] Es bezeichnet auch diejenigen Sendungsformate, die Unterhaltung und Information mischen. „Infotainment" wird Horx zufolge als Stilmittel zur Übertragung von Information klassifiziert.[19] Aufgrund der Konkurrenz mit Unterhaltungsprogrammen sind die Redakteure journalistischer Fernsehprogramme dazu gezwungen, neue Formate zu entwickeln, die dem tatsächlichen oder vermeintlichen Bedürfnis der Zuschauer nach Unterhaltung, Spannung, Abwechslung und Schnelligkeit auch im Rahmen der politischen Berichterstattung entgegenkommen, also Massenattraktivität durch die Verbreitung affektiver Momente zu erreichen suchen.

„Der Begriff ‚Infotainment' sollte nicht nur als Mischung von Information und Unterhaltung definiert, sondern auch als Rezeptionsqualität in einem angeregten (Information) und erregten (Unterhaltung) Zustand aufgefasst werden. Es geht um das Wechselspiel von Kognition und Affekt, um das Spannungsfeld zwischen Nachrichtenwerten und Gefühlsfaktoren. [...] Die Ingredienzien für die Dramaturgie informativer Unterhaltung und unterhaltsamer Information sind [...] Abwechslung, Personalisierung [...], Emotionalisierung, dosierte Mischung von Spannung und Entspannung, Stimulation, Vermeidung von Langeweile."[20]

Politische Berichterstattung im Fernsehen unterliegt einer Reihe von Sachzwängen. Sie ist einerseits angehalten, in glaubwürdiger Form angemessen zu informieren, verfügt aber andererseits in der Regel nur über unzureichende Zeitressourcen, um diesem Anspruch gerecht zu werden. Zusätzlich muss sie sich mit den Sehgewohnheiten der Rezipienten beschäftigen, um eine entsprechende Resonanz auf der Seite der Zuschauer zu erreichen.
Der immer deutlicher werdende Trend zum „Infotainment" lässt sich als Annäherung, als Zusammenschluss dieser beiden Pole beschreiben. Jedes Sendungskonzept und Wirkungskalkül bezieht eine bestimmte Position, oszilliert in einem bestimmten Bereich zwischen diesen beiden Polen. „Konventionelle" Formate politischer Magazine und Nachrichtensendungen greifen auf ein immer wiederkehrendes rituelles Muster der Darstellung von Politik zurück und erzeugen damit Erwartungssicherheit und Systemvertrauen.
Zu den „konventionellen" Formaten gehören u.a. die ARD-Tagesschau und der ARD-Presseclub. Die Sendeformate existieren bereits seit vielen Jahrzehnten. Die optische Aufbereitung wurde im Laufe der Jahre nur geringfügig verändert. Die Moderation, die visuelle Ausgestaltung des Studios und die Kameraführung sind zurückhaltend und unspektakulär. Das zentrale Kriterium der Sendungen ist Seriosität und Glaubwürdigkeit. Die politische Berichterstattung dominiert das Geschehen, unterhaltende spielen eine untergeordnete Rolle. Dennoch gibt es Kritik an dem Format:

„Die Tagesschau mit ihren antiquierten Sprach- und Bildritualen, mit ihren Meldungen, die niemand versteht und die man sich erst recht nicht merken kann, müsste noch viel kräftiger reformiert werden, als die News beispielsweise von RTL."[21]

---

18 Wittwen 1995, S. 22
19 Vgl. Horx 1995, Schicha 1999 und 2000
20 Bosshart 1991, S. 3
21 Vgl. Lesche 2001, S. 46

Im Gegensatz zur Tagesschau bilden „innovative" Formate den Brückenschlag zwischen Information und Unterhaltung. Die abnehmende Zuschauerresonanz politischer Magazine und die veränderten Sehgewohnheiten der Rezipienten haben dazu geführt, dass die Magazinberichterstattung schneller und „aggressiver" geworden ist. Man bedient sich der Mechanismen des Unterhaltungsgenres, um die Attraktivität der Programme zu erhöhen. In der Vielfalt des täglichen Angebotes verschärft sich nicht nur der Wettbewerb zwischen verschiedenen Sendern, sondern auch die Konkurrenz zwischen unterschiedlichen Programmformen. Moderatorendialoge im Plauderton und eine ausgefeilte audiovisuelle Leitmotivik vom Trailer bis zum Abspann gestalten die Sendung lockerer, anregender und farbiger. Mit Hilfe dieser Strategien wird auf die Sehgewohnheiten der Zuschauer außerhalb der traditionellen Politikberichterstattung zurückgegriffen, um das Interesse und die Aufmerksamkeit der Rezipienten zu gewinnen. Dabei wird auf Präsentationsformen zurückgegriffen, die aus dem Unterhaltungskontext stammen.

Das in der deutschen Fernsehlandschaft ehemals kommerziell erfolgreichste, mittlerweile aber eingestellte Politikmagazin *Frontal* (ZDF) dokumentierte eindrucksvoll, wie mit einem Genremix aus politischer Information, Satiren, Glossen, Comics und zwei prägnanten Journalisten als Markenzeichen mit „Kultstatus" quotenwirksam gearbeitet werden kann. Bislang getrennte Präsentationsformen werden innerhalb einer Sendung verknüpft, um die Attraktivität der Programme zu erhöhen. Aber auch diese „innovativen Formate" sind hochgradig vereinheitlicht und standardisiert. Die Abfolge der Sendungen verläuft jeweils nach einem festgelegten Schema, um erstens die Konzeption der Sendung besser planen zu können und um zweitens den Zuschauern Orientierungshilfen durch die immer gleiche Platzierung von Beiträgen und Ritualen zu ermöglichen.

Ein Hauptvorwurf an den Infotainment-Charakter politischer Sendungen richtet sich dagegen, dass sogenannte „Soft-News" die Inhalte der Berichterstattung zunehmend prägen und zuwenig Raum für die Hintergrundberichterstattung und strukturelle Einordnung politischer Zusammenhänge bleibt. Selbst die Kritiker räumen allerdings ein, dass Infotainmentelemente den Zuschauern einen leichteren Zugang zu den Informationsangeboten ermöglichen. Gleichzeitig befürchten sie, dass das hektische Aneinanderreihen von Unterhaltungseffekten einen effizienten Informationstransfer verhindern kann.[22] Der Versuch, die negative Klassifizierung von Infotainment in den Hintergrund zu rücken, kann dazu beitragen, den Blick auf einige Strukturmerkmale zu richten, die die Attraktivität dieser neuen Mischform ausmachen.

Während konventionell erstellte politische Magazine und Nachrichten sich durch die Darstellung von Banalitäten, Alltäglichem, Selbstverständlichem, Belanglosem und den immer gleichen Politikritualen ‚auszeichnen', wird dieser Differenzmangel der gepflegten Langeweile, in dem oberflächliche Stereotypen schematisch dargestellt werden, durch Unterhaltungselemente aufgehoben. So wird für den Rezipienten ein Anreiz geboten, sich für unterhaltsam verpackte politische Themen zu interessieren.

„Freilich schließen sich Unterhaltung und Information keineswegs aus, sondern bedingen einander sogar, denn Abwechslungsreichtum ist höchst informativ, und Überraschungen können uns wiederum aktivieren, motivieren und (nach dem dramaturgi-

---

22 Vgl. Früh/Wirth 1997

schen Prinzip wechselnder Spannung und Entspannung) der Abfuhr von Triebdruck dienen."[23]

Im Gegensatz dazu verliert die rituelle Publizität z.B. der Tagesschau mit der immer gleichen Darstellungsform von Akteuren, Themen, Konflikten und Katastrophen schnell ihre Faszination besonders beim jüngeren Publikum. Man könnte die These formulieren, dass die konventionelle, stereotype Form politischer Berichterstattung, die seit Jahrzehnten den immer gleichen Ritualen entspricht, u.U. langfristig nicht mehr ausreicht, um das Publikumsinteresse aufrecht zu erhalten.

Obwohl Information und Unterhaltung vom Anspruch und vom Verfassungsauftrag zunächst zwei völlig unterschiedliche Bereiche darstellen, gibt es Überschneidungen. So können Spielshows, in denen Wissensgebiete abgefragt werden, durchaus auf Bildungs- und Informationselementen aufbauen. Die Grenzen zwischen Information und Unterhaltung sind fließend – auch im politischen Informationsangebot. In politischen Talkshows mit Confrontainment-Charakter zum Beispiel werden Argumente und Informationen oft zugunsten von darstellenden und polarisierenden Unterhaltungselementen aufgegeben. Gerade die privaten Rundfunkanbieter versuchen mit Human-Touch-Berichten das Bedürfnis der Menschen nach Klatsch, Katastrophen, Unglücken und Verbrechen zu befriedigen.

Beim Blick auf die massenmediale Berichterstattung hat sich inzwischen die Überzeugung durchgesetzt, dass die strikte Trennung zwischen Politik, Information, Bildung und Unterhaltung sich seit langem nicht mehr aufrechterhalten lässt. Dazu Faulstich:

„Unterhaltung im Fernsehen [...] lässt sich nicht auf bestimmte, einzelne Programme reduzieren, ist vielmehr programmübergreifend, allgemein gültig."[24]

Unterhaltung fungiert ohnehin als konstituierender Bestandteil in Hinblick auf die dominierende Erwartung gegenüber dem Fernsehen. Diese Tendenz wird insbesondere durch die wachsende Zahl massenmedialer Hybridformate verdeutlicht:

„Infotainment und Edutainment sind Neologismen, die dokumentieren, wir überflüssig die Dichotomie zwischen Unterhaltung tatsächlich ist."[25]

Unterhaltung gilt zunehmend als eine zentrale Bedingung einer erfolgreichen Informationsverarbeitung. Dennoch war sie in Teilen der medienkritischen Debatte lange dem Manipulationsverdacht ausgeliefert.

Unterhaltung unter Manipulationsverdacht[26]

Aus einer normativen oder demokratietheoretischen Perspektive wird Unterhaltung in der sozial- und medienwissenschaftlichen Debatte aufgrund der Präferenz für Informationsangebote „eher als Bedrohung denn als Bereicherung öffentlichen Kommunikation" interpre-

---

23 Westerbarkey 1995, S. 152
24 Vgl. Faulstich 1982
25 Vorderer 2001, S. 115 und Mast 1991. Auch aus der Perspektive der Rezipienten wird den empirischen Untersuchungen von Dehm (1984, S. 34) zufolge die Information nicht als Gegensatz zur Unterhaltung wahrgenommen.
26 Vgl. weiterführend Faulstich 1982

tiert.[27] Habermas zum Beispiel identifiziert einen Strukturwandel der Öffentlichkeit „vom kulturräsonierenden zum kulturkonsumierenden Publikum"[28], durch den eine kritische Öffentlichkeit verhindert werde, die sich am Modell einer diskursiven Kommunikationsgemeinschaft orientiert und die als regulative Idee konstitutiv für demokratische Meinungs- und Willensbildungsprozesse ist.

Bis heute ist ein Strang der wissenschaftlichen Kritik vital geblieben, der sich auf theoretischer Ebene frontal gegen jede Form der Vermischung informierender und unterhaltender Formate stellt, dieses Postulat in der Empirie allerdings längst durch weitreichende Transformationen öffentlicher Vermittlungsprozesse ad absurdum geführt sieht. Einer der bekanntesten aktuellen Kritiker der zunehmenden Unterhaltungsdominanz in den Medien ist Neil Postman, der in seiner Publikation „Wir amüsieren uns zu Tode" eine Tendenz zum totalen Entertainment speziell im Fernsehen prognostiziert.[29] Durch die medialen „Zerstreuungsangebote" – so seine These – kristallisiere sich ein rapider Verfall der menschlichen Urteilskraft heraus, der aus einer normativ-demokratiepolitischen Perspektive problematisch sei, da die Unmündigkeit der Rezipienten drohe. Das Hauptproblem sieht er weniger in den Unterhaltungsprogrammen insgesamt, sondern darin, dass nahezu jedes Thema im Unterhaltungsformat präsentiert werde.[30]

Eine derart apodiktische Kulturkritik ist nicht an bestimmte vorwissenschaftliche politische Positionen geknüpft, sondern findet sich sowohl bei konservativ-kulturpessimistischen als auch bei egalitär-sozialistischen Autoren. Ihnen ist gemeinsam, dass sie in der zunehmenden Unterhaltungszentrierung massenmedialer Angebote die folgenden problematischen Konsequenzen angelegt sehen:

- eine Verdrängung und Relativierung der Kunst durch die Medienkultur,
- eine Standardisierung und Stereotypisierung der Inhalte, die das Publikum verdummt,
- eine daraus folgende Nivellierung des Publikumgeschmacks

Ein nach wie vor prominenter Verweisungspunkt einer solchen Kulturkritik ist das Konzept der „Kulturindustrie", das Max Horkheimer und Theodor W. Adorno in der „Dialektik der Aufklärung" entwerfen. Sie prognostizieren kulturelle und soziale Regression als Konsequenz einer industriellen Kulturproduktion, die gesellschaftliche Gegensätze durch die Produktion eines totalitär ausgerichteten Amüsements zu verwischen versuche. Manipulation durch die Kulturindustrie erfolge primär aufgrund unterhaltsamer Medieninhalte, die sich trivialkulturellen Mustern und Inhalten bedienten. Dadurch werde die Bildung autonomer, selbständig bewusst urteilender und sich frei entscheidender Individuen verhindert. Massenmedien seien Instanzen des Massenbetruges, die die Träume und Sehnsüchte der Menschen durch kommerzielle Angebote zu befriedigen versuchten, jedoch faktisch zur Entmündigung der Konsumenten beiträgen. Der Öffentlichkeit würden massenmedial vermittelte Vergnügungen verabreicht, die darüber hinwegtäuschen sollten, dass sie sich in einem ausbeuterischen gesellschaftlichen Systemzusammenhang bewegten. Massenmedien entfalteten ideologische Wirkung, indem sie – gerade in ihren unterhaltenden Formaten –

---

27 Görke 2002, S. 63, Dabei werden die positiven Effekte der Unterhaltung, etwa das „Stimmungsmanagement", die „Empathie" oder der „Humor" nur am Rande thematisiert (vgl. Winterhoff-Spurk 2000, S. 92).
28 Habermas 1990, S. 248
29 Vgl. Postman 1988
30 Exemplarisch verweist Weischenberg in diesem Zusammenhang auf die politische Gesprächsrunde *Talk im Turm*, in der die Debatte über die Stasi-Vorwürfe an den Ministerpräsidenten Manfred Stolpe zum „Medienzirkus" avancierte (vgl. Weischenberg 1997, S. 92).

ein „falsches Bewusstsein" bei den Zuschauern förderten. Die zunehmend entfremdeten Subjekte würden in einen kulturindustriell erzeugten umfassenden Verblendungszusammenhang eingespannt, der es ihnen unmöglich mache, die wirklichen Probleme ihrer Existenz zu erkennen.[31]

Die Masse werde durch derartige Medienangebote getäuscht, indem standardisierte Vergnügungen verabreicht würden, die die Rezipienten von ihren ‚tatsächlichen' Bedürfnissen ablenkten und so eine relative Zufriedenheit im kapitalistischen System aufrecht erhielten. Das Publikum werde durch derartige Einflüsse für „dumm" verkauft. In der medial vermittelten Konsumwelt werde der Eindruck vermittelt, dass eine Auswahl zwischen verschiedenen Produkten und Angeboten existiere. Faktisch solle jedoch nur die Nachfrage nach dem Immergleichen geweckt werden, um die Profite der Medienproduzenten zu sichern. „Kultur schlägt heute alles mit Ähnlichkeit", war demzufolge eine der zentralen Thesen von Horkheimer und Adorno.[32] Im Film, Radio und Fernsehen würden die immer gleichen trivialen Inhalte ausgestrahlt, die nicht mehr als Kunst sondern als „Schund" klassifiziert werden müssten und die nur aus ökonomischen Machtinteressen heraus platziert würden. Aus der Entmündigung des Konsumenten resultiere daher schließlich die Entmündigung des Staatsbürgers. Faktisch sei nur die hohe Kunst in der Lage, dem Rezipienten ein angemessenes Reflexionsangebot zu machen, aus dem eine kritische Grundhaltung gegenüber gesellschaftlichen Zwängen erwachsen könne. Da Kulturindustrie derartige Angebote nicht mache, führe sie letztlich zur Anti-Aufklärung. Die Konsumenten akzeptierten diese Form der Manipulation widerstandslos, so Horkheimer und Adorno. Daraus folge ein Zwangscharakter einer entfremdeten Gesellschaft. Technische Rationalität fungiere als Rationalität der Herrschaft. Durch die technische Verbreitung der Kulturindustrie sei eine Standardisierung und Serienproduktion möglich, die Trivialformate wie Zeichentrickfilme, Schlager, Krimis und schließlich Werbung ermögliche.[33]

Das mittlerweile klassische Kapitel von Horkheimer und Adorno über die Kulturindustrie kann als „eine einzige große Polemik gegen die moderne Unterhaltungsindustrie" klassifiziert werden.[34] Bei aller Eindrücklichkeit und Eindringlichkeit der Argumentation der beiden Autoren zeigt sich heute deutlich, dass ihre Thesen, vor allem in ihrer Apodiktik, nicht aufrecht erhalten werden können.[35] Die empirische Medienwirkungsforschung gerade auch der Cultural Studies hat in den vergangenen Jahrzehnten wiederholt nachgewiesen, dass die Rezipienten weitaus autonomer mit Medieninhalten umgehen können, als das in der „Dialektik der Aufklärung" unterstellt wird.[36] Auch die affirmativ-integrative Funktion, die Horkheimer und Adorno jeder Form von Unterhaltungskultur unterstellen, lässt sich empirisch nicht belegen, sondern ist lediglich eine geschichtsphilosophisch-spekulative Hypothese. Diese geschichtsphilosophische Herangehensweise führt auch zu dem heute nur schwer nachvollziehbaren Umstand, dass sich die Autoren imstande wähnen, zwischen dem ‚richtigen' und dem ‚falschen' Bewusstsein der Bürger zutreffend unterscheiden zu können. Als hinreichend fundierter Ausgangspunkt aktueller Betrachtungen medialer Politikvermittlungsprozesse eignen sich die Betrachtungen zur Kulturindustrie daher kaum, allenfalls als

---

31 Vgl. Horkheimer/Adorno 1944/200, S. 128ff.
32 Horkheimer/Adorno 1944/2000, S. 128
33 Vgl. weiterführend Schicha 2003
34 Dörner 2000, S. 68
35 Vgl. Dörner 2000
36 Vgl. z.B. Hall 1980; Früh 1991; Hepp/Winter (Hrsg.) 1997

kritische Einwände, die bei der Bewertung empirischer Beobachtungen eine Rolle spielen können.

Politik und Unterhaltung

Unterhaltende Formen der Politikvermittlung reagieren auf tiefgreifende soziale Veränderungen in der Politikrezeption und dem Freizeitverhalten in modernen Mediengesellschaften. Veränderungen, die sie zum Teil mit hervorrufen. Eine Folge dieser Entwicklungen ist die zunehmende Bedeutung unterhaltender Elemente für eine Behauptung auf dem Medienmarkt. Insgesamt hat zum Beispiel das politische Interesse gerade bei Jugendlichen in den letzten Jahren rapide nachgelassen. Während einer repräsentativen Befragung von Jugendlichen im Alter von 15-24 Jahren im Rahmen der aktuellen der Shell-Studie zufolge im Jahr 1984 noch 55% der Befragten Interesse an politischen Sachverhalten hatten, sank die Zahl bis zum Jahr 1999 auf 43%.[37] Auch die Wahlbeteiligung der Jungwähler ließ insgesamt nach. Dies gilt auch für die Rezeption von politischen Informationsprogrammen. Ratesendungen und Talkshows stoßen insgesamt auf ein größeres Interesse als Nachrichtensendungen und politische Magazine. Im Zeitraum von 1991 bis 1996 haben sich bei den politischen Magazine Zuschauerrückgänge von rund 12% bemerkbar gemacht. Fast zwei Drittel der Jugendlichen schauen sich überhaupt keine Nachrichtensendungen an.[38]

Aufgrund der zunehmenden Politikverdrossenheit sind auch die Politiker gefordert, die potenziellen Wähler im Kontext ihrer Lebenswelt zu erreichen. Insofern ist es nur konsequent, dass Politiker die Möglichkeit ergriffen haben, sich Sympathiewerte jenseits einer politischer Programmatik zu erwerben.[39] Die Identifikation mit den Protagonisten auf dem Bildschirm spielt in der politischen Berichterstattung eine dominierende Rolle. Dies gilt sowohl für die Politiker als auch für die Moderatoren politischer Informationsprogramme. Ob nun Ulrich Wickert vor der Wetterkarte in den *Tagesthemen* (ARD) jeden Abend eine kurze Anekdote über den letzten Stand der Dinge erzählt, Erich Böhme als Talkmaster bei *Talk im Turm* (SAT 1) mit stets gepunkteten Krawatten mit seiner Brille spielt oder die Moderatoren von *Frontal* (ZDF) sich den immer gleichen Ritualen in Form eingeübter Wortspiele hingeben, so geht es bei diesen spezifischen „Marotten" immer nur darum, dass

---

37 Vgl. Fischer 2000
38 Vgl. Opaschowski 1996
39 Dieser als „Amerikanisierung" klassifizierte Trend hat besonders im Wahlkampf in den USA eine lange Tradition. Bill Clinton hat im amerikanischen Wahlkampf zahlreiche Schauspieler und Sänger wie Barbara Streisand, gewonnen, die ihn unterstützt haben. Auch bundesdeutsche Politiker betonen ihre engen Kontakte zu Showgrößen. So wurden die Freundschaften zwischen Oskar Lafontaine und dem Sänger Peter Maffay sowie zwischen Rudolf Scharping und Konstantin Wecker mehrfach in den Medien aufgegriffen. Auch Showstars aus dem Unterhaltungsgenre steigen inzwischen in die Politik ein. Nach dem Vorbild von Ronald Reagan bewirbt sich Arnold Schwarzenegger auf einen Gouverneursposten in Kalifornien; ein amerikanischer Profi-Catcher hat diesen Posten in Minnesota bereits angetreten (vgl. Leggewie 2000). Weitere Beispiele für die Begegnungen zwischen Politikern und Popstars: Der Rocksänger Bono der irischen Band „U2" trifft unlängst den amerikanischen Präsidenten George W. Bush und diskutiert auf politischen Foren über die Folgen der Globalisierung. Bundespräsident Johannes Rau beggnet der Retortenband „Bro'Sis" bei der *Bravo-Supershow* und beim Mannheimer „Ball der Sterne" schütteln sich Altbundeskanzler Helmut Kohl und Nadja Abdel Farrag die Hände. Die Moderatorin Farrag hatte bereits mit dem Politiker Cem Özdemir (B90/Grüne) ein Gespräch zum Thema Zuwanderung für die inzwischen eingestellte Zeitschrift *Spiegel Reporter* geführt. Weitere Beispiele über Staatsempfänge von Vaclav Havel mit den Rolling Stones sowie politischen Statements von Schauspielern und Musikern finden sich in dem Band „Pop, Poesie und Politik." (vgl. Schulz/Vornbäumen 2000)

die Zuschauer sich durch den Wiedererkennungswert mit dem Protagonisten auf dem Bildschirm identifizieren und dem Programm treu bleiben.
Daher überrascht es nicht, dass auch Auftritte von Politikern im Fernsehen als medienwirksames Ereignis inszeniert werden. Selbst in ursprünglich „politikfreien" medialen Kontexten ist es inzwischen üblich, Werbung für die Person und Botschaft zu machen. Gerhard Schröder war nicht nur als in der Fernsehserie *Der große Bellheim* (ZDF) zu sehen. Weitere Auftritte in der Daily-Soap: *Gute Zeiten –Schlechte Zeiten* (RTL) während des Bundestagswahlkampfes und später als Bundeskanzler in der Unterhaltungsshow *Wetten, dass...?* (ZDF) dokumentieren beispielhaft, dass Politiker auf das Unterhaltungsgenre heute selbstbewusst und offensiv reagieren und diesbezüglich ihre eigenen Handlungsspielräume gestalten. Der Bundeskanzler hat sich – wie die Spitzenpolitiker anderer Parteien auch – nicht gescheut, als Fotomodell für exklusive Kleidung im Magazin *Life & Style* zu posieren.[40] Politiker sind zunehmend angehalten, mediale Herausforderungen zu parieren, die außerhalb des Bereiches politischer Gesprächsrunden, Interviews und Pressekonferenzen liegen. Somit werden Kompetenzen hinsichtlich der Schlagfertigkeit und Flexibilität auch außerhalb des eng umrissenen politischen Kontextes suggeriert, die zu einem Erfolgskriterium einer erfolgreichen Politik avancieren. Politiker werden aufgrund dieser Entwicklung nicht mehr nur als politische Mandatsträger wahrgenommen, sondern auch als Privatpersonen, die ebenso Auskunft über Familie und Hobbys geben wie über politische Leitlinien.
Für den Bereich der Politik gilt generell, dass die naive Vorstellung, dass sich die Akzeptanz von Politikern ausschließlich anhand ihrer konstruktiven Sachpolitik messen lässt, seit langem keinen Bestand mehr hat. Die Glaubwürdigkeit politischer Entscheidungsträger hängt zentral von ihrem Image ab, dessen Konstruktion neben der politischen Kompetenz auch eine Darstellungskompetenz erfordert, um die Wahlentscheidung der Bürger zu den eigenen Gunsten zu beeinflussen.

„Nicht etwa überzeugende Programme oder die Professionalität der politischen Akteure sind am Wahltag die entscheidenden Voraussetzung für den Erfolg, sondern die Fähigkeit, auf dem Klavier des Entertainment zu spielen."[41]

Besonders im Wahlkampf zeigt sich eine zunehmende Unterhaltungsdominanz. Hier haben die amerikanischen Präsidentschaftswahlkämpfe gezeigt, in welche Richtung der Trend geht.[42] Die letzten Wahl-Parteitage bundesdeutscher Parteien lieferten ebenfalls eindrucksvolle Beispiele dafür, dass bisweilen weniger die programmatischen Debatten eine Rolle spielen, als die durch einen konkreten Regieplan vorgegeben Impulse angefangen von der Beleuchtung über die Musik bis hin zur visuellen Gestaltung durch Videoclips.

„Schwungvolle popmusikalische Darbietungen rahmten das Geschehen ein, und beim Höhepunkt der Show wurde schließlich Schröders neuer Wahlkampfspot überlebensgroß auf der Bildschirmwand zelebriert."[43]

---

40 Neben dem Kanzler haben auch Wolfgang Schäuble (CDU) und Gunda Röstel und Jürgen Trittin (Bündnis 90/Grüne) in dem Modemagazin posiert. Vgl. weiterführend Dörner 1999
41 Dörner 1999, S. 17
42 Sein musikalisches ‚Talent' bewies Bill Clinton bei einem Auftritt mit seinem Saxophon in der populären *Arsenio Hall Show*. Vgl. auch Spiegel Spezial Nr. 2/1994 zum Verhältnis Pop & Politik.
43 Dörner 1999, S. 18

Diese Veränderungen in der Darstellung des Politischen sind in der Vergangenheit für den Bereich der politischen Informationsvermittlung unter den Stichworten „symbolische Politik", „Inszenierung" und „Theatralität" bereits eingehend untersucht worden.[44] Hier ist im Verlauf des wissenschaftlichen Diskurses eine zunehmende Differenzierung der Bewertungen festzustellen. Inszenierung, die auch die unterhaltende Aufbereitung politischer Sachverhalte meinen kann, wird keineswegs mehr per se mit den Kategorien Illusion oder Täuschung gleichgesetzt, sondern zunächst wertfrei als Modus der wirkungskalkulierten Ereignisüberformung gedeutet, deren Angemessenheit im Einzelfall empirisch zu überprüfen ist.[45]

Auch eine unterhaltende Politikpräsentation durch die Medien kann aus dem Blick einer normativen Demokratietheorie durchaus funktional wirken, wenn sie im Sinne eines weiten Verständnisses deliberativer Verständigung Aufmerksamkeit und Rezipienteninteresse erzeugt, ohne die eine weitere Partizipation überhaupt gar nicht möglich ist.[46] Die verstärkte Unterhaltungsorientierung innerhalb der politischen Berichterstattung kann unter bestimmten Gesichtspunkten den Rezeptionsanforderungen der Nutzer entgegenkommen. Das impliziert auch die – nach wie vor publizistisch und wissenschaftlich umstrittene – Forderung an die Politiker, sich Unterhaltungskontexten zu öffnen. Wichtig ist und bleibt dabei aber die Angemessenheit der Auftritte; Image-Verluste sind durch einen überspannten Gebrauch dieses Inszenierungsmechanismus ebenfalls leicht möglich, wie zum Beispiel Gerhard Schröder nach der Bundestagswahl 1998 und besonders während der öffentlichen Debatte um seinen Auftritt in der Sendung *Wetten dass...?* feststellen musste.[47]

Die Vermischung von Information und Unterhaltung, Fiktion und Nichtfiktion erschwert darüber hinaus potenziell die Einordnung und Bewertung der politischen Kompetenz von politischen Persönlichkeiten. Es besteht zumindest die Gefahr, dass die äußere Erscheinung und das persönliche Auftreten von Politikern die Wahrnehmung der Öffentlichkeit nachhaltiger prägen, als das politische Profil. Auch die Trennung zwischen dem Beruf des Politikers und dem des Journalisten wird zunehmend brüchig.[48]

Politik im Unterhaltungsformat: Eine angemessene Form der Politikvermittlung?

Eine angemessene Politikvermittlung über die Massenmedien kann nur dann erfolgen, wenn politische Information einen nennenswerten Stellenwert im Kontext des Programms der elektronischen Medien einnimmt und die Qualität derartige Programme insgesamt kon-

---

44 Vgl. z.B. Meyer/Ontrup/Schicha 2000, Meyer 1992
45 Vgl. Meyer/Ontrup/Schicha 2000
46 Vgl. Rager 1993
47 Vgl. Weischenberg 1999. Gerhard Schröder hat sich nach dieser Debatte von Auftritten in Unterhaltungssendungen weitgehend zurückgezogen. Aufgrund der heftigen und überraschenden Kritik vor allem in konservativen Medien, sagte der Kanzler kurzfristig Auftritte in der *Harald Schmidt Show* und in der Sportsendung *ran* ab. Der FDP-Politiker Jürgen W. Möllemann versorgt jedoch im Rahmen seines „permanent campaining" Unterhaltungssendungen mit „grellen Bildern und frischen Infos", um sich zu profilieren: „Solange nur Kameras und Mikrophone dabei sind, genießt er den Aufruhr, den er notorisch auslöst, wie eine Droge." (Walter/Lütjen 2002, S. 47)
48 Der CDU-Politiker Friedmann moderiert im hessischen Fernsehen die Talkshow *Vorsicht Friedmann*. Der ehemalige sächsische Innenminister Eggert ist neben Böhme Talkmaster im *Grünen Salon* auf n-tv. Dort bestreitet auch der ehemalige Ministerpräsident Späth mit *Späth am Abend* eine Gesprächsrunde. Im dritten Programm des WDR ist der ehemalige Kölner Regierungspräsident Antwerpes Gastgeber einer Talkshow (vgl. Dörner 1999).

struktiv dazu beiträgt, politische Prozesse für die Öffentlichkeit transparent zu machen.[49] Zugleich ist aber auch das öffentliche Interesse an politischen Programmen eine Voraussetzung, dafür, dass über Politik öffentlich diskutiert wird. Insofern sind innovative Strategien erforderlich, um politisches Interesse zu motivieren. Politikvermittlung kann neben den traditionellen Kanälen auch durch Bezüge auf weitergehende Erfahrungswelten geleistet werden. Sie findet dann nicht nur über die konventionellen Muster politischer Berichterstattung statt, sondern auch als Bestandteil fiktiver Unterhaltungsangebote.[50]

Unterhaltsame Formate der Politikvermittlung sind daher keineswegs negativ oder abfällig zu bewerten. Auch Dörner vertritt die Auffassung, dass die Kultur einer Unterhaltungsöffentlichkeit vielmehr einen Interdiskurs darstellen kann, der in sozial differenzierten Gesellschaften Fragmentierungstendenzen entgegenwirkt, Aufmerksamkeit erzeugt und demzufolge gesellschaftliches Agenda-Setting und eine massenmedial evozierte Anschlusskommunikation erzeugt, durch die die Nutzer ihre medialen Erlebnisse in eine kommunikative und interaktive Praxis umsetzen können. Durch die Konsonanzbildung in Unterhaltungsöffentlichkeiten werden den Rezipienten Orientierungshilfen angeboten, indem u.a. Traditionsbestände durch die permanente Inszenierung politisch-kultureller Vorstellungswelten sichtbar gemacht werden. Somit wird politische Identität in eindringlichen Symbolen emotional fassbar gemacht. Schließlich eröffnen Unterhaltungsöffentlichkeiten gemeinsame Kommunikationsräume, in denen soziale Integration vollzogen wird, um daraus politische Gemeinschaften mit gemeinsamen politischen Identitäten zu bilden. Dörner konstatiert, dass durch innovative Unterhaltungsformate im Bereich der politischen Berichterstattung Politik und Politiker sichtbar und emotional erfahrbar, Themen allgemein zugänglich und Wert- und Sinnfiguren geschaffen werden, die den Konsensbereich politischer Kultur entscheidend prägen und schließlich Modelle politischen Handelns durch Identifikationsangebote erzeugen können. Politische Information in einem unterhaltsamen Rahmen kann daher durchaus eine angemessene Art der Politikvermittlung sein, wenn sie ihre Chance, ein großes und disperses Publikums zu erreichen, nicht lediglich zur Unterhaltung, sondern auch zur Information über entsprechende Sachverhalte nutzt. Unterhaltung kann dementsprechend auch eine affirmative integrierende Funktion für die Öffentlichkeit haben.[51]

Die von den Vertretern der kritischen Medientheorie behaupte Nivellierung und Gleichförmigkeit hingegen ist empirisch ebenso wenig erwiesen wie die These, dass die Rezipienten von unterhaltenden Medieninhalten per se passiv oder gar abgestumpft werden. Unterhaltende Medienrezeption muss nicht automatisch politischer Aktivität entgegenstehen. In eigenen qualitativen Analysen politischer Informationssendungen mit einem hohen Unterhaltungsgehalt hat sich weiterhin gezeigt, dass Beiträge, die die Aufmerksamkeit der Zuschauer durch aktionsreiche, emotionale ansprechende und visuell reizvolle Inszenierungs-

---

49 Vgl. Marcinkowski 1998
50 Auch fiktionale Fernsehformate machen durchaus wirklichkeitskonstruierende Angebote für ethisches Verhalten. So wird in deutschen Fernsehserien wir in der *Lindenstraße* oder *Forsthaus Falkenau* für Toleranz und Umweltschutz plädiert. Das Ansehen der in der zuvor als Drückeberger abqualifizierten Zivildienstleistenden hat sich während der Rezeption der Ärzteserie *Schwarzwaldklinik* durch die sympathische Darstellung der Figur des zivildienstleistenden Pflegers durch den Schauspieler Jochen Schröder in der Öffentlichkeit zum Positiven hin verändert. Erzählende Fernsehunterhaltungssendungen können also durchaus als Wert- und Normvermittler fungieren und verfügen damit durchaus über ein demokratiepolitisch relevantes ethisches Potenzial. Vgl. Kottlorz 1996, Dörner 2000 und 2001, Moritz 1996
51 Vgl. Dörner 2000, S. 71; vgl. auch den Beitrag von Dörner in diesem Band.

formen in Regie nehmen, durchaus eine Vielzahl von Hintergrundinformationen und Strukturen transportieren können, die einem der Komplexität der Sache angemessenen Bild verdichtet werden und gegebenenfalls politische Anschlussdiskurse initiieren können. Insofern kann nicht davon ausgegangen werden, dass durch unterhaltsame Formen massenmedialer Berichterstattung ein umfassender Verblendungszusammenhang errichtet wird.[52]

Die Auffassung, dass in der öffentlichen Kommunikation Argumentationsverfahren in Reinform per se wünschenswert sind, während alle Formen der politischen Inszenierung von vornherein problematisch erscheinen, greift angesichts dieser Umstände prinzipiell zu kurz. Weder politische Diskurse, noch theatrale Inszenierungen bilden komplexe Sachverhalte vollständig ab. Jede Präsentation des Politischen ist ein subjektiv gewählter Ausschnitt von umfassenderen Zusammenhängen. Der Kniefall von Willy Brandt in Warschau hat u.U. sowohl in der öffentlichen Wahrnehmung als auch auf der Ebene der instrumentellen Politik selbst mehr für die Aussöhnung zwischen Deutschen und Polen bewirkt, als manches argumentative Verfahren. Symbolische Politik kann ebenso Argumente präsentieren, wie Bilder und Worte Zusammenhänge sichtbar werden lassen können. Aber auch die Inszenierung bloßen Scheins durch symbolische Placebo-Politik oder Schein- und Pseudoargumente sind zu beobachten.[53] Zentral für die kommunikative Qualität sind daher immer auch die Inhalte und nicht die Form allein. Problematisch wird diese Entwicklung erst dann, wenn die Form den Inhalt bestimmt oder verdrängt.

Eine zentrales und legitimes Kriterium bei der Vermittlung politischer Aussagen liegt in der Erzeugung von Aufmerksamkeit. Warum sollten nicht neue Formen und innovative Wege mit Hilfe von Inszenierungs- und Unterhaltungselementen verwendet werden, sofern dadurch dazu beigetragen wird, das Interesse der Öffentlichkeit für politische Zusammenhänge in einer Form zu wecken, die den Sehgewohnheiten der Zuschauer entgegenkommt? Die Form der Darstellung sagt zunächst nichts über die Angemessenheit des Inhalts aus. Manipulation, Verschleierung und Täuschung können ebenso wie das Maß an Argumentativität und Informativität nur im Kontext der inhaltsanalytischen Interpretation von Präsentationsformen erschlossen werden.

Zu den einzelnen Beiträgen

Der Politikwissenschaftler *Andreas Dörner* geht in seinem Aufsatz „Medienkommunikation und Unterhaltungsöffentlichkeit" auf die unterschiedlichen Dimensionen der Face-to-Face-Kommunikation im Vergleich zur massenmedialen Beobachtung politischer Diskurse ein. Aktuelle Mediendebatten können im „globalen Dorf" weltweit übertragen werden; Raumgrenzen verschwinden durch diese Form der Übertragung. Der Alltag der Fernsehrezipienten wird durch den Rhythmus der Fernsehprogramme strukturiert. Es bilden sich virtuelle Gemeinschaften, die im Rahmen von Anschlusskommunikationen das Gesehene diskutieren. In Hinblick auf die Medieninhalte zeichnet sich ab, dass private und intime Themen zunehmend in den Blickpunkt der Berichterstattung rücken. Der von Sennett skizzierte Trend der „Tyrannei von Intimität" scheint sich zumindest in den täglichen Talk- und Bekenntnisshows durchgesetzt zu haben. Darüber hinaus fungiert das Fernsehen auch als Wertevermittlungsinstanz, wie fiktive Fernsehserien (z.B. *Lindenstraße*) eindrucksvoll

---
52 Vgl. Meyer/Ontrup/Schicha 2000
53 Vgl. Meyer 1992

dokumentieren. Dort wird für Toleranz gegenüber homosexuellen Beziehungen ebenso geworben wie für Aktionen gegen Rechtsradikalismus. Aufgrund der gesellschaftlichen Fragmentierung und der Differenzierung und Pluralisierung des Fernsehpublikums scheint die Öffentlichkeit als gemeinsames Forum gefährdet zu sein. Gegebenenfalls können Unterhaltungsangebote, die über eine breite öffentliche Resonanz verfügen, diesem Trend entgegenwirken, indem sie an der „Bewirtschaftung von Aufmerksamkeiten" mitwirken. Dies kann vor allem dann gelingen, wenn Filme und Fernsehserien öffentliche, politische Themen aufgreifen, die zur Anschlusskommunikation motivieren. Durch die massenmediale Vermittlung relevanter Themen können politisch-kulturelle Traditionsbeständen bewahrt werden; weiterhin dient sie der Orientierung des Rezipienten und damit der Herausbildung seiner politischen Identität. Beide Wirkungen stärken die gesamtgesellschaftliche Integration. Der Autor gelangt schließlich zu dem Ergebnis, dass speziell Unterhaltungsöffentlichkeiten gemeinsame Kommunikationsräume durch die Bündelung von Aufmerksamkeiten für die Rezipienten eröffnen können. So können sich Schnittstellen für die gemeinsame Anschlusskommunikation und orientierungsrelevante Meinungen herausbilden.

Thomas Meyer und *Christian Schicha* gehen in ihrem Aufsatz „Medieninszenierungen zwischen Informationsauftrag und Infotainment" unter Bezug auf das Theatralitätskonzept aus einer politikwissenschaftlichen Perspektive der Frage nach, welche Angemessenheitsbedingungen sich als Kriterien einer angemessenen Politikvermittlung aufzeigen lassen. Sie verweisen zunächst auf die strukturellen Zwänge im Rahmen der Medienberichterstattung hin (u.a. Konkurrenz, Aktualitätsdruck, veränderte Rezeptionsgewohnheiten) und gelangen schließlich zu dem Ergebnis, dass unterhaltsame Elemente mit einem hohen Inszenierungspotenzial nicht zwangsläufig zu einer schlechteren Qualität politischer Informationsprogramme führen müssen, solange grundlegende Kategorien des Politischen berücksichtigt werden und die drei elementaren Funktionen einer demokratischen Öffentlichkeit (Transparenz, Orientierung, Validierung) erfüllt werden. Für das Verhältnis zwischen Medien und Politik sind Auswahl- und Darstellungsregeln bestimmend, die aus den Selektionskriterien der journalistischen Berichterstatter erwachsen. Die beiden Politikwissenschaftler gelangen unter Rekurs auf eigene Studien zu dem Fazit, dass Politik im Unterhaltungsformat durchaus angemessen informieren und durch Inszenierungsstrategien das Interesse für politische Zusammenhänge beim Rezipienten wecken kann. Insgesamt soll jedoch nicht der Eindruck vermittelt werden, dass Politik ausschließlich über die Medien vermittelt wird. Es ist zu differenzieren zwischen der instrumentellen Herstellung von Politik zur Erzeugung verbindlicher Entscheidungen, der Darstellung der Politik durch das eigene System und der Fremddarstellung des Politischen durch das Mediensystem. Die Aufgabe der Journalisten liegt schließlich darin, dem Publikum eine Orientierung über politische Prozesse und ihre strukturellen Zusammenhänge zu ermöglichen, um den Ansprüchen einer demokratischen Öffentlichkeit gerecht zu werden.

Horst Pöttker beschäftigt sich in seinem Beitrag „Unterhaltsame Politikvermittlung" aus einer historischen Perspektive mit der Frage, was aus den Schriften der deutschen Volksaufklärung des 18. Jahrhunderts heute über das Verhältnis von Information und Unterhaltung gelernt werden kann. Als Untersuchungsgegenstand widmet sich Pöttker u.a. einigen Textpassagen von Volksaufklärern wie Rudolph Zacharias Becker, Johann Adam

Christian Thon und Johannes Christoph Greiling. Für Becker war es angesichts seiner Tätigkeit als Schriftsteller von zentraler Bedeutung, eine möglichst große öffentliche Resonanz durch publikumswirksames Schreiben und professionelle Marketingstrategien zu erreichen. Dies gelang ihm erfolgreich, weil er den „Aberglauben", die „Vorurteile" und die „Sensationslust" seiner Rezipienten in seinen Texten und den dazugehörigen Illustrationen angemessen berücksichtigte. „Drastische" Erzählmuster und die Vermischung von „Faktischem" und „Literarisch-Fiktionalem" nutzte er unter kommerziellen Gesichtspunkten als Stilmittel der Darstellung. Auch Thon erkannte, dass das „Kulturwesen Mensch" als Individuum einer Gesellschaft ein großes Interesse an der Kommunikation über Gewalt und Sexualität besitzt. Diese verarbeitete er publizistisch ebenso wie Verbrauchertipps für sein bäuerliches Publikum. Greilig setzte durch anschauliche Beispiele in seinen Schriften darauf, die „einfachen Leuten" zu erreichen. Neben der Konzentration auf die Rezeption wandte er sich außerdem der Produktion populärer Informationen zu, indem er anschauliche Hinweise für das „Verfassen von Predigten und Vorträgen" formuliert. Zusammenfassend konstatiert Pöttker, dass in den Schriften der populären Volksaufklärer zunächst keine Trennung zwischen Information und Unterhaltung zu beobachten ist. Heute als „Infotainment" klassifizierte Stilmittel galten als legitime und kommerziell erfolgreiche Mittel, um öffentliche Themen publikumsadäquat zu vermitteln. Insofern bietet es sich an, auch in der aktuellen Diskussion auf die historischen Dokumente der Volksaufklärer in ihrer Tradition noch vor der Aufklärung zurückzugreifen, um die „produktiven, emanzipatorischen Komponenten der Verbindungen zwischen Information einerseits und unterhaltsamer Ästhetisierung andererseits zu erkennen [...]". Im Anschluss daran kann das sowohl produktive als auch problematische Potenzial von Unterhaltungselementen für die Herstellung von Öffentlichkeit durch Massenmedien herausgearbeitet werden.

Thymian Bussemer wendet sich in seinem Beitrag „Nach einem dreifachen Sieg-Heil auf den Führer ging man zum gemütlichen Teil über" den negativen Folgen einer totalitär genutzten „Volksaufklärung" zu. Er verweist in seiner Beschäftigung mit nationalsozialistischer Propaganda darauf, dass unterhaltende Strategien im Rahmen politischer Kommunikationskonzepte eine Tradition besitzen die weit über das Fernsehzeitalter hinausgreift. So diente auch das gezielt entworfene NS-„Blut-und-Boden-Politainment" der Zerstreuung und der Ablenkung der Massen vom politischen Geschehen. Als theoretische Fundament zieht der Autor das kulturwissenschaftliche Konzept der Populärkultur heran. Nach diesem Modell der Cultural Studies, stellt die Populärkultur eine gesellschaftliche Gegenmacht dar, die ihre Kraft aus der subversiven Konterkarierung der jeweils herrschenden Hochkultur zieht. Gerade unterhaltende Formen werden von der Bevölkerung dazu genutzt, das falsche Pathos der Politik zu kritisieren, kollektiv als belastend empfundene, aber offiziell tabuisierte Themen zu diskutieren oder spontane Solidargemeinschaften zu bilden. Populärkultur ist die Ausdrucksform der ‚einfachen' Bevölkerung in den Auseinandersetzungen um kulturelle und semiotische Deutungshoheiten. Mit ihrer Hilfe entzieht sich die Bevölkerung der von oben verordneten Interpretationen. Die Produzenten massenkultureller Angebote können daher die Art der Dekodierung ihrer Botschaften durch die Rezipienten nicht steuern, wie viele Beispiele aus den Cultural Studies zeigen. Angesichts dieser Befunde wird deutlich, warum die nationalsozialistische Propaganda die tradierten Rezeptionsmuster der Bevölkerung bedienen musste, warum sie eine Fassade errichtete, die akzeptierte populärkulturelle Formen nutzte. Im Mittelpunkt der medialen Angebote standen daher keineswegs – so wie das heutzutage in mancher Rückschau erscheinen mag – dezidiert politisch-propagandistische Inhalte, sondern vielmehr unterhaltsame Formen, die nach den Worten des Propagandaministers Goebbels die „gute Laune des Volkes" gewährleisten sollten. Auch Hitlers Status als „Popstar" und die Freizeitangebote der ‚Kraft-durch-Freude'-Programme zielten in diese Richtung. Der totalitäre Staat inszenierte leicht bekömmliche kulturelle Identifikationsangebote von oben, um das Entstehen einer authentischen und möglicherweise gar widerständigen Populärkultur ‚von unten' zu verhindern. Dabei übernahm die Bevölkerung aber keineswegs immer die von oben intendierten Deutungen; diese stießen vielfach auf Ablehnung und wurden entsprechend ignoriert, interpersonal nicht weiter verbreitet oder in ihrem ideologischen Gehalt radikal umgedeutet.

Christian Schicha beschäftigt sich in seinen historischen Exkurs ebenfalls mit dem „Ereignismanagement" des nationalsozialistischen Regimes" unter besonderer Berücksichtigung des Führerkultes um Adolf Hitler. In dem Aufsatz wird das Phänomen des Nationalsozialismus und der Reden Hitlers unter dem Aspekt der Theatralisierung mit den Bestandteilen der Inszenierung, Verkörperung, Performance und Wahrnehmung erörtert, um Aufschlüsse über die massensuggestiven Wirkungsweisen der Propaganda während der Nazi-Diktatur zu erhalten. Symbolische Politikinszenierungen waren fester Bestandteil des Propagandarepertoires. Mit Paraden, Aufmärschen und Feierritualen inszenierten die Nazis das Zusammengehörigkeitsgefühl der „Volksgemeinschaft". Symbole in Form von Fahnen über Uniformen bis hin zum Hakenkreuz fungierten als optische Erkennungssignale zur Festigung einer gemeinschaftlichen Identität. Der autoritäre Führerkult wurde durch die Person Hitlers verkörpert, der durch eine entsprechende Dramaturgie zum Medienstar im Rahmen der gleichgeschalteten Medienlandschaft hochstilisiert wurde. Die minutiös geplanten politischen Großereignisse, z.B. die Parteitage, prägten das nationalsozialistische „Gesamtkunstwerk" und seine massensuggestiven Wirkungen. Die Kraft der Propagandabilder der Massenaufmärsche, die u.a. in den Kinos zu sehen waren, haben den „Starkult" um Hitler zusätzlich verstärkt. Auch die Reden des „Führers" waren ein fester strategischer Bestandteil der nationalsozialistischen Demagogie, um die Gefolgschaft der Anhänger zu festigen. Sie zeichneten sich durch ein festes Schema aus, das neben langatmigen Passagen auch cholerische Ausbrüche und wüste Beschimpfungen des politischen Gegners enthielt, um die Zuhörer zu fesseln. Es ging dabei nicht um die Vermittlung von Informationen oder den Austausch von Argumenten, sondern um eine menschenverachtende Provokation, Polarisierung und Diffamierung. Insgesamt haben die Nationalsozialisten die professionellen Methoden theatralischer Inszenierungen offensiv im Rahmen der Propaganda eingesetzt und sich dabei auch an den Wirkungsmechanismen der Produktwerbung orientiert, um Zustimmung zu erzielen.

Carsten Brosda untersucht in seinem Beitrag „'Emotionalisierung' als Merkmal medialer Politikvermittlung" die gestiegene Bedeutung, die emotionale Kommunikationsaspekte durch die Politikvermittlung im Fernsehen erhalten. Dabei steht die Identifikation von Kriterien zur normativ informierten Beurteilung der Angemessenheit entsprechender Darstellungsstrategien im Zentrum. Brosda verweist im Rückgriff auf emotionssoziologische Studien darauf, dass Emotionen gleichermaßen Produkt wie Ressource sozialer Interaktion sind. Auch politische Prozesse sind daher ohne eine emotionale Komponente nicht denkbar, wenngleich diese in den einschlägigen normativen Demokratietheorien weitgehend marginalisiert oder gar theoretisch diffamiert wird. Gerade im dominant visuell ausgerichteten Kontext des Fernsehens allerdings rücken affektive Identifikationsmuster in der Rezeption der Politik und ihrer maßgeblichen Protagonisten in den Mittelpunkt. Nicht nur die dezidiert unterhaltsamen Angebote, die bewusst auf die Emotionen der Rezipienten kalkuliert sind, sondern tendenziell alle visuellen Darstellungen von Politikern im Fernsehen haben eine affektive Ebene. Stärker als in einer von Printmedien geprägten Demokratie sind es im Zeitalter des Fernsehens die emotionalen Reaktionen, welche die Politiker auf dem Bildschirm bei den Rezipienten hervorrufen, die die Meinungs- und Willensbildungsprozesse beeinflussen. Unter ‚Emotionalisierung' der Politikvermittlung ist daher die gestiegene Bedeutung emotionaler Beziehungen zu einzelnen Politikern zu verstehen, die durch die technische Verbreitungsstruktur des Massenmediums Fernsehen und durch seine Nähe suggerierenden bildlichen Präsentationsmöglichkeiten forciert werden. Nonverbale Zeichen der auftretenden Politiker werden von den Rezipienten in parasozialer Interaktion zur Beurteilung von Kompetenz-, Sympathie- und damit letztlich Loyalitätsfragen herangezogen. An die Stelle einer rationalen Auseinandersetzung mit den präsentierten Sachaussagen tritt eine emotionalisierte Sympathieentscheidung, die Auswirkungen auf manifeste Entscheidungen innerhalb der politischen Institutionen hat. Zentrale Aufgabe der theoretischen Beschäftigung mit politischer Legitimation im Zeitalter medial vermittelter Politik muss es daher sein, Modelle zu entwickeln, nach denen sich die Rationalität dieser Form emotionaler Entscheidungen berücksichtigen und bemessen lässt. In einer programmatischen Näherung zieht der Autor vor allem die dramatologische Soziologie Goffmans und die Rationalisierungshypothesen von Habermas als Rahmen der Analyse heran. Ein soziologisch fundiertes, diskursives Verständnis von Gefühlen könnte den Weg weisen zu einer angemessenen Berücksichtigung von Emotionen im politischen Prozess. Gerade den Emotions- und Expressionsregeln, die den sozial ‚zulässigen' und ‚angemessenen' Gefühlsausdruck regeln, liegen demnach Geltungsansprüche zugrunde, die von den Rezipienten rationalisiert und bewertet werden können. Nicht alle spontanen Gefühlsäußerungen und Reaktionen sind allerdings mit einem solchen diskursiven Modell fassbar. Mediale Politikpräsentation kann eher als diskursive Mischform betrachtet werden, in der ästhetische Expressivität, die nur anhand von Handlungskonsistenz und sozialer Angemessenheit überprüft werden kann, und argumentative Propositionalität, die auch theoretischen und praktischen Diskursen zugänglich ist, je spezifische Synthesen bilden.

Die Soziologin *Ludgera Vogt* beschäftigt sich in ihrem Aufsatz mit den „Chancen und Risiken der Privatisierung des Politischen" am Beispiel des bundesdeutschen Verteidigungsministers, der durch die Veröffentlichung seiner Urlaubsbilder in der Boulevard-Zeitschrift *Bunte* für (negative) Schlagzeilen sorgte. Die Fotoserien mit Interview sollten eigentlich das eher dröge Image des SPD-Politikers in der Öffentlichkeit verändern. Faktisch erzielte der Bericht in der gesamten Medienlandschaft und von Seiten der Politik vor allem spöttische Reaktionen, die letztendlich in Rücktrittsforderungen an den Minister mündeten. In ihrer Analyse des Phänomens „Scharping im Pool" erörtert Vogt die Strategie der mediale Selbstinszenierung von Politikern in Unterhaltungsformaten. Sie skizziert zunächst die veränderten Rahmenbedingungen für Politik in der Gegenwartsgesellschaft und arbeitet im Anschluss daran spezifische Charakteristika werbender Politik heraus. Werbende Politik wird mit Unterstützung von Werbe- und Kommunikationsprofis unter Bezug auf die Dauerbeobachtung durch die Medien entworfen. Dabei kommt es nicht mehr nur auf die Vermittlung politischer Inhalte an, sondern ebenso auf private Imagekonstruktionen von Politikern, die u.a. im Rahmen von unterhaltsamen Talkshows gepflegt werden. Entertainment-Qualitäten sind vor allem im Wahlkampf gefragt, wo auch politisch weniger interessierte Wähler erreicht werden sollen. Die Privatisierung des Politischen zeigt sich vor allem darin, dass der familiäre Kontextes des Politikers in politische Auftritte mit einbezogen wird. Insgesamt lassen sich eine Reihe von Funktionen des Privaten in der öffentlichen Kommunikation über Politik benennen. Dazu gehören: Vermenschlichung, Vereinfachung, Emotionalisierung, Prominenzgewinn und Lifestyle-Politik, die sich im Rahmen symbiotischer Relationen zwischen Medien und Politik aufzeigen lassen. Vogt analysiert diese Tendenzen beispielhaft anhand der Medienauftritte von Rudolf Scharping und seiner Lebensgefährtin Gräfin Pilati, die primär dazu dienen sollten, dass Scharping-Image zum Positiven zu verändern. Diese Strategie ging jedoch nicht auf. Das Timing der Veröffentlichung war unglücklich; die Aktion verlief unprofessionell und das Image und die Glaubwürdigkeit des Ministers wurden beschädigt.

Carsten Brosda und *Christian Schicha* beschäftigen sich in ihren Ausführungen „Politikvermittlung im Unterhaltungskontext" mit den Formen politischer Rituale und ihren Grenzen. Sie verweisen auf die zentrale Funktion von rituellen Handlungsvollzügen im Rahmen der Politikvermittlung. Rituale dienen der Grenzziehung und Abgrenzung, ermöglichen eine Reduktion von Komplexität und sollen dazu beitragen, Orientierung und Identifikation zu ermöglichen. Rituelles Handeln trägt in erheblichem Maße zur Schaffung von Identität und Gruppensolidarität bei und ist daher ein zentraler Bestandteil zur Legitimation politischen Handelns. Innerhalb von politischen Fernsehritualen kommt es darauf an, eine wirksame Präsentation des Inhalts zu gewährleisten, stabile Rollenprofile der am Diskurs beteiligten Protagonisten zu schaffen und die wichtige Funktion formalästhetischer Gestaltungselemente zu beachten, um eine entsprechende öffentliche Wirkung beim Fernsehpublikum zu erzielen. Rituelle Wiederholungen tragen weitergehend dazu bei, einen Stabilitätseffekt bei den Rezipienten zu erreichen. Politikrituale haben eine lange Tradition. Flaggen, Aufmärsche und Hymnen wurden schon in vordemokratischen Zeiten von Politikern eingesetzt, um Menschen an sich und ihre politischen Ideale zu binden. Diese Repräsentation von Macht und die Selbstinszenierung politischer Entscheidungsträger wird in der modernen Mediengesellschaft angesichts einer professionellen journalistischen Selektions- und Präsentationslogik strategisch eingesetzt, um Aufmerksamkeit zu erhalten. Die Vermittlung von Politik ohne dramaturgische Effekte und symbolische Darstellungsmittel ist kaum noch möglich. Daher werden auch unterhaltsame und emotionalisierende Elemente eingesetzt, um das Publikum in einer konkurrenzgeprägten Medienlandschaft zu erreichen. Während konventionelle Formate wie die ARD-Tagesschau auf die immer gleichen Politikrituale im Rahmen ihrer stereotypen Berichterstattung setzten, wird Politik in Unterhaltungsformaten wie der *Harald Schmidt Show* mit wohldosiertem Humor in satirischer Form präsentiert – neue Unterhaltungsrituale entstehen. Zur Klärung der Frage nach der zulässigen Grenzen der Politikvermittlung in Unterhaltungsformaten wird exemplarisch der Auftritt des FDP-Politikers Guido Westerwelle im *Big Brother*-Container analysiert. Westerwelle hat sich einerseits rollenkonform zu den privatistischen Ritualbedingungen einer Unterhaltungssendung verhalten, andererseits jedoch die ihm zugeschriebene Rolle als seriöser Politiker zugunsten des vom ihm initiierten Medienspektakels verlassen hat, um öffentlich wahrgenommen zu werden. Es hat sich gezeigt, dass Politiker zunehmend versuchen, auf derartige Weise Unterhaltungskontexte zu nutzen, um politikverdrossene Wähler zu erreichen. Die Autoren gelangen zu dem Ergebnis, dass der Auftritt von Westerwelle bei *Big Brother* einerseits gerade aufgrund der Verletzung sozial anerkannter Ritualgrenzen die gewünschte öffentliche Resonanz erreichte. Andererseits aber kann bestritten werden, dass Westerwelles Legitimation für den Auftritt, politische Themen in unpolitische Zusammenhänge tragen zu wollen, auch nur im Ansatz der Realität entsprach. Im Rahmen der Sendung hatten politische Inhalte keinen Platz, ohne dass die konstitutiven Bedingungen des Unterhaltungsrituals gefährdet gewesen wären.

Jens Tenscher und *Alexander Geisler* widmen sich in ihrem Aufsatz „Politiker kommen ins Gespräch" den Chancen und Risiken von Politikerauftritten im Fernsehen. Ausgehend von dem Auftritt des Herausforderers Edmund Stoiber in der ARD-Talkshow *Sabine Christiansen* zeichnen sie das Bild „eines hölzernen, unsicheren und medienungeschickten Kanzlerkandidaten der Union", der aufgrund zahlreicher nervöser Versprecher einen negativen Eindruck hinterließ, während sich sein Kontrahent Gerhard Schröder zuvor in der Gesprächssendung *Berlin Mitte* (ZDF) bei Maybrit Illner besser in Szene setzten konnte. Die Autoren gehen davon aus, dass politische Talkshows einerseits Bühnen darstellen können, auf denen Politiker sich schlagfertig, souverän und selbstsicher präsentieren können, ohne dass ihre Auftritte (mit Ausnahme der Bildregie) redaktionell bearbeitet und gekürzt werden. Gleichwohl können solche Medienauftritte das Prestige der Politiker auch nachhaltig beschädigen, wenn diese nicht in der Lage sind, die darstellerischen Herausforderungen in einer solchen Sendung kompetent zu parieren. Nach einem Exkurs über zentrale Aspekte moderner Mediendemokratien und ihre Formen televisionärer Politikvermittlung gehen Tenscher und Geisler auf die Steuerungsambitionen politischer Protagonisten ein, die durch die Schaffung von Pseudoereignissen in Form von politischen Events wie Parteitagen und Pressekonferenzen das Hauptaugenmerk auf die symbolische Darstellungspolitik legen. Es wird die These formuliert, dass die Grenzen zwischen Politischem und Unpolitischen sowie Privatem und Öffentlichen verschwimmen und sich diese Entwicklung auch im Rahmen der Medienberichterstattung manifestiert. Politiker im Fernsehen sind einerseits gezwungen, sympathisch und menschlich zu wirken, andererseits wird von ihnen auch die Darstellung von Sachkompetenz erwartet. Dies geschieht in unterschiedlichen Foren, beginnend bei politischen Diskussions- und Interviewsendungen über politische Talkshows bis hin zu nicht politischen Talk- und Unterhaltungsshows. Ein Risiko für die politischen Protagonisten besteht darin, dass der konkrete Verlauf im Vergleich etwa zu minutiös kalkulierten und inszenierten Parteitagen nicht geplant werden kann und auch eine misslungene Performance – wie im Fall Stoiber – möglich ist. Insgesamt sind die Spitzenpolitiker jedoch gezwungen, sich auf der Medienbühne der Talkshows zu präsentieren, um überhaupt öffentlich wahrgenommen zu werden. Talkshows werden auch zukünftig – so die Einschätzung der Politikwissenschaftler – „zentrale Bühnen im rauschenden Inszenierungsfestival moderner Politikdarstellung bleiben".

Tanjev Schultz erörtert in seinem Beitrag „Menschelnde Unterhaltung mit Politikern" das Phänomen von Politikerauftritten in Prominenten-Talkshows. Er diskutiert die Bedeutungen derartiger Sendungen im Rahmen der Politikvermittlung in Unterhaltungsformaten mit ihren potenziellen Chancen und Risiken und ergänzt seine Analyse mit empirischen Daten und Fakten aus der aktuellen Fernsehprogrammentwicklung. In der „bekenntnishaften Plauderei des Promi-Talk" bilden in der Regel die Gäste und weniger festgelegte Themenvorgaben den Inhalt der Sendung. Dort geht es zunächst um eine angenehme Gesprächsatmosphäre, bei der Elemente eines kritischen Interviews so gut wir keine Rolle spielen. Die Politiker erzählen Persönliches und Privates und artikulieren ihre Befindlichkeiten, um so Einblicke in den Menschen hinter der Rolle des politischen Funktionsträgers zu suggerieren. Diese Foren dienen den Politikern primär der Selbstdarstellung und Eigenwerbung und erzeugen bei den Rezipienten den Eindruck, etwas über das Seelenleben der „Mächtigen" erfahren zu dürfen. Promi-Talks agieren stets im Spannungsfeld zwischen Authentizität und Inszenierung. In Hinblick auf die politische Urteilsbildung der Zuschauer ergibt sich die Problematik, dass sich ihre Bewertung der Politikerauftritte auf „sachlich unangemessene Standards" beschränkt, sofern die persönliche Wirkung einen nachhaltigeren Eindruck hinterlässt als sachliche Argumente über politisch relevante Sachverhalte. Der Bedeutungszuwachs derartiger Fernsehformate zu Lasten politischer Informationsprogramme birgt zumindest das Risiko, dass kritische Berichterstattung an Bedeutung verliert.

Hannes Schwarz beschreibt in seinem Beitrag „Wählen via Fernbedienung" die Auswirkungen der zunehmenden Durchdringung gesellschaftlicher Kommunikation durch das Medium Fernsehen. Anknüpfend an kulturwissenschaftliche Analysen versteht er das audiovisuelle Medium als ein kulturelles Forum, in dem die verschiedenen gesellschaftlichen Diskurse gebündelt sind. Politik, die aus legitimatorischen Gründen auf öffentliche Sichtbarkeit angewiesen ist, muss sich folglich als ein Thema unter vielen in diesem Forum behaupten. Das ist ohne Adaptionen an die Präsentationsbedingungen und Rezeptionsgewohnheiten, die mit dem Medium verknüpft sind, nicht möglich. In der zunehmenden Entertainisierung der öffentlichen Politikdarstellung sieht Schwarz zunächst das Bemühen der Politik, auf Gewohnheiten der Bürgerinnen und Bürger einzugehen, um ihnen die Information über politische Prozesse zu erleichtern. Er fordert die Verabschiedung elitärer Rationalitätspostulate, die weiten Teile des Elektorats die informierte Teilhabe an politischen Prozessen versperren würden. Durch die unterhaltsame Aufbereitung der Politik ist es möglich, auch politikferne Schichten angemessen anzusprechen und mit zumindest rudimentären Informationen zu versorgen. Durch das Medium Fernsehen vermittelte Sympathiebindungen leisten darüber hinaus einen Beitrag zur notwendigen Stabilität des demokratischen Systems. Dazu ist es allerdings notwendig, dass durch außermediale Institutionen Bildungsprozesse bei den Bürgerinnen und Bürgern gewährleistet sind, die ihnen den kompetenten Umgang mit medial präsentierten Politikdarstellungen ermöglichen.

Claudia Wegener skizziert in ihren Ausführungen mit dem Titel „Trotz Gegenwind im Markt behauptet" die Funktion politischer Fernsehmagazine im Zeitalter des Infotainments. Politische Fernsehmagazine sind seit Mitte der 50er Jahre ein fester Bestandteil der deutschen Fernsehgeschichte und dienen in ihren vertiefenden Analysen der fachspezifischen Ergänzung der Nachrichtensendungen, indem sie gesellschaftspolitische Zusammenhänge einordnen, kommentieren und erörtern. Dabei verfügen sie über einen kritischen Aufklärungsanspruch, der zunächst nicht mit dem der Fernsehunterhaltung korrespondiert. Aufgrund der Konkurrenz mit anderen Formaten haben die politischen Magazine seit den siebziger Jahren aber zunehmend Unterhaltungselemente eingesetzt, um eine breitere Zuschauerresonanz zu erzielen; seit der Zulassung privat-kommerzieller Fernsehanbieter Mitte der 80er Jahre hat sich dieser Trend noch verstärkt. Formate wie *ZAK* haben sich sogar der Ästhetik von Videoclips angenähert. Der Beitrag von Wegener stellt die Ergebnisse einer eigenen Inhaltsanalyse vor, in der untersucht worden ist, in welcher Form Politikmagazine seit Einführung des privat-kommerziellen Fernsehens Infotainmentelemente einsetzen, ob Informationen zugunsten der Unterhaltungsorientierung reduziert worden sind und ob sich Konvergenzentwicklungen zwischen Sendungen und Sendern aufzeigen lassen. Insgesamt sind 80 Magazinsendungen aus dem öffentlich-rechtlichen und privat-kommerziellen Spektrum untersucht worden. Es hat sich gezeigt, dass die privat-kommerziellen Anbieter einen erheblich höheren Infotainment-Anteil aufweisen, als die öffentlich-rechtliche Konkurrenz. In der ARD und im ZDF stehen Berichte über Kriminalität und Prominenz nur in geringem Umfang auf der Agenda. Dennoch zeichnen sich Beschleunigungsprozesse durch die Verkürzung der Wortbeiträge und eine stärkere Visualisierung sowie durch Musikelemente in der Berichterstattung beider Anbietergruppen ab. Auch die öffentlich-rechtlichen Magazine sind dynamischer, inhaltlich vielfältiger und tendenziell unpolitischer geworden. Eine drastische Darstellung von Gewalt findet dort zwar in der Regel nicht statt, dennoch spielt die Darstellung von Emotionen auch bei erfolgreichen Sendungen wie *Frontal* (ZDF) eine entscheidende Rolle. Die Autorin gelangt in ihrem Resümee zu dem Ergebnis, dass eine zunehmende Dramatisierung, Unterhaltungsorientierung und Entpolitisierung sich für politische TV-Magazine pauschal nicht bestätigen lässt. Gerade die öffentlich-rechtlichen Magazine können auf eine sensationsorientierte Berichterstattung verzichten, da sie durch die fehlenden Werbeunterbrechungen nicht so stark dem Wettbewerb ausgesetzt sind wie die privat-kommerzielle Konkurrenz.

Rudi Renger entwickelt in seinem Beitrag „Politikentwürfe im Boulevard" die These, dass Informationsmedien als „vierte Gewalt" durchaus über ein politisches und ideologisches Machtpotenzial verfügen; auch wenn dies z.T. von den Berufspraktikern bestritten wird. Er stellt die Behauptung auf, dass der Journalismus durchaus auch in der Lage ist, Politik zu betreiben. Neben den positiven Effekten der Wissensvermittlung und -erweiterung, können auch negative Tendenzen in Hinblick auf die Verbreitung ideologischer Gehalte, sozialer Kontrolle oder Inaktivierung und Kommerzialisierung der Rezipienten konstatiert werden. Renger sieht im Phänomen des populären Journalismus eine Herausforderung für die Politik. Er beobachtet einen Trend zur Popularisierung in bezug auf die Themenauswahl und die Art und Weise der Berichterstattung. Politische und wirtschaftliche Themen werden zugunsten der Berichterstattung über Prominenz und Sport verdrängt. Es zeichnet sich ein „Primat der Unterhaltung über Politik" ab. Dabei sorgen vor allem „human interest stories" dafür, dass strukturelle Zusammenhänge durch die Beschreibung spektakulärer Einzelschicksale ersetzt werden, um Emotionen beim Publikum zu erzeugen. Dadurch unterscheidet sich der Boulevardjournalismus erheblich vom Qualitätsjournalismus, der den Anspruch erhebt, durch Hintergrundanalysen „Weltverstehen" zu erleichtern. Im Unterhaltungsformat wird weniger über Institutionen als über Einzelpersonen berichtet. Dadurch wird eine persönliche Nähe zu den Rezipienten hergestellt, die an deren persönliche Erfahrungswelt anschließt und ihnen somit einen direkteren und emotionalen Zugang zu den populären Personen vermittelt, über die berichtet wird. Im Rahmen einer eigenen empirischen Untersuchung hat Renger den Politikgehalt in der Boulevardpresse in Deutschland, Österreich und der Schweiz im Rahmen eines mehrstufigen Auswahlverfahrens in einer Woche im Oktober 2001 anhand der Tageszeitungen *Bild*, *Neue Kronen Zeitung* und *Blick* untersucht. Als Ergebnis der Analyse kann festgehalten werden, dass bei allen drei Blättern die kurze nachrichtliche Meldung als journalistische Darstellungsform dominiert. Bei den Themenschwerpunkten steht die Inlandsberichterstattung im Vordergrund. Auf das Stilmittel von Polarisierungen, etwa im Zusammenhang mit der Zuwanderungsdebatte wird häufig zurückgegriffen. Die Quellentransparenz ist sehr unterschiedlich. Auf der sprachlichen Ebene wird mit Metaphern, militärisch gefärbten Reizwörtern, Augenblickskomposita und direkten Anreden an Politiker gearbeitet, um die Aufmerksamkeit der Leser zu erreichen. Die drei Tageszeitungen lassen keine eindeutige ideologische Richtung erkennen, sondern vertreten ihrem Anspruch zufolge die Interessen des „kleinen Mannes" und sehen sich in ihrer Berichterstattung den Werten Nationalismus und Patriotismus verpflichtet. Die boulevardjournalistischen Tageszeitungen verfügen über ein „eher schmales Spektrum an politischen Berichtsthemen", ihre „Inhalte sind stark fragmentiert". Wider Erwarten sind innen- und außenpolitische Themen stärker vertreten als „human-interest"-Berichte. Dennoch wird versucht, an die individuellen Erfahrungen der Leser anzuknüpfen. Renger formuliert abschließend die These, dass derartige Boulevardmittel speziell durch den Seriencharakter ihrer Berichte sowie die Kampagnenformen in der Lage sind, Politik aktiv zu betreiben.

Günther Rager und *Lars Rinsdorf* stellen aus einer journalistischen Perspektive in Bezug auf die Presseberichterstattung über Politik die Frage: „Wieviel Spaß muss sein?". Sie haben in einem empirischen Feldversuch die Reaktion der Leser auf unterschiedlich unterhaltsame und informative Politikberichterstattung in verschiedenen Tageszeitungen untersucht. Die Autoren konstatieren, dass die Rezeption von Tageszeitungen – insbesondere beim jüngeren Publikum – rückläufig ist. Daraus den Schluss zu ziehen, dass das Publikum sich nur noch unterhalten lassen wolle und kein Interesse an politischer Information mehr besitze, ist jedoch falsch. Unterhaltsamkeit fungiert neben der Verständlichkeit als Qualitätskriterium journalistischer Berichterstattung, das die Aufmerksamkeit der Rezipienten binden kann. Rager und Rinsdorf gehen in ihrem Aufsatz der Frage nach, wie unterhaltsam journalistische Texte sein müssen, damit politische Informationen bei den Lesern die gewünschte Resonanz erreichen. Zur Beantwortung dieser Frage wurden anhand eines Quotenplans 166 Testpersonen für ein Leseexperiment ausgewählt, die unterschiedlich unterhaltsam aufbereitete Testartikel bewertet haben. Als Indikatoren für die Unterhaltsamkeit der Artikel wurde der Grad der Lebendigkeit und Emotionalität zugrundegelegt, während die Informativität von der (subjektiv empfundenen) Vollständigkeit des Textes und dem Nutzwert für die Leser abhing. Faktisch wurden den Testteilnehmerinnen drei unterschiedliche Artikel zu einem Thema mit verschiedenem Informations- und Unterhaltungsgehalt vorgelegt. Als Quellen dienten ein unterhaltsamer Text aus der Boulevardzeitung *Bild*, ein informativer Beitrag aus der *Frankfurter Allgemeinen Zeitung (FAZ)* sowie ein unterhaltsamer und informativer Artikel aus der *tageszeitung (taz)*. Am verständlichsten war für die Leser der Artikel aus der *Bild*-Zeitung, eine eindeutige Präferenz für einen der drei vorgelegten Texte ließ sich jedoch nicht feststellen. Es hat sich gezeigt, dass der Beitrag aus der *Bild* am besten bei den älteren und formal niedriger gebildeten Lesern ankam. Jüngere und formal höher Gebildete gaben dem *FAZ*-Beitrag den Vorzug, während der *taz*-Text ebenfalls eine positive Resonanz bei den jungen, formal höher Qualifizierten auslöste. Akademiker entschieden sich eher für die *FAZ* oder die *taz*; die *Bild* war weniger beliebt. Zeitungseinsteiger konnten mit der taz nur wenig anfangen, die jedoch bei Jugendlichen und jungen Erwachsenen besonders beliebt war. Die Verständlichkeit wurde als das zentrale Qualitätskriterium, gefolgt von der Emotionalität, Lebendigkeit, Informationsgehalt und Nutzwert, wahrgenommen. Insgesamt lassen sich unterschiedliche Lesertypen klassifizieren. Neben den „Tempolesern" gibt es „Faktensammler" und „Genussleser". Die Vorliebe für ein spezielles Format hängt auch von der geübten Lesekompetenz ab, die über die Rezeption von Tageszeitungen hinausgeht. Als Fazit der Untersuchung von Rager und Rinsdorf lässt sich festhalten, dass der Verzicht auf unterhaltsame Elemente im Rahmen der politischen Berichterstattung beim Leser insgesamt nicht ankommt. Wer nur auf Fakten setzt, schreibt am Publikum vorbei. Unterhaltende Bestandteile können hingegen den politisch weniger Interessierten dazu motivieren, sich mit politischen Themen zu beschäftigen. Das zentrale Qualitätskriterium der Tageszeitungen ist und bleibt jedoch die Verständlichkeit.

Andreas Hepp beschäftigt sich in seinem Text „Westerwelle im Container" mit dem Verhältnis zwischen Journalismus und Politik in der ‚Spaßgesellschaft'. Unter dem Eindruck der Terroranschläge vom 11.9.2001 wurde von Wissenschaftlern und Werbetreibenden das Ende der Spaßgesellschaft prognostiziert. Dieses Phänomen lässt sich jedoch nicht unabhängig von umfassenden soziokulturellen Prozessen und Wandlungsprozessen beschreiben und kann auch nicht durch ein singuläres Ereignis trotz der gravierenden weltweiten politischen Konsequenzen gestoppt werden. Die in der journalistischen Berichterstattung mit der Spaßgesellschaft assoziierten soziokulturellen Prozesse hinsichtlich der Medienkommunikation lassen sich Hepp zufolge auf mehrere Phänomenbereiche zurückführen. Der erlebnisrationale Umgang ermöglicht es dem Publikum, Emotionen über die Rezeption von Medieninhalten unterschiedlicher Genrezugehörigkeit (z.B. Action, Nachrichten, Horror, Unterhaltung) auszuleben. Erlebnispotenziale sind aktuell stärker fragmentiert und ausdifferenziert, da durch die Zunahme der Kanäle und Programme, insbesondere seit der Einführung der privat-kommerziellen Anbieter, ein kollektives Medienerlebnis immer seltener wird. Um die Aufmerksamkeit der Rezipienten zu erreichen, wird von den Programmmachern die Strategie der „Eventisierung der Medienkommunikation" verfolgt, um das Interesse für populäre Medienereignisse zu wecken. Weiterhin zeigen sich Tendenzen zur „Ironisierung, Parodisierung und Selbstreferenzialität" in der Medienlandschaft, die ebenfalls das Publikum an die Programme binden sollen. Die „Inszenierung von ‚außeralltäglicher Alltäglichkeit'" lässt sich insbesondere an Formaten wie Daily-Talk und Daily-Soap-Sendungen sowie *Big Brother* aufzeigen. Eine derartige ‚Eventisierung' der Gesellschaft ist jedoch als historischer Vorgang zu interpretieren, der unterschiedliche kulturelle Segmente umfasst. Die daraus resultierenden Konsequenzen für die Journalisten und Politiker bestehen Hepp zufolge darin, dass sich die politischen Protagonisten durch Medienauftritte als ‚Marken' inszenieren müssen, um wahrgenommen zu werden. Dadurch werden auch die Journalisten motiviert, über derartige Präsentationstechniken von Politikern zu berichten.

Danksagung

Der vorliegende Band setzt die Reihe der ikö-Publikationen fort. Während sich der erste Band mit „Medieninszenierungen im Wandel"[54] beschäftigt hat, bei denen das dramaturgische Element, das im Rahmen der Unterhaltungsorientierung eine zentrale Rolle spielt, im Mittelpunkt stand, hat der zweite Band „Medienethik zwischen Theorie und Praxis"[55] die moralisch zulässigen Grenzen und Angemessenheitsbedingungen der massenmedialen Berichterstattung reflektiert. Die sich an den vorliegenden Band anschließende vierte ikö-Publikation mit dem Titel „Der 11. September 2001. Die Terroranschläge in Amerika und die Folgen"[56] setzt sich mit den Anschlägen auf das New Yorker World Trade Center und das Washingtoner Pentagon auseinander, fragt nach den politischen, ökonomischen und kulturellen Konsequenzen dieses Verbrechens und analysiert zudem die Berichterstattung über die Attentate.

Wir danken den Autorinnen und Autoren dieses Bandes für Ihre Beiträge sowie Herrn Frank Weber vom LIT-Verlag für die gewohnt professionelle Unterstützung und dem Institut für Informations- und Kommunikationsökologie e.V. (IKÖ) für die Kooperation.

Literatur

BOSSHART, LOIS (1991): Infotainment im Spannungsfeld zwischen Information und Unterhaltung. In: *Medienwissenschaft Schweiz* 1, S. 1-4.

BRUNS, THOMAS / MARCINKOWSKI, FRANK (1997): *Politische Information im Fernsehen*. Eine Längsschnittstudie zur Veränderung der Politikvermittlung in Nachrichten und politischen Informationssendungen, Opladen.

DEHM, URSULA (1984): *Fernsehunterhaltung. Zeitvertreib, Flucht oder Zwang?* Eine sozialpsychologische Studie zum Fernseh-Erleben. Mainz.

DÖRNER, ANDREAS (1999): Politik im Unterhaltungsformat. Zur Inszenierung des Politischen in den Bilderwelten von Film und Fernsehen. In: *Aus Politik und Zeitgeschichte*. B41/1999, S. 17-25.

DÖRNER, ANDREAS (2000): *Politische Kultur und Medienunterhaltung*. Zur Inszenierung politischer Identitäten in der amerikanischen Film- und Fernsehwelt, Konstanz.

DÖRNER, ANDREAS (2001): *Politainment*. Politik in der medialen Erlebnisgesellschaft, Frankfurt am Main.

FAULSTICH, WERNER (1982): *Ästhetik des Fernsehens*. Tübingen.

FISCHER, ARTHUR (2000): Jugend und Politik. In: DEUTSCHE SHELL (Hrsg.): *Jugend 2000*, Band 1, S. 261-283.

FRIEDRICH-EBERT-STIFTUNG (HRSG.) (1998): *Medien-Zukunft zwischen Morgen und Grauen – Medien im Unterhaltungsrausch*. Mainz.

FRÜH, WERNER (1991): *Medienwirkungen: Das dynamisch-transaktionale Modell*. Theorie und empirische Forschung. Opladen.

---

54 Vgl. Schicha/Ontrup (Hrsg.) 1999
55 Vgl. Schicha/Brosda (Hrsg.) 2000
56 Vgl. Schicha/Brosda (Hrsg.) 2002

FRÜH, WERNER / WIRTH, WERNER (1997): Positives und negatives Infotainment. Zur Rezeption unterhaltsam aufbereiteter TV-Information. In: BENTELE, GÜNTER / HALLER, MICHAEL (HRSG.): *Aktuelle Entstehung von Öffentlichkeit*. Akteure – Strukturen – Veränderungen. Konstanz, S. 367-381.

GERHARDS, MARIA / GRAJCZYK, ANDREAS / KLINGLER, WALTER (2000): Unterhaltung und Unterhaltungsrezeption im Fernsehen. In: ROTERS, GUNNAR / KLINGLER, WALTER / GERHARDS, MARIA (HRSG.): *Unterhaltung und Unterhaltungsrezeption*. Baden-Baden, S. 99-118.

GÖRKE, ALEXANDER (2002): Unterhaltung als soziales System. In: BAUM, ACHIM / SCHMIDT, SIEGFRIED J. (HRSG.): *Fakten und Fiktionen*. Über den Umgang mit Medienwirklichkeiten. Konstanz, S. 63-76.

GÖTTLICH, UDO / NIELAND, JÖRG-UWE: Politik in der Pop-Arena: In *Transit* 9., Jg. 17, S. 110-123.

HABERMAS, JÜRGEN (1990): *Strukturwandel der Öffentlichkeit*. Untersuchungen zu einer Kategorie bürgerlicher Gesellschaft. Frankfurt am Main.

HALL, STUART (1980): Encoding/decoding. In: HALL, STUART U.A. (HRSG.): *Culture, Media, Language*. Working Papers in Cultural Studies, 1972-1979. London u.a., S. 128-138.

HALLER, MICHAEL (1996): Das allmähliche Verschwinden des journalistischen Subjekts. Die Bedeutung der redaktionellen Organisation für die Informationsproduktion. In: WUNDEN, WOLFGANG (HRSG.): *Wahrheit als Medienqualität*. Frankfurt am Main, S. 37-46.

HEINECKE, HERBERT (2001): Spielfilme im Politikunterricht. In: *Bundeszentrale für politische Bildung* (Hrsg.): *Politikunterricht im Informationszeitalter*, Bonn, S. 223-235.

HEPP, ANDREAS / WINTER, RAINER (HRSG.) (1997): *Kultur – Medien – Macht*. Cultural Studies und Medienanalyse, Opladen.

HERRES, VOLKER (1998): Politik als Showgeschäft. In: *grimme* 3/1998, S. 14-19.

HOLTZ-BACHA, CHRISTIANA (2001): Das Private in der Politik: Ein neuer Medientrend. In: *Aus Politik und Zeitgeschichte* B 41/2001, S. 20-26.

HORKHEIMER, MAX/ADORNO, THEODOR W. (1944/2000): *Dialektik der Aufklärung*. Philosophische Fragmente. Frankfurt am Main.

HORX, MATTHIAS (1995): *Trendwörter*. Düsseldorf.

KEPPLINGER, HANS MATHIAS (1996): Inszenierte Wirklichkeiten. In: *Medien und Erziehung* 1/1996, S. 12-19.

KLAUS, ELISABETH (1996): Der Gegensatz von Information ist Desinformation, der Gegensatz von Unterhaltung ist Langeweile. In: *Rundfunk und Fernsehen*, 3/1996, S. 402-417.

KOTTLORZ, PETER (1996): „Und die Moral von der Geschicht..." Erzählende Fernsehunterhaltungssendungen als Wert- und Normvermittler. In: BUBMANN, PETER / MÜLLER, PETRA (HRSG.): *Die Zukunft des Fernsehens*. Beiträge zur Ethik der Fernsehkultur. Stuttgart u.a., S. 88-101.

KÜBLER, HANS-DIETER (1975): *Unterhaltung und Information im Fernsehen*. Tübingen.

LEDER, DIETRICH (1996): Paradigmenwechsel. Von Hildebrandt zu Harald Schmidt. In: ABARBANELL, STEPHAN / CIPPITELLI, CLAUDIA / SCHWANEBECK, AXEL (HRSG.): Fernsehzeit. 21 Einblicke ins Programm. München, S. 89-94.

LEGGEWIE, CLAUS (2000): It's only Politainment. In: *Die Woche* vom 22.12.2000, S. 5.

LESCHE, DIETER (2001): Fröhlicher Kanibalismus. In: *Message* 2/2001, S. 43-47.

LÜTJEN, TORBEN / WALTER, FRANZ (2002): Der wahre Möllemann. In: *Berliner Republik* 1/2002, S. 44-51.

MALETZKE, GERHARD (1995): Kultur und Unterhaltung – eine fragwürdige Alternative. In: MALETZKE, GERHARD / STEINMETZ, RÜDIGER (HRSG.): Zeiten und Medien – Medienzeiten: Festschrift zum 60. Geburtstag von Karl Friedrich Reimers. Leipzig, S. 88-101.

MARCINKOWSKI, FRANK (1998): Politikvermittlung durch Fernsehen und Hörfunk. In: SARCINELLI, ULRICH (Hrsg.): *Politikvermittlung und Demokratie in der Mediengesellschaft,* Bonn, S. 165-183.

MARCINKOWSKI, FRANK (Hrsg.) (2001): *Die Politik der Massenmedien.* Heribert Schatz zum 65. Geburtstag. Köln.

MARCINKOWSKI, FRANK / GREGER, VOLKER / HÜNING, WOLFGANG (2001): Stabilität und Wandel der Semantik des Politischen: Theoretische Zugänge und empirische Befunde. In: MARCINKOWSKI, FRANK (Hrsg.): *Die Politik der Massenmedien.* Heribert Schatz zum 65. Geburtstag. Köln, S. 12-114.

MASSING, PETER (2001): Bürgerleitbilder und Medienkompetenz. In: BUNDESZENTRALE FÜR POLITISCHE BILDUNG (Hrsg.): *Politikunterricht im Informationszeitalter,* Bonn, S. 39-50.

MAST, CLAUDIA (1991): Journalismus und Affektmanagement. In: ROß, DIETER / WILKE, JÜRGEN (Hrsg.): *Umbrüche in der Mediengesellschaft,* München 1991, S. 183-192.

MEYER, THOMAS (1992): *Die Inszenierung des Scheins.* Voraussetzungen und Folgen symbolischer Politik. Essay-Montage. Frankfurt am Main.

MEYER, THOMAS (2001) *Mediokratie.* Die Kolonialisierung der Politik durch das Mediensystem, Frankfurt am Main.

MEYER, THOMAS / ONTRUP, RÜDIGER / SCHICHA, CHRISTIAN (2001): Von der Verkörperung der Politik zur Entkörperlichung im Bild. Körperkonstrukte und Bildfunktionen in politischen Fernsehsendungen. In: FISCHER-LICHTE, ERIKA / HORN, CHRISTIAN / WARSTAT, MATTHIAS (Hrsg.):*Verkörperung,* Tübingen und Basel, S. 199-220.

MEYER, THOMAS / ONTRUP, RÜDIGER / SCHICHA, CHRISTIAN (2000): *Die Inszenierung des Politischen,* Zur Theatralität von Mediendiskursen, Wiesbaden.

MORITZ, PETER (1996): Ratgeber „Lindenstraße"? Fernsehen zwischen Moral und Unterhaltung. In: *Medien Praktisch* 4/1996, S. 22-25.

NEUBERGER, CHRISTOPH (1996): *Journalismus als Problembearbeitung.* Objektivität und Relevanz in der öffentlichen Diskussion. Konstanz.

NIELAND, JÖRG-UWE / SCHICHA, CHRISTIAN (Hrsg.): *Infotainment und Aspekte medialer Wahrnehmung,* Duisburg 2000.

OPASCHOWSKI, HORST W. (1996): *Die multimediale Zukunft.* Hamburg.

PAUKENS, HANS (Hrsg.) (2000): *Politikvermittlung zwischen Information und Unterhaltung*. München.

POSTMAN, NEIL (1988): *Wir amüsieren uns zu Tode*. Urteilsbildung im Zeitalter der Unterhaltungsindustrie. Frankfurt am Main.

RAGER, GÜNTHER (1993): Unterhaltung – Mißachtete Produktstrategie? In: RAGER, GÜNTHER u.a. (Hrsg.): *Leselust statt Pflichtlektüre*. Die unterhaltsame Tageszeitung. Münster, Hamburg, S. 7-19.

SCHELLE, CARLA (2001): Politisches Lernen an Abbildungen – Bildbotschaften deuten und reflektieren. In: BUNDESZENTRALE FÜR POLITISCHE BILDUNG (Hrsg.): *Politikunterricht im Informationszeitalter*, Bonn, S. 210-222.

SCHICHA, CHRISTIAN (2000): Infotainmentelemente im Genre politischer Berichterstattung. In: NIELAND, JÖRG-UWE / SCHICHA, CHRISTIAN (Hrsg.): *Infotainment und Aspekte medialer Wahrnehmung*, Duisburg, S. 10-21.

SCHICHA, CHRISTIAN (1999): „Infotainment" Zur politischen Berichterstattung zwischen Information und Unterhaltung. In: *Zeitschrift für Kommunikationsökologie* 1/1999, S. 25-30.

SCHICHA, CHRISTIAN (2003): Kritische Medientheorie. Erscheint in: WEBER, STEFAN (HRSG.): *Medien und Kommunikationstheorien*. Paradigmen – Theorienspektrum – Komparatistik, Konstanz.

SCHICHA, CHRISTIAN / ONTRUP, RÜDIGER (Hrsg.) (1999*): Medieninszenierungen im Wandel* – Interdisziplinäre Zugänge, Münster.

SCHICHA, CHRISTIAN / BROSDA, CARSTEN (Hrsg.) (2000): *Medienethik zwischen Theorie und Praxis*. Normen für die Kommunikationsgesellschaft, Münster.

SCHICHA, CHRISTIAN / BROSDA, CARSTEN (Hrsg.) (2002): *11. September 2001*. Die Terroranschläge in Amerika und die Folgen. Münster (im Erscheinen).

SCHMIDT, SIEGFRIED J. / WESTERBARKEY, JOACHIM / ZURSTIEGE, GUIDO (HRSG.) (2001): *a/effektive Kommunikation*: Unterhaltung und Werbung. Münster.

SCHMITZ, MANFRED (1995): *Fernsehen zwischen Apokalypse und Unterhaltung*. Zur Instrumentalisierung der Fernsehunterhaltung. Baden-Baden.

SCHOLZ, MARTIN / VORNBÄUMEN, AXEL (HRSG.) (2000): *Pop, Poesie und Politik*. Frankfurt am Main.

SEEßLEN, GEORG (1996): Unterhaltung über alles. Oder Infotainment im elektronischen Biedermeier. In: *Medien und Erziehung* 3/1996, S. 135-144.

SEEßLEN, GEORG (1983): Unterhaltung. IN: LANGENBUCHER, W.R. U:A: (HRSG.): *Kulturpolitisches Wörterbuch Bundesrepublik Deutschland / Deutsche Demokratische Republik im Vergleich*. Stuttgart, S. 707-710.

STRASSER, HERMANN / GRAF, ACHIM (2000): Schmidteinander ins 21. Jahrhundert. Auf dem Weg in die Spaß- und Spottgesellschaft. In: *Aus Politik und Zeitgeschichte* B 12/2000, S. 7-16.

STUMM, MASCHA-MARIA (1996): *Unterhaltungstheoreme bei Platon und Aristoteles*. Berlin.

TEICHERT, WILL (1978): Die Sehgewohnheiten der Zuschauer oder Was erwartet das Publikum von den Unterhaltungsangeboten des Fernsehens. In: RÜDEN, P. VON (HRSG.): *Unterhaltungsmedium Fernsehen*. München.

TENSCHER, JENS (1998): Politik für das Fernsehen – Politik im Fernsehen. Theorien, Trends und Perspektiven. In: SARCINELLI, ULRICH (HRSG.): *Politikvermittlung und Demokratie in der Mediengesellschaft*.Bonn, S. 184-208.

VORDERER, PETER (2001): Was wissen wir über Unterhaltung? In: SCHMIDT, SIEGFRIED J. / WESTERBARKEY, JOACHIM / ZURSTIEGE, GUIDO (HRSG.): *a/effiktive Kommunikation*: Unterhaltung und Werbung. Münster, S. 111-132.

WEGENER, CLAUDIA (2001): *Informationsvermittlung im Zeitalter der Unterhaltung*. Eine Langzeitanalyse politischer Fernsehmagazine, Wiesbaden.

WEISCHENBERG, SIEGFRIED (1997): *Neues vom Tage*. Die Schreinemakerisierung unserer Medienwelt. Hamburg.

WEISS, HANS-JÜRGEN / TREBBE, JOACHIM (2000): *Fernsehen in Deutschland 1998-1999*. Programmstrukturen, Programminhalte, Programmentwicklungen. Schriftenreihe der Landesmedienanstalten Bd. 18. Berlin.

WEISSENO, GEORG (1997): Aus Quellen lernen: Arbeit mit Texten, Grafiken, Karikaturen, Fotos und Film. In: SANDER, WOLFGANG (Hrsg.): *Handbuch politische Bildung*, Schwalbach/Ts, S. 431-445.

WEISSENO, GEORG (2001): Medien im Politikunterricht. In: BUNDESZENTRALE FÜR POLITISCHE BILDUNG (Hrsg.): *Politikunterricht im Informationszeitalter*, Bonn, S. 21-38.

WESTERBARKEY, JOACHIM (1995): Journalismus und Öffentlichkeit. Aspekte publizistischer Interdependenz und Interpenetration. In: *Publizistik* 2/1995, S. 152-162.

WESTERBARKEY, JOACHIM (2001): Von allerley Kurzweyl oder vom wissenschaftlichen Umgang mit einem antiquierten Begriff. In: SCHMIDT, SIEGFRIED S. / WESTERBARKEY, JOACHIM / ZURSTIEGE, GUIDO (HRSG.): *a/effektive Kommunikation*. Unterhaltung und Werbung. Beiträge zur Kommunikationstheorie. Münster, S. 13-24.

WINTERHOFF-SPURK, PETER (2000): Der Ekel vor dem Leichten. Unterhaltungsrezeption aus medienpsychologischer Perspektive. In: ROTERS, GUNNAR / KLINGLER, WALTER / GERHARDS, MARIA (HRSG.): *Unterhaltung und Unterhaltungsrezeption*. Baden-Baden, S. 77-98.

WITTWEN, ANDREAS (1995): *Infotainment*. Fernsehnachrichten zwischen Information und Unterhaltung. Bern.

ANDREAS DÖRNER

Medienkommunikation und Unterhaltungsöffentlichkeit[1]
Zirkulation der Diskurse und virtuelle Vergemeinschaftung

In der medialen Erlebnisgesellschaft sind die Massenmedien zur zentralen Infrastruktur der Kommunikation geworden. Wenn im Folgenden nach den politischen Implikationen dieser Entwicklung und nach den Funktionen der neu entstandenen Unterhaltungsöffentlichkeit gefragt wird, dann müssen zunächst die Besonderheiten von massenmedial vermittelter Kommunikation bestimmt werden. Es macht nämlich durchaus einen Unterschied, ob ich in direkter *Face-to-face*-Kommunikation eine Diskussion meiner Kollegen beobachte oder ob ich im Fernsehen die Debatte zwischen Kanzler Schröder und Oppositionsführer Schäuble verfolge; und es macht einen Unterschied, ob ich mit meinem Nachbarn ein Streitgespräch über den begrenzenden Maschendrahtzaun führe oder ob dies im Rahmen der Fernsehsendung *Richterin Barbara Salesch* bundesweit ausgestrahlt wird.[2]

Denn das erste wichtige Spezifikum massenmedialer Kommunikation besteht darin, dass die Zugänglichkeit von Nachrichten, Informationen oder auch Bildern für potentiell jeden Bürger gewährleistet wird. Die Erreichbarkeit der Kommunikationsadressaten wird ebenso erhöht wie die Teilnehmerzahlen, so dass die Medien als ein großer Multiplikator wirken. Die Reichweite des politischen Diskurses ist insbesondere mit den elektronischen Medien so stark erweitert worden, dass selbst aktuellste Nachrichten innerhalb kürzester Zeit von sehr vielen Menschen aufgenommen werden können. Die Rede vom „globalen Dorf" zielt nicht zuletzt auf diese neue Schnelligkeit und Engmaschigkeit der Informationsverteilung.

Das zweite, damit eng zusammenhängende Spezifikum liegt in einer Veränderung der raum-zeitlichen Ordnung von Kommunikation. Raumgrenzen können mit moderner Technologie mühelos überwunden werden, und die Mediennutzer werden in die Lage versetzt, gleichzeitig in ihrem eigenen Wohnzimmer zu sitzen und bei einem wichtigen Ereignis irgendwo in der Welt „dabei zu sein". Man kann sich heute kaum noch vorstellen, dass eine der ersten Live-Übertragungen des Fernsehens, die Krönung von Königin Elisabeth II. im Jahre 1953, bei vielen Beobachtern einen Schock der Gleichzeitigkeit auslöste. Demgegenüber war die Fernsehübertragung der Beisetzung von Prinzessin Diana im Jahre 1997, die von einem Milliardenpublikum auf allen fünf Kontinenten gleichzeitig gesehen wurde, schon kommunikative Routine.[3]

Der Erfahrungsraum des einzelnen Menschen ist auf diese Weise erweitert worden, was natürlich auch zu einer Komplexitätssteigerung unseres Alltagserlebens geführt hat. Die Welt, mit der wir uns auseinandersetzen müssen, ist größer, vielfältiger und durch die in rasender Schnelligkeit aufeinander folgenden Meldungen auch temporeicher geworden. Wir sind ständig mit Ereignissen und Veränderungen konfrontiert, gleich ob diese nun in unse-

---

[1] Der folgende Text ist ein Nachdruck des vierten Kapitels aus dem Buch „Politainment. Politik in der medialen Erlebnisgesellschaft" (Frankfurt/M., Suhrkamp-Verlag), das sich mit dem Zusammenspiel von Politik und Unterhaltungskultur in Deutschland beschäftigt. Zum Zusammenhang von politischer Kultur und Unterhaltungsmedium und zur besonderen Situation in den USA siehe ausführlich Dörner 2000.

[2] Vor allem, wenn dieser Auftritt dann von Stefan Raab in *TV total* als Gag eingeblendet und später zu dem Country-Hit *Maschendrahtzaun* verarbeitet wird, wie im Herbst 1999 geschehen.

[3] Zum Live-Schock bei den Krönungsfeierlichkeiten vgl. Elsner u.a. 1994, S.182

rem eigenen Dorf, in Berlin, Tokio oder Atlanta stattfinden. Darüber hinaus haben sich mit der Internationalisierung der Medienprogramme auch die Räume des kulturell Selbstverständlichen verändert. Ein deutscher Zuschauer wird über die Kino- und Fernsehprogramme mit Bildwelten aus fremden Kulturen und daher auch mit ganz anderen „Normalitäten" konfrontiert. Er ist in der Unterwelt Londons oder in der Zeichentrickwelt von *South Park*, Colorado ebenso zu Hause wie in der *Lindenstraße* und im *Marienhof*. Und diese teils exotischen, teils vertrauten, aber dennoch fiktionalen Welten werden in unserem Erleben immer wieder mit den Segmenten der Erfahrung aus der eigenen Alltagswelt zu einer neuen, komplexen Wirklichkeit vermengt.

Erfahrungsbeschleunigung und globale Gleichzeitigkeit sind die eine Seite der medialen Neudefinition von Realität. Daneben haben die elektronischen Massenmedien aber auch eine zeitstrukturierende Wirkung. Programmschemata teilen – in Verbindung mit den jeweiligen Präferenzen der Nutzer – den Alltag ein. Schon die Erkennungsmelodie einer bestimmten Sendung markiert eingängig, in welchem Zeitabschnitt der Zuschauer sich befindet. Beim Frühstück ist man im *Morgenmagazin* zu Gast, die Zubereitung des Essens begleitet die mittägliche Talk-Show, *Gute Zeiten, schlechte Zeiten* leitet den Abend ein, und mit der *Harald-Schmidt-Show* bereitet man sich auf das Zubettgehen vor. Auch der Jahresrhythmus wird durch die Ikonographie des Fernsehschirms, durch Schneelandschaften, Coca-Cola-Trucks und Weihnachtsbäume ebenso zuverlässig angezeigt wie durch Frühlingswiesen und Osterhasen. Die Zyklik der Bilder und Programme leistet heute das, was früher Kirchenglocken und religiöse Feiertage geleistet haben.[4]

Das dritte und vielleicht wichtigste Spezifikum massenmedialer Kommunikation besteht in einer eingeschränkten und verzögerten Entgegnungsmöglichkeit. Auch wenn heutzutage der Fernsehzuschauer oder Radiohörer durch vielfältige Formen der Partizipation als Kandidat, als Ratsuchender oder Diskussionsteilnehmer in die Sendungen einbezogen wird, und viele Sendungen per Internet eine weitere, interaktive Kommunikationsschiene zu ihren Zuschauern eröffnet haben, so ist doch die typische Situation eine andere als die der personalen Alltagskommunikation. Man antwortet nicht direkt auf das Gesagte und Gezeigte, sondern hört oder sieht zunächst einmal nur zu. Dies ist jedoch nicht nur ein Manko, sondern auch eine Entlastung des Kommunikationsteilnehmers, der – anstatt sofort reagieren zu müssen – in Ruhe über das Kommunikationsangebot reflektieren und sich in seinem eigenen Umfeld über das Gehörte austauschen kann. Allerdings bleiben personale Kommunikation und Massenkommunikation stets eng verknüpft, denn wir sprechen morgens am Arbeitsplatz genau so über das Fernsehprogramm vom letzten Abend, wie das Fernsehen – etwa in Magazinen und Talk-Shows – die Themen aufgreift, über die man sich gestern noch mit den Kollegen unterhalten hat.[5]

Die eingeschränkte Interaktivität der Massenmedien, dies scheint auf den ersten Blick paradox, hat trotz ihrer vielbeschworenen anonymisierenden und vereinsamenden Wirkungen durchaus vergemeinschaftenden Charakter. Auf der Ebene der Anschlusskommunikation, wie sie gerade erwähnt wurde, geben die Medien gemeinsame Themen und Kommunikationsanlässe, die von den Mediennutzern herangezogen werden, um in der Familie, am Arbeitsplatz oder mit Freunden zu sprechen und eigene Probleme zu reflektieren. Darüber

---

4 Vgl. Reichertz 1996, S. 4
5 Vgl. Schmidt 1994, S. 64f.

hinaus ergeben sich Effekte der virtuellen Vergemeinschaftung.[6] Die Medien nehmen nicht nur eine Auswahl von Themen, Informationen, Bildern und Geschichten vor, sondern der Zuschauer weiß im Prozess der Medienaneignung genau, dass diese Selektion auch für viele andere Zuschauer gilt. Wir wissen stets, was die anderen lesen, hören oder sehen können. Wir bewegen uns also in einem wohldefinierten massenmedialen Bildraum, den andere Mitglieder des Publikums mit uns teilen. Wir wissen, dass sie ihn mit uns teilen und können uns daher bei unserer Kommunikation problemlos auf diese gemeinsame Bildwelt beziehen.

Eine letzte wichtige Besonderheit ergibt sich schließlich noch aus der Tatsache, dass die meisten Massenmedien in unser Alltagshandeln so integriert sind, dass wir durch sie die „große weite Welt" direkt in unser Wohnzimmer hineinholen können. Es hat sich eine neue Wirklichkeitssphäre zwischen den traditionellen Polen von Öffentlichkeit und Privatheit etabliert, da die öffentlichen Angelegenheiten über den Bildschirm in das frühere Privatissimum des Wohnzimmers hineinkommen und dort Gespräche über das Gesehene anstoßen. Die typische Institutionalisierungsform dieser Sphäre innerhalb des Fernsehprogramms ist die Talk-Show, in der je nach Sendeformat prominente oder unbekannte Personen Meinungen und Bewertungen zu öffentlichen Themen äußern. Hier werden also neue Teilnehmer am öffentlichen Diskurs rekrutiert. Auf der anderen Seite sind ehemals private Angelegenheiten wie Liebesgeständnisse in der Fernsehwirklichkeit von Sendungen wie *Nur die Liebe zählt*, *Traumhochzeit* und den zahlreichen Daily Talks zu öffentlichen Angelegenheiten geworden. Hobbys, sexuelle Vorlieben, Probleme der Zweierbeziehung avancieren zu Gegenständen des Raisonnements, wie niedrig auch immer das intellektuelle Niveau der hier ausgetauschten und diskutierten Ansichten sein mag. Es sind also neue Mischformen des Diskurses entstanden.

Die Massenmedien erscheinen somit als die Institution, welche eine soziale Zirkulation der Diskurse gewährleistet. Medien fungieren, so John Fiske, im Fluss der Diskurse als eine Relaisstation, die bestimmte Diskurstendenzen aufnimmt, zu ihren eigenen Bedingungen leicht modifiziert und in verstärkter Form wieder aussendet.[7] Medien „machen" nicht die Realität im Sinne eines autonomen Konstruktionsprozesses, aber sie prägen nachhaltig jene Bausteine, die zur Realitätskonstruktion von den Mediennutzern verwendet werden. Der Zeichen- und Wahrnehmungsraum, der durch die Medien in dieser Weise umschrieben wird, definiert unsere Selbstverständlichkeiten und Normalitäten. Das zeitigt zugleich zwei mögliche Konsequenzen, die auch empirisch stets beobachtbar sind. Zum einen fungiert der Mediendiskurs als Befestigung des kulturellen Status quo. Mediensysteme sind heute in der Regel marktförmig organisiert, und die Anbieter müssen darauf achten, dass sie die Erwartungen des Publikums möglichst genau bedienen. Diese Erwartungen und damit die Normalitätsvorstellungen, Werte und Sinnkonstrukte werden stabilisiert und auf Dauer gestellt. Die Medien führen uns – beinahe rituell – die geltenden Selbstverständlichkeiten in immer wieder neuer Form vor und halten sie somit im kulturellen Gedächtnis lebendig.

Zum anderen bewirkt die Verstärkerfunktion, dass bestimmte Diskurstendenzen unterstützt werden – wenn sie von einflussreichen Akteuren gefördert werden oder aufgrund ihres Aufmerksamkeitswertes besonders mediengängig sind. Daher können Medien auch Verstärker von Wandlungsprozessen sein, indem sie etwas „neues" – eine neue Wertpräferenz,

---

6 Vgl. dazu Meyrowitz 1985 und Merten 1977.
7 Siehe dazu ausführlich Fiske 1996

einen neuen *Way of Life* – immer wieder in den öffentlichen Wahrnehmungsraum bringen, dadurch „normalisieren" und bei anderen Teilen der Bevölkerung akzeptabel machen. Der Wandel wird aufgegriffen und medial verstärkt. Ein typisches Beispiel für diesen Normalisierungsdiskurs ist die *Lindenstraße*. Hinter der Fassade einer geradezu miefig-durchschnittlichen Mietshaus-Szenerie entfaltet sich ein Panoptikum sozialer Umbrüche, in der es „Normalfamilien" im herkömmlichen Sinne gar nicht mehr gibt. Statt dessen sehen wir ein Patchwork von Beziehungen, innerhalb dessen auch homosexuelle Bindungen mit (Pflege-) Kindern gesegnet sind und Trennungen sowie neue Konstellationen ständig auf der Tagesordnung stehen. Nicht mehr die traditional verfestigten Muster der Lebensführung, sondern einzig der Kanon linksliberaler politischer Korrektheit definiert hier noch die Grenzen dessen, was „man" darf und was von der Gemeinschaft als legitim akzeptiert wird.

Öffentliche Kommunikation im Umbruch

In der wissenschaftlichen Diskussion ist bislang noch kaum danach gefragt worden, was die Durchdringung unserer Alltagswelt durch die Bildwelten der Medienunterhaltung eigentlich für die Konstitution von Öffentlichkeit bedeutet. Sie ist immerhin als ein Kernstück demokratisch verfasster politischer Systeme anzusehen. Über lange Zeit haben zeitdiagnostische Verfallsszenarien die Diskussion beherrscht. Diese „großen Erzählungen" über den Niedergang von Öffentlichkeit sind durch Autoren wie Hannah Arendt, Jürgen Habermas und Richard Sennett geprägt worden. Vor allem Sennetts Ausführungen über die „Tyrannei der Intimität" haben vor dem Hintergrund einer Medienkultur, in der das klassische öffentliche Raisonnement immer mehr in den Hintergrund rückt und private Angelegenheiten immer häufiger zum Gegenstand öffentlicher Ausstellung gemacht werden, einige Plausibilität gewinnen können.

Sennett entwirft in einer Verbindung von Sozialphilosophie und historischer Soziologie ein Bild der „Verdrängung der res publica durch die Annahme, gesellschaftlicher Sinn erwachse aus dem Gefühlsleben der Individuen".[8] Wie im nach-augustinischen Rom sei heute für die meisten Menschen das öffentliche Leben zu einer lästigen Pflicht geworden, der man sich nach Möglichkeit entzieht, um seine Energien in die Verwirklichung des privaten Lebensglücks zu investieren. Problematisch sei vor allem die Vermischung der im Aufklärungszeitalter klar voneinander geschiedenen Sphären.

Der kosmopolitische „public man" des 18. Jahrhunderts, so Sennett, hatte den privaten Raum der Familie als Raum der Entfaltung von Natur, die Öffentlichkeit jedoch als Raum der Zivilisiertheit verstanden. Zivilisiert heißt dabei, dass man die anderen nicht mit den Gestalten des eigenen Innenlebens belästigt, sondern gerade als Schutz des Persönlichen einen Raum distanzierter Geselligkeit unter Ausblendung der Intimität bewahrte. Dieser öffentliche Raum ist jedoch seit dem 19. Jahrhundert zunehmend aufgelöst und von veröffentlichten Privatheiten durchzogen worden. Einen nicht unbeträchtlichen Anteil an diesem Prozess haben Sennett zufolge im 20. Jahrhundert die elektronischen Medien. Diese Medien, vor allem das bald alles beherrschende Fernsehen, haben eine paradoxe Situation von Sichtbarkeit und Isolation produziert, in der zwar nahezu jeder Bereich der Gesellschaft

---

8 Sennett 1983, S. 426

visibilisiert wird, jedoch gleichzeitig der Sphäre sozialer Interaktion verwehrt bleibt. Daraus folgt politisch:

„Die Massenmedien steigern das Wissen der Menschen von dem, was in der Gesellschaft vor sich geht, erheblich, zugleich jedoch schränken sie die Fähigkeit, dieses Wissen in politisches Handeln umzusetzen, erheblich ein"[9].

Die Medien befestigten somit das, was sich schon im 19. Jahrhundert mit der Publikumskultur von Konzert und Theater vorbereitet habe: „das Schweigen der Menge".

Dieses Bild von der schweigenden Menge muss jedoch vor dem Hintergrund der empirischen Forschung deutlich relativiert werden. So haben zahlreiche Studien belegen können, dass in der begleitenden und anschließenden Kommunikation zur Mediennutzung über das, was man gesehen oder gehört hat, ausgiebig diskutiert wird.[10] In sozialer Interaktion findet sehr wohl Meinungsbildung und Meinungsäußerung statt, die dann unter bestimmten Umständen auch in politisches Handeln münden kann.[11] Die „schweigende Menge" besteht in Wirklichkeit aus einer Vielzahl unterschiedlicher Individuen, denen durchaus ein weites Spektrum der Reaktion auf die kommunikativen Angebote der Medien zur Verfügung steht. So kann man mit Protest auf Sendungen oder Filme reagieren, und dieser Protest ist seinerseits wieder organisierbar und kann sich als Demonstration oder als Kampagne einer Interessengruppe äußern.

Überdies findet sich in der gegenwärtigen Medienkultur eine ganze Reihe von Sendeformaten, bei denen die aktive Partizipation des Publikums zu einem konstitutiven Bestandteil geworden ist. Das Spektrum dieser Partizipationsformen beginnt bei rudimentären Formen wie Wunschoptionen für Musiktitel und führt über Fragen und Problemvorträge bei Ratgebersendungen bis zu Angeboten, die sich hauptsächlich aus Gesprächsanteilen der Zuschauer zusammensetzen. Dies gilt beispielsweise für *Domian* (WDR) oder die psychologische Beratungssendung *Lämmle Live* (SDR), wo Zuschauer anrufen und ihre persönlichen Probleme besprechen können.

Weiterhin wird das Publikum beteiligt in Talk- und Gameshows, sei es als Kandidaten oder als Studiopublikum, das mitdiskutieren oder zumindest nach „demokratischen" Grundsätzen abstimmen kann (z.B. beim Klassiker *Pro und Contra*). In politischen Diskussionssendungen gehört es nach dem amerikanischen Vorbild der „Electronic Townhall" mittlerweile vielerorts zum guten Ton, das Publikum in Fragen und Kommentaren zu Wort kommen zu lassen. Und es muss an dieser Stelle auch an die Ergänzung der Fernseh- durch die Internetkommunikation gedacht werden. Die meisten TV-Angebote haben heutzutage über www-Adressen einen interaktiven Kanal zum Publikum eröffnet, durch den Anregungen, Fragen und Kommentare in die massenmediale Kommunikation zurückgespielt werden können. Polit-Talks wie *Sabine Christiansen* und *Berlin Mitte* bieten jeweils im Internet erfolgreich Diskussionsforen an, damit die Zuschauer sich auch untereinander über die Themen austauschen können.

Nun scheint freilich die ausufernde Talk-Kultur im Fernsehen mit ihren Themen der Intimität Sennetts These voll zu stützen, und auch Zygmunt Bauman führt in einem kritischen Essay den Fall der jungen Französin Viviane an, die an einem Mittwochabend des Oktobers

---

9 Sennett 1983, S. 358
10 Siehe dazu jetzt Dahlgren 1995, S. 148ff
11 Vgl. dazu vor allem Gamson 1992

1983 mit einer Klage über die Ejaculatio praecox ihres Ehemannes in einer Talk-Show den beschleunigten Niedergang der öffentlichen Kultur eingeleitet habe.[12] In den Daily Talks werden oft freimütig Themen aus dem Sexual- und Innenleben der Gäste entfaltet. Aber selbst diese Palaverkultur kann als Indiz dafür herangezogen werden, dass die Menge keineswegs nur schweigt. Immer mehr Menschen suchen den Weg ins Fernsehen, um ihre Meinung zu privaten, aber auch zu genuin politischen Themen in der neuen Form von Talk-Öffentlichkeiten zur Debatte zu stellen. Zwar vermischt sich hier Öffentliches und „Privates", aber ein völliges Verschwinden des öffentlichen Diskurses ist daraus nicht ohne weiteres abzuleiten. Die Geldnöte des Sozialhilfeempfängers werden zum Ausgangspunkt von sozialpolitischen Stellungnahmen, das NS-Tatoo des Skinhead wirft Fragen nach den Grenzen der Toleranz auf. Damit sollen die vielen Sendungen, die ihre Partizipanten zu Belustigungsanlässen der sensationsgierigen Zuschauer instrumentalisieren, nicht beschönigt werden. Dennoch liegen die Dinge komplizierter, als es Sennetts einfache Verfallsformel unterstellt. Es sind vor allem die Formen, die sich in der medialen Erlebnisgesellschaft verändern. Der klassische, physisch konstituierte „öffentliche Raum" wird immer kleiner; aber dieser Raum bildet sich im Bereich der Medienkommunikation anders neu.[13] Es ist dann letztlich immer eine Frage der zugrundegelegten Wertmaßstäbe, ob man den Wandel als Verfall oder als Eröffnung neuer Möglichkeiten interpretiert.

Funktionen von Unterhaltungsöffentlichkeit

Öffentlichkeit kann allgemein mit dem Soziologen Friedhelm Neidhardt verstanden werden als „offenes Kommunikationsforum für alle, die etwas sagen oder das, was andere sagen, hören wollen".[14] Dieses Forum kann sich als Versammlungsöffentlichkeit konstituieren, und auch im heutigen Medienzeitalter können solche Versammlungsöffentlichkeiten sowohl für soziale Bewegungen als auch für etablierte politische Parteien vor Ort noch partiell wichtig sein. Die persönliche Präsenz etwa eines Bundestagsabgeordneten in seinem Wahlkreis oder in der Ortsvereinsversammlung generiert Authentizität und Vertrauen in einem Maße, wie das über Medienkommunikation nicht erreichbar wäre. Dennoch steht im Zentrum moderner Gesellschaften zweifelsohne die massenmedial vermittelte Öffentlichkeit. Mit dem Terminus *Unterhaltungsöffentlichkeit* sollen dabei im Folgenden massenmedial vermittelte, im Modus von Unterhaltung und fiktionalen Spielhandlungen gerahmte Öffentlichkeiten bezeichnet werden. Es ist also nun zu klären, wie sich die unterhaltenden Als-ob-Welten mit *Feel-Good*-Faktor, die heutzutage einen großen Bereich der Medienkultur konstituieren, auf die Beschaffenheit des öffentlichen Diskurses auswirken.

Unterhaltungskultur als Interdiskurs

Der erste Punkt knüpft an dem Problem an, dass in der ausdifferenzierten modernen Gesellschaft die Gefahr einer Fragmentierung droht. Die Vielzahl der verschiedenen Sonder- und Subkulturen mit je eigenen Lebensstilen und Kommunikationskulturen – eine Vielzahl, die sich auch in einer Differenzierung und Pluralisierung des Fernsehpublikums bemerkbar

---

12 Vgl. Bauman 1999, S. 14
13 Vgl. dazu Hartley 1992, S. 35
14 Neidhardt 1994, S. 9

macht – scheint Öffentlichkeit als gemeinsames Forum zu gefährden. Es fehlt dann ein von allen geteilter Verständnishorizont, der eine vernünftige Erwägung von Entscheidungen und Zielsetzungen überhaupt erst ermöglicht.

Die populäre Medienkultur mit ihren Unterhaltungsangeboten nimmt in dieser Situation die Funktion eines „Interdiskurses" wahr.[15] Interdiskurse stellen eine gemeinsame Zeichenwelt zur Verfügung, die einzelne Spezialdiskurse überschreitet und so eine Infrastruktur für das gemeinsame Gespräch zur Verfügung stellt. Die Bildwelten und einfachen Geschichten der Unterhaltungskultur bieten einen solchen anschaulichen Interdiskurs. Fernsehsendungen zur *Prime Time* und erfolgreiche Blockbuster-Filme werden von vielen Menschen gesehen, und man kann sich auf diese Bilder und Erzählungen beziehen, wenn man ein Problem veranschaulichen oder über Lösungswege nachdenken will. Deshalb auch greifen politische Akteure gern auf solche Medienvorlagen zurück, um Missstände oder Zukunftshoffnungen der Gesellschaft zu thematisieren. Eines von vielen Beispielen war ein Plakat der SPD im Bundestagswahlkampf 1998, auf dem der Kinohit *Titanic* verarbeitet wurde. Der zum Untergang bestimmte, vermeintlich unsinkbare Ozeanriese wurde hier mit der seit 16 Jahren in Amt und Würden befindlichen, daher scheinbar nicht abwählbaren Regierung Kohl gleichgesetzt. Dieses Bild konnte in dem Jahr, in dem *Titanic* zum größten Filmerfolg aller Zeiten avanciert war, jeder Betrachter mühelos dekodieren.

Unterhaltungsöffentlichkeiten sind also in gewissem Maße dazu geeignet, den Fragmentierungstendenzen des öffentlichen Diskurses entgegenzusteuern. Hinzu kommt, dass soziale Asymmetrien in der gesellschaftlichen Wissensverteilung, die als Abschließungsmechanismus von Öffentlichkeit beobachtbar sind, in diesem Bereich weniger greifen. Die bekannte „Wissenskluft"-Hypothese, die davon ausgeht, dass mit dem vermehrten Medienangebot die Differenz zwischen gebildeten und weniger gebildeten Schichten in der Bevölkerung weiter zunimmt, bezieht sich in der Hauptsache auf den Faktor der Informationsvermittlung und damit auf die Nutzung der „seriösen" Informationsformate.[16] Im Unterhaltungssektor dagegen sind derartige sozialstrukturelle Unterschiede weitgehend zu vernachlässigen. Der Film *Jurassic Park* ist Professoren und Politikern ebenso bekannt wie Angestellten, Arbeitern und Schülern. Will man also bestimmte Probleme der Gentechnologie erörtern, kann man sich getrost auf die anschaulichen Bildwelten dieses kommerziell erfolgreichen Films beziehen – zumal das Szenario mit den Dinosauriern, die nach ihrer gentechnischen Wiederbelebung in einem Vergnügungspark als Publikumsattraktion dienen sollen, dort aber den Aufstand wagen und ihre Schöpfer davonjagen – durchaus einen seriösen wissenschaftlichen Hintergrund hat. Die Erreichbarkeit der Kommunikationsteilnehmer, das ist die entscheidende Pointe, ist im unterhaltungskulturellen Interdiskurs besonders groß.

Bewirtschaftung von Aufmerksamkeiten

Filme und erfolgreiche Fernsehserien wirken an der Setzung von öffentlichen Themen und damit am gesellschaftlichen agenda setting" mit. In einer Zeit der Informations- und Reizflut ist Aufmerksamkeit ein besonders kostbares Gut. Daher müssen die Bildwelten, an denen sich eine Reflexion anschließen kann, bewirtschaftet und somit knapp gehalten wer-

---

15 Zum Konzept des Interdiskurses vgl. Link/Link-Heer 1990
16 Siehe dazu ausführlich Bonfadelli 1994

den. Die Marktmechanismen der populären Medienkultur leisten unerbittlich eine solche Verknappung, da hier ein relativ kleines Segment der insgesamt produzierten Angebote jeweils so in den Mittelpunkt rückt, dass viele Menschen ihre knappe Zeit und Aufmerksamkeit diesem Angebot zuwenden können. Der Markt sorgt gleichsam unabsichtlich für eine synchrone Kanonisierung des modernen Bildungsgutes. Es ist eine bei der Dämonisierung der allmächtigen „Kulturindustrie" häufig übersehene Tatsache, dass auch heute noch – allen Professionalisierungstendenzen des Entertainment zum Trotz – 80 bis 90 Prozent aller Produktionen erfolglos bleiben. Der Geschmack des „Massen"-Publikums ist offenbar doch nur in begrenztem Maße berechenbar.

Nehmen wir als Beispiel für die marktgesteuerte Kanonisierung noch einmal das Beispiel von Spielbergs *Jurassic Park*. Der Film hat im Jahre 1993 ein Millionenpublikum gefunden und weltweit eine Summe von weit über 900 Mio. Dollar eingespielt, das ist mehr als doppelt soviel wie der zweitplazierte Film in diesem Jahr und liegt um ein Vielfaches über dem Ergebnis anderer Filme, die in dieser Zeit produziert und auf den Markt gebracht wurden. *Titanic* hat in der Saison 1997/98 sogar weit über 1 Milliarde Dollar erwirtschaftet und weltweite Diskussionen nicht nur über die den Tod überwindende romantische Liebe, sondern auch über den Fortschrittsmythos am Ende des 20. Jahrhunderts ausgelöst. Die anderen Filme kennen oft nur Spezialpubliken, während es in der amerikanischen wie in der deutschen Gesellschaft nur wenige Menschen gibt, denen *Jurassic Park* oder *Titanic* nicht bekannt sind.

Anschlusskommunikation

Der dritte wichtige Aspekt von Unterhaltungsöffentlichkeiten wurde in der Auseinandersetzung mit Richard Sennetts Verfallserzählung schon kurz angesprochen. Massenmediale Kommunikation ist keineswegs eine Einbahnstraße, an deren Ende eine „schweigende Menge" steht. Die Menge oder besser: die Pluralität der Mediennutzer setzt ihre Erlebnisse in kommunikative und interaktive Praxis um. Diese Möglichkeit ist keineswegs auf professionelle Öffentlichkeitsakteure, auf „Repräsentanten" und „Advokaten" beschränkt.[17] Auch soziale Gruppen oder Privatpersonen können in der Anschlusskommunikation aktiv werden. Das Spektrum der Handlungsmöglichkeiten beginnt bei Protest- und Leserbriefen, geht aber weit darüber hinaus. So hat die wohlhabende Hausfrau Terry Rakolta aus Michigan eine regelrechte Kampagne gegen die Fernsehserie *Married ... with Children* (dt. *Eine schrecklich nette Familie*) durchgeführt. Die dort gezeigten Figuren – verantwortungslose Eltern und respektlose Kinder, die mit gegenseitigen Bosheiten ihren bedingungslosen Hedonismus ausleben – verletzten die konservativen Familienwerte der Dame so stark, dass sie öffentlich aktiv wurde. Sie brachte viele ähnlich gesinnte Zuschauer dazu, sich ebenso gegen die Serie zu äußern, und entfaltete schließlich einen so großen öffentlichen Druck, dass mehrere Firmen wie McDonald's, Procter & Gamble und Coca Cola ihre Werbeaufträge zurückzogen oder zumindest eine schärfere Prüfung der Sendungen zusagten. Die Produktionsfirma entschuldigte sich daraufhin öffentlich für einige Inhalte der Sendungen und gelobte Besserung.[18]

---

17 Zur Rolle dieser Öffentlichkeitsakteure siehe Peters 1994, S. 57f.
18 Siehe dazu Fiske 1996, S. 117f.

Ein anderes Beispiel aus Deutschland ist die Aktion „Contra Sieben", die ihre Mitglieder vor allem über das Internet rekrutiert (www.contra-sieben.de). Diese Gruppe griff den Fernsehanbieter Pro 7 nicht nur auf Ihrer Website, sondern auch in öffentlichen Briefen mehrfach wegen seiner Sendepraxis an. Insbesondere störte die Gruppe, dass der Sender einige Folgen der Zeichentrickserie *The Simpsons* dem deutschen Publikum vorenthielt und den Abspann der Folgen, in dem regelmäßig noch einige Gags aus dem *Off* geboten und die vollständigen Credits aufgeführt werden, einfach wegfallen ließ. Nach mehreren Protestaktionen und Verhandlungen im Sender begann Pro 7 dann im Herbst 1999, die Abspänne mitzusenden und die fehlenden Folgen nachzuliefern. Bevor man derartige mikropolitische Erfolge von Fangruppen belächelt, sollte man bedenken, dass hier tatsächlich eine Gruppe von Menschen – und zwar eine Gruppe der sonst oft als „Couch Potatoes" verachteten Fernsehzuschauer – sich aufrafft, um die eigenen Interessen und auch die anderer Zuschauer durch öffentliche Aktionen in der direkten Konfrontation mit den mächtigen Sendeanstalten durchzusetzen.

Protest kann sich also organisieren und so ein besseres Fundament für die kommunikative Sichtbarkeit im öffentlichen Diskurs schaffen. Auf diese Weise haben sich in Amerika zahlreiche Gruppen gebildet, die das Fernsehprogramm überprüfen und bei nicht genehmen Inhalten öffentlich Protest erheben. Christliche Gruppen haben mitunter bis zu 10.000 Mitglieder mobilisieren können, um gegen bestimmte Sendungen vorzugehen. Insgesamt hat sich auf diese Weise in der amerikanischen Medienkultur ein relativ stabiler Zusammenhang von medienbezogener öffentlicher Kommunikation herausgebildet, in dem Interessengruppen und Verbände aller Art Stellung nehmen, protestieren oder auch Sendungen unterstützen.[19]

In den frühen 80er Jahren hat man nicht weniger als 250 fernsehbezogene aktive Interessengruppen in den USA gezählt. Schwerpunkte dieser Bewegungsöffentlichkeit bilden zunächst einmal Minderheiten, Frauenrechtsgruppen, Schwule, Senioren und Behinderte. Weiterhin sind konservative religiöse Gruppen wie die „Moral Majority" und die „National Federation for Decency" sowie zahlreiche soziale Themengruppen aktiv, die sich für Sonnenenergie, Gewaltfreiheit oder sonstige Anliegen einsetzen. Die Interventionsformen reichen vom öffentlichen Protest auf der Straße oder in der Presse über Briefkampagnen bis zum Lobbying bei den Networks.

Anlässlich der Ausstrahlung des Fernsehfilms *The Day After*, in dem die Folgen eines Nuklearkrieges vorgeführt werden, gab es umfassende öffentliche Aktionen durch Atomwaffengegner aus über 1000 Gruppen im ganzen Land. Man führte Märsche und Mahnwachen durch, lancierte Anzeigenkampagnen in der Presse und provokative Spots im Fernsehen. Dem standen Aktionen der „Moral Majority" gegenüber, die u.a. eine Briefkampagne mit 80.000 Briefen an den verantwortlichen Sender aufzog. Im Fernsehen fand schließlich eine ausführliche Podiumsdiskussion mit prominenten Befürwortern und Gegnern der nuklearen Aufrüstung statt. In Deutschland ist zwar noch nicht eine so ausgeprägte Protestöffentlichkeit wie in den Vereinigten Staaten vorhanden, aber auch hier kann zunehmend beobachtet werden, dass unterhaltungsöffentliche Events als Ausgangspunkt für politische Interventionen genutzt werden.

---

19 Vgl. dazu ausführlich Montgomery 1989

Konsonanzbildung

Wenn man mit Neidhardt „öffentliche Meinung" versteht als ein „kollektives Produkt von Kommunikationen, das sich zwischen den Sprechern als ‚herrschende Meinung' darstellt"[20], dann kann Öffentlichkeit über eine solche Konsonanz von Meinungen auch eine Orientierungsfunktion für die Bürger ausüben. Sie stellt Konsens her und macht bestehenden Konsens sichtbar. Diese Funktion wird durch Unterhaltungsöffentlichkeiten in starkem Maße unterstützt. Attraktiv gestaltete und von gezielt eingesetzten Musikpassagen begleitete Bildwelten in Film und Fernsehen führen uns den Bereich des politisch Selbstverständlichen und des politisch-moralisch „Richtigen" immer wieder vor. So haben Fernsehserien in Deutschland schon seit langem einen erheblichen Anteil an der Herausbildung eines öffentlichen Meinungskonsenses. Toleranz gegenüber Minderheiten aller Art, die Ablehnung von Antisemitismus, Ausländerfeindlichkeit und Rechtsradikalismus werden in einer Vielzahl von Vorabendserien täglich auf den Bildschirm gebracht. Und die verschiedenen Kommissare der erfolgreichen *Tatort*-Reihe stellen schon seit 30 Jahren bei ihrem Kampf um Recht und Gerechtigkeit vorbildliche Modellfiguren der im legitimen Meinungsspektrum der Republik angesiedelten politisch-korrekten Verhaltensweisen dar.

Bewahrung von politisch-kulturellen Traditionsbeständen

Politisch-kulturelle Vorstellungswelten sind, wenn sie wirksam und lebendig bleiben sollen, auf eine stetige Aufführung und zeitgemäße Neuinszenierung ihrer „Partitur" angewiesen. Traditionslinien drohen zu verblassen, wenn die Grundmuster nicht immer wieder in der öffentlichen Bildwelt vorgeführt werden. Es muss daher Medien und Formen geben, die den Kern der Traditionen aufgreifen und ins Forum der Öffentlichkeit stellen. Unterhaltungskultur ist einer der wichtigsten Bereiche moderner Gesellschaften, wo diese Institutionalisierung von Traditionen in der Gegenwart geleistet wird. Die populäre Medienkultur macht politisch-kulturelle Traditionen sichtbar, und aus dieser Visibilität erwächst die Möglichkeit, dass diese im öffentlichen Diskurs aufgenommen, thematisiert, reflektiert und auch kritisiert werden. Film und Fernsehen sind in diesem Sinne Medien des kulturellen Gedächtnisses, in denen Sinnfiguren und Deutungsmuster auf Dauer gestellt werden.
Dies kann auf ganz unterschiedliche Weise erfolgen. Traditionen können explizit thematisiert werden, etwa in Dokumentations- und Bildungssendungen im Fernsehen. Weiterhin können sie bewusst zelebriert werden; das ist beispielsweise dort der Fall, wo man im fiktionalen Unterhaltungssektor Ereignisse oder Figuren aus der Vergangenheit, die als traditionsbegründend gelten, in aufwendig produzierten Spielfilmen in Szene setzt. Die spezifischen Tugenden der historischen Helden werden als Charaktereigenschaften der Filmhelden lebendig vorgeführt. Eine solche visuelle Zelebration von Traditionen findet sich beispielsweise in den Revolutionsfilmen von Sergej M. Eisenstein, in deutschen Historienstreifen über den „Alten Fritz", in denen der Schauspieler Otto Gebühr zur Zeit der ausgehenden Weimarer Republik und der Nazi-Herrschaft die Ikonographie der Preußen-Tradition auf der Leinwand verkörperte, und natürlich in dem großen Bürgerkriegsepos *The Birth of*

---

20 Vgl. Neidhardt 1994, S. 26

a Nation von D. W. Griffith (1915), das den visuellen Grundstein für die Entwicklung des politischen Films in Amerika legte.
Der besonders wichtige Bereich liegt jedoch jenseits dieser expliziten Ebenen von Traditionsinszenierung. Er liegt dort, wo in Filmen und Serien ganz andere Dinge und Probleme thematisiert und doch Traditionsbestände von politischer Kultur wirksam sind: in der Art und Weise, wie die Welt konstruiert wird, wie die Akteure handeln und welche Problemlösungen als sinnvoll und erfolgreich gezeigt werden. Gerade dort, wo nicht historische Sujets behandelt werden, sondern Alltagsprobleme der Gegenwartsgesellschaft, die wir alle aus unserer eigenen Erfahrung kennen, erweist sich die populäre Medienkultur als wichtige Bewahrungs- und Erneuerungsagentur von Traditionen, denn diese werden als im Hier und Jetzt präsent gezeigt. Die Ablehnung des Nationalsozialismus und des Antisemitismus sind ein für die Bundesrepublik Deutschland zentral wichtiger Traditionsbestand der Republik. Diese politischen Deutungsmuster werden, heute häufiger denn je zuvor, als Konsenskern in immer wieder neuer Variation in Spielfilmen, Vorabend- und Kriminalserien lebendig aufgeführt. Sie schreiben im „unpolitischen" unterhaltungskulturellen Diskurs dieses Selbstverständnis der politischen Kultur stets aufs neue fort.

Inszenierung von politischer Identität

Kulturelle Traditionen sind nicht per se oder als museales Ornament der öffentlichen Wahrnehmungswelt relevant. Wichtig sind sie vor allem als gegenwartswirksame Größen. In der Alltagswelt der Bürger wie in der inszenierten Bildwelt der Medienunterhaltung treten uns die Traditionsbestände vor allem in der Form von politischen Identitätsmodellen entgegen. Was ist damit genau gemeint? Eine Identität verortet zunächst einmal den Akteur im sozialen Raum. Sie markiert symbolisch eine Grenze zwischen mir/uns und den „anderen", und diese Grenze wird definiert über bestimmte Merkmale, die man in jeweils unterschiedlicher Gewichtung durch Zuweisung und Aneignung erlangt. Wir wachsen mit Sozialisationsprozessen in symbolische Ordnungen hinein, die uns bestimmte Positionen anbieten, und mit diesen Angeboten können wir uns im Verlauf der alltäglichen Kommunikationsprozesse auseinandersetzen, um Schritt für Schritt eine eigene Identität herauszubilden. Wir begegnen konkreten Mitmenschen mit ihren Erwartungen, und in der Verarbeitung dieser Begegnungen bilden wir aus den unterschiedlichen Erwartungshorizonten einen „generalisierten Anderen", wie George Herbert Mead diese normative Kontrollgröße der sozialen Identitätsbildung genannt hat.
Das Charakteristikum der medialen Erlebnisgesellschaft besteht nun darin, dass dieser generalisierte Andere in immer stärkerem Maße durch die Medienkommunikation und immer weniger durch die personale Konfrontation mit anderen Personen konstruiert wird.[21]
In diesem Sinne hat auch Dieter Grimm, der bis 1999 für den Bereich des Medienrechts zuständige Bundesverfassungsrichter, ausgeführt: Das Fernsehen „erreicht die meisten Menschen, und zwar längst bevor sie lesen lernen. Weltverständnis, Sinngebung und Standards für ‚Normalität' werden weitgehend vom Fernsehen geprägt. In dieser Hinsicht ist es vermutlich schon einflussreicher als Familie und Schule".[22] Es sind die Unterhaltungsmedien, die heutzutage in weitem Umfang soziale Erwartungen formulieren und Identitätsmo-

---

21 Vgl. dazu die Studie von Meyrowitz 1985
22 Vgl. Grimm 1996, S. 59

delle vorführen. Diese Modelle kann der Mediennutzer sich aneignen, indem er die fiktionalen Welten mit Prozessen der Identifikation und der Distanznahme durchlebt und die Materialien der Medienkommunikation selektiv als Bausteine in seine alltagsweltliche Kommunikation überführt.

Politische Identität setzt sich zusammen aus spezifischen Wahrnehmungsweisen und Deutungsmustern. Sie definieren für mich, was die politische Welt konstituiert, welches ihre Triebkräfte und inneren Logiken sind und welche Handlungsgrößen das Geschehen bestimmen – etwa das Individuum, die Klasse, der Staat oder die Nation. Weiterhin enthält jede politische Identität Handlungsnormen und politische Rollensets. Diese geben vor, wie man sich adäquat als politischer Akteur verhält, indem man beispielsweise wählen geht oder nicht, indem man demonstriert oder einer Partei beitritt, sich „einmischt" oder das Feld den politischen Profis überlässt. Politische Identitäten enthalten auch Werte und Sinnkonstrukte. Die Werte bestimmen meine politischen Zielsetzungen, und erst aus einer spezifischen Identität können Sinngebungen für meine politische Existenz erwachsen, sei es etwa im Gemeinschaftserlebnis oder im individuellen Streben nach Glück. Politische Identität aber bestimmt schließlich auch über Zugehörigkeiten und politische Heimaten. Dies ist der Bereich der kollektiven Identität, und diese Bindungen sind von besonderer Wichtigkeit, da das politische Feld in hohem Maße durch politische Gemeinschaften und kollektive Akteure strukturiert wird. Politische Identität ist stets eng gekoppelt mit kollektiver Identität, sei es die einer Nation, einer Ethnie, einer Klasse oder eines politischen Milieus, einer Generation oder eines Geschlechts.

Nun sind in der Gegenwartsgesellschaft festgefügte traditionelle Identitäten knapp geworden. An die Stelle von gegebenen Bindungen ist eine Vielzahl von Optionen getreten, zwischen denen der einzelne sich entscheiden muss. In der Gegenwartsgesellschaft sind die Identitäten in einem größeren Maße als je zuvor wählbar geworden, mit allen Problemen, die das für die zur Freiheit verdammten Individuen mit sich bringt. Auch das politische Feld hat sich im Laufe dieser Entwicklung verändert, von einem wohlgeordneten Terrain stabiler Milieus und Organisationen hin zu einem Markt, auf dem diverse politischkulturelle Designs angeboten werden. Die Vorentscheidung durch die soziale Einbettung ist zunehmend abgelöst worden durch die jeweils neue Entscheidung von Menschen, die ihre materiellen und ideellen Interessen so gut wie möglich durchgesetzt sehen wollen.[23] Dieser „Nachfrage" auf dem Markt der Identitäten begegnen diverse „Angebote" im Forum der Medienunterhaltung, und diese Angebote geben auf diese Weise ein recht präzises Bild ab von den Normalitätserwartungen, die in einer Kultur herrschen. Erst wenn wir diese Modelle von politischer Identität in der Unterhaltungsöffentlichkeit sorgfältig analysiert haben, so meine These, können wir die demokratische Verfasstheit der Gesellschaft jenseits ihrer politischen Institutionen genauer erkennen.

Integration

Wenn man nun die bis hierhin genannten Funktionen von Unterhaltungsöffentlichkeit aus der Makroperspektive betrachtet, dann wird eine siebte, für den Bestand der Gegenwartsgesellschaft zentrale Funktion erkennbar: die der sozialen und politischen Integration. Unter-

---

23 Vgl. dazu Wildavsky 1987

haltungsöffentlichkeit eröffnet gemeinsame Kommunikationsräume, steuert und bündelt Aufmerksamkeiten, bietet Schnittstellen für gemeinsame Anschlusskommunikation, stiftet orientierungsfreundliche öffentliche Meinungen, stellt politisch-kulturelle Traditionsbestände auf Dauer und bietet Modelle von individueller und kollektiver politischer Identität an. Medienunterhaltung stellt für die Gesellschaft einen Raum zur Verfügung, in dem Bestände von kollektiv geteilten Vorstellungen, Werten, operativen Normen und Sinnentwürfen immer wieder neu inszeniert und beglaubigt werden. Die so mediensozialisierten Bürger bilden politische Gemeinschaften mit gemeinsamen politischen Identitäten.

Die wiederholte Aufführung der jeweiligen Lebensmuster und Gemeinschaften kann visuelle Heimaten schaffen. Sie haben einen hohen Wiedererkennungswert und werden mit positiven Gefühlen verknüpft. Der *Feel-Good*-Faktor stiftet auf diese Weise affektive Bindungen und Loyalitäten gegenüber der jeweiligen Bezugsgemeinschaft. Politische Sinnperspektiven, die in eine Tradition eingelassenen sind, erhalten hohe Evidenz, wo sich die Medien in gelungener Weise ästhetischer Inszenierungsmittel bedienen. Die in der Spielhandlung entfalteten Sinnmuster werden dadurch charismatisch überhöht.

Kann aber die Medienkultur tatsächlich als eine Integrationsagentur wirken in einer Zeit, in der die Medien selbst weitgehenden Differenzierungsprozessen ausgesetzt sind? In Deutschland ist die Entwicklung besonders nach der Einführung des dualen Rundfunksystems sichtbar geworden anhand der Pluralisierung der Fernsehanbieter. Während jedoch bei uns die Zahl der Anbieter, die über Kabel oder Satellit empfangen werden können, noch immer vergleichsweise gering ist, sind es in den USA bis zu hundert Programme. Weiterhin kommt hinzu, dass auch die technischen Möglichkeiten des Auswählens verbessert worden sind: Fernseher sind in der Regel mit Fernbedienung ausgestattet und viele Haushalte haben bereits Zweit- und Drittgeräte, so dass man sich auch innerhalb der Familie nicht auf ein Programm einigen muss. Videorecorder erweitern zusätzlich das Spektrum der Möglichkeiten, da man parallel eine Sendung sehen und eine andere aufnehmen kann. Mit der Digitalisierung und den entsprechenden Pay-TV-Angeboten wie *Premiere World*, die eine „interaktive" Auswahlmöglichkeit bieten, wird dieser Differenzierungsprozess im Bereich des Fernsehens noch weiter vorangetrieben.

Und dennoch zeigt sich bei genauerem Hinsehen, dass Unterhaltungsöffentlichkeiten ungeachtet aller Differenzierungsprozesse immer auch Kernbereiche aufweisen, die eine Mehrheit der jeweiligen Gesellschaft erreichen. So lässt sich beim Kinofilm problemlos ein Bereich des Mainstreams identifizieren, der von großen Teilen der Bevölkerung rezipiert wird. Das gilt vor allem für die sogenannten *Blockbuster*-Filme, die ganze Familien ins Kino locken. Eine Liste jener Filme, die im Jahr ihres Erscheinens in den USA über 100 Mio. Dollar eingespielt haben, gibt einen Eindruck von dieser Mainstream-Bildwelt, die jenseits der kulturellem Segmentierung wahrgenommen wird: *Titanic* mit über 427 Mio. Dollar (1997/98), *E.T. – The Extra-Terrestrial* (1982) mit 399 Mio. Dollar, *Jurassic Park* (1993) mit 356 Mio. Dollar, *Forrest Gump* mit 329 Mio. Dollar, *Star Wars* (1977) mit 322 Mio. Dollar, *The Lion King* (1994) mit 312 Mio. Dollar und *Independence Day* (1996) mit 306 Mio. Dollar. Diese Filme werden gleichzeitig auch in der öffentlichen Anschlusskommunikation durch Besprechungen und Vorschauen im Feuilleton oder im Fernsehen fokussiert und sind entsprechend problemlos als interdiskursives Kommunikationsmittel nutzbar.

Im Bereich des Fernsehens ist der Differenzierungsgrad und damit auch die „Verstreuung" des Publikums größer.[24] Da immer mehr Anbieter auf den Markt drängen, die Gesamtzeit der Fernsehnutzung aber nicht im gleichen Maße ansteigt, verteilen sich die Zuschauer notwendigerweise auf mehr Programme. Gleichwohl gibt es auch hier Sender mit größeren und Sender mit geringeren Marktanteilen, und es sind populäre Mainstream-Angebote vorhanden, die einen hohen Prozentsatz des Publikums auf sich vereinigen können. In Deutschland hat die *Lindenstraße* über weite Strecken einen Marktanteil von weit über 30% erreicht, und auch TV-Filme und Miniserien wie Dieter Wedels *Der große Bellheim* und *Der Schattenmann* sind nationale Ereignisse, weil sie ein großes Publikum vor dem Bildschirm versammeln. Die *Tagesschau* ist noch immer für die meisten Fernsehzuschauer eine feste Institution, und ZDF-Unterhaltungschef Viktor Worms bezeichnet die Game-Show *Wetten dass?* zutreffenderweise als großes „Lagerfeuer", weil sich hier mit Einschaltquoten von über 50 Prozent ein Großteil der deutschen Fernseh-Nation vor den Bildschirmen versammelt. Auch wenn also der Prozess der Differenzierung in der Fernsehkommunikation weit vorangeschritten ist, sind damit deren Integrationspotentiale nicht aufgehoben. Auch heute gibt es noch Sendungen, die „in" sind, über die „man" spricht, und es gibt solche, die niemand sehen will.

Literatur

BAUMAN, ZYGMUNT (1999): Zerstreuung der Macht. In: DIE ZEIT, Nr. 47, 18. November 1999, S. 14.

BONFADELLI, HEINZ (1994): *Die Wissenskluft-Perspektive.* Massenmedien und gesellschaftliche Information. Konstanz.

DAHLGREN, PETER (1995): *Television and the Public Sphere.* Citizenship, Democracy and the Media. London u.a.

DÖRNER, ANDREAS (2000): *Politische Kultur und Medienunterhaltung.* Zur Inszenierung politischer Identitäten in der amerikanischen Film- und Fernsehwelt. Konstanz.

DÖRNER, ANDREAS (2001): *Politainment.* Politik in der medialen Erlebnisgesellschaft. Frankfurt am Main.

ELSNER, MONIKA U.A. (1994): Zur Kulturgeschichte der Medien. In: MERTEN, KLAUS / SCHMIDT, SIEGFRIED J. / WEISCHENBERG, SIEGFRIED (HRSG.): *Die Wirklichkeit der Medien.* Eine Einführung in die Kommunikationswissenschaft. Opladen, S. 163-187.

FISKE, JOHN (1996): *Media Matters.* Race and Gender in U.S. Politics. Überarb. Aufl. Minneapolis; London.

GAMSON, WILLIAM A. (1992): *Talking Politics.* Cambridge u.a.

GRIMM, DIETER (1996): Die Marktwirtschaft wird's nicht richten. Interview. In: *Die Zeit,* Nr. 47, 15. November 1996, S. 59.

HARTLEY, JOHN (1992): *The Politics of Pictures.* The Creation of the Public in the Age of Popular Media. London; New York.

---

24 Siehe dazu auch Hasebrink 1994 und Holtz-Bacha 1997

HASEBRINK, UWE (1994): Das Publikum verstreut sich. Zur Entwicklung der Fernsehnutzung. In: JARREN, OTFRIED (HRSG.): *Medienwandel – Gesellschaftswandel?* 10 Jahre dualer Rundfunk in Deutschland. Eine Bilanz. Berlin, S. 265-287.

HOLTZ-BACHA, CHRISTINA (1997): Das fragmentierte Medien-Publikum. Folgen für das politische System. In: *Aus Politik und Zeitgeschichte,* B42/97, S. 13-21.

LINK, JÜRGEN / LINK-HEER, URSULA (1990): Diskurs/Interdiskurs und Literaturanalyse. In: *Zeitschrift für Literaturwissenschaft und Linguistik 20/1990,* H. 77, S. 88-99.

MERTEN, KLAUS (1977): *Kommunikation.* Eine Begriffs- und Prozeßanalyse. Opladen.

MEYROWITZ, JOSHUA (1985): *No Sense of Place.* The Impact of Electronic Media on Social Behavior. New York; Oxford.

MONTGOMERY, KATHRYN C. (1989): *Target Prime Time.* Advocacy Groups and the Struggle over Entertainment Television. New York; Oxford.

NEIDHARDT, FRIEDHELM (1994): Öffentlichkeit, öffentliche Meinung, soziale Bewegungen. In: FRIEDHELM NEIDHARDT (HRSG.): *Öffentlichkeit, öffentliche Meinung, soziale Bewegungen.* (Kölner Zeitschrift für Soziologie und Sozialpsychologie, Sonderheft 34). Opladen, S. 7-41.

PETERS, BERNHARD (1994): Der Sinn von Öffentlichkeit. In: FRIEDHELM NEIDHARDT (HRSG.): *Öffentlichkeit, öffentliche Meinung, soziale Bewegungen.* (Kölner Zeitschrift für Soziologie und Sozialpsychologie, Sonderheft 34). Opladen, S. 42-76.

REICHERTZ, JO (1996): Trauung, Trost und Wunder. Formen, Praktiken und Funktion des Religiösen im Fernsehen. In: *medien praktisch,* H. 4, Jg. 20, S. 4-10.

SCHMIDT, SIEGFRIED J. (1994): *Kognitive Autonomie und soziale Orientierung.* Konstruktivistische Bemerkungen zum Zusammenhang von Kognition, Kommunikation, Medien und Kultur. Frankfurt am Main.

SENNETT, RICHARD (1983): *Verfall und Ende des öffentlichen Lebens.* Die Tyrannei der Intimität. Frankfurt am Main.

WILDAVSKY, AARON (1987): Choosing Preferences by Constructing Institutions. A Cultural Theory of Preference Formation. In: *American Political Science Review,* 81 (1987), S. 3-22.

THOMAS MEYER / CHRISTIAN SCHICHA

Medieninszenierungen zwischen Informationsauftrag und Infotainment
Kriterien einer angemessenen Politikvermittlung

Einleitung: Zur Relevanz der Inszenierung

Die Berliner Theaterwissenschaftlerin Erika Fischer-Lichte hat den Begriff der Inszenierung wie folgt beschrieben:

> „Als ästhetische und zugleich anthropologische Kategorie zielt der Begriff der Inszenierung auf schöpferische Prozesse, in denen etwas entworfen und zur Erscheinung gebracht wird, auf Prozesse, welche in spezifischer Weise Imaginäres, Fiktives und Reales, Empirisches zueinander in Beziehung setzen."[1]

Die Autorin geht davon aus, dass es etwas Eigentliches, das ohne jegliche Inszenierung erscheint, in unserer Welt nicht gibt, da jede Inszenierung unausgesprochen den Anspruch erhebt, die Erscheinung von etwas zu sein, das ihr zugrunde liegt, um so etwas Bestimmtes zur Erscheinung zu bringen und sichtbar zu machen.

Nimmt man dieses Inszenierungskonzept zur Grundlage einer Analyse moderner Medienformate, dann stellen sich allerdings gleich mehrere Fragen, deren Antworten sich z.B. für *Big Brother* als fiktionales Fernsehformat und für ein Informationsprogramm wie die *Tagesschau* beträchtlich unterscheiden:

- Was wird in der Inszenierung jeweils zur Erscheinung gebracht?
- Hilft die Inszenierung bei dem Verständnis dessen, was zur Erscheinung gebracht wird?
- Oder erzeugt die Inszenierung Suggestionen von etwas ganz anderem, zum Beispiel von unverstellter Authentizität, wo eigentlich nur ein hochgradig inszeniertes Spiel abläuft, etwa bei *Big Brother*?[2]
- Und ist die Inszenierung das Gegenstück des Realen, zum Beispiel, die unterhaltsame Inszenierung des Entertainment das Gegenstück echter Information oder nicht?

Bereits die Definition von Fischer-Lichte lässt vermuten, dass es von zentraler Bedeutung ist, wie die Inszenierung gemacht wird und was faktisch im Rahmen der Inszenierung zum Ausdruck kommt. Es kommt darauf an, wie sich die in der Inszenierung zugrunde liegenden Elemente des Imaginären, des Fiktiven und des Realen mischen und welchen Anspruch die Inszenierung im Hinblick auf diese Mischung erhebt, einfach durch die Art, wie sie sich präsentiert.[3]

---

1 Fischer-Lichte 1998, S. 88
2 Vgl. weiterführend Schicha 2000a und 2002
3 Vgl. Meyer/Ontrup/Schicha 2000b

Faktoren der Unterhaltungslogik

Vier Faktoren wirken aktuell in der Unterhaltungslogik im Kontext der unterhaltsamen Inszenierung, und sie gewinnen in allen Massenmedien, insbesondere im Leitmedium Fernsehen, aber auch in den anderen Medien, an Bedeutung:
(1) Zunächst geht es um die wachsende Konkurrenz um Quoten und Marktanteile.
(2) Daraus resultiert ein Kommerzialisierungsdruck, der sich auch bei den öffentlich-rechtlichen Anstalten zeigt.
(3) Weiterhin nimmt der zunehmende Zeitdruck im Aktualitätswettbewerb der Journalisten einen wichtigen Stellenwert ein
(4) Schließlich spielt die sowohl von den Medien kultivierte, aber auch durch weitergehende gesellschaftliche Prozesse bedingte veränderte Rezeptionsgewohnheit des Publikum, das derartige Inszenierungen sehen will, eine entscheidende Rolle.

Der zunehmende Übergriff der Unterhaltungslogik auf den Bereich der Politikvermittlung findet ja nicht nur in den Medien statt, sondern mit enormer Virtuosität auch in der Politik selbst. Daher stellt sich die Frage, ob Infotainment ein Problem für die demokratische Qualität der Öffentlichkeit ist oder nicht.[4]

Insgesamt sollten unterhaltsame Ansätze im Zuge der Politikvermittlung nicht a priori negativ bewertet werden. Vielmehr können sie auch positiv zu bewertende Wirkungen entfalten, indem sie das hochkomplexe politische Geschehen erfahrbar verdichten und dadurch Möglichkeiten der Anschlusskommunikation schaffen.[5] Aus einer rein systemtheoretisch-funktionalen Perspektive könnte davon ausgegangen werden, dass Unterhaltungselemente im Rahmen der Politikvermittlung kein Problem darstellen, solange die Integration der Gesellschaft auf diesem Wege geleistet wird, die Gesellschaft zusammengehalten wird und insgesamt der Eindruck vorherrscht, dass der gesamtgesellschaftliche Zusammenhalt in angemessener Weise funktioniert. Solange also der gemeinsame Themenvorrat nicht ausgeht, der alle Glieder der Gesellschaft zusammenschließt, ist dies unproblematisch. Solange die Medien die Aufmerksamkeit einer Vielzahl von Menschen auf zahlreiche gemeinsame Themen lenken und es der Gesellschaft überlassen, was sie daraus machen will und kann, so leisten sie den ihnen aufgetragenen Beitrag zur Integration der Gesellschaft, so wie es ihrer internen Logik der Maximierung von Aufmerksamkeit entspricht.[6]

**Ansprüche an die politische Medienberichterstattung
bei der Herstellung von Öffentlichkeit**

Dennoch besteht im Rahmen der aktuellen Medienentwicklung die Gefahr, dass die hoch gespannten Erwartungen an die rationalen und diskursiven Qualitäten von Öffentlichkeit in der Demokratie, wie sie etwa in den Urteilen des Bundesverfassungsgerichtes zur Kommunikationspolitik[7] oder bei Habermas[8] erhoben und normativ begründet werden, von der Medienwirklichkeit überrollt und von den empirischen Medienwissenschaftlern kommen-

---

4 Vgl. Schicha 2000 b. Dies zeigt sich vor allem durch die Politikerauftritte in Unterhaltungssendungen wie Spiel- oder Talkshows und fiktionalen Fernsehserien.
5 Vgl. Dörner 2001; vgl. auch den Beitrag von Dörner in diesem Band.
6 Vgl. Jarren 2000
7 Vgl. Branahl 1996
8 Vgl. Habermas 1990 und 1992

tarlos zu den Akten gelegt werden, weil sie dem, was in der Medienpraxis abläuft, so grundlegend widersprechen, dass Anschlüsse gar nicht mehr zu sehen sind.[9]
Es sind vor allem zwei Entwicklungen, die zu dieser Entwicklung führen: Das eine ist die zunehmende Dominanz von Entertainment in der Politikvermittlung, in der diese reinen, rationalen Diskurse, die man sich idealerweise vorgestellt hat, nur noch selten oder überhaupt keine Rolle mehr spielen. Die zweite Entwicklung liegt darin, dass sich unter dem Inszenierungsdruck, der von den Medien ausgeht, Politik und Medien in einem ziemlich weitgehenden Maße – quasi als „Symbiose" – miteinander vermengen, so dass der Unterschied zwischen beiden Systemen unscharf wird.[10]
Aus demokratiepolitischer Sicht muss bei der Erörterung derartiger Fragen zunächst an die grundlegenden Standards erinnert werden, die erfüllt werden müssen, wenn Demokratie aufrecht erhalten bleiben soll, also die informierte und wirkungsvolle Partizipationsmöglichkeit an politischen Prozessen. Statt der vagen und zugleich rigorosen Norm des Bundesverfassungsgerichtes sind drei elementare Formen von Öffentlichkeit zu nennen, wie sie von Friedrich Neidhardt formuliert worden sind:[11]

- Die *Transparenzfunktion* betrifft die Offenheit des Forums für verschiedene Akteure, Gruppen, Themen und Meinungen. Hierbei kann untersucht werden, welche gesellschaftlich relevanten Gruppen an politischen Debatten in welchem Ausmaß beteiligt sind.
- Die *Orientierungsfunktion* bezieht sich darauf, ob sich aus dem Austausch von Argumenten auch verdichtende Meinungen herausbilden können.
- Die *Validierungsfunktion* bezieht sich auf die Art und Weise des Umgangs mit Äußerungen und Sprechern. Dabei kann untersucht werden, ob Verlautbarungen artikuliert werden, ob die eigene Meinung agitatorisch und polarisierend vertreten wird oder ob es rationale, argumentative Formen der Auseinandersetzungen gibt.

Dabei handelt es sich nicht um zu hohe Ansprüche an eine demokratische Öffentlichkeit, bei denen davon ausgegangen werden kann, dass sie bei der Bewertung von empirisch zu beobachtenden Medienentwicklungen eine zentrale Rolle spielen. Um diese grundlegenden Anforderungen zu erfüllen, muss Öffentlichkeit nicht nur ein Spiegel der Gesellschaft sein wie im Modell der Systemtheorie.[12] Sie muss auch ein Stück weit ein Forum sein, ein Ort und ein Raum für Diskurse, wie in den klassischen Erwartungen der Aufklärung; ein Ort, an dem Argumente und Informationen ausgetauscht werden. Beides muss in ihr zum Ausdruck kommen: Spiegel und Forum. Die rein gesellschaftliche Integration reicht aus demokratiepolitischer Sicht als Erfolgsmaßstab für demokratische Öffentlichkeit nicht aus.
Es kann vorausgesetzt werden, dass Öffentlichkeit nicht nur in den Massenmedien stattfindet, sondern auch in Veranstaltungen und Begegnungen vielfältigster Art, vor allem in den Foren der Zivilgesellschaft, in denen Menschen sich treffen, assoziieren, um Dinge zu diskutieren und gemeinsam zu handeln. Öffentlichkeit wird nicht allein über die Massenmedien hergestellt. Dennoch muss an die Massenmedien die kritische Frage gerichtet werden, ob sie dem formulierten demokratiepolitischen Anspruch gerecht werden, zumal sie für viele Menschen der einzige nennenswerte Anschluss an Öffentlichkeit sind. Es stellt sich

---

9 Vgl. Meyer/Ontrup/Schicha 2000a
10 Vgl. Meyer/Schicha/Brosda 2001
11 Vgl. Neidhardt 1994, S. 8ff.
12 Gerhards/Neidhardt/Rucht 1998, S. 30

die Frage, ob im Infotainment-Zeitalter eine solche demokratische Funktion überhaupt noch möglich ist oder der Vergangenheit angehört.[13]

Medien und Politik

Bei der Betrachtung der Dominanz des Infotainments, der unterhaltenden, personifizierten oder dramatisierenden Inszenierung des Politischen lässt sich konstatieren, dass das Politische zunächst seine eigene gesellschaftliche Funktion und Funktionslogik besitzt, die sich von der der Massenmedien ursprünglich beträchtlich unterscheidet. Beide Teilsysteme dienen sehr unterschiedlichen Zwecken und verfügen daher auch über eine andere Logik ihrer Funktionsweise. Für die Informationsqualität der Politikvermittlung in den Medien kann es nur darum gehen, ob in den medieneigenen Inszenierungen, das Politische selbst noch in angemessener Form zu erkennen und zu beurteilen ist, oder ob es nur noch Anlass oder Stoff für Inszenierungen wird, in denen es dann verloren geht.[14]

Bei der Politikvermittlung durch die Medien begegnen sich zwei unterschiedliche Prozessregeln: die Prozessregeln der Politik, über die berichtet wird, und die Prozessregeln der Medien, in deren Foren berichtet wird. Es kann davon ausgegangen werden, dass die Medien im Wesentlichen zwei Arten von Regeln bei der Politikvermittlung aufstellen:

(1) *Auswahlregeln*, bei denen die Relevanz des Themas und das Interesse des Publikums im Mittelpunkt stehen.
(2) *Darstellungsregeln*, nach denen geprüft wird, wie das Ausgewählte präsentiert werden muss, um das Publikumsinteresse zu wecken und aufrechtzuerhalten.

Die Politik hingegen folgt in ihren eigenen Prozessen zunächst ganz anderen Regeln. Es geht bei der Politik immer um die Erzeugung gesamtgesellschaftlich verbindlicher Entscheidungen. Immer sollen im Rahmen von Verfassungen, Verfahren und kulturellen Gewohnheiten Handlungsprogramme für die Lösung politischer Probleme zum Erfolg geführt werden, indem eine Vielzahl unterschiedlicher Akteure (z.B. Parteien, Gewerkschaften, Initiativen, Verbände) ihre Interessen verfolgen und Konflikte unter Berufung auf legitimierende Gründe, Gemeinwohl, allgemeines Interesse oder dergleichen austragen und dabei die von ihnen jeweils verfügbaren Machtressourcen einsetzen, um so am Ende – einem idealtypischen Modell folgend – eine für alle verbindliche Entscheidung herbeiführen zu können.[15] Ein derartiges Verfahren ereignet sich in Prozessen, die über Monate oder Jahre dauern können und oft schwer zu überblicken sind. Die Nachrichten der Massenmedien setzen vor allem auf Nachrichtenfaktoren z.B. durch die Berichterstattung von Personen oder Prominenz, auf Konflikt und Ereignis sowie vertraute Nähe.[16]

Es stellt sich die Frage, wie sich beide Regelsysteme der Politik und der Medien zueinander verhalten. Sind sie überhaupt verträglich oder ist es nicht automatisch so, dass das eigentlich Politische verschwindet, wenn es medial dargestellt wird?

---

13 Vgl. Schicha 2000c
14 Vgl. Meyer 2001
15 Vgl. dazu exemplarisch die kontroverse Debatte um die ökologische Steuerreform (Meyer/Schicha/Brosda 2001)
16 Vgl. Schulz 1997

Die Inszenierung des Politischen

Wir sind in empirischen Untersuchungen der Frage nachgegangen, welche Formen unterhaltsamer Inszenierung sich in politischen Informationssendungen beobachten lassen, und welcher Zusammenhang sich zwischen Inszenierungsart und Inszenierungsgrad auf der einen und dem Informationsgehalt dieser Medienprodukte auf der anderen Seite feststellen lässt.[17] Es zeigte sich, dass von der Personalisierung[18] und der reinen Unterhaltungsdramaturgie über sehr verschiedene Formen inszenierter Gespräche, konfrontative und kooperativer Ausprägung bis zu theatralischen Formen dramatischer Darstellung sich rund ein Dutzend von Infotainment-Modellen an dem von uns untersuchten Stichtag aufzeigen und unterscheiden ließen. Die meisten waren den Darstellungsformen des Theaters entlehnt. Die detaillierte Untersuchung des Informationsgehaltes nach Maßgabe der Eigenlogik des Politischen[19] führte zu folgenden Ergebnissen:

- Auch hochgradig dramatische, unterhaltsame oder sonstige Inszenierungen lassen sich mit einem angemessen hohen Informationsgehalt gut verbinden. Die Art und Intensität dieser Inszenierungen sagen über den Informationsgehalt dieser Medienprodukte nichts aus.
- Die Inszenierungsregeln zielen nicht von sich aus auf angemessene Informationen. Sie können auch attraktive Bestandteile ohne Informationsgehalt hervorbringen.
- Prinzipiell sind alle Inszenierungsformen und Inszenierungsgrade für der Sache angemessene Informationen offen. Aber die Mehrzahl der untersuchten Medienprodukte war dennoch entweder nicht ausreichend informativ oder führte von der angemessenen Information sogar weg.
- Während die Inszenierungspotenziale der Themen, um die es ging, fast immer ausgeschöpft wurden, wurden die Informationspotenziale nur gelegentlich ausgeschöpft, ohne dass dies immer gleich zu bemerken war. Manches was als diskursives Gespräch auftrat, war bei genauerer Analyse in Bezug auf das eigentliche Thema verhältnismäßig wenig informativ.
- Infotainment kann in hohem Maße angemessen informieren. Da es zumeist auch attraktiv dargestellt wird, kann es mehr Rezipienten ansprechen als z.B. schwach inszenierte Verlautbarungen, die schon aufgrund der langweiligen Form auf ein nur geringes Interesse stoßen.

Anhand der skizzierten Ergebnisse stellt sich die Frage, warum die Mehrzahl der Produktionen nicht die Chance nutzt, spannende Inszenierungen mit hochgradig angemessener Informativität zu verbinden. Als Gründe können entweder mangelnde journalistische Sachkompetenz über den zu inszenierenden Sachverhalt oder mangelnde Sorgfalt z.B. im Bereich der Recherche sein. Weitere Gründe liegen in dem Zeit-, Kosten- und Konkurrenzdruck des journalistischen Systems bzw. der mangelnden Motivation der Berichterstatter. Auch wenn die erfolgversprechenden Inszenierungsregeln der Medienbühne eine Gelegenheit für schnelle Effekte und sichere Erfolge sind; eine prinzipielle Barriere für eine demokratische Öffentlichkeit sind sie sicher nicht, wenn die genannten Bedingungen erfüllt sind. Inszenierungen können der Sache in Hinblick auf den Informationsgehalt angemessen sein.

---

17 Vgl. Meyer/Ontrup/Schicha 2000a
18 Vgl. Meyer/Ontrup/Schicha 2001
19 Vgl. Meyer 2000

Genaue Kenntnis der Eigenlogik des Politischen, ausreichende Zeit, sie zu beobachten und zu verstehen, der genaue Blick auf das, was Politik auch außerhalb der „Schaufenster" ist, in denen sie sich selber ausstellt, sind möglich und notwendig, wenn Politikvermittlung in den Medien informativ bleiben soll.

Die Verwischung der Grenzen zwischen Politik und Medien resultiert vor allem aus dem zunehmenden Geschick der politischen Spitzenakteure und Beraterstäbe, bei allem öffentlichen Wirken Auswahlregeln und Darstellungsformen des Mediensystems zuerst zu beobachten und sie dann in das eigene Handeln möglichst komplett und professionell aufzunehmen, so dass eine perfekte Präsentation nach Maßgabe medialer Auswahl- und Darstellungsregeln erfolgt. Weil sie für eine öffentliche Zustimmung umfassende, möglichst von ihnen selbst kontrollierte, Präsenz auf den Bühnen der Massenmedien brauchen, beugen sich die politischen Spitzenakteure dem Inszenierungsdruck, der von den medialen Regeln ausgeht, meistens ziemlich freiwillig und hoffen, indem sie sich dem Druck beugen, sozusagen dialektisch die Kontrolle über die Präsenz in den Medien zu gewinnen. Mediengerechte Inszenierung des Politischen ist daher zu einer Hauptdisziplin der Politik selbst geworden. Große Stäbe von kompetenten Akteuren, Journalisten selber, beschäftigen sich in der Politik damit, die Sache so zu inszenieren, dass sie möglichst so herüberkommt, wie dies gewünscht wird.

Die Grenze zwischen dem überwiegend auf Herstellung verbindlicher Entscheidungen gerichteten politischen Handeln und seiner Darstellung verläuft unter diesen Umständen immer weiter im Gelände des politischen Feldes selbst. Auf den ersten Blick bietet sich dem beobachtenden Journalisten daher nicht der politische Prozess des Herstellungshandelns, sondern nur dessen von der Politik produzierter Darstellungsteil. Die Journalisten im Mediensystem blicken zunächst auf das, was die Journalisten im politischen System zur Darstellung der Politik produziert haben. Dieser Darstellungsteil ist natürlich nicht undurchdringlich. Sein Verhältnis zum Herstellungsteil kann für kundige Journalisten ein ergiebiges Feld mit höchst wertvollen und interessanten Informationen sein.

Fazit

Es wäre weit überzogen zu behaupten, dass Politik und Medien nun ganz und gar im Inszenierungseinerlei eines gigantischen politischen idealen Supersystems verschwinden. Es wäre auch eine zu mechanistische Vorstellung zu glauben, der Selbstdarstellungsteil der Politik auf der Medienbühne sei nichts weiter als ein Schleier, hinter dem sich Politik versteckt und in altgewohnter Weise weiter vollzieht.[20]

Da aus der medialen Akzeptanz in der Mediengesellschaft Zustimmung und Legitimation gezogen werden – was in den Medien ankommt, gilt oftmals als legitim – verändert der Medieneinfluss natürlich auch den politischen Prozess selbst. Politik wird nun häufig zum Testhandeln in den Medien, bei dem aus Anfangs- und Zwischenresonanz auf ursprüngliche Politikentwürfe allmählich erst das entsteht, was Politik dann ernsthaft betreiben und öffentlich verteidigen möchte. Das ist die eine Seite der Durchdringung. Im politischen Prozess können dann Politiker, die über ein überlegenes Mediencharisma verfügen, Gewichte zu ihren Gunsten beträchtlich und manchmal auch entscheidend verschieben. Die

---

20 Vgl. Schicha 1999

Symmetrien bei politischer Meinungs- und Willensbildung gehen dabei häufig verloren. Das ist die andere Seite der Veränderung. Dennoch verschmelzen Politik und Medien nicht miteinander. Politik existiert weiterhin als Herstellungshandeln und als komplexer Prozess, der zu diesem Herstellungshandeln führt. Und es gibt weiterhin die empirisch offene Frage nach dem Verhältnis zwischen der Darstellung der Politik, ihrer Selbstdarstellung sowie ihrer Darstellung in den Medien und dem, was am Ende wirklich hergestellt wird. Dieser Unterschied bleibt erkennbar. Es ist also zu differenzieren zwischen:

(1) der Herstellung von Politik (instrumentelles Handeln, Erzeugung verbindlicher Entscheidungen),
(2) der Darstellung von Politik durch das politische System (Eigeninszenierungen) und
(3) der Darstellung der (teilweise bereits vom politischen System dargestellten) Politik durch die Medien (Fremddarstellung der Politik im Mediensystem).[21]

In diesem unübersichtlichen Gelände müssen Journalisten dem Publikum bei der Orientierung helfen. Das können sie nur, wenn sie selbst die Zusammenhänge einordnen können und die entsprechende Recherchen durchführen, um Einzelfälle fachgerecht zu untersuchen. Dazu benötigen sie weiterhin Kompetenzen, Spielräume und Unterstützung in den Medien, in denen sie arbeiten. Dies ist auch in der Mediendemokratie möglich. Dabei sind die Ansprüche an den kritischen und kompetenten Journalismus hoch. Die Qualität der demokratischen Öffentlichkeit hängt zentral davon ab, ob die Journalisten den skizzierten Ansprüchen gerecht werden können.

Literatur

BRANAHL, UDO (1996): *Medienrecht*. Eine Einführung. Opladen (2., überarbeitete Auflage).

DÖRNER, ANDREAS (2001): *Politainment*. Frankfurt am Main.

FISCHER-LICHTE, ERIKA (1998): Inszenierung und Theatralität. In: WILLEMS, HERBERT / JURGA, MARTIN (HRSG.): *Inszenierungsgesellschaft*. Ein einführendes Handbuch, Opladen; Wiesbaden, S. 81-92.

GERHARDS, JÜRGEN / NEIDHARDT; FRIEDHELM / RUCHT, DIETER (1998*): Zwischen Palaver und Diskurs*. Strukturen öffentlicher Meinungsbildung am Beispiel der Deutschen Diskussion zur Abtreibung. Opladen.

HABERMAS, JÜRGEN (1990): *Strukturwandel der Öffentlichkeit*. Untersuchungen zu einer Kategorie der bürgerlichen Gesellschaft. Frankfurt am Main (Neuauflage).

HABERMAS, JÜRGEN (1992): *Faktizität und Geltung*. Beiträge zur Diskurstheorie des Rechts und des demokratischen Rechtsstaats. Frankfurt am Main.

JARREN, OTFRIED (2000): Gesellschaftliche Integration durch Medien?, Zur Begründung normativer Anforderungen an Medien. In: *Medien- und Kommunikationswissenschaft*, H. 1/2000, S. 22-41.

MEYER, THOMAS (2000): *Was ist Politik?* Opladen.

MEYER, THOMAS (2001): *Mediokratie*. Die Kolonialisierung der Politik durch das Mediensystem. Frankfurt am Main.

---

21 Vgl. Meyer/Schicha/Brosda 2001

MEYER, THOMAS / ONTRUP, RÜDIGER / SCHICHA, CHRISTIAN (2000a): *Die Inszenierung des Politischen*. Zur Theatralität medialer Diskurse. Wiesbaden.

MEYER, THOMAS / ONTRUP, RÜDIGER / SCHICHA, CHRISTIAN (2000b): Die Inszenierung des politischen Welt-Bildes, Politikinszenierungen zwischen medialem und politischem Eigenwert. In: FISCHER LICHTE, ERIKA / PFLUG, ISABEL (HRSG.): *Inszenierung von Authentizität.* Tübingen, S. 183-208.

MEYER, THOMAS / SCHICHA, CHRISTIAN / BROSDA, CARSTEN (2001): *Diskurs-Inszenierungen*. Zur Struktur politischer Vermittlungsprozesse am Beispiel der Debatte zur ökologischen Steuerreform. Wiesbaden.

MEYER, THOMAS / ONTRUP, RÜDIGER / SCHICHA, CHRISTIAN (2001): Von der Verkörperung der Politik zur Entkörperlichung im Bild. Körperkonstrukte und Bildfunktionen in politischen Fernsehsendungen. In: FISCHER LICHTE, ERIKA / HORN, CHRISTIAN / WARSTAT, MATTHIAS (HRSG.): *Verkörperung.* Tübingen, S. 199-219.

NEIDHARDT, FRIEDHELM (1994): Öffentlichkeit, öffentliche Meinung, soziale Bewegungen. In: NEIDHARDT, FRIEDHELM (HRSG*.): Öffentlichkeit, öffentliche Meinung, soziale Bewegungen.* (Kölner Zeitschrift für Soziologie und Sozialpsychologie, Sonderheft 34). Opladen, S. 7-41.

SCHICHA, CHRISTIAN (1999): Politik auf der „Medienbühne" – Zur Rhetorik politischer Informationsprogramme. In: SCHICHA, CHRISTIAN / ONTRUP, RÜDIGER (HRSG.): *Medieninszenierungen im Wandel.* Interdisziplinäre Zugänge. Münster; Hamburg; London, S. 138-167.

SCHICHA, CHRISTIAN (2000a): „Leb wie Du Dich fühlst?" Zur Fiktion von Authentizität beim Sendeformat Big Brother. In: WEBER, FRANK (RED.): *Big Brother.* Inszenierte Banalität zur Prime Time. Münster, S. 77-95.

SCHICHA, CHRISTIAN (2000b): Infotainmentelemente im Genre politischer Informationsprogramme. In: NIELAND, JÖRG-UWE / SCHICHA, CHRISTIAN (HRSG.): *Infotainment und Aspekte medialer Wahrnehmung.* Duisburg, S. 72-89.

SCHICHA, CHRISTIAN (2000c): Öffentlichkeit unter Medienbedingungen, Zur Diskrepanz zwischen normativen Konzepten und der Praxis der Politikberichterstattung. In: SCHICHA, CHRISTIAN / BROSDA, CARSTEN (HRSG.): *Medienethik zwischen Theorie und Praxis.* Normen für die Kommunikationsgesellschaft. Münster; Hamburg; London, S. 173-194.

SCHICHA, CHRISTIAN (2002): Ein Experiment wie mit Ratten? Big Brother und die Moraldebatte. In: SCHWEER, MARTIN K.W. / SCHICHA, CHRISTIAN /NIELAND, JÖRG-UWE (HRSG.): *Das Private in der öffentlichen Kommunikation.* „Big Brother" und die Folgen. Köln, S. 105-132.

SCHULZ, WINFRIED (1997): *Politische Kommunikation*, Opladen.

HORST PÖTTKER
Unterhaltsame Politikvermittlung
Was von der deutschen Volksaufklärung des 18. Jahrhunderts zu lernen ist

Unterhaltsames Vermitteln politischer Informationen, oft mit etwas abschätzigem Unterton „Infotainment" genannt, halten viele für das Ende der Aufklärung. Aber es geht nicht auf die Aufklärung als kulturelle Strömung des 18. Jahrhunderts zurück, wenn wir E- und U-Kultur, Information und reizvolle Fiktion als Gegensätze empfinden und den Geschmack der einfachen Leser zusammen mit den Geschäftsinteressen der Verleger für einen Niveauverfall der Medien verantwortlich machen. Die kleinen Leute in Stadt und Land sind auch rechts des Rheins einmal für ein verständiges Publikum gehalten worden, dessen Lebenserfahrungen und Unterhaltungsbedürfnisse gerade Publizisten ernst nehmen sollten, die politische Informationen verbreiten wollen.

Kritische Theorie oder: Ein Lob der Obrigkeit

Unterhaltsame Fasslichkeit gilt hierzulande als Zeichen von Oberflächlichkeit, von schnöder Kommerzialität, nicht als Methode von Aufklärung. Die muss ernst und belehrend daherkommen. Dass zumal die gesellschaftskritische Intelligenz Deutschlands in dieser Hinsicht noch kaum Anschluss an die Kultur des Westens gefunden hat, zeigt sich am hermetischen Jargon der Kritischen Theorie und an ihrer Verständnislosigkeit gegenüber allem, was die Angelsachsen common sense nennen. Diese bornierte Denkweise hat sich aber erst im Laufe des 19. Jahrhunderts in Deutschland durchgesetzt und dann im Nachhinein ein falsches, zumindest unvollständiges Bild von der Aufklärungsepoche geprägt.

Adorno und Horkheimer, die es geschafft haben, die bildungsbürgerliche mit der gesellschaftskritischen Denkweise zu vereinen, schreiben in dem berühmten Kapitel über „Kulturindustrie" in der „Dialektik der Aufklärung":

> „Das deutsche Erziehungswesen samt den Universitäten, die künstlerisch maßgebenden Theater, die großen Orchester, die Museen standen unter Protektion. Die politischen Mächte, Staat und Kommunen, denen solche Institutionen als Erbe vom Absolutismus zufielen, hatten ihnen ein Stück jener Unabhängigkeit von den auf dem Markt deklarierten Herrschaftsverhältnissen bewahrt, die ihnen bis ins neunzehnte Jahrhundert hinein die Fürsten und Feudalherren schließlich noch gelassen hatten. Das stärkte der späten Kunst den Rücken gegen das Verdikt von Angebot und Nachfrage und steigerte ihre Resistenz weit über die tatsächliche Protektion hinaus."[1]

Aber sogar in Deutschland gab es nicht nur den von Adorno und Horkheimer verklärten Absolutismus und einen davon ausgehenden obrigkeitlich-elitären Strang der Aufklärung, der in der Kritischen Theorie seinen sublimsten Ausdruck finden sollte. Sondern es gab auch hier die von der gesellschaftskritischen Intelligenz verachtete, populäre und deshalb durchschlagende, im 18. und frühen 19. Jahrhundert durchaus noch revolutionäre Variante der Aufklärung nach den Prinzipien von Nachfrage und Markt. Da diese Tradition verschüt-

---
1 Horkheimer/Adorno 1971, S.119

tet ist, muss an sie erinnert werden. Ich will das anhand einiger Schriften versuchen, die Holger Böning und Reinhart Siegert in ihrer Reihe „Volksaufklärung" als Reprints neu herausgegeben haben.

Wenn ich auf einige Methoden hinweise, die breitenwirksame Politikvermittlung heute noch von den vergessenen deutschen Volksaufklärern des 18. Jahrhunderts lernen kann, dann geschieht das ohne Wenn und Aber, vor allem ohne das pflichtschuldige Bemühen, auch gleich vor Gefahren unterhaltsamer Informationsvermittlung zu warnen. Nur so viel: Es handelt sich um *Methoden* und *Mittel*, die einen zu vermittelnden Informationskern nicht ersetzen können.

Weil es Instrumente sind, lassen sie sich für das Vermitteln sehr unterschiedlicher Informationskerne verwenden. Joseph Goebbels, der für „Volksaufklärung" zuständige Reichsminister, hat sie dem NS-Regime zunutze gemacht. Ihm fehlte ironischer Weise der deutsche Dünkel gegenüber Leichtem und Eingängigem, was ihn als Propagandisten so erfolgreich machte.[2] Es gehört zum Versagen der kritischen Intelligenz in Deutschland, dass sie die Methoden und Mittel unterhaltsamer Politikvermittlung den Nationalsozialisten überlassen hat. Die Rezepte der Volksaufklärung sind nicht nur von Goebbels, sondern seit eh und je auch in den westlichen Demokratien verwendet worden. Sie können also nicht per se verwerflich sein. Nur dürfen sie nicht in die falschen Hände geraten.

Außerdem denke ich nicht darüber nach, was an der unterhaltsamen Informationsvermittlung speziell für die *Politik* brauchbar ist. Für die Volksaufklärer war Politik – neben Medizin, Landwirtschaft, Recht, Religion usw. – ein Wissensbereich unter anderen, die sich alle unterhaltsam vermitteln lassen. Damit hat die Politik von vornherein den vielleicht nicht peripheren, aber jedenfalls auch nicht zentralen Platz inne, der ihr im Rahmen eines Vermittlungskonzepts zukommen muss, das sich hütet, das politische Informationsinteresse des Publikums zu überschätzen.

Popularität oder: Das Publikum nehmen, wie es ist

Das ökonomisch wie publizistisch erfolgreichste Projekt der Volksaufklärung in Deutschland war Rudolph Zacharias Beckers (1752-1822) „Noth- und Hülfsbüchlein für Bauersleute", zweiteilig 1788 bzw. 1798 mit der nie dagewesenen Startauflage von 30.000 Exemplaren bei Goeschen in Leipzig und Gotha erschienen. In einem halben Jahrhundert Auflagengeschichte kam es auf über 50 Ausgaben einschließlich Raubdrucken, etwa eine halbe Million deutschsprachige Exemplare sowie Übersetzungen in zwölf fremde Sprachen. Am Neudruck dieses Bestsellers wird noch gearbeitet. Einstweilen liegt mit dem „Versuch über die Aufklärung des Landmannes. Nebst Ankündigung eines für ihn bestimmten Handbuchs."[3] nur das Marketing-Instrument vor, mit dem Becker, der sich als Studienabbrecher auf dem freien Literaturmarkt behaupten musste, die Voraussetzungen für den enormen Erfolg des „Noth- und Hülfsbüchleins" geschaffen hat.

Die Werbepublikation besteht aus fünf Teilen: Im ersten, einer Art Vorwort, gibt Becker einen Überblick, welche Abschnitte den Leser des Büchleins erwarten. Die Lesbarkeitsforschung unserer Tage beschreibt das im Zusammenhang mit dem Faktor „Gliederung –

---

2 Vgl. auch den Beitrag von Bussemer in diesem Band.
3 Vgl. Becker/Zerrenner 2001, S.5*-133*

Ordnung" als wichtige Komponente von Textverständlichkeit.⁴ Im zweiten Teil druckt Becker Expertenmeinungen oder, wie er schreibt, „Urtheile über nachstehenden Plan eines Volksbuches"⁵ aus der Feder von vertrauenswürdigen Bildungspolitikern seiner Zeit ab. Natürlich sind diese Stellungnahmen positiv, dabei aber auch nicht dermaßen unkritisch, dass sie unglaubwürdig wirkten. Vielmehr nutzt der geschickte Werber in eigener Sache die Gelegenheit, auf passager geäußerte Skepsis zu reagieren und so weitere Pluspunkte beim Publikum zu sammeln.

Dem Bedenken des Herrn von Fürstenberg, das „Noth- und Hülfsbüchlein" könne vielleicht an der „Localverschiedenheit der Nahrungsgeschäfte und der Religion"⁶ scheitern, entgegnet Becker in einer ausführlichen Fußnote:

> „Se. Excellenz scheinen [...] vorauszusetzen, daß ich meine Arbeit überall in Deutschland als ein Schulbuch unter öffentlicher Autorität eingeführt zu sehen wünschte. Diese stolze Nebenabsicht habe ich nicht dabey; [...] Uebrigens wird die von Denenselben hier geäusserte, auf Sachkenntniß und reife Erfahrung gegründete Bedenklichkeit mir bey der Ausarbeitung gleichsam zum Aufseher dienen, daß ich mich hüte, nicht einseitig oder zu lokal zu werden [...]: sondern blos bey den allgemein angenommenen Vernunftwahrheiten und weltlichen Lebens- und Klugheitsregeln stehen bleibe."⁷

Mit dem bewussten *Verzicht auf „Einseitigkeit" und kulturelle Besonderheiten* hat Becker hier schon Rezepte für das Herstellen von großer Öffentlichkeit formuliert, die später auch von der politischen Berichterstattung der amerikanischen Penny-Presse und vom Hollywood-Film mit seinen globalen Verbreitungserfolgen befolgt werden sollten.

Im dritten Teil umreißt Becker seine Ideen, wie der damals in Deutschland noch überwiegend bäuerlichen Bevölkerung geholfen werden könne, in den Besitz und von nützlichen Erkenntnissen aus Naturwissenschaft und Technik, Medizin, Rechts- und Wirtschaftslehre, Geographie und Außenpolitik zu gelangen. Bei der Aufklärung des Landmanns dürfe es nicht darum gehen,

> „ihm unsere gelehrten Kenntnisse irgend einer Art einzupfropfen, oder ihm unsern verfeinerten Geschmack beyzubringen: sondern daß man ihm nur seine Bestimmung als Mensch und Bauer fühlbar zu machen, und ihn zum Selbstdenken in seinem eignen Wirkungskreise anzuführen brauche."⁸

Es sei nicht einmal zweckmäßig,

> „den heiligen und profanen Aberglauben des Landmanns geradezu angreifen, [...] wenn man nicht vergebens an seiner Aufklärung arbeiten, oder ihn durch unverdaute Kenntnisse unglücklich machen will."⁹

Allgemeiner gesagt: Aufklärende Kommunikation, auch politische, *stellt sich auf das Publikum ein, wie es ist*, mit seinem Aberglauben, seinen Vorurteilen, seiner Sensationslust.

---

4 Vgl. Langer/Schulz v. Thun/Tausch 1993, S.18f.
5 Becker/Zerrenner 2001, S. 18*
6 Ebd., S.22*
7 Ebd., S.23*
8 Ebd., S.62*
9 Ebd., S.63*

Der vierte Teil richtet sich „An das deutsche Publikum" und lädt zur Subskription des noch gar nicht geschriebenen „Noth- und Hülfsbüchleins" ein. Die geniale Vertriebsidee war, in einer ersten Phase die bäuerlichen Endverbraucher über die wohlhabenderen und gebildeteren dörflichen Honoratioren zu erreichen, die das Volksbuch kaufen und weitergeben sollten. Schon damals wurden bewusst *Multiplikatoren* einbezogen, um den publizistischen und kommerziellen Erfolg des Projekts zu sichern. Das gilt übrigens auch schon für die Verbreitung der Marketing-Publikation selbst, die als Separatdruck im Umfang von 103 Seiten mit seriösem Titel und gewichtigen theoretischen Anteilen in zahlreichen „gelehrten Zeitungen" besprochen wurde, wobei die Rezensenten nicht um die Erwähnung von Beckers praktischem Projekt herumkamen.

Gemäß dem seriösen Charakter des Marketing-Instruments enthielt auch der Ankündigungs- und Bestellabschnitt nicht nur Werbung, sondern zur besseren Beschreibung seines Hauptprojekts brach Becker die im dritten Abschnitt formulierten Grundsätze hier auf sechs praktische Regeln herunter, die Reinhart Siegert in seinem Nachwort zum Neudruck eine „komplette Volksschriftentheorie" nennt, „so weit ich sehe, die erste systematische Behandlung dieser Art überhaupt."[10]

„1. Es dürfen blos solche Wahrheiten in das Noth- und Hülfsbüchlein aufgenommen werden, die der Bauer begreifen, und solche Mittel, die er selbst anwenden kann: folglich solche, wozu weder gelehrte Kenntnisse, noch obrigkeitliche Beyhülfe oder Verfügungen, noch große Kosten erforderlich sind. [...]
2. Es müssen lauter geprüfte und bewährt gefundene Lehrsätze und Hülfsmittel seyn: damit der Landmann durch mißrathene Versuche nicht mißtrauisch gegen das Buch werde. [...]
3. Der Vortrag muß der Fähigkeit und dem Geschmacke des Landmannes ganz angemessen seyn. [...]
4. Das Büchlein muß dem Landmanne Lust machen, die Vorschläge, die es enthält, zu befolgen. [...]
5. Der Bauer muß das Büchlein bezahlen können. [...]
6. Das Büchlein muß dem Bauer wirklich in die Hände gespielt werden."[11]

Erzählfreude oder: „Alles mit glaubhaften Historien bewiesen"

Der fünfte und letzte Abschnitt ist der Clou des Ganzen. Becker gibt eine „Probe aus dem Noth- und Hülfsbüchlein". Wir dürfen annehmen, dass er dafür Teile ausgewählt hat, die ihm besonders attraktiv für das Publikum schienen, und zwar nicht nur für die Bauern als End(ver)braucher selbst, sondern auch für die Landadligen, Geistlichen und anderen bildungsbeflissenen Honoratioren, die er mit seiner Marketing-Publikation zuerst ansprechen wollte, also quer durch alle Schichten und Stände. Bereits der Vorabdruck des mehrfarbigen – roten und schwarzen – Titelblatts[12] kann wie das Programm allgemeinmenschlicher Aufmerksamkeitsfaktoren betrachtet und gelesen werden, das besonders die Sensationspresse seit eh und je befolgt.

---

10 Ebd., S.304*
11 Ebd., S.95*-103*
12 Ebd., S.109*

Der Blick fällt zuerst auf das rot hervorgehobene Bild, zu dem der Leser auf der Rückseite des Titelblatts eine Erläuterung findet:

> „Diese Figur stellt den edlen Herzog Leopold von Braunschweig vor, wie er zu Frankfurt, da die Oder groß war, in den Kahn stieg, und einer armen Frau ihre Kinder retten wollte; ob er gleich ein Herzog war."[13]

Da die aufopfernde Rettungstat des Herzogs im Jahre 1785 gerade ein viel diskutiertes Ereignis war, ist hier – noch betont durch die Unterzeile „Gedruckt in diesem Jahre." – der *Aufmerksamkeitsfaktor Aktualität* berücksichtigt, neben den Faktoren *Prominenz* und *Human Interest*.

Der Text des vorabgedruckten Covers verkündet in schwarzen Lettern, das Noth- und Hülfsbüchlein werde zeigen,

> „wie man vergnügt leben und mit Ehren reich werden könne; desgleichen wenn man Leute findet, welche erfroren, ersoffen, erstickt oder erhenkt sind, wie man die wieder lebendig machen soll; auch was man bey tollen Hunden, bey Feuers- und Wassersnoth und mancherley Seuchen und Wunden an Menschen und Vieh zu thun und zu lassen habe"[14];

das liest sich wie ein Lehrbuch der Yellow Press. Sex and crime werden zwar nicht direkt angesprochen, aber *Vergnügen* und *Geld*, *Gewalt*, *Krankheit* und *Sterben*, *Medizin* und *Wunderheilung*, *Katastrophen*, *Sensation* und *Tiere* werden ausdrücklich genannt.

Nach der Auflistung der thematischen Attraktionen hebt Becker zwei mediale Darstellungsweisen hervor, die die Eingängigkeit seines Buchs garantieren sollten:

> „Alles mit glaubhaften Historien und Exempeln bewiesen, und mit schönen Figuren geziert."[15]

Davon hat der gegenwärtige populäre Journalismus nur die *reichhaltige Bebilderung* (heute durch Fotos und Karikaturen) als eine das Ankommen der Information beim großen Publikum fördernde Technik beibehalten, während der professionelle Informationsverbreiter der Aufklärungsepoche sich mit den „glaubhaften Historien und Exempeln" noch zur Technik der *literarischen Ästhetisierung und Fiktionalisierung* bekannte, die seit der „Periode des schriftstellerischen Journalismus"[16] aus dem offiziellen Programm des Informationsberufs gewichen ist.[17]

Dass sich die Volksaufklärer des 18. Jahrhunderts reichlich dieser Darstellungstechnik bedienten, um die kommunikative Qualität ihrer Produkte zu erhöhen, zeigt auch die von Becker ausgewählte Textprobe aus dem Noth- und Hülsbüchlein, in der es um das Verfahren geht, Selbstmörder, die sich aufgehängt haben, möglicherweise noch zu retten. Die Anleitung zum medizinisch richtigen Verhalten (unverzügliches Abschneiden, horizontale Lagerung, Öffnen der Kleidung, Mund-zu-Mund-Beatmung usw.) wird durch das drastische Erzählen kontrastierender Geschichten unterstützt. Die Misserfolgsgeschichte, bei der

---

13 Ebd., S.110*
14 Ebd., S.109*
15 Ebd.
16 Vgl. Baumert 1928, S.35-46
17 Vgl. Pöttker 1997; Pöttker 1999, S.308-316

ein lebensmüder Ratsherr nicht gleich abgeschnitten, sondern zunächst zur Ader gelassen worden war, wird mit Ort und Datum belegt, während für die Erfolgsgeschichte kein dokumentarischer Charakter beansprucht wird: „In einem Dorfe in Frankreich, 7 Stunden hinter Paris,"[18] sei es dem Pfarrer und dem Lehrer gelungen, den Bauern Christian, der bereits an einem Balken in seiner Scheune gehangen habe, durch richtiges Verhalten wieder zum Leben zu erwecken. *Faktisches und Literarisch-Fiktionales gehen* dabei im Dienste der Aufklärung *ineinander über*, ohne dass der Autor sich besonders bemüht, den unterschiedlichen Status der Erzählungen für die Leser erkennbar zu machen. Schon an den ersten politischen Publizisten vom Anfang des 18. Jahrhunderts wie Daniel Defoe[19] oder Jonathan Swift lässt sich zeigen, dass die Trennung von Information und Fiktion eben nicht, wie vielfach angenommen, eine Errungenschaft der Aufklärung ist.

Schließlich fand der potentielle Subskribent auf dem vorabgedruckten Titelblatt eine zwar anonyme, aber vielleicht gerade deshalb in ihrer werbenden Absicht aussagekräftige und für die Leser glaubwürdige Autorenangabe. Wenn Rudolph Zacharias Becker sich dort selbst als „einen dem lieben Bauernstande Redlich Zugethanen Bürger"[20] bezeichnete, dann brachte das noch einmal die programmatische Absicht des Volksaufklärers zum Ausdruck, sich auf die Lebensweise und den Geschmack, die Interessen und Wünsche seines Zielpublikums einzustellen. Offenbar bringt kommerzielles Nutzenkalkül eine schmutzige Spielart von Aufklärung hervor, die sich wenig um die vom Katheder verkündete erkenntnisphilosophische Lehre schert und deshalb besonders populär und besonders effektiv ist.

Volkspädagogik oder: Wie wird man Schulinspektor?

Das Gegenstück zu Becker ist Heinrich Gottlieb Zerrenners Schrift „Volksaufklärung"[21] von 1786 mit dem Untertitel „Uebersicht und freimüthige Darstellung ihrer Hindernisse nebst einigen Vorschlägen denselben wirksam abzuhelfen."[22] Sie zeigt, dass es Ende des 18. Jahrhunderts auch schon die andere, in obrigkeitlichem Denken wurzelnde Variante von Volksaufklärung gab, die in Deutschland die Oberhand gewinnen sollte und dann treffender Volkspädagogik genannt worden ist. Auch Zerrenner, ein amtsmüder Landpfarrer, veröffentlichte den programmatischen Text als Ankündigung eines künftigen, im folgenden Jahr tatsächlich erschienenen „Volksbuchs" aus seiner Feder, das freilich nur eine Auflage erleben sollte; auch ihn trieb das Interesse am eigenen beruflichen Erfolg. Aber Zerrenners Publikation war kein Marketing-Instrument, sondern ein erweitertes Bewerbungsschreiben; ihm ging es nicht um Absatz und Verbreitung des angekündigten Werkes, sondern um eine Stelle als Schulinspektor, die er vermittels seines Büchleins und einer Reise zur preußischen Schulverwaltung nach Berlin auch glücklich erlangt hat.

Typisch für Zerrenners autoritäre Haltung, die das aufzuklärende Volk als mehr oder weniger widersetzliches Objekt staatlicher Erziehung und sich selbst als williges Instrument einer fraglos weisen Erziehungspolitik betrachtete, ist der Nachweis von Gelehrsamkeit

---

18 Becker/Zerrenner 2001, S.111*
19 Vgl. Payne 1951, Pöttker 1998
20 Becker/Zerrenner 2001, S.109*
21 Vgl. ebd., S.135*-286*
22 Ebd., S.135*

durch schier endlose Literaturhinweise und Anmerkungen. Soweit sie reformerisch sind, kreisen seine Gedanken um folgende Themen

„in Dringlichkeitsfolge: 1.) die Einrichtung von Schullehrerseminaren, 2.) die Einführung besserer Schulbücher, 3.) die sorgfältigere Besetzung der Pfarrstellen und schließlich (vage) 4.) die Aufwertung des Universitätsfaches Pädagogik."[23]

Auch ein weiteres Lieblingsthema Zerrenners gehört zu den Dauerbrennern deutscher Bildungspolitik. Über die Frage, was die beste Methode sei, Kindern das Lesen und Schreiben beizubringen, können die Pädagogen sich bis heute nicht einig werden. (Becker hatte dagegen eine geringe Lese- und Schreibfertigkeit der Landbevölkerung vorausgesetzt und sich gefragt, mit welchen Inhalten und Darstellungsweisen ihr die Aufklärung trotzdem Spaß bringen könnte.)

Gesprächigkeit oder: Kommunikation ist an sich attraktiv

An der Wende vom 18. zum 19. Jahrhundert war die historische Entscheidung zwischen den beiden Wegen der Aufklärung noch nicht gefallen. Zu dieser Zeit fand die populäre, zuerst auf die Beliebtheit der Produkte und ihr Ankommen beim Publikum schauende, konsequent auf ihre kommunikative Qualität setzende Variante auch rechts des Rheins noch Verständnis und Unterstützung. Der protestantische Landprediger Johann Adam Christian Thon gab von 1786 bis 1788 das erste volksaufklärerische Periodikum heraus, das dem Publikum regelmäßig, am Ende jeder Ausgabe, aktuelle Zeitungsnachrichten mitteilte. Seine Wochenzeitung hatte den für die Epoche charakteristischen Untertitel „[...] eine gemeinnützige ökonomisch-moralisch-politische Schrift für den Bürger und Landmann." Der Haupttitel „Das räsonierende Dorfkonvent"[24] war weniger gewöhnlich und brachte das *Vertrauen* der Volksaufklärer *in die Vernunftfähigkeit der bäuerlichen Bevölkerung* zum Ausdruck. Wenn wir diesen Titel heute komisch finden, mag das auch daran liegen, dass wir dieses Vertrauen auf dem Sonderweg, den die Aufklärung in Deutschland genommen hat, im Gegensatz zu den Amerikanern verloren haben.

Im Hauptteil jeder Ausgabe diskutierte ein rurales Tabakskollegium aus Amtsrat, Dorfrichter, Schulmeister und ein oder zwei Bauern so unterschiedliche Themen wie

„Alpdrücken. [...] Belehrung der Kinder bey Gewittern. [...] Brand-Assekuranz. [...] Dreschmaschine. [...] Einpöckeln u. Räuchern der Gänse. [...] Flachsbereitung. [...] Gespräch in Wochenstuben. [...] Hexen- und Gespensterglauben, ob den die Bibel begünstige. [...] Justitz. [...] Kastriren der Hühner" usw.[25]

Den Sinn der *gesprächigen, diskursiven Darstellungsweise* hat Thon in seiner „Vorrede" erläutert, die zusammen mit einem den räsonierenden Dorfkonvent in pictura zeigenden Titelblatt am Ende des ersten Jahrgangs an die Abonnenten ausgegeben wurde:

„Ohne Diskurs helfen die schönsten, die lehrreichsten, die populärsten Schriften nichts, die für das Landvolk geschrieben werden. Warum hat der Landmann ein ge-

---
23 Siegert im Nachwort, ebd., S.317*
24 [Thon] 2001, S.5*
25 Aus dem alphabetischen Register des zweiten Jahrgangs, ebd., S.209*-214*

schicktes Examen in der Kirche lieb und wird dadurch mehr erbaut, als durch hundert Predigten? Das Fragen hat mit dem Diskurs eine Aehnlichkeit, es weckt seinen sonst trägen Geist auf und bringt ihn zum Denken. Wenn die Volkslehrer nicht diesen Weg einschlagen, so werden sie mit ihren Schriften wenig ausrichten."[26]

Mit der Gesprächigkeit hat Thon eine kommunikative Qualität besonders gepflegt, die auch der durch und durch kommerzielle amerikanische Journalismus früh entdeckt und mit dem Genre Interview genutzt hat, um Informationen beim Publikum ankommen zu lassen. Was die Entwicklung dieses und anderer professioneller Genres mit je besonderen kommunikativen Qualitäten betrifft, waren die amerikanischen Zeitungen den europäischen bezeichnenderweise voraus.[27] Weil das Kulturwesen Mensch nicht vereinzelt, sondern nur in Gesellschaft existieren kann, gehört das *Interesse an Kommunikation* neben dem an Gewalt oder Sexualität zu den anthropologischen Universalien, auf die sich Medienunternehmer und Aufklärer verlassen können, um ihre Produkte so zu würzen, dass sie dem Publikum schmecken. Wobei wirksames Würzen nicht ausschließt, dass die Produkte Nährwert enthalten.

Unabhängig vom Inhalt können Informationen durch Darbietung in Dialogform attraktiv gemacht werden. In der Praxis des „Räsonnierenden Dorfkonvents" las sich das so:

„E.(Ehrlich, der Pachter) Ich entsinne mich eines gewissen Stubenökonoms?
R.(Remus, der Cantor) Was nennen Sie einen Stubenökonom?
E. Einen solchen, der in der Studierstube über die Wirthschaft räsonnirt und schreibt und sie nie practicirt hat. Der gelehrte Herr Sausewind schimpfte einsmals auf die Dummheit der Bauern, daß sie bey jetzigen Zeiten keine Sauen hielten. Eine Sau, sagte er, wirft des Jahrs zwey, auch wohl dreymal. Laßt sie nur 18 Junge werfen, die kann man sicher auf 20 Thaler schätzen. Was kostet eine Sau? ein Baggatell! – Spreu frißt sie – Wenn einer nur einen einzigen Acker ins Feld hat; so kann er eine Sau ernähren.
W. (Weise, der Dorfrichter) Weit gefehlt. Ich kenne Hausväter, die sich nicht getrauen auf 2 bis 3 Hufen Landes eine Sau zu ernähren. Die Sau braucht mehr als eine Kuh, und ihr Nutzen ist ungewisser als der Nutzen von einer Kuh. Sie kann unfruchtbar seyn – kann verwerfen – kann die Jungen fressen.
E. O der Mann irret sich schon darinnen, daß er meynt: eine Sau werfe dreymal. Kaum in 3 oder 4 Jahren ist dies zu erwarten. Im fünften Jahr muß man schon die Sau abschaffen, denn da frißt sie gemeiniglich die Jungen.
R. Beyläufig erlauben Sie mir die Frage: warum sind denn seit einigen Jahren die Schweine im Preiße so gestiegen?
E. Weils an Schweinen gefehlt hat."[28]

Dem Trialog mag entnommen werden, dass es sich bei Thons „Räsonnierendem Dorfkonvent" um die populäre, schmutzige und marktfähige Variante der Volksaufklärung handelte. So ließen sich noch heute Haushalts- oder Börsentipps, aber wohl auch Informationen über politische Reformvorhaben vermitteln.

---

26 Ebd., S.9*
27 Vgl. Grzella/Pfingsten 1993, 1994
28 [Thon] 2001, S.41*f.

Sinnlichkeit oder: Nicht zu früh mit dem Einteilen beginnen

Ein Höhepunkt der Volksaufklärung in Deutschland, in dem sich allerdings auch schon ihr Ende andeutete, war Johann Christoph Greilings „Theorie der Popularität" von 1805[29], die die ein halbes Jahrhundert währenden Bemühungen zusammenfaßte, den einfachen Leuten vermittels anschaulicher Beispiele nützliches Wissen zu vermitteln und sie zum eigenständigen Denken anzuregen. Greiling systematisierte die Ideen seiner Vorgänger und veredelte sie zu einer allgemeinen Lehre der Versinnlichung, einer ästhetischen Theorie. Unter Popularität versteht er die *Herablassung zum Volksverstand*[30] oder die Kunst,

> „welche die Wahrheit im gefälligen Gewande ins Leben einführt, ohne ihrer Güte zu schaden. Mit anderen Worten: sie macht die Wahrheit allgemein mittheilbar, ohne der Gründlichkeit Abbruch zu thun. Dadurch kommt die Wahrheit aus der Schule in das Leben."[31]

Greilings Skepsis gegenüber der Schule bedeutet auch eine Distanzierung von der obrigkeitlichen Variante der Aufklärung. Vieles, was wir von Becker und Thon schon kennen, taucht in seiner Theorie der Popularität wieder auf: Die *Stoffe aus dem tatsächlichen Leben der kleinen Leute,* die *erzählerische Einkleidung* der Information, um die Aufmerksamkeit wachzuhalten und zum Herzen vorzudringen, der *Reiz der Gesprächigkeit.*
Greilings Theorie der ästhetischen Attraktivität enthält aber auch Innovationen. Vor allem die Überlegungen, „Wie man sich in eine der Popularität günstige Stimmung des Gemüthes versetzen könne?"[32], gehen über das bisherige Repertoire der Volksaufklärung hinaus, indem sie praktische Tipps geben, wie beim Verfassen von Predigten und Vorträgen Anschaulichkeit herzustellen ist. Greilings Ästhetik gilt also nicht nur der Rezeption, sondern mehr noch der Produktion populärer Information, auch populärer politischer Information. Das Stichwort heißt: *vorangehende Meditation*:

> „Unter Meditation wird ein methodisches Denken über einen Gegenstand verstanden. Dieses Denken ist aber selten beym ersten Anfange desselben sogleich methodisch, sondern vielmehr fragmentarisch. Die Meditation fängt gewöhnlich mit vorläufigen Urtheilen über eine Sache an, vermittelst welcher man das, was zur Sache gehört, gleichsam wittert, und vor der methodischen Reflexion anticipirt. [...] Um seiner Meditation fruchtbare Zweckmäßigkeit zu geben, so meditire man gleichsam im Angesichte seines Auditorii, und vergegenwärtige sich seine Versammlung. [...] Man gehe nicht zu frühe an das Ordnen und Eintheilen! Die Ordnung setzt ein Zuordnendes, die Eintheilung setzt sich wechselseitig ausschließende Glieder voraus. Erst muß demnach aller Stoff beysammen seyn, ehe man jedes Gleichartige in sein besonderes Fach legt."[33]

---

29 Greiling 2001
30 Vgl. ebd., S.18*ff.
31 Ebd., S.145*
32 Ebd., S.152*
33 Ebd., S.155*ff.

Mit anderen Worten: Greiling empfiehlt, *vom Besonderen zum Allgemeinen* voranzuschreiten, er zieht, wie der angelsächsische Pragmatismus, die induktive der deduktiven Argumentationsweise vor, und zwar wegen der Fasslichkeit für das Publikum.

Abstraktion oder: Der Tod der Unterhaltsamkeit

Das Ende der populären Volksaufklärung kündigt Greilings Schrift insofern an, als sie „selbst nicht gerade 'populär' genannt werden kann".[34] Eine Theorie, die diesen Namen verdient, und das tut Greilings „Theorie der Popularität", bedeutet Abstraktion, also Entfernung vom Konkreten und Anschaulichen, auch wenn sie das Konkrete und Anschauliche zum Gegenstand hat und preist. Indem er über Beispiele hinausgeht und dem Leser die Mühe der begrifflichen Abstraktion abnimmt, bringt sich der Theoretiker der Versinnlichung, die zum eigenen Denken anregen soll, notgedrungen in eine Zwickmühle, wenn sein eigener Text am Maßstab der Popularität gemessen wird. Im übrigen hat Greiling darauf Wert gelegt, auf dem Titelblatt seiner Schrift als „designirter Oberprediger zu Aschersleben"[35] zu erscheinen, und ähnlich wie Zerrenner hat er seinen Text „erfurchtsvoll und aus lauter Hochachtung" einer obrigkeitlichen Respektsperson, „Sr. Hochwohlgeboren dem Königl. Preußischen Geheimen Cabinets-Rath, Herrn Beume"[36], gewidmet.

Man sollte das teils vermeidbare, teils unvermeidliche Zutun der populären Volksaufklärung zu ihrer eigenen Auflösung jedoch nicht überschätzen. Dass die Aufklärung in Deutschland bald nach Greiling in bildungsbürgerlichen Dünkel und die strenge Unterscheidung von E- und U-Kultur mündete, womit sie hierzulande bis heute fälschlicherweise identifiziert wird, hat vor allem mit der Restauration nach 1815, dem Scheitern der demokratischen Revolution von 1848 und der ökonomischen Schwäche des deutschen Bürgertums zu tun, dessen ohnehin schwaches Selbstbewusstsein danach durch immer neue Katastrophen weiter dezimiert wurde und das, weil es sie nicht selbst durchsetzen konnte, ohne rechten Stolz auf die zivilisatorischen Errungenschaften des Westens, darunter das Prinzip Öffentlichkeit, geblieben ist.

Infotainment oder: Lernen von der populären Volksaufklärung

Die Schriften Beckers, Thons und anderer populärer Volksaufklärer zeichnen sich dadurch aus, dass sie noch keine Trennung der sachlichen, „politischen" Information und Reflexion von Unterhaltung, Werbung oder Meinung kennen. Wo diese erkenntnistheoretisch begründeten Trennungen aufgrund zunehmender Kommerzialisierung und Konkurrenz der Medien heute wieder verschwinden, sprechen wir von „Infotainment". Wer in der gegenwärtigen Tendenz zum Infotainment das Ende der journalistischen Professionalität, gar der Aufklärung überhaupt erkennen zu müssen meint, sei an die verbreitete Praxis des Infotainment im 18. Jahrhundert nicht nur bei den Volksaufklärern, sondern z. B. auch bei den Moralischen Wochenschriften erinnert.[37] Für Autoren wie Rudolph Zacharias Becker oder Johann Adam Christian Thon war Infotainment das probate Mittel, um Licht in das mittel-

---

34 Böning im Nachwort, ebd., S.197*
35 Ebd., S.5*
36 Ebd., S.7*
37 Vgl. Maar 1995

alterliche Dunkel zu bringen, von dem besonders das ländliche Leben zu dieser Zeit noch umhüllt wurde. Dass sie mit diesem Konzept richtig lagen, beweist z.b. die halbe Million verkaufte Exemplare des „Noth- und Hülfsbüchleins".
Das breite Publikum von heute besteht nicht mehr aus Bauern. Vielleicht bietet der kommerziell motivierte Trend zum Infotainment in den Medien heute trotzdem die Chance, auch in Deutschland an die Tradition der Volksaufklärung anzuknüpfen, die im genuin demokratischen wie genuin kapitalistischen Nordamerika nie abgerissen ist. Das würde freilich erfordern, dass die aktuelle Theorie der öffentlichen Kommunikation ihre Berührungsängste gegenüber dem Infotainment ablegt und ähnlich wie die Theorie der Popularität vor zwei Jahrhunderten die produktiven, emanzipatorischen Komponenten der Verbindung von Information einerseits und unterhaltsamer Ästhetisierung andererseits zu erkennen versucht.
Dass auch Deutschland über eine Tradition des Respekts vor dem common sense verfügt, sollte kein Geheimwissen von Spezialisten des 18. Jahrhunderts und bibliophilen Sammlern bleiben, sondern endlich selbst zum common sense werden. Eine präzise Besinnung auf die Tradition der populären Volksaufklärung in Medienwissenschaft und Medienpraxis würde besser als alle Kritik am vermeintlichen Verfall der Öffentlichkeit zu einer zeitgemäßen Fortsetzung der Aufklärung verhelfen, indem sie auch die Chancen des gegenwärtigen Medienwandels und seiner Triebkräfte erkennbar werden ließe. Sie würde z. B. der vorsichtigen Reliterarisierung, die am Anfang des 21. Jahrhundert im Qualitätsjournalismus erkennbar ist, gegen die schulmeisterliche Lehre von der puren Information den Rücken stärken. Oder sie würde differenzieren helfen, was am Trend zum Infotainment produktiv für die Öffentlichkeitsaufgabe ist und was gefährlich.
Wir können die Aufklärung nur fortsetzen, wenn wir ihre ganze Tradition kennen und wenn wir akzeptieren, dass die Kommerzialität, die den heutigen Medienwandel bewirkt, von Anfang an mit ihr verbunden war, sogar in Deutschland.

Bibliografie

BAUMERT, DIETER PAUL (1928): *Die Entstehung des deutschen Journalismus*. Eine sozialgeschichtliche Studie. München, Leipzig.

BECKER, RUDOLPH ZACHARIAS / ZERRENNER, HEINRICH GOTTLIEB (2001): *Versuch über die Aufklärung des Landmannes/Volksaufklärung*. Neudruck der Erstausgaben Dessau und Leipzig 1785 bzw. Magdeburg 1786. M. e. Nachw. v. Reinhart Siegert. Stuttgart-Bad Cannstatt (Volksaufklärung, Bd. 8).

GREILING, JOHANN CHRISTOPH (2001): *Theorie der Popularität*. Neudruck der Erstausgabe Magdeburg 1805. M. e. Nachw. v. Holger Böning, Stuttgart-Bad Cannstatt (Volksaufklärung, Bd. 13).

GRZELLA, STEFANIE / PFINGSTEN, STEFAN (1993): *Das Interview: Genese einer journalistischen Darstellungsform in den USA von 1830 bis 1872*. Vorentwurf einer historisch geleiteten Theorie. Unv. Studienarbeit, Universität Dortmund, Institut für Journalistik.

GRZELLA, STEFANIE / PFINGSTEN, STEFAN (1994): *Genese einer journalistischen Darstellungsform: Das Interview in Wien und Berlin zwischen 1860 und 1900*. Eine empirische Studie anhand ausgewählter Zeitungen. Unv. Diplomarbeit, Universität Dortmund, Institut für Journalistik.

HORKHEIMER, MAX / ADORNO, THEODOR W. (1971): *Dialektik der Aufklärung*. Philosophische Fragmente. Frankfurt a.M.

LANGER, INGHARD / SCHULZ V. THUN, FRIEDEMANN / TAUSCH, REINHARD (1993): *Sich verständlich ausdrücken*. 5., verb. Aufl. München, Basel.

MAAR, ELKE (1995): *Bildung durch Unterhaltung: Die Entdeckung des Infotainment in der Aufklärung*. Hallenser und Wiener Moralische Wochenschriften in der Blütezeit des Moraljournalismus, 1748-1782. Pfaffenweiler (Bochumer Frühneuzeitstudien, Bd. 3).

PAYNE, WILLIAM L. (1951): *The Best of Defoe's Review*. An Anthology. New York.

PÖTTKER, HORST (1997): Kreation von Öffentlichkeit. Literatur im dritten Jahrtausend. In: *Siegener Periodicum zur Internationalen Empirischen Literaturwissenschaft (SPIEL)*, Jg. 16, Heft 1/2, S. 269-275.

PÖTTKER, HORST (1998): Von Nutzen und Grenze der Medienfreiheit. Daniel Defoe und die Anfänge eines Ethos der Öffentlichkeitsberufe. In: WUNDEN, WOLFGANG (Hrsg.): *Freiheit und Medien*. Beiträge zur Medienethik, Bd. 4. Frankfurt am Main, S. 207-226.

PÖTTKER, HORST (1999): Berufsethik für Journalisten? Professionelle Trennungsgrundsätze auf dem Prüfstand. In: HOLDEREGGER, ADRIAN (Hrsg.): *Kommunikations- und Medienethik*. Interdisziplinäre Perspektiven. Freiburg i. Ue.; Freiburg i. Br., Wien, S. 299-327.

[THON, JOHANN A. C.] (2001): *Das räsonnierende Dorfkonvent*. Neudruck der Teile 1-3, Erfurt 1786-1788, in Auswahl. M.e. Nachw. v. Holger Böning. Stuttgart-Bad Cannstatt (Volksaufklärung, Bd. 11).

THYMIAN BUSSEMER

„Nach einem dreifachen Sieg-Heil auf den Führer ging man zum gemütlichen Teil über"
Propaganda und Unterhaltung im Nationalsozialismus.
Zu den historischen Wurzeln eines nur vermeintlich neuen Phänomens

Ganz dicht am Herzen der Kommunikationswissenschaft liegen einige begriffliche Dichotomien oder – wie der verstorbene Niklas Luhmann gesagt hätte – binäre Codes, welche die Forschung in ihren Themen und Fragestellungen leiten. Wer sich mit den Theorien von Emil Dovifat oder Elisabeth Noelle-Neumann auseinandergesetzt hat, kennt das (freilich in erster Linie als heuristische Konstruktion erscheinende) Schisma von Massen und Eliten.[1] Im Zuge der Rezeption funktionalistischer Theoriegebäude betonte die Forschung die spezifische Differenz von Struktur und Funktion. Und in den 1980er Jahren konstatierte Frank Biocca, dass die Medienwirkungsforschung bei der Konzeptualisierung der Medienrezipienten in eine aktive und eine passive Hemisphäre zerfalle.[2]
Viele dieser vermeintlichen Dichotomien sind längst passé – überholt von einer störrischen Wirklichkeit, die sich nicht nach dem An/Aus-Schema codieren lassen wollte. Geblieben ist der Kommunikationswissenschaft ein letzter binärer Code: die strikte Trennung zwischen den Konzepten Information und Unterhaltung, immer wieder thematisiert als „E" und „U", seicht und gehaltvoll, wichtig und eskapistisch. Erinnert sei etwa an den Versuch Harry Pross', Information als Befriedigung kognitiver Bedürfnisse zu begreifen, während Unterhaltung emotionale Wünsche bediene. Die derart gezogene Diskurslinie und die damit verknüpfte normative Unterscheidung in „sinnvollen" und „sinnlosen" Medienkonsum bildete jahrzehntelang eine unsichtbare Grenze, an deren Verlaufslinien sich auch jeder einzelne Wissenschaftler positionieren musste: Hier die ernsthaften Erforscher der öffentlichen Meinung, dort die akademisch vorgebildeten Zuträger der Reklameindustrie. Percy H. Tannenbaum etwa stellte 1985 verwundert fest, dass die Wissenschaft beinahe ausschließlich über „seriöse" Medienkommunikation forsche, während das Publikum ganz überwiegend die Unterhaltungsangebote der Massenmedien goutiere.[3]
Doch seit einigen Jahren kommt Bewegung in die einstmals so fest gefügte Debatte. So gab Bodo Rollka schon 1989 zu bedenken, dass medial vermittelte Unterhaltung ein „entscheidendes Instrument bei der sekundären individuellen Sozialisation, bei der Heranführung breiter Schichten an [...] Bildung und gesellschaftliche Kommunikation sei."[4] Um die selbe Zeit herum begann auch in der deutschen Kommunikationswissenschaft eine erste Rezeption der vom Centre for Contemporary Cultural Studies in Birmingham ausgehenden Popular Culture Studies, welche die Erforschung und indirekt auch die Rehabilitation „authentischer" Populärkultur und Unterhaltung zum Programm erklärt haben. Im deutschen Sprachraum stehen die Arbeiten von Lothar Mikos, Andreas Hepp und Rainer Winter in dieser Tradition.[5] Im Mittelpunkt des Cultural-Studies-Approachs steht der Nachweis individuel-

---

1 Vgl. etwa Dovifat 1968, S. 101ff., Noelle 1963, S. 26ff., zusammenfassend Hachmeister 1987, S. 85
2 Biocca 1988, S. 1f.
3 Vgl. Rollka 1989, S. 253
4 Ebd., S. 257
5 Vgl. Hepp/Winter 1997, Mikos 1994

ler Sinnproduktion durch Unterhaltungskonsum, wobei Fragen der Politikvermittlung in Unterhaltungsformaten in den letzten Jahren zunehmend thematisiert wurden.
Ins Zentrum von politik- und kommunikationswissenschaftlichen Betrachtungen rückt populäre Medienunterhaltung aber erst in der jüngsten Zeit. Prototypisch für diesen Forschungstrend sind die Arbeiten von Thomas Meyer über die „Kolonisierung der Politik"[6] und vor allem die von Andreas Dörner über „Politainment"[7]. Als forschungsleitend lässt sich die Politainment-Definition von Dörner klassifizieren:

> „Dieser Begriff [...] soll darauf aufmerksam machen, daß sich in den 90er Jahren eine enge Kopplung zwischen Politik und Entertainment, politischer und unterhaltender Kommunikation herausgebildet hat, die es so vorher nicht gab."[8]

Damit hat Dörner zweifellos recht: *so* gab es die Liaison von Politik und Unterhaltung nicht. Dies heißt aber keineswegs, dass es sie überhaupt nicht gab. Das Ausblenden der historischen Wurzeln des Politainments scheint in der gesamten Debatte über unterhaltende Politikvermittlung und politische Persuasion, die sich die „Medienwende" der 1980er und 1990er Jahre (also die Durchsetzung von Privatfernsehen, computervermittelter Unterhaltung und Internet) zum Ausgangspunkt gewählt hat, eine der wesentlichen Verkürzungen zu sein. Vielfach entsteht der Eindruck, dass das Dispositiv der „Erlebnisgesellschaft" (Gerhard Schulze) zusammen mit dem Privatfernsehen die Conditio sine qua non für die Verquickung von Unterhaltung und Politik sei. Die Folge dieser Verkürzung: Auch wenn Autoren wie Dörner auf die potenziell emanzipatorische Dimension unterhaltender Politikvermittlung hinweisen, bieten ihre Deutungen doch reichlich Stoff für Kulturkritiker und Verfallstheoretiker. Und in deren Augen war ja früher bekanntlich alles besser. Eine weitere Folge dieser Sichtweise ist, dass das Tête-à-tête von Politik und Unterhaltung als mehr oder minder zufällig gesehen wird, gerade so, als ob Politiker nur in Unterhaltungsformate drängten, weil diese am Markt erfolgreich sind und ein Massenpublikum garantieren.
Gegen diese an der Oberfläche verharrende Lesart soll hier die These vertreten werden, dass Unterhaltung – im Gegensatz zur traditionellen Auffassung – ein primäres Medium des Politischen ist. Es soll gezeigt werden, dass populäre Unterhaltungskultur schon immer ein zentrales Genre der Politikvermittlung und auch der politischen Persuasion war. Dabei wird konzediert, dass Kommunikationsformen und Rezeptionsmuster historisch spezifisch ausgebildet werden. Die Medienlage heute ist anders, doch so mancher sonntägliche Auftritt bei Sabine Christiansen findet seine historische Entsprechung. In einer Fallstudie sollen im Anschluss an diese grundsätzlichen Überlegungen die Kommunikationstechniken jener Unterhaltungsprofis einer näheren Betrachtung unterzogen werden, denen es mit ihrem Kraft-durch-Freude-Staat zwischen 1933 und 1945 gelang, ganz Europa in Schutt und Asche zu legen. Eine (hier nur skizzenhaft vorgenommene[9]) Analyse nationalsozialistischer Politainment-Methoden erscheint schon deswegen viel versprechend, da Forschung und Publizistik mit der NS-Propaganda nach wie vor eher wahnhafte ideologische Indoktrination und eherne Durchhalteappelle verbinden. Die Existenz dieser Propagandaformen und ihrer verheerenden Auswirkungen soll hier keineswegs geleugnet werden. Allerdings er-

---

6 Vgl. Meyer 2001
7 Dörner 2001, 2000
8 Dörner 2001, S. 31
9 Vgl. dazu ausführlich Bussemer 2000

scheint das von Goebbels konzipierte Blut-und-Boden-Politainment zumindest in den dreißiger Jahren, also während der Friedensperiode des Regimes, für den Propaganda*erfolg* der Nationalsozialisten um einiges bedeutsamer gewesen zu sein, als die direkte politische Beeinflussung der Bevölkerung.

Unterhaltung – Politikvermittlung – Persuasion

Populärkultur war seit ihrer Entstehung in der Antike immer auch ein Medium des Kampfes um die Macht – und damit ein bevorzugtes Objekt von Manipulationsversuchen durch die jeweils herrschenden Eliten. Schon das „panem et circenses" des alten Roms belegt, dass zwischen Unterhaltungsangeboten, Formen sozialer Kontrolle und Machtausübung durch Kommunikation enge Zusammenhänge bestehen. Emmanuel le Roy Ladurie hat in einer faszinierenden historischen Studie[10] untersucht, wie die lokalen Machthaber eines südfranzösischen Städtchens im ausgehenden Mittelalter den Karneval, folgt man dem Renaissance-Literaten François Rabelais ja die unverfälschteste traditionelle Form populärer Unterhaltung[11], für ihre politischen Ränkeleien instrumentalisierten.
Malcolmson[12] und Mercer[13] haben in den 1970er und 1980er Jahren Studien vorgelegt, die belegen, dass die führenden Schichten im viktorianischen England die entstehende *leisure culture* der Arbeiterklasse als Bedrohung ihres kulturellen und politischen Führungsanspruches sahen. Vor allem Mercer betont, dass die Eindämmungsstrategien der Bourgeoisie in diesen Auseinandersetzungen um die kulturelle Vorherrschaft keineswegs nur repressiv angelegt waren.[14] Im Gegenteil: Disziplinierungsversuche zielten vor allem darauf ab, die Arbeiterkultur zu ‚verbürgerlichen' und in einen geordneten Rahmen zu überführen. Fabrikbesitzer organisierten Vergnügungstrips für ihre Arbeiter, die *Music Halls*, eine Domäne der proletarischen Massenunterhaltung, wurden in öffentliche Obhut übernommen. Die weit ins Meer hinausragenden (und damit leicht kontrollierbaren) Piers von Brighton und Torquay stehen noch heute als Symbole für diesen Typus staatlich organisierter Massenkultur.
Doch wozu der ganze Aufwand? Was macht populäre Unterhaltung so interessant für die Verquickung mit politischer Persuasion und sozialer Kontrolle? Folgt man dem Analyse-Modell der Cultural Studies, stellt die Populärkultur spätestens seit dem Mittelalter eine gesellschaftliche Gegenmacht dar, eine subversive Kraft, die durch Verweigerung gegenüber der jeweils gültigen Hochkultur, durch Spott und Ironie ständig die Herrschaft der Mächtigen in Frage stellt. Unterhaltende Formen werden etwa genutzt, um das falsche Pathos der Politik zu konterkarieren, kollektiv als belastend empfundene, aber offiziell tabuisierte Themen zu diskutieren oder spontane Solidargemeinschaften zu bilden. Ist Populärkultur historisch gesehen nicht nur Un-, sondern auch immer Gegenkultur gewesen, wird die politische Dimension deutlich. Die Nicht-Akzeptanz der jeweils dominanten Hochkultur und der Bewahrung eigener Werte in einer volkstümlichen, oftmals auch derben Unterhaltungskultur stellt einen Akt der politischen Verweigerung gegenüber dem

---

10 Le Carnival de Romans, 1979
11 Vgl. Bachtin 1984
12 Malcolmson 1973
13 Mercer 1983
14 Ebd., S. 89ff.

Hegemoniestreben der herrschenden Schichten dar. Diese reagieren auf die Infragestellung ihres Führungsanspruchs mit Eindämmungs- und Manipulationsversuchen. Ein wichtiger Bündnispartner ist dabei die Medienindustrie. Denn die Produktion von Populärkultur hat sich längst industrialisiert, ist auf spezialisierte Apparate für Massenunterhaltung übergegangen. Diese stellen Medienangebote her, die zwar „unten" rezeptionsfähig sind, sich in ihren politischen Botschaften aber an den Interessen von denen „oben" orientieren. So kommt es zur quasi-industriellen Produktion jenes eigentümlichen Gebräus aus politisch aufgeladenen Unterhaltungsangeboten, die mit Macht auf den Markt gedrängt werden, dort aber die Prüfung durch das Publikum im Hinblick auf ihre kommunikative Verwertbarkeit bestehen müssen.

Die Analyse der damit verbundenen Prozesse von „Inkorporation" und „Widerständigkeit" ist eines der zentralen Forschungsfelder der Cultural Studies. John Fiske, der freilich nur einen Flügel der Forschung vertritt, sieht die Populärkultur als „constant site of struggle between those with and those without power"[15], wobei die besondere Aufmerksamkeit sich auf „the popular tactics by which these forces are coped with, are evaded or are resisted"[16] richtet. Die Auseinandersetzung um den politischen Gehalt populärkultureller Kommunikate ist nach dieser Sicht also eine Art „Stellvertreterkrieg", der symbolisch um die Verteilung von Macht und Einfluss in der Gesellschaft geführt wird. Auf Seiten der dominierenden Schichten liegt dabei die Verfügungsgewalt über die Massenkommunikationsmittel, die „einfachen Leuten" aber haben die Kreativität und den Eigensinn ihrer unmittelbaren alltagsweltlichen Erfahrungen auf ihrer Seite und können sich damit vielen Inkorporationsversuchen entziehen.

> „In this sense, popular culture is a semiotic battlefield in which a conflict is fought out between the forces of incorporation and the forces of resistance, between an imposed set of meanings, pleasures and social identities, and the meanings, pleasures and social identities produced in act of semiotic resistance: the hegemonic forces of homogeneity are always met by the resistances of heterogeneity."[17]

Während auf der einen Seite die Produzenten von Unterhaltungsangeboten versuchen, ihrem Publikum bestimmte ideologische Lesarten nahe zu bringen, benutzen die Rezipienten – durch radikale Uminterpretation – die von oben vorgegebenen Texte für ihre eigenen Zwecke. Als Beispiel führt Fiske etwa an, dass *Rambo* – im Kalten Krieg produziert als prowestlicher Propagandafilm – von den australischen Aborigines als Widerstandsfigur gesehen wurde, die für ihre eigene politische Situation relevant war. Ein potenziell hegemonialer Text wurde zu einem emanzipatorischen uminterpretiert.

> „In the study of popular culture, we should always start here: with the double stake in popular culture, the double movement of containment and resistance, which is always inevitable in it."[18]

Möglich wird der Widerstreit der Kräfte von Inkorporation und Widerständigkeit durch die potenzielle Bedeutungsoffenheit massenmedialer Kommunikate, wie sie in Stuart Halls

---

15 Fiske 1996, S. 121
16 Fiske 1989, S. 20f.
17 Ebd., S. 8
18 Hall 1998, S. 443

„Encoding/Decoding-Modell" zum Ausdruck kommt. Folgt man diesem in den 1970er Jahren entwickelten kommunikationstheoretischen Ansatz, haben Textrezipienten prinzipiell die Möglichkeit, Kommunikate dominant, verhandelnd oder ablehnend zu decodieren. Diese drei idealtypischen „reading positions" ergeben sich vor allem aus der kulturellen Stellung des Rezipienten. Dominante Decodierung bedeutet Übereinstimmung mit der angebotenen Meta-Interpretation eines Textes, verhandelnde Decodierung legt Differenzen zwischen Textabsender und -empfänger offen und oppositionelle Decodierung impliziert die Ablehnung eines gesamten Textes und der darin vorgeschlagenen Lesarten.[19]

Man muss weder die neomarxistische Terminologie der Cultural Studies noch die Orientierung an den Hegemoniekonzepten Gramscis teilen, um diesen Ansatz als fruchtbar für die Analyse der Wechselbeziehungen von Unterhaltung und Politik zu begreifen.

Zur Funktion unterhaltender Angebote in der NS-Propaganda

Über die Funktion der Unterhaltungskultur im Nationalsozialismus, „den schönen Scheins des Dritten Reiches" (Peter Reichel), hat es in der Vergangenheit eine Reihe zum Teil erbittert geführter Auseinandersetzungen gegeben.

> „Gelang es damals, [...] eine Fassade zu errichten, hinter der Grauen und Gewalt den meisten verborgen blieben? Oder wurden die Deutschen von einzigartigen Inszenierungen der Macht betört und durch perfekte Propaganda in willige Henkersknechte verwandelt? Trat nach 1933 der eigentliche Kern von Massenkultur zutage: Täuschung und Verführung? Folgten die Nazis der Vision einer totalen Freizeit- und Konsumgesellschaft oder lagen sie einfach im Trend der Moderne? Wie hat schließlich das Erbe an Verhaltensmustern und Ansprüchen aus dem ‚Dritten Reich' die Nachkriegsentwicklung geprägt?"[20]

Unbestritten ist die Tatsache, dass der nationalsozialistische Propagandaapparat einen erheblichen Teil seiner Ressourcen in die Produktion von massenmedial vermittelten Unterhaltungsangeboten investierte. So waren von den 1.086 Spielfilmen, die zwischen 1933 und 1945 produziert wurden, nur ein Fünftel ‚harte' Propagandafilme mit direkter politischer Ausrichtung. Fünfzig Prozent der gesamten Filmproduktion bestanden aus Liebesfilmen oder Komödien, bei weiteren fünfundzwanzig Prozent handelte es sich um Krimis oder Musicals. Im Jahr 1937, als die größte Zahl politischer Filme in die Kinos kam, betrug die Relation Komödien – Dramen – (offene) Propagandafilme 38 – 34 – 28. 1943, dem Jahr von Stalingrad, war das Verhältnis 62 – 30 – 8.[21] 1942 entfielen von 19 Stunden täglichem Rundfunk 14 auf reine Unterhaltung.[22] Und die ‚typische' Dichtung des Dritten Reichs wird wohl weder von Knut Hansum, Hans Grimm oder Werner Beumelburg repräsentiert, sondern durch Bücher wie Rudolf G. Bindings *Moselfahrt aus Liebeskummer* (Auflage 1944:

---

19 Vgl. Hall 1980
20 Maase 1997, S. 196
21 Vgl. Welch 1995, S. 107f. Siehe dazu auch Albrecht 1969. Dieser schätzt den Anteil der Unterhaltungsfilme an der Gesamtproduktion auf 86 Prozent, den Anteil „harter" Propagandafilme zwischen 1943 und 1945 beziffert er auf nur acht Prozent der Gesamtproduktion (S. 107f.).
22 Vgl. Sington/Weidenfeld 1942, S. 169

367.000), Heinrich Spoerls *Wenn wir alle Engel wären* (1944: 325.000) und Hans Carossas *Das Jahr der schönen Enttäuschungen* (1943: 128.000).[23]
Weit entfernt von archaischer Blut- und Bodenromantik war der Nationalsozialismus vorsichtig darauf bedacht, die Moderne zumindest auf der Ebene der Populärkultur weiterleben zu lassen. Das hiermit politische Instrumentalisierungsabsichten verbunden waren, kann als gesichert gelten, denn die Nationalsozialisten hatten sich ursprünglich die Verbannung der von ihnen als amerikanisiert empfundenen Populärkultur auf ihre Fahnen geschrieben:

> „Es war nicht nur Hitler, der in ‚Mein Kampf' die ‚Vergiftung der Seele' durch die zum ‚Treibhaus sexueller Vorstellungen und Reize' gewordene Massenkultur anprangerte und forderte, ‚den Speisezettel unserer Kinos, Variétés und Theater' ‚von den Erscheinungen einer verfaulenden Welt zu säubern und in den Dienst einer sittlichen Staats- und Kulturidee zu stellen'. [...] Insbesondere in Schichten, deren kulturelles Kapital und soziale Stellung unter den Druck von Konkurrenz und Demokratisierung gerieten, galten moderne großstädtische Vergnügungen als Menetekel; sie schienen nach autoritärer Wiederherstellung von Sitte, Ordnung und Kultur zu rufen."[24]

In der Praxis duldete die nationalsozialistische Kulturpolitik jedoch sogar auf den Mauern des Berliner Sportpalasts die Aufforderung, ‚Coca-Cola eiskalt' zu trinken. Was die Deutschen dann auch mit großer Begeisterung taten: Die Zahl der deutschen Abfüllbetriebe stieg von fünf im Jahre 1934 auf fünfzig im Jahre 1939, die der Getränkegroßhändler in der gleichen Zeit von 120 auf 2000. 1936 unterhielt Coca-Cola einen Erfrischungsdienst bei den Olympischen Spielen und sponserte 1937 die Deutschland-Rundfahrt der Radfahrer.[25] *Irrwege der Liebe*, die letzte amerikanische Musicalproduktion, welche in Berlin gezeigt wurde, hatte am 25. Juli 1940 Premiere. Und Mickey Mouse war so populär, dass ein deutsches Schlachtgeschwader die Comicfigur im Krieg sogar zu ihrem Wappentier wählte.[26]
Amerikanische Unterhaltungsangebote waren also, ähnlich wie die Jazzmusik, als Kulturformen bzw. mediale Genres so wichtig, dass sie trotz ideologischer Missliebigkeit nicht verboten oder abgeschafft werden konnten. Versuche in diese Richtung – etwa die Verbannung von Jazz aus dem Radio – wurden regelmäßig mit großem Unmut quittiert und systematisch unterlaufen. Statt dessen begann das Regime einen zähen Kleinkrieg um die diesen Formen eingravierten Botschaften. Aus der Unterhaltungskultur der Weimarer Republik, die der westlichen Moderne verpflichtet war, wurde sukzessive Blut-und-Boden-Politainment. Es entstand eine propagandistisch durchsetzte Populärkultur, die als „Trojanisches Pferd der NS-Propagandisten im Kraft durch Freude-Staat" (Bodo Rollka) fungieren sollte. Goebbels selbst hat die Bedeutung derartig kaschierter Manipulationsversuche immer wieder hervorgehoben, etwa wenn er feststellte:

> „Ich wünsche nicht etwa eine Kunst, die ihren nationalsozialistischen Charakter lediglich durch Zurschaustellung nationalsozialistischer Embleme und Symbole beweist, sondern eine Kunst, die ihre Haltung durch nationalsozialistischen Charakter und durch Aufraffen nationalsozialistischer Probleme zum Ausdruck bringt. [...] Es ist im allgemeinen ein wesentliches Charakteristikum der Wirksamkeit, daß sie niemals als

---

23 Auflagenzahlen nach Schäfer 1981, S. 111
24 Maase 1997, S. 152f.
25 Vgl. Schäfer 1981, S. 118
26 Ebd., S. 130

gewollt in Erscheinung tritt. In dem Augenblick, da eine Propaganda bewußt wird, ist sie unwirksam. Mit dem Augenblick aber, in dem sie als Propaganda, als Tendenz, als Charakter, als Haltung im Hintergrund bleibt und nur durch Handlung, durch Ablauf, durch Vorgänge, durch Kontrastierung von Menschen in Erscheinung tritt, wird sie in jeder Hinsicht wirksam."[27]

In diesem Propagandakonzept spielte Unterhaltung eine zentrale Rolle, wie Goebbels selbst wiederholt betonte. So heißt es in seinem Tagebuch unter dem Datum des 8. Februar 1942:

„Auch die Unterhaltung ist heute staatspolitisch wichtig, wenn nicht sogar kriegsentscheidend."[28]

Knapp drei Wochen später notierte er:

„Die geistige und kulturelle Betreuung des Volkes wird bei längerer Dauer des Krieges immer kriegswichtiger. [...] Unser Volk bei guter Laune zu erhalten, das ist auch kriegswichtig."[29]

Und einen Tag darauf stellte Goebbels fest:

„Die gute Laune ist ein Kriegsartikel. [...] Es ist deshalb nötig, ihre besondere Beachtung und Pflege angedeihen zu lassen. [...] Optimismus gehört nun einmal zur Kriegführung."[30]

Der Schluss, den die NS-Propagandisten aus dieser grundsätzlichen Erwägungen zogen, bestand – auch wenn dies auf den ersten Blick bizarr anmutet – darin, ihre Propaganda von Propagandabotschaften weitestgehend zu entkleiden. So lehnte Goebbels es strikt ab, „daß unsere SA-Männer durch den Film oder über die Bühne marschieren".[31] Die Unterhaltungskultur des Dritten Reiches sollte nach Möglichkeit das „wahre Leben" widerspiegeln – und das hieß, ein Leben, dass nicht von omnipräsenten Uniformen, Entbehrungen und Bombenangriffen geprägt war.

Vor dem Hintergrund dieser Propaganda-Konzeption ist Albrecht zuzustimmen, der seiner Studie zur NS-Filmpolitik die These vorangestellt hatte:

„Selbst der ganz eindeutig seinem Inhalt nach unpolitische Film wurde insofern Bestandteil einer insgesamt politisch ausgerichteten Propaganda, sollte nämlich die Probleme, mit denen der einzelne wie der Staat zu kämpfen hatte, vergessen lassen. In diesem Sinne sind nun allerdings alle Filme, die damals hergestellt wurden, politisch – ob nun nach ihrem Inhalt offensichtlich, oder ob nach ihrer Aufgabe mehr indirekt. Ja, gerade die scheinbar unpolitischen Filme sind, weil sie den Eindruck einer intakten und geordneten Welt vermitteln, in besonderer Weise politisch gemeint: sie konnten und sie sollten (auch vor dem Zweiten Weltkrieg) die weltpolitischen Spannungen und die innerpolitischen Unstimmigkeiten vergessen machen."[32]

---

27 Goebbels 1937, S. 75
28 Tagebuch-Eintrag v. 08.02.1942
29 Tagebuch-Eintrag v. 26.02.1942
30 Tagebuch-Eintrag v. 27.02.1942
31 Goebbels 1936, S. 31
32 Albrecht 1979, Vorwort

Auch andere Filmhistoriker vertreten die Auffassung, dass es im Dritten Reich keine unpolitischen Filme gegeben habe, sondern höchstens solche unpolitischen Inhalts.[33] Die Frage nach den versteckten ideologischen Motiven wie Führerprinzip, Frauenfeindlichkeit oder Kriegshetze, die Betrachter heute noch immer in alten Nazi-Schinken suchen, ist damit obsolet – es gab sie vielfach einfach nicht. Die NS-Unterhaltungskultur hatte neben einer den Publikumsinteressen geschuldeten vorsichtigen (und zum Teil vorgetäuschten) Fortführung der westlichen Industriemoderne vielmehr die Funktion, andere, unerwünschte Diskurse aus dem Umfeld z.B. der alten Arbeiter- oder Jugendbewegung zu überlagern. Die formale kommunikative Vorherrschaft, die Fähigkeit, die Themen der öffentlichen Kommunikation zu bestimmten, war den Nationalsozialisten so wichtig, dass sie auch weitgehende inhaltliche Zugeständnisse an die Rezipienten und damit eine beinahe totale Entpolitisierung ihrer Propaganda in Kauf nahmen.

Dass sich das Publikum auf dieses staatlich organisierte Politainment-Programm (was freilich in kritischen Bereichen durch Zwang und Terror abgesichert wurde) einließ, ermöglichte ihm zunächst einmal individuell erfahrene Gratifikationen (so wunderte sich ein *Sopade*-Bericht von 1934, warum der NS-Staat die Arbeiter scharenweise „freimußig" und mit Sonderzügen ins Theater schickte[34]), beeinträchtigte aber auf lange Sicht die Orientierungsfähigkeit der Bevölkerung. Bei dem explosiven Gebräu aus Unterhaltung und Propaganda, das für die NS-Aufbaupropaganda zumindest der Jahre 1934 bis 1939 typisch ist, lässt sich vielfach schwer entscheiden, ob sich die Nationalsozialisten mit ihren politischen Indoktrinationsversuchen oder das breite Publikum mit seinen über weite Strecken entpolitisierten Unterhaltungsbedürfnissen durchsetzte. Ein Blick auf die propagandistische Inszenierung und die populäre Rezeption Hitlers soll dies deutlich machen.

„Popstar" Hitler

Der sorgsam inszenierte Führerkult um Adolf Hitler stellte einen der stabilsten und am stärksten politisierten Bausteine der NS-Propaganda dar. Propagandaminister Goebbels pries Hitler als politischen Messias – und wählte als Verkaufsstrategie für seinen Herrn und Meister ein Medienformat, wie es auch für UFA-Stars Anwendung fand. Die Folge war, dass das breite Publikum die propagandistisch aufbereitete Person Hitlers schlicht als Popstar decodierte.

> „Das Führer-Bild wurde ebenso von der Bevölkerung geschaffen, wie propagandistisch in die Bevölkerung hineinprojiziert. Es war das Resultat sowohl der NS-Propaganda wie des politischen Verständnisses der Bevölkerung und ihrer Erwartungen."[35]

Es ist unbestritten, dass die propagandistische Präsentation Hitlers die Grundlage für seine Popularisierung von unten darstellte. So brach die frühe Hitler-Inszenierung durch den Fotografen und späteren „Reichsbildberichter der NSDAP" Heinrich Hoffmann mit den konventionellen Mustern, die aus der öffentlichen Darstellung von Politikern bekannt wa-

---

33 Vgl. Winkler-Mayerhöfer 1992, S. 76
34 Behnken 1980, Band 2, S. 1375f.
35 Kershaw 1980, S. 22

ren. Die neue Qualität dieser Bilder wird aus heutiger Perspektive leicht übersehen. Führende Politiker waren in der Weimarer Zeit immer distanzierte Respektspersonen gewesen und wurden in der Öffentlichkeit als Funktionsträger vorgestellt, keinesfalls als Privatpersonen. Den Galionsfiguren der bürgerlichen Parteien lag die Zurschaustellung ihrer privaten Milieus fern. Ebenso hätten sie sich nie plebejisch posierend mit ihrem Wahlvolk gezeigt. Die Exponenten der linken Parteien verhielten sich ähnlich. Heinrich Hoffmann aber präsentierte Hitler als Privatmann und Politiker zum Anfassen, „jenseits der offiziellen Anlässe und großen Machtrituale", wie Herz in seiner Studie *Hoffmann und Hitler*[36] schreibt. Später vollzog Hoffmann in seinen Bildern dann eine Transformation des Hitler-Images vom revolutionären Outsider zum Staatsmann (am eindrucksvollsten ist wohl das Plakat zum *Tag von Potsdam*: „Der Marschall und der Gefreite"; nach einem Portraitfoto von Hoffmann). Und trotzdem hatte der Führer-Mythos immer ein Moment der Selektion von unten, das die NS-Propaganda nicht kontrollieren konnte.

„Neben den unmittelbaren Auswirkungen der Hitler-Propaganda wird in den einschlägigen Zeugnissen die selbsttätig selektive ‚gesellschaftliche Produktion' des Hitler-Mythos immer wieder erkennbar. Diese Untersuchung von Volksmeinungen machte ganz allgemein deutlich, wie sehr Ereignisse der großen Politik auf der unteren Ebene der Politikverarbeitung und -erfahrung je nach den milieubedingten und schichtenspezifischen Normen und Erwartungen ‚umgemodelt', wie sehr Bedeutungsprioritäten nationaler Ereignisse im Medium lokaler und sozialer Traditions- und Interessensgebundenheit verändert wurden und das subjektive Erlebnis von der objektiven Realität politischer Vorgänge abweichen konnte."[37]

Dieser von Kershaw beschriebene Prozess hat den offiziellen Führer-Mythos entscheidend modifiziert. Es gab nämlich eine starke Tendenz zur totalen Entpolitisierung Hitlers in der öffentlichen Meinung. Das populäre Hitler-Bild scheint mitunter mehr mit einer Neuauflage von Robin Hood gemein gehabt zu haben als mit einem Politiker des 20. Jahrhunderts. Viele Deutschen mochten Hitler nicht wegen seiner antisemitischen Tiraden, sondern weil sie den Mann zum Helden einer Soap opera stilisiert hatten (wenn auch Hitlers außenpolitische Erfolge und die Aufbau-Propaganda Bestandteile dieser Soap-Inszenierung waren). Überspitzt ließe sich sagen, dass Hitler für viele Deutsche vor allem ein Sammelobjekt war. Als etwa im Frühjahr 1941 bei Winterhilfswerksammlungen ein Abzeichen mit dem Hitler-Portrait nur zu einem sehr hohen Preis zu erwerben war, löste dies großen Unmut aus, wie aus einem SD-Bericht aus Schweinfurt hervorgeht, den Kershaw zitiert:

„Darüber haben sich die Leute mit schmalem Geldbeutel sehr unliebsam geäußert. Entweder das Führerbild hätte gar nicht dabei sein dürfen, wenn aber schon, dann in derartiger Anzahl, daß die Nachfrage auch einigermaßen hätte befriedigt werden können."[38]

Ein anderer SD-Bericht, der an der selben Stelle abgedruckt ist, beschäftigt sich mit der Rezeption der Wochenschauen. Dort heißt es,

---

36 Herz 1994, S. 242
37 Kershaw 1980, S. 13
38 Ebd., S. 140

„[...] daß eine Wochenschau ohne Bilder des Führers nicht für vollwertig gehalten werde. Man wolle immer sehen, wie der Führer aussehe, ob er ernst sei oder lache. Dagegen äußere man sich im allgemeinen sehr enttäuscht, daß man seit langer Zeit im Rahmen der Wochenschau nicht auch die Stimme des Führers habe hören können."[39]

Goebbels unterstützte diese Lesart der Hitler-Propaganda, etwa, als „der Propagandaminister anläßlich Hitlers Geburtstag im Jahre 1935 das ‚ungekünstelte' Wesen des großen Schauspielers Hitler herauszustreichen bemüht war: ‚Man kann sich ihn in Posen überhaupt nicht vorstellen.'" Unermüdlich kam Goebbels auch immer wieder auf die persönliche ‚Schlichtheit' des Führers zu sprechen, seine simplen Mahlzeiten, seine einfache Uniformkleidung, geschmückt nur mit dem Eisernen Kreuz I. Klasse, das er als

„einfacher Soldat durch höchste persönliche Tapferkeit verdient habe. [...] Um die Verehrungswürdigkeit des Führers besonders eindrucksvoll zu machen, stilisierte der Propagandaminister 1935 auch noch denjenigen Charakterzug Hitlers, der dem Bild menschlicher Wärme am meisten widersprach, Hitlers Unfähigkeit zu Freundschafts- und Liebesbeziehungen, ins Gegenteil des persönlichen ‚Opfers' um: Zur Position des Führers gehöre die tiefe Einsamkeit und Traurigkeit. Dieser Mann habe alles persönliche Glück und sein Privatleben für das Volk geopfert."[40]

Auch wenn diese Lesart – Hitler als Charakterdarsteller im Historiendrama *Deutschland* – offiziell gefördert wurde, stelle die auf Rezipientenseite vorgenommene Trennung zwischen dem Mann und seiner Politik die Propaganda doch vor erhebliche Probleme: Keineswegs war die Integrationskraft des Führer-Mythos' so ausgeprägt, dass sich mit ihr alle anvisierten Kommunikationsziele erreichen ließen, was vor allem bei der propagandistischen Vorbereitung des Zweiten Weltkriegs deutlich wurde.

Kraft durch Freude

Vergleichbare Tendenzen zur Entpolitisierung der Propagandaangebote finden sich auch im Falle der NS-Organisation „Kraft durch Freude" (KdF). Gerade im Bereich der staatlich vorgegebenen Freizeit fand ein zähes semiotisches Ringen darum statt, inwieweit die natürlichen Unterhaltungsbedürfnisse der Rezipienten mit den propagandistischen Intentionen der Nationalsozialisten in Einklang zu bringen waren. Aus Perspektive der Nationalsozialisten hatte KdF eine klar politische Funktion: die Organisation diente gleichsam als reichsweites Großlaboratorium für die anvisierte Volksgemeinschaft. Gleichzeitig musste sie aber auch die Lücke schließen, welche durch das Verbot der Arbeiterparteien und Gewerkschaften und den ihnen angeschlossenen Freizeitorganisationen entstanden war. Tatsächlich trugen KdF-Veranstaltungen maßgeblich dazu bei, Angehörigen der Arbeiterklasse Freizeiterlebnisse zu verschaffen, die bislang bürgerlichen Schichten vorbehalten gewesen waren. So nahm 1938 jeder dritte deutsche Arbeiter an Kraft durch Freude-Reisen teil (wenn auch die wenigsten dieser Trips ins Ausland oder gar aufs offene Meer führten). In wöchentlichen Programmen bot eine NSDAP-Stelle in München neben Urlaubsreisen auch Theater- und Konzertbesuche, sowie Kurse in Reiten, Segeln, Tennis und Ski an – Sportar-

---

39 Ebd., S. 140
40 Kershaw 1980, S. 66

ten, die bis dahin den Reichen vorbehalten gewesen waren.[41] Das typische Rezeptionsmuster dieser Angebote scheint vielfach darin bestanden zu haben, dass das Publikum die populären Inhalte dankbar aufgriff, die mitgelieferten ideologischen Deutungsangebote aber ignorierte. So heißt es in einem Bericht über die Ankunft einer KdF-Urlaubergruppe im Allgäu:

„Der Ortsgruppenleiter der NSDAP hielt eine Ansprache, dann wurde gemeinsam das Horst-Wessel-Lied gesungen. ‚Nach einem dreifachen Sieg-Heil auf unseren Führer Adolf Hitler und Deutschland ging man nach Absingen des Deutschland-Liedes zum gemütlichen Teil über.' Andererseits erinnert sich ein bis 1933 mit den Kommunisten sympathisierender Arbeiter: ‚Das war richtiger Urlaub. Das hat normalerweise mit Dings [mit politischer Propaganda; K.M.] überhaupt nichts zu tun gehabt. Das war genau, wie wenn man heute in Urlaub geht. Man war zusammen, hat gelacht, hat gesungen, hat getanzt, abends.'"[42]

Die relativ große sexuelle Tabulosigkeit des Dritten Reiches und seiner offiziellen Kultur wurde von den ‚Volksgenossen' eindeutig geschätzt. 1936 musste sich Goebbels gegen den Vorwurf verteidigen, dass im deutschen Film zuviel Haut gezeigt würde:

„Wir leben nicht in einem Franziskanerkloster; eine gesunde Zeit nimmt auch eine gesunde Stellung zu delikateren Problemen ein."[43]

Auch KdF-Fahrten sollen regelmäßig ob ihrer erotischen Vorzüge gelobt worden sein, und der Münchener KdF-Faschingsball war wegen seiner Tabulosigkeit weit über Bayerns Grenzen hinaus berühmt.[44] Ähnliche Verhaltensmuster wie bei der Rezeption der KdF-Angebote lassen sich für die Reichsparteitage beobachten. Diese werden aus der Rückschau ja als Inbegriff der faschistischen Massenornamente begriffen. Sieht man allerdings hinter die hochpolierte Oberfläche der Riefenstahl-Filme und Wochenschau-Berichte, wird deutlich, dass die Parteitage ihren hohen Unterhaltungswert beleibe nicht nur den Führerreden und Paraden verdankten. Übermäßiger Alkoholgenuss, Schlägereien und das Absingen anzüglicher Lieder waren feste Bestandteile vor allem der frühen Reichsparteitage. Über den 1934er Parteitag heißt es etwa:

„Gleichzeitig wurde in der [...] ‚KdF-Stadt' ein Volksfest eröffnet, mit Würstchenbuden, Limonadenverkäufern und sportlichen Wettkämpfen, gymnastischen und akrobatischen Vorführungen. Dieses Volksfest fand seinen Höhepunkt und Abschluß regelmäßig in einem Feuerwerk. Es war das größte, das Deutschland bis dahin gesehen hatte."[45]

Nebenbei verspeisten die Parteitagsteilnehmer 500 Tonnen Brot und zweieinhalb Millionen Grillwürstchen.[46] Vom Reichsparteitag 1936 kehrten 900 BDM-Mädchen schwanger nach Hause zurück. Eine 1942 erschienene britische Analyse der deutschen Propaganda sah diese Prozesse ganz nüchtern:

---

41 Vgl. Schäfer 1981, S. 117
42 Maase 1997, S. 209f.
43 *Berliner Tageblatt* v. 27.11.1936
44 Vgl. Schäfer, S. 124
45 Reichel 1992, S. 128
46 Vgl. Sington/Weidenfeld 1942, S. 50

„The Berliner had to be attracted to meetings 'presented' by 'manager Goebbels' for the same reason that the Londoner is attracted to Wembley dog-races and Lane's Club all-in wrestling, or the Madrileno to the bull fights in Plaza de las Ventas."[47]

Von der NS-Führung wurde diese teils verhandelnde, teils subversive Rezeption der Politainment-Angebote offenbar billigend hingenommen.

„Dies ist deutlich im Zusammenhang mit den Maifeiern zu erkennen. So ließ der Staat, als die ausdrücklich politische Form der Feiern zum 1. Mai 1933 nicht in dem erhofften Umfang integrativ gewirkt hatte, [...] ab 1934 diese ursprüngliche Konzeption bewußt fallen. Seit diesem Zeitpunkt erhielten die Veranstaltungen absichtsvoll jenen mehr ‚freizeitorientierten' Charakter [...]. Ein Jahr später jedenfalls wurde von der Stapostelle Hannover sichtlich erfreut festgestellt, die Teilnehmer hätten die Veranstaltung 1934 ‚in ihrer heutigen Fassung' als ‚eine ideale Lösung' aufgefaßt, ‚die von den früheren Machthabern nicht nur nicht erreicht, sondern auch nicht beabsichtigt' worden sei."[48]

Blut-und-Boden-Politainment – Ein Fazit

Die vorstehenden historischen Skizzen zur Rolle von Film, Führer-Mythos und KdF im Nationalsozialismus sollten zeigen, dass die Verquickung von politischen Indoktrinierungsversuchen mit populären Unterhaltungs- und Erlebnisangeboten ein zentrales Muster der NS-Propaganda darstellte. Diese Form des Politainment bildete sich in den dreißiger Jahren des letzten Jahrhunderts heraus, weil es auch dem monopolisierten Massenkommunikationsapparat der Nationalsozialisten nicht möglich war, den Deutschen eine völlig neue Themenagenda zu verordnen. In der Bevölkerung bestand eine große Nachfrage nach Unterhaltungsangeboten in der Tradition der Arbeiterbewegung und der westlichen Moderne der zwanziger Jahre, die vom Regime befriedigt werden musste. Auch sollte die Bevölkerung ständig in einen kommunikativen Diskurs verwickelt werden, der die Leute beschäftigt halten und sie daran hindern sollte, die „alten" Themen der Weimarer Republik, etwa die Lösung der sozialen Frage, erneut auf die Agenda zu bringen. Die Aufgabe von NS-Gliederungen wie KdF und dem Propagandaapparat war es während der dreißiger Jahre, kommunikative Angebote von oben zu machen, die darauf zugeschnitten waren, unten populär gemacht zu werden. In seinem Bestreben, eine authentische Populärkultur von unten zu verhindern, inszenierte sie der Staat von oben. Denn genau darauf lief es hinaus, wenn der DAF- und Kraft-durch-Freude-Chef Robert Ley sagte, der ‚Volksgenosse' solle kein Privatleben mehr haben.[49] Doch dadurch, dass der Staat die Lebenswelt der Individuen kommunikativ kolonialisierte, setzte er sich auch direkt deren Kommunikationsbedürfnissen aus, was ihn dazu zwang, politische Botschaften in populäre Medienformate zu verpacken, zum Teil auch ganz auf Persuasionsversuche zu verzichten. Die Rezeption dieser Angebote verlief beinahe durchweg in eigensinnigen Bahnen. Das Publikum wählte aus, was ihm attraktiv erschien, verweigerte aber vielfach die Übernahme der mitgelieferten

---

47 Ebd., S. 22
48 Stöver 1993, S. 274
49 Vgl. Behnken 1980, Band 2, S. 1375f.

politischen Deutungsangebote. So kam es zu einem ständigen Widerstreit zwischen den Kräften von Inkorporation und Verweigerung. Die NS-Machthaber hatten nicht nur die alleinige Verfügungsgewalt über den monopolisierten Massenkommunikationsapparat, sondern konnten ihre Botschaften auch durch systematische Desinformation, massive Indoktrinierung und ständige Gewaltandrohung absichern. Doch alle angewandten Zwangsmittel erwiesen sich für die Popularisierung von Propagandabotschaften eher als kontraproduktiv. Die von oben verordneten Deutungen stießen unten vielfach auf Ablehnung und wurden entsprechend ignoriert, interpersonal nicht weiter verbreitet oder in ihrem ideologischen Gehalt radikal umgedeutet. Solange die NS-Propaganda populärkulturelle Unterhaltungsbedürfnisse bediente, wurde sie bereitwillig rezipiert; setzte sie jedoch auf aggressive Agitation, verhallte sie oft im Leeren.

Belegen lässt sich dieser Mechanismus am Beispiel der antisemitischen Propaganda. Die Mehrheit der Deutschen empfand die hysterische Gräuelpropaganda von Julius Streichers „Stürmer" (im Gegensatz zu der auf perverse Weise unterhaltsamen von Goebbels „Angriff") als überzogen und abstoßend. Ihr schriller Antisemitismus wurde den Nationalsozialisten eher als Makel denn als Sympathiemerkmal angerechnet. Entsprechend ist unter den NS-Propagandisten eine ständige Unzufriedenheit mit den Propagandaerfolgen in diesem Bereich zu verzeichnen. Es gelang trotz aller Bemühungen jahrelang nicht, den Antisemitismus zu einem zentralen Thema der Bevölkerung zu machen. Gleichwohl hatte das Dauerfeuer antisemitischer Propaganda verheerende Konsequenzen. Denn was sich diffus in den Köpfen festsetzte war das Bewusstsein, dass es eine wie auch immer geartete „jüdische Frage" gäbe. Juden wurden so propagandistisch zu einer gesellschaftlichen Sondergruppe gemacht, was ihre Isolierung in der Bevölkerung beförderte und damit den später vor aller Augen initiierten Holocaust erst ermöglichte.[50]

Obwohl von erheblicher historischer Relevanz, sind diese kommunikativen Interaktionen über die unterhaltenden Angeboten eingravierten politischen Botschaften von der Forschung bislang zu wenig beachtet und nur unzureichend erklärt worden. Die strikte Trennung der Konzepte von Informationen und Unterhaltung hat hier als Wasserscheide gewirkt, welche es nicht zuließ, etwa die Tätigkeit des Reichsministeriums für Volksaufklärung und Propaganda aus der Perspektive der Unterhaltungsforschung zu sehen.

Mit dem heutigen Politainment sind die skizzierten Formen des propagandistischen Entertainments natürlich nur bedingt zu vergleichen. Die Medienformate und das Verständnis von populärer Unterhaltung haben sich grundlegend gewandelt. Vor allem aber vollzieht sich Politainment heute in demokratischen Systemen und als Bestandteil des politischen und medialen Wettbewerbs. Zwar geht es auch beim modernen Politainment um Persuasion, doch tritt dahinter die politische Orientierungsfunktion für das Publikum nicht vollkommen zurück. Zu Recht wird darauf verwiesen, dass die moderne Unterhaltungsöffentlichkeit Abbildungen des Politischen liefern, „die im Sinne einer republikanischen politischen Kultur positiv gewertet werden können."[51] Für den Nationalsozialismus galt eindeutig das Gegenteil: Damals ging es nicht um die Verbesserung der politischen Orientierungsfähigkeit des breiten Publikums, sondern um die nachhaltige Verneblung des Kommunikationshaushaltes der Rezipienten.

---

50 Vgl. Kershaw 1989
51 Dörner 2001, S. 244

Trotz dieser Unterschiede lassen sich Gemeinsamkeiten zwischen alten und neuen Politainment-Methoden feststellen. Das Phänomen ist nicht so neu, wie es die Feuilleton-Debatten suggerieren. Und: Das mögliche demokratische Potenzial unterhaltender Politikvermittlung liegt nicht in den Unterhaltungsangeboten begründet, sondern in der Qualität der politischen Kultur, in der diese Angebote produziert und rezipiert werden.

Literatur

ALBRECHT, GERD (HRSG.) (1979): *Der Film im Dritten Reich.* Karlsruhe.

ALBRECHT, GERD (1969): *Nationalsozialistische Filmpolitik.* Stuttgart.

BACHTIN, MICHAIL M. (1984 (1936)): *Rabelais and His World*, Indiana.

BEHNKEN, KLAUS (HRSG.) (1980): *Deutschlandberichte der Sozialdemokratischen Partei Deutschlands (Sopade) 1934-1940.* 7 Bände. Frankfurt am Main.

BIOCCA, FRANK. A (1988): Opposing Conceptions of the Audience: The Active and Passive Hemispheres of Mass Communication Theory. In: ANDERSON, JAMES A. (Red.): *Communication Yearbook 11.* Newbury Park, Berverly Hills, London u. New Delhi, S. 51-80.

BUSSEMER, THYMIAN (2000): *Propaganda und Populärkultur.* Konstruierte Erlebniswelten im Nationalsozialismus. Wiesbaden.

DÖRNER, ANDREAS (2000): *Politische Kultur und Medienunterhaltung.* Zur Inszenierung politischer Identitäten in der amerikanischen Film- und Fernsehwelt. Konstanz.

DÖRNER, ANDREAS (2001): *Politainment.* Politik in der medialen Erlebnisgesellschaft. Frankfurt am Main.

DOVIFAT, EMIL (HRSG.): *Handbuch der Publizistik.* Band 1: Allgemeine Publizistik. Berlin 1968.

FISKE, JOHN (1989): *Understanding Popular Culture.* Boston.

FISKE, JOHN (1996): British cultural studies and television. In: STOREY, JOHN (Hrsg.): *What is Cultural Studies? A Reader.* London, S. 119-127.

GOEBBELS, JOSEPH (1992): *Tagebücher 1924-1945.* Hrsg. von RALF GEORG REUTH. 5 Bände. München.

GOEBBELS, JOSEPH (1937): Rede bei der ersten Jahrestagung der Reichsfilmkammer am 5.3.1937 in der Krolloper, Berlin. In: *Jahrbuch der Reichsfilmkammer 1937*, Berlin, S. 61-85.

GOEBBELS, JOSEPH (1936): Rede in den Tennishallen in Berlin am 19.5.1933. In: BELLING, CURT (1936): *Der Film in Staat und Partei.* Berlin, S. 31-37.

HACHMEISTER, LUTZ (1987): *Theoretische Publizistik.* Studien zur Geschichte der Kommunikationswissenschaft in Deutschland. Berlin.

HALL, STUART (1980): Encoding and Decoding in the Television Discourse, CCCS Stencilled Paper No.7. Gekürzt erschienen als Encoding / Decoding in: HALL, STUART ET AL.: *Culture, Media, Language.* Working Papers in Cultural Studies 1972-79. London, S. 128-137.

HALL, STUART (1998): Notes on Deconstructing the Popular. In: STOREY, JOHN (Hg.): *Cultural Theory and Popular Culture*. A Reader. Hertfordshire 1998 (1994), S. 442-453.

HEPP, ANDREAS / WINTER, RAINER (HRSG.) (1997): *Kultur – Medien – Macht*. Cultural Studies und Medienanalyse, Opladen.

HERZ, RUDOLF (1994): *Hoffmann und Hitler*. Fotografie als Medium des Führer-Mythos. München.

KERSHAW, IAN (1989): The Persecution of the Jews and German Popular Opinion in the Third Reich. In: MARRUS, MICHAEL R. (HRSG): *The Nazi Holocaust*. Volume 5: Public Opinion and the Relations to the Jews in Nazi Europe. London, S. 86-114.

KERSHAW, IAN (1980): *Der Hitler-Mythos*. Volksmeinung und Propaganda im Dritten Reich. Stuttgart.

LE ROY LADURIE, EMMANUEL (1979): *Le Carnival de Romans*. Paris.

MAASE, KASPAR (1997): *Grenzenloses Vergnügen*. Der Aufstieg der Massenkultur 1850-1970. Frankfurt/Main.

MALCOLMSON, ROBERT W. (1973): *Popular Recreations in English Society 1700-1850*. London.

MERCER, COLIN (1983): *A Poverty of Desire: Pleasure and Popular Politics*. London.

MEYER, THOMAS (2001): *Mediokratie*. Die Kolonisierung der Politik durch die Medien. Frankfurt/Main.

MIKOS, LOTHAR (1994): *Es wird dein Leben!* Familienserien im Fernsehen und im Alltag der Zuschauer. Münster.

NOELLE, ELISABETH: *Umfragen in der Massengesellschaft*. Eine Einführung in die Methoden der Demoskopie. Reinbek bei Hamburg 1963

REICHEL, PETER (1992[2]): *Der schöne Schein des Dritten Reiches*. Faszination und Gewalt des Faschismus. München.

ROLLKA, BODO (1989): Unterhaltung als Instrument gesellschaftlicher Sozialisation. In: NUTZ, WALTER (HRSG.): *Kunst, Kommunikation, Kultur*. Festschrift zum 80.Geburtstag von Alphons Silbermann. Frankfurt/Main, Bern, New York u. Paris, S. 253-268.

SCHÄFER, HANS DIETER (1981): *Das gespaltene Bewußtsein*. Deutsche Kultur und Lebenswirklichkeit 1933-1945. München.

SINGTON, DERRIK U. WEIDENFELD, ARTHUR (1942): *The Goebbels Experiment*. A Study of the Nazi Propaganda Machine. London.

STÖVER, BERND (1993): *Volksgemeinschaft im Dritten Reich*. Die Konsensbereitschaft der Deutschen aus der Sicht sozialistischer Exilberichte. Düsseldorf.

WELCH, DAVID (1995): Nazi Film Policy: Control, Ideology and Propaganda. In: CUOMO, GLENN R. (HRSG.): *National Socialist Cultural Policy*. Basingstoke u. London 1995, S. 92-112.

WINKLER-MAYERHÖFER, ANDREA (1992): *Starkult als Propagandamittel*. Studien zum Unterhaltungsfilm im Dritten Reich. München.

CHRISTIAN SCHICHA

Das „Ereignismanagement" des nationalsozialistischen Regimes
Zur Theatralität des Führerkultes

„Ich saß mit ein paar Literaten und Theaterleuten im Münchener Café Hofgarten. [...] Am Nachbartisch saß ein ziemlich gewöhnlich aussehender Mensch mit einer häßlich fliehenden Stirn, ungesundem Teint und schlechter Haltung. Er sprach mit einigen Männern, die aussahen, als wären sie Offiziere in Zivil. Er war ein hiesiger Agitator, der gerade eine Massenkundgebung gegen die Juden in einem Zirkus am Stadtrand abgehalten hatte, ein gewisser Adolf Hitler. Boshaft erzählte uns einer der Schauspieler, Hitler nehme zur Zeit Schauspielunterricht bei Basil, dem Schauspieler am Königlichen Hoftheater. [...] Dieser Basil war ein Schauspieler der alten Schule und spielte normalerweise heroische Charaktere, gestikulierte wie ein Wagner-Sänger und fühlte sich nur wohl, wenn ihm die Jamben Schillers über die Zunge rollten. Es war sehr klug von Hitler, [...] Sprechunterricht zu nehmen und zu lernen, wie man Heiserkeit vermeidet. Es hieß, daß er bei seinen Reden fürchterlich brüllte. [...] Wie wir hörten, lernte er, was er mit seinen Händen beim Reden und bei öffentlichen Auftritten machen solle, wie er wichtig erscheinen könne und wie er großartige Gesten auszuführen und zu gehen habe. [...] Einmal besuchte ich einen dieser Massenauftritte und beobachtete ihn als öffentlichen Redner. Seine Intonation war genauso männlich und heroisch, wie man das von einem Schüler des großen Basil erwarten konnte, immer ein wenig ungehalten, im Tonfall eines Mannes, den man offensichtlich aus reiner Bosheit zu Unrecht angeklagt hatte. [...] Und dort, wo dem Redner die Beweise fehlten, führte er jedenfalls aufs Schönste die Gesten und die Haltung eines Mannes vor, der Beweise hat. Das war sein Trick. Er spielte den Logischen. Seine Schauspielerei war überzeugend."[1]

Einleitung

Volmert vertritt die These, dass die zeitgenössische Psychologie und die Sozialwissenschaften dem Erfolg der rassistischen und nationalsozialistischen Ideologien lange Zeit eher „ratlos" gegenüberstanden und nicht in der Lage gewesen seien, „die Faszination großer Menschenmassen durch Symbole und die Inszenierung von Politik wissenschaftlich zu erklären".[2] Um das Phänomen des Nationalsozialismus auch nur in Grundzügen angemessen verstehen zu können, soll in diesem Beitrag die Rede Hitlers in den Gesamtkontext des nationalsozialistischen „Ereignismanagements" eingerahmt werden, um die Anfälligkeit des Publikums für die Propaganda zu verstehen. Zentral sind in diesem Zusammenhang die durch die Alltagserfahrungen während der Weltwirtschaftskrise und in der Weimarer Republik sowie durch den verlorenen ersten Weltkrieg angestauten Ängste und Wünsche der Bevölkerung, die sich die faschistischen Redner strategisch nutzbar gemacht haben:

---

1 Brecht 1996, S. 234 ff.
2 Vgl. Volmert 1989b, S. 14

"Die Einführung des Markenartikels ‚Der Führer' war abhängig von der historischen Situation am Ende der Weimarer Republik. Der Personenkult um Hitler traf mit einer Sehnsucht nach dem ‚starken Mann' zusammen, der die gesellschaftliche Krise in einem übermenschlichen Kraftakt überwinden sollte."[3]

Grundsätzlich sollten also die spezifisch politischen und historischen Begleitumstände bei der Interpretation des „Phänomens Hitler" und seiner Reden berücksichtigt werden:

„Der Mythos Hitler war in erster Linie ein Produkt der Zeitentwicklung, also der deutschen Lebenskrise und der in ihr leidenden und herrschenden Menschen und Mächte. Und erst in zweiter Hinsicht ist es eine persönliche Leistung seines Namensträgers, des Diktators Hitler."[4]

Auch Nill warnt vor einer heuristischen Verengung des Untersuchungsgegenstandes:

„Monokausale Sichtweisen werden weder dem Faschismus gerecht, noch der Sprache, die mit ihm in Zusammenhang steht, und es gehört zu den häufigsten Fehlern in der Faschismusforschung, daß partikuläre Erkenntnisse explizit oder implizit als ‚das Ganze' ausgegeben werden."[5]

Im folgenden soll der Versuch unternommen werden, das Phänomen des Nationalsozialismus unter besonderer Berücksichtigung der Reden des Demagogen Hitlers unter dem Aspekt der Theatralisierung zu erklären, um Aufschlüsse über die massensuggestiven Wirkungsweisen des menschenverachtenden nationalsozialistischen Systems zu erhalten. Von zentraler Bedeutung ist dabei die Differenz zwischen einer Demokratie, in der freie und unabhängige Medien dem Prinzip der „Kontrolle und Kritik" gegenüber dem politischen System folgen, und einem totalitären System, das die Medien durch eine repressive „Gleichschaltung" in Form eines Propagandaapparates instrumentalisiert.

Die Bestandteile des Theatralitätskonzeptes und ihre Umsetzung durch die Nationalsozialisten

Assoziationen der nationalsozialistischen Schreckensherrschaft mit theaterspezifischen Termini sind weit verbreitet. Bohse klassifiziert die Meinungslenkung und Propaganda im Nationalsozialismus als „Inszenierte Kriegsbegeisterung"[6] und Fest spricht in seiner Hitlerbiographie dem theatralischen Sprachduktus folgend vom „demagogischen Ritual"[7], dem „Regietalent" Hitlers und seinem „theatralischen Temperament", das auf zahlreichen Festen und Massenveranstaltungen zum Ausdruck kam, um die „Inszenierung faschistischer Öffentlichkeit" herzustellen.[8]

Theatralität umfasst als Oberbegriff vier Schwerpunkte, die von Fischer-Lichte wie folgt ausdifferenziert werden:[9]

---

3 Behrenbeck 1996, S. 72
4 Alexander 1937, S. 7f.
5 Nill 1997, S. 8
6 Vgl. Bohse 1988
7 Vgl. Fest 1973
8 Vgl. Volmert 1989a, S, 157
9 Fischer-Lichte 1998, S. 86

(1) den der *Inszenierung*, der als spezifischer Modus der Zeichenverwertung in der Produktion zu beschreiben ist;
(2) den der *Verkörperung* (Korporalität), der sich aus dem Faktor der Darstellung bzw. seines „Materials" ergibt;
(3) den der *Performance*, der als Vorgang einer Darstellung durch Körper und Stimme vor körperlich anwesenden Zuschauern gefasst wird und das ambivalente Zusammenspiel aller beteiligten Faktoren beinhaltet,
(4) den der *Wahrnehmung*, der sich auf den Zuschauer, seine Beobachterfunktion und Beobachterperspektive bezieht.

Diese vier Aspekte bestimmen in ihrer Gesamtheit und in je wechselnden Konstellationen den Begriff der Theatralität. Dabei wird von einem Theaterbegriff ausgegangen, der nicht nur die Gesamtheit der Materialien bzw. Zeichensysteme umfasst, die in der Theateraufführung zum Ausdruck kommen. Diese hier zugrunde gelegte zweite und erweiterte Variante des Begriffs klassifiziert Theatralität außerhalb des Rahmens und der Reichweite des Theaters als Modus autonomer Kunst. Dazu werden auch die Bereiche der Religion, des Rechts, der Sitte und schließlich der Politik gezählt. Hierbei wird Theatralität unter Rekurs auf Faktoren definiert, die generell kulturelle Prozesse beinhalten und avanciert damit zu einer potenziell kulturwissenschaftlichen Grundkategorie, die sich als heuristische Analysekategorie zur Beschreibung politischer Phänomene der Politikvermittlung eignet.[10]

Die Inszenierung des Politischen

„Ästhetisches Arrangement und Ritual [während des Nationalsozialismus, C.S.] ersetzen sukzessive demokratische Politikformen."[11]

Der Terminus „Inszenierung" ist aus dem semantischen Feld des Theaterbegriffs adaptiert worden. Inszenierung beschreibt in Anlehnung an das Bühnenmodell eine Form der Darstellung, die spezifische Dramatisierungsfunktionen und -effekte in den unterschiedlichen Kontexten aufweist. Inszenierung fungiert als Leitbegriff und ist auf den schöpferischen Aspekt der Theatralität hin ausgerichtet. Im Theater stellen inszenierte Stücke eine Konvention dar, nach der das Publikum eine künstlerische Darbietung rezipiert. Diese Form der Inszenierung ist von vornherein verabredet und muss nicht weiter problematisiert werden. Neben diesen Inszenierungen aus dem Theaterbereich existieren Inszenierungsformen, die ihrer suggerierten Absicht zufolge als etwas nicht Inszeniertes auftreten. Auf diese „künstlichen" Inszenierungen im politischen Kontext soll im Folgenden das Hauptaugenmerk gerichtet werden. Edelman differenziert hierbei zwischen *der instrumentellen Dimension*, bei der tatsächliche Konsequenzen und Effekte politischer Handlungen analysiert werden und der *expressiven Dimension* derselben Handlungen.[12] Dort geht es stärker um die Wirkung der entsprechenden Präsentation für die Öffentlichkeit und die damit zusammenhängenden kommunikativen Inszenierungseffekte wie Beruhigung oder Reizung. Insofern stellt

---
10 Während das Theatralitätskonzept heute als Analyserahmen für Entwicklungen innerhalb der aktuellen Medienlandschaft genutzt wird, hat das Naziregime seine Propaganda weitestgehend ohne den flächendeckenden Einsatz des Fernsehens verbreitet und nach der Machtübernahme Hitlers durch Zensur und Repression die Gleichschaltung der Medien vorangetrieben.
11 Paul 1990, S. 117.
12 Vgl. Edelman 1976.

die Appellfunktion eine zentrale Wirkungsdimension der Politikvermittlung dar. Diese ist auf Suggestion, Faszination und Emotionalisierung hin ausgerichtet, um eine entsprechende Resonanz bei den Rezipienten zu erreichen. Auch auf der Ebene der Politikdarstellung sind Prozesse zu beobachten, die ursprünglich für die Bühne des Kunsttheaters reserviert schienen, jedoch auch von den nationalsozialistischen Propagandisten strategisch eingesetzt worden sind.

Wenn in Kontexten der politischen Berichterstattung von Inszenierung gesprochen wird, sind meist negative Konnotationen damit verbunden. Inhaltliche Kommunikation und politische Sachaussagen werden dem Inszenierungscharakter der Politikvermittlung gegenübergestellt. Die politischen Gegner werfen sich wechselseitig vor, ihre Auftritte „nur" zu inszenieren, statt über Inhalte und Sachaussagen zu debattieren. Es wird damit ein bewusster Kontrast zwischen „Inszenierung" und normativen Kriterien der Informativität und Argumentativität aufgebaut, die als Grundkategorien normativer Öffentlichkeitskonzepte klassifiziert werden können.[13]

Für die politische Kommunikation liegt der Bewertungsmaßstab für die Angemessenheit politischer Inszenierung darin, dass die relevanten Problemstrukturen der dargestellten Themen und Zusammenhänge erkennbar bleiben müssen. Durch den Dramatisierungs- und Verkürzungseffekt in Form politischer Inszenierungen lassen sich politische Sachverhalte zwar nicht vollständig und auf eine aus wissenschaftlicher Perspektive wünschenswerte und korrekte Weise vermitteln, aus einer normativ-demokratiepolitischen Perspektive zentral ist jedoch die angemessene Form der ästhetischen Transformation hinsichtlich der erforderlichen Informationen, Zusammenhänge und Kontextbezüge, in der über Politik berichtet wird.

Hitler war nach seiner Machtübernahme durch die „Gleichschaltung" der Medien jedoch nicht mehr darauf angewiesen, das Interesse der Journalisten an einer Berichterstattung durch entsprechende Auftritte zu motivieren, sondern hat durch seinen Propagandaapparat die entsprechenden Anlässe selbst inszeniert und kontrolliert.

Der Inszenierungsvorwurf im Verständnis von Lüge und Täuschung ist gegenüber dem nationalsozialistischen Regime zu Recht weit verbreitet, obwohl Inszenierung in seiner theaterwissenschaftlichen Verwendung zunächst nicht normativ, sondern deskriptiv als „Ensemble von Techniken und Praktiken" beschrieben werden kann.[14] Hierbei wird eine Botschaft mit einer dramaturgischen Absicht hochselektiv zur Erscheinung gebracht. Die Inszenierung selbst stellt das Phänomen dar, das Theatralität zur Erscheinung bringt.

Paul hingegen definiert die NS-Propaganda als „theatralisch-ästhetische Inszenierung einer emotionsmächtigen Scheinwelt", die sich eines visuellen und verbalen Repertoire durch Mechanismen der Propaganda und der Agitation bedient, um das Volk zu manipulieren.[15]

---

13 Mit dem Begriff der Inszenierung werden oftmals Assoziationen mit Phänomenen wie Show, Spektakel, Werbung, Vermarktung, Stimmung und Image wachgerufen, die als konträrer Gegenpart zu den demokratietheoretisch gebotenen Normen einer rationalen Argumentations- und Informationsbasis interpretiert werden. Grundsätzlich ist jedoch zu konstatieren, dass die Anforderungen eines normativen Öffentlichkeitsmodells während der NS-Zeit ohnehin suspendiert waren, da sie sich ausschließlich auf das politische System einer (deliberativen) Demokratie beziehen.
14 Vgl. Fischer-Lichte 1998, S. 89
15 Paul 1990, S. 16ff.

Symbolische Politik

Da politische Machtausübung neben der Sach- und Inhaltsorientierung immer auch eine Darstellungskomponente zur Legitimation politischen Handelns einschließt, spielt das theatralische Element seit je her eine zentrale Rolle. Politik wird mit Begriffen wie Staatsschauspiel und Staatstheater assoziiert. Das politische Geschehen, so Sarcinelli, bedient sich überwiegend symbolisch vermittelter Zeichen, sei es über Bilder, Sprache, Gestik, Fahnen, Embleme oder Slogans.[16]

Das Symbol stellt etwas dar, das für etwas anderes steht. Es drückt auf komprimierende Weise etwas Verborgenes optisch, sprachlich oder szenisch aus. Genau diese Formen der Präsentation des Politischen werden im Rahmen der Medienberichterstattung durch die Journalisten aufgegriffen. Edelmann vertritt die Auffassung, dass durch die Zunahme der Visualisierung von Politik eine kompensatorische Symbolisierung im Sinne einer zeichenhaft vermittelten Visualisierung zu beobachten ist, wobei Symbole mit dieser Funktion dann als Verweisungs- oder Verdichtungselemente auftauchen.[17] Erstere verweisen auf einen realen Gegenstand, während zweitere Emotionen oder Sachzusammenhänge in einer einzigen Geste verdichten. Komplexe politische Zusammenhänge werden selten in einem adäquaten Kontext durch Hintergrundinformationen medial aufbereitet. Die Darstellung symbolischer Politik bietet den Vorteil, dass nur kurze Sequenzen bis hin zu einzelnen Schlüsselbildern ausreichen, um eine Resonanz beim Zuschauer zu erreichen. Dabei werden entweder Handlungen nach konventionellem Muster in Form von vorfahrenden Limousinen, händeschüttelnden Politikern, Grundsteinlegungen oder Vertragsunterzeichnungen gezeigt. Besonders durch die visuelle Darstellung symbolischer Handlungen werden beim Publikum neben kognitiven auch affektive Rezeptionsmuster bedient.

Die kommunikationsspezifische Strategie der Inszenierung von „Pseudoereignissen"[18] in Form von Kundgebungen stellt dabei nur ein Mittel dar, um die Aufmerksamkeit der Massen auf sich zu ziehen. Es werden Pseudoereignisse geschaffen, um symbolische Bedeutungsgehalte adäquat zu transportieren.

Auch die Nationalsozialisten haben derartige Ereignisse in regelmäßigen Abständen durch Paraden, Aufmärsche, Feiern etc. inszeniert, um das Zusammengehörigkeitsgefühl der „Volksgemeinschaft" mit dem nationalsozialistischen Regime herzustellen und zu stärken. Dabei spielte der Einsatz von Symbolen eine zentrale Rolle, um Orientierung und Identifikation zu ermöglichen.

Symbole verfügen über einen hohen Wirkungsgrad, an den sich ein entsprechendes Wirkungspotenzial auf die Massen anschließt. Durch die komprimierte Form des Symbols werden politische Ideen transportiert und verbreitet. Symbole wie Fahnen, Uniformen über das Hakenkreuz bis hin zum „Hitlergruß" fungierten als optische „Erkennungszeichen", die ein „kollektives Identitätsgefühl" des Kampfes gegen den politischen Gegner erzeugen sollten. Derartige Symbole, die von Behrenbeck als „Logos" der nationalistischen „corporate identity" klassifiziert werden, wirkten somit integrierend nach innen und warben nach

---

16 Vgl. Sarcinelli 1992. Dabei ist zu differenzieren, ob derartige Symbole durch unabhängige Medienberichterstatter eingesetzt werden, um komplexe politische Sachverhalte komprimiert darzustellen, oder ob eine gleichgeschaltete Propagandamaschinerie die entsprechenden Zeichen aus strategischen Wirkungskalkülen heraus inszeniert.
17 Vgl. Edelman 1976
18 Vgl. Boorstin 1963

außen für das nationalsozialistische Gedankengut.[19] Die Symbole der Nationalsozialisten erfüllten eine subjektivitäts- und identitätsstiftende Funktion

„[...] indem sie Menschen unterschiedlicher Herkunft unter einem geistigen Sinnbild integrieren und ihnen das Gefühl von Zusammengehörigkeit unter einer übergeordneten Idee vermitteln. Durch ein Symbol unterschied sich die Gruppe zugleich von anderen, gibt sich zu erkennen und popularisiert ihre identitätsstiftende Idee visuell verdichtet nach außen."[20]

Die Nationalsozialisten haben das Spektrum der Formen symbolischer Politik auf zahlreichen Ebenen strategisch eingesetzt. Neben Bildern von Hitler in Herrscherpose wurden Fotos mit Architekturmodellen als Symbol der Aufbaupropaganda verbreitet. Schlüsselbilder von Hitler mit dem Spaten in der Hand beim Beginn des Baus der Reichsautobahn in der Nähe von Frankfurt sollten den innovativen Ausdruck der nationalsozialistischen Bauwirtschaft dokumentieren.[21]

Rituale

„In den Auftritten von Goebbels und Hitler entsteht das Bild des dämonischen Redners, der die versammelte Masse ‚in seinen Bann' schlägt, es vollzieht sich ein Ritual, dessen Funktion in einer schwer zu fassenden Gemeinschaftsbildung besteht, in der Auflösung fester Affektgrenzen, zugleich in der Herstellung einer Empfänglichkeit für die Angebote des ‚Führers'."[22]

Insbesondere die von den Nationalsozialisten inszenierten Großereignisse wie Sportveranstaltungen oder Parteitage bieten einem großen Publikum die Möglichkeit, an derartigen „Events" als einer ritualisierten Form einer Teilhabe zu partizipieren und somit neue Formen von emotional dichten Gemeinschaften zu erzeugen.[23]

Hitler und seine Gefolgsleute haben die ästhetische Inszenierung von Politik in Form szenischer Rituale durch Massenaufmärsche und Demonstrationen gezielt eingesetzt, um das Volk zu manipulieren. Die immer gleichen „Unterwerfungsrituale"[24] führten zu Massenerlebnissen, die eine Identifikation mit dem nationalsozialistischen Gedankengut nach sich zogen. Durch Feierszenarien in Form von Aufmärschen, Appellen, Kundgebungen und nonverbalen Verdichtungssymbolen (u.a. Fahnen, Uniformen), die auf die Bildung einer Volksgemeinschaft hin ausgerichtet waren, wurde die Legende des Führermythos systematisch aufgebaut. Sie dienten Propagandaminister Goebbels zufolge der geistigen Mobilmachung der Massen, indem eine breite Palette von Aktivierungs- und Formierungsformen

---

19 Vgl. Behrenbeck 1996
20 Paul 1990, S. 165f.
21 Vgl. Zentner 1990, Loiperdinger/Herz/Pohlmann (Hrsg.) 1995. Derartige Bildinszenierungen durch „Führerbilder" gab es auch in Italien bei der Darstellung von Mussolini in den entsprechenden Posen, z.T. gemeinsam mit Hitler (vgl. de Luna 2000, Loiperdinger/Herz/Pohlmann (Hrsg.) 1995).
22 Pankau 1997, S. IX
23 Die professionell gestaltete filmische Umsetzung derartiger Veranstaltungen hat Leni Riefenstahl im Parteitagsfilm *Triumph des Willes* sowie den beiden „Olympia-Filmen" im Auftrag von Hitler eindrucksvoll dokumentiert (vgl. Eitner 1990).
24 Herz 1994, S. 214, vgl. auch den Aufsatz von Brosda/Schicha in diesem Band.

darauf zentriert war, das Gemeinschaftsgefühl der Massen und die Identifikation mit dem Naziregime und dem „Führer" voranzutreiben:

> „Nicht zuletzt bei den periodisch wiederkehrenden Ritualen des nationalsozialistischen Feierkalendariums wurden Bevölkerung und Parteimitglieder zum Appell gerufen."[25]

Dabei verfügte jedes Feierritual – trotz permanenter inhaltlicher Wiederholungen – über einen spezifischen baulichen Rahmen, um der Veranstaltung einen unverwechselbaren Charakter zu geben, um das Interesse der Zuschauer aufrecht zu erhalten.

Verkörperung und Führerkult

> „Aber selbst vor einer Gleichsetzung Hitlers mit Christus schreckt die nationalsozialistische Diktion nicht zurück. Schon der Kult um den Führer und die Assoziationen, die mit dem Führer-Begriff verbunden werden, lassen auf eine vorsätzlich geförderte Vergötzung schließen."[26]

Theatralität als Korporalität (Verkörperung) oder Personalisierung konzentriert sich auf den Körper mit seinen spezifischen Darstellungsmitteln. Mediale Inszenierungen werden durch nichts nachhaltiger geprägt als durch die Fähigkeit des Mediums, die unverwechselbaren Ausdrucksformen einer Person wie Gestik, Mimik, Bewegung und Tonfall in einer Weise zu reproduzieren, die vor dem Aufkommen der audiovisuellen Massenmedien auf die unmittelbare physische Gegenwart und auf private Situationen beschränkt war. Die elektronische Verbreitung behauptet also nicht nur wesentliche Merkmale von körperlicher Performanz und theatralischer Bedeutungserzeugung, sondern steigert deren Bedeutung auf ein ‚grenzenloses' technologisches Niveau. Verkörperung wird hier als eine symbolische Konstruktion zwischen der Bildlichkeit der Szene und dem sprachlichen Text verstanden. In der engen Synthese des Zeigens und Erzählens wird Bedeutung erzeugt durch das demonstrative Präsentieren von Personen und ihren Handlungen, Begebenheiten, Schauplätzen sowie Gegenständen. Die „Weltlage" wird in eine Reihe von Kleinstdramen und Szenen zerlegt, aus denen sich für den Zuschauer politische und soziale Sachlagen erschließen sollen. Auf der Grundlage dieser Szenen werden Geschichten erzählt, die verdichtend Weltzusammenhänge erklären. Symbolismen kann man als „Sinnformangebote" verstehen, die „die Einheit des Verschiedenen" ermöglichen und dazu motivieren, bestimmte Verknüpfungen als Prämisse des eigenen Verhaltens und der eigenen Wahrnehmung zu akzeptieren. Die damit verbundene Theatralisierung des Politischen vollzieht sich u.a. durch eine Verkörperung politischer Gegenstände. Gemeint ist die Verbindung von Informationen über politische und soziale Sachverhalte mit szenischen Situationen, Körpersprache, Stimme, Musik- und Geräuschelementen sowie weiteren visuellen Reizen.[27]

---

25 Herz 1994, S. 219
26 Bork 1970, S. 83
27 Der agierende Politiker strebt durch die Verkörperung seiner Person eine Form der Authentizität an, bei der er sich darauf beruft, mit dem inhaltlich übereinzustimmen, wofür er körperlich steht. Er repräsentiert neben den Interessen der Wähler auch die politische Ordnung. Damit verkörpert er als Vertreter einer spezifischen politischen Ausrichtung die Idee und das Weltbild, das legitimerweise durch ihn vertreten wird. Sein strategisches Handeln ist darauf ausgelegt, den Inhalt seiner politischen Mitteilung durch seinen Tonfall, die Kleidung und die Körpergesten widerspruchsfrei zu synchronisieren, um glaubwürdig zu sein. Seine Bühne besteht also im

Durch die Politikvermittlung in Form der Verkörperung können politische Vorgänge hinter einer dargestellten Persönlichkeit verschwinden. Sachverhalte werden prominenten Personen zugeordnet. Personalisierung rekurriert also auf die systematische Konzentration auf eine bestimmte Person. Es handelt sich um die Darstellung von spezifischen Persönlichkeiten, die dadurch prädestiniert sind, dass sie etwa über einen Amtsbonus verfügen. Verkörperung bewirkt eine Reduktion von Komplexität auf ein überschaubares, kognitiv wie emotional verarbeitbares Maß. Dabei prägt die Permanenz weniger Schlüsselpersonen zugleich die Wahrnehmung und offeriert eine Erwartungssicherheit und Identifikationsmöglichkeit. Die Verkörperung bzw. Personalisierung von politischer Information kann dazu beitragen, die Vermittlung komplexer Sachverhalte zu vereinfachen, indem Neugierde und Emotionen bei den Rezipienten auf die relevanten Akteure gelenkt werden. Sie trägt dazu bei, eine Identifikation z.B. mit Politikern zu erreichen, die bestimmte Ziele „verkörpern". Die tatsächlichen politischen Vorgänge und Entscheidungsprozesse können jedoch hinter der dargestellten Persönlichkeit „verschwinden".

„Mit dem Mittel der Personifikation wurde ein komplexe gesellschaftliche und ökonomische Realität scheinbar begreifbar gemacht."[28]

Die NS-Propaganda fungierte unter dem Leitbild: „Ein Volk, ein Reich, ein Führer", wobei der autoritäre und über jeder Kritik stehende Hitlerkult durch das Führerprinzip als die entscheidende Größe des Naziregimes interpretiert werden kann.[29]
Der Personenkult durch die Verehrung Hitlers ist von herausragender Bedeutung für den Erfolg des nationalsozialistischen Terrorregimes gewesen. Die fanatische Begeisterung und der „Glaube an das Charisma Adolf Hitlers"[30] als religiöser Erlöser und verehrter Erretter führten dazu, dass der Diktator zu einer nahezu gottähnlichen Gestalt hochstilisiert wurde und damit eine hohe Form der Zustimmung und Identifikation erreichte.
Hitler wurde zum „Politiker und Medienstar"[31] gemacht. Er selbst avancierte zum Träger, Darsteller und Regisseur des Führermythos und spielte diese Rolle im Rahmen einer gleichgeschalteten Medienlandschaft, die durch das Propagandaministerium von Goebbels kontrolliert wurde, um die populistische Selbststilisierung Hitlers voranzutreiben. Er wurde auf Abbildungen als „ernster, verantwortungsvoller Staatsmann" gezeigt.[32] Auf zahlreichen Plakaten während des Wahlkampfes fehlte der Verweis auf die Parteizugehörigkeit. Seine Name und sein Gesicht verkörperten das Programm der Partei. Entsprechende Posen sollten beim Betrachter positive Assoziationsketten auslösen:

---

wesentlichen aus seinem Körper und den damit verbundenen Ausdrucksmöglichkeiten. Vgl. Meyer/Ontrup/Schicha 2000b
28 Paul 1990, S. 259
29 Vgl. Donner 1995, S. 29. Fest bezeichnet das „Massenidol" Hitler in einem Interview im *Spiegel* (19/2001, S. 76) zu Recht als „Die Verkörperung des Bösen."
30 Bärsch 1998, S. 133
31 Herz 1994, S. 330. Darüber hinaus wurde der Starkult von den Nationalsozialisten als Instrument der Propaganda erkannt und für ideologische Zwecke u.a. im Unterhaltungsfilm strategisch eingesetzt (vgl. Winkler 1988).
32 Behrenbeck 1996, S. 61

„Die rechte Hand wurde meist in Cäsarenpose in die Seite gestemmt. Vorbild dafür war das Schema des Herrscherportraits, das im kollektiven Bildgedächtnis vorausgesetzt werden konnte."[33]

Durch derartige Körperhaltungen wurde der Führungsanspruch Hitlers zusätzlich untermauert.[34] Die Ästhetisierung derartiger Auftritte spielte dabei eine zentrale Rolle, um Erlebnisqualitäten zu suggerieren. Politische Gehalte wurden durch die persönlich-politische Präsenz des „Führers" ersetzt.

„Politik wird personalisiert und psychologisiert und durch einen Kult der ‚Authentizität und des persönlichen Erlebnisses [...] verdrängt."[35]

Darüber hinaus hat die Darstellung des Körpers für die Propaganda des NS-Regimes eine zentrale Rolle eingenommen. Das Bild des „gesunden Volkskörpers" diente u.a. in der bildenden Kunst oder in der „völkischen Dramaturgie" des Theaters als Leitbild, um davon abweichende Formen zu diskreditieren.[36]

Performance und politische „Events"

„Die Gemeinschaft der großen Kundgebung aber stärkt nicht nur den einzelnen, sondern sie verbindet auch und hilft mit, Korpsgeist zu erzeugen. [...] Den Eindruck dieser Körperschaft erhält er [der Mann des Volkes, C.S.] jedoch nur in der gemeinsamen Massenkundgebung. Wenn er [...] Tausende von Menschen gleicher Gesinnung um sich hat [...] – dann unterliegt er selbst dem zauberhaften Einfluß dessen, was wir mit dem Wort Massensuggestion bezeichnen. [...] Der Mann, der zweifelnd und schwankend eine solche Versammlung betritt verläßt sie innerlich gefestigt: er ist zum Glied der Gemeinschaft geworden."[37]

Unter Rekurs auf die theaterwissenschaftliche Terminologie wird die Performance neben der Inszenierung und der Verkörperung gemeinsam mit den anderen als weitere Kategorie klassifiziert, die in wechselnden Konstellationen situationsabhängig Theatralität konstituiert. Mit dem Begriff Performance im traditionellen Verständnis ist zunächst der Vorgang einer Darstellung durch Körper und Stimme vor körperlich anwesenden Zuschauern gemeint. Darunter lassen sich unterschiedliche Formen religiöser und gesellschaftlicher Zeremonien und Rituale, Feste aber auch Parteitage und Wahlkampfveranstaltungen subsumieren. Politische Akteure organisieren – wenn sie an der Herstellung von Öffentlichkeit interessiert sind – kalkuliert Anlässe, die sich für eine mediale Berichterstattung eignen.

Im Rahmen der Performance wird politischen Protagonisten eine Bühne geboten, auf der sie Auftritte absolvieren. Daraus resultieren politische „Events" als erlebnisorientierte Inszenierungen des Politikvollzugs. Dabei kann es sich sowohl um entsprechend überformte

---

33 Behrenbeck 1996, S. 61
34 Da das NS-Regime noch nicht über die technischen Möglichkeiten verfügte, seine Propaganda über das Medium Fernsehen flächendeckend zu verbreiten, musste alternativ auf Wochenschauberichte zurückgegriffen werden, um Hitlers öffentlichen Auftritte zu verbreiten.
35 Brockhaus 1997, S. 220, weiterführend Meyer/Ontrup/Schicha 2000b
36 Vgl. weiterführend Eder 1996, Daiber 1995
37 Hitler 1940, S. 536.

soziale als auch eigens für die Medien inszenierte Ereignisse handeln, die in ihrer Performativität auf die Zustimmung des Publikums zielen. Zentrale Kategorie eines „Events" als Form einer Erlebnisöffentlichkeit ist seine auf emotionalisierende Effekte ausgerichtete ästhetische Überformung in konkreten performativen Handlungsvollzügen. Dabei versuchen die politischen Parteien und ihre Repräsentanten die Rezipienten für ihre politischen Ziele zu instrumentalisieren. Die sogenannte Scherenthese geht davon aus, dass eine

„[...] Diskrepanz zwischen den publizistisch vermittelten, tatsächlichen oder vermeintlichen Vereinfachungszwängen unterliegenden Legitimationsgewerbe und den eher durch komplexe Analyse und unspektakulär Problembewältigung gekennzeichneten politischen Entscheidungsprozessen vorherrscht".[38]

Auch an diesem Punkt wird die Komplexität politischer Prozesse im Kontext der Politikvermittlung aus strategischen Motiven verkürzt, was dazu führen kann, dass die Öffentlichkeit nicht mehr in angemessener Form über politische Zusammenhänge informiert wird. Auch die Nationalsozialisten haben sich derartige Strategien zu Eigen gemacht:

„Mit ihrer Bildpropaganda wurden die Nazis die Erfinder der modernen politischen Wahlwerbung, der der Eindruck der Politik wichtiger wurde als diese selbst: Imagekünstler."[39]

Die Vielfalt der Propagandamittel und ihre professionelle Umsetzung wird als entscheidender Faktor für die Wahlerfolge der NSDAP interpretiert, die nicht nur die Monopolstellung im Rahmen der „Gleichschaltung" bei den Medien durch Zensur und Repression beinhaltete, sondern derartige Mechanismen auch auf die Bevölkerung anwandte:

„Die Propaganda zielte auf die optische und akustische Okkupation aller menschlicher Sinne. [...] Fahnen, Plakate und Aufmärsche sprachen den Passanten auf der Straße an und forderten den politischen Gegner heraus; Zeitungen, Filme und Sprechabende hielten die Parteigenossen zusammen. Massenversammlungen und Propagandamärsche sollten ganze Landstriche in ihren Bann ziehen [...] mit einem dichtgewebten Netz von Massenkundgebungen [...], dem sich kaum jemand entziehen konnte."[40]

Die Nationalsozialisten haben die Strategien der kommerziellen Werbung genutzt, um „im Sinne eines einheitlichen, planmäßigen und geordneten Verfahrens der Gedankenvertretung und Gedankenausbreitung"[41] eine breite öffentliche Resonanz zu erreichen. Die nationalsozialistische Propaganda hat in den Reden dabei auf die formelhafte Wiederholung – ähnlich wie in der Produktwerbung – immer gleicher Phrasen gesetzt, um den gewünschten Grad der Zustimmung zu erzielen:

---

38 Sarcinelli 1992, S. 56
39 Paul 1990, S. 119
40 Paul 1990, S. 257f. Vgl. weiterführend Weißmann 1995, Frei/Schmitz 1999. Für Hitler war die Rahmung seiner Reden im Verständnis eines professionellen Ereignismanagement minutiös geplant, um eine hohe suggestive Wirkungskraft auf die Zuhörerschaft zu entfalten. Seine Reden wurden überwiegend am späten Nachmittag oder Abend gehalten, da unterstellt wurde, dass die Menschen zu diesen Zeiten – etwa in öffentlichen Lokalen – leichter zu beeinflussen seien (vgl. Domarius 1973, S. 48).
41 Sluzalek 1987, S. 16

> „Zielgruppenorientierung und Gefühlsbezogenheit, Reduktion und einhämmernde Wiederholung, die Nutzung optischer Symbole und Markennamen, schließlich die Werbung mit visuellen Hilfsmitteln waren in der praktischen Reklame der frühen zwanziger Jahre durchaus bekannt und üblich. Die Nutzung und Adaption ihrer Techniken bot sich in der politischen Propaganda nahezu an."[42]

Als „Kampfplatz" des Redners dienten Kundgebungen und Massenversammlungen, die im bewussten Kontrast zu den diskursiven und um Rationalität bemühten Versammlungen der anderen Parteien angelegt worden sind, um das Gemeinschaftserlebnis durch ästhetisch gestaltet Rituale emotional zu gestalten.[43] Dabei waren weder die Inhalte der Reden, noch der visuelle Eindruck von ausschlaggebender Wirkung auf die Zuschauer. Vielmehr sorgte der Gesamtrahmen durch das entsprechende Ambiente für die suggestive Wirkung derartiger Veranstaltungen:

> „Die Ästhetisierung der Idee wurde zur Hauptsache: Politik als Spektakel, das unter nüchterner Kalkulation vor Ort und Zeit Stilelemente der Oper und des Theaters, des Zirkus und des Volksfestes mit liturgischen Elemente zu einem gigantisches Kunstwerk synthetisieren sollte."[44]

Der Ereignischarakter des nationalsozialistischen „Gesamtkunstwerkes" kam besonders wirkungsvoll durch den von Leni Riefenstahl gedrehten Film „Triumph des Willens" von 1935 über den Nürnberger Reichsparteitag zum Ausdruck. Dort wird ein Hitlermythos entworfen, der durch die Choreographie und Theatralik die gesamte Palette der nationalsozialistischen Propaganda zeigt und die suggestive Wirkung der Aufmärsche und Fackelzüge dokumentiert. Dort kommt Hitler „aus dem Himmel auf die Stadt Nürnberg herabgefahren wie Gottvater selbst, steht auf den monumentalen Rednertribünen wie eine sakrale Figur, wie ein Religionsverkünder vor einem Altar."[45] Der kommerziell erfolgreiche Film suggerierte eine Identifikation der „Volksgemeinschaft" mit dem Naziregime und erreichte durch die konsequente Ausrichtung auf die Bedürfnisse der Massenzielgruppen eine suggestive Wirkungskraft bei den Rezipienten.[46]

Die Ästhetisierung und Konstruktion von Erlebniswelten kann als ein konstitutives Merkmal des nationalsozialistischen Propagandaapparat klassifiziert werden. NS-Veranstaltungen verfügten über einen starken Unterhaltungswert und erzeugten ein hohe emotionale Wirkung. Die Attraktivität der Reden und Aufmärsche konnte durchaus mit dem Erlebniswert anderer Massenvergnügungen (z.B. Kino, Musik, Sport) mithalten, ohne dass derartige Inszenierungen inhaltlich besonders gehaltvoll sein mussten:

> „Weitgehend einig ist sich die Geschichtsschreibung, daß kraftvolle Dramaturgie und reibungslose Choreographie bei den NS-Veranstaltungen alles waren und die Inhalte nicht viel zählten. Was oft übersehen wird ist, daß dies nicht nur für die Regisseure

---

42 Paul 1990, S. 34
43 Paul 1990, S. 42
44 Paul 1990, S. 42, weiterführend Ohr 1997
45 Donner 1995, S. 30
46 Vgl. weiterführend Loiperdinger 1987, Riefenstahl 1987, Filmmuseum Potsdam (Hrsg.) 1999, Sigmund 2000, Leiser 1989, Rother 2000.

gilt, sondern auch auf die Rezeptionshaltung beim Publikum angewandt werden muß."[47]

Dabei wurden auch Muster traditioneller Volksfeste sowie populäre Formen des Feierns bei den Propagandaveranstaltungen nachgeahmt. Der „NS-Feierkalender" instrumentalisierte zahlreiche Feiertage für den Zweck von Massenkundgebungen, die bisweilen nach Hitlerreden mit einem Feuerwerk endeten. Auf dem Parteitag 1934 gab es z.B. Imbissbuden, sportliche Wettkämpfe und akrobatische Vorführungen, die das „Ereignismanagement" der Nazis zu einem Erlebnis für das Publikums werden ließen. Das Unterhaltungsbedürfnis der Zuschauer wurde durch derartige Propagandainszenierungen mit Showelementen eindrucksvoll erfüllt.[48]

Wahrnehmung durch Visualisierung

„Nicht aus der Analyse von Reden und programmatischen Schriften, nicht mit den Mitteln der Ideologiekritik läßt sich das Wesen des deutschen Faschismus erfassen, sondern aus seinen öffentlichen Bildern und Inszenierungen."[49]

Theatralität als Wahrnehmung bezieht sich auf die Beobachterperspektive und das Zuschauerverhalten in künstlerischen und sozialen Prozessen. Das Modell der medialen Wahrnehmung im Kontext des Theatralitätskonzeptes umfasst mehrere Aspekte: Zunächst geht es um den Übergang von einer schriftgeprägten Kommunikation zu einer Kultur der Telepräsenz und der audiovisuellen Diskurse. *Sprachliche und visuelle Texte durchdringen sich unter der Voraussetzung, dass sich Realität besser in Bildern verdichten lässt als in Worten.*[50] Der abgebildete Körper wird zum Bedeutungsträger und die Szene zur wichtigsten Voraussetzung der Konstitution von Bedeutung. Die visuelle Darstellung lässt die Bedeutung des physikalischen Ortes schrumpfen und konfrontiert die Rezipienten mit realitätsnahen Bildern, die durch eine dichte Verknüpfung von optischen und akustischen Reizen, Einstellungen und Bewegungen sowie symbolischen und ikonischen Zeichen die Distanz zum Gesehenen reduzieren. Bilder politischer Ereignisse treten für die Rezipienten als audiovisuelles Erlebnis in Erscheinung. Dabei handelt es sich um Bilder, die mit Augenreiz und ausgefeilter Dramaturgie gezielt auf die Aufmerksamkeit der Rezipienten ausgerichtet sind. Die grundlegende Ästhetisierung des Politischen stellt dabei eine der zentralen Wirkungen der visuell geprägten Medienentwicklung dar. Diese Entwicklung korrespondierte bereits mit den technischen Möglichkeiten der Filmübertragung, die von den Nationalsozialisten im Rahmen von Wochenschauen und Propagandafilmen strategisch eingesetzt wurden.

Die wichtigsten Stabilisatoren auf der bildästhetischen Ebene sind Personalisierung, Ritualisierung und die Herausbildung visueller Stereotypen wie z.B. der sogenannten Schlüsselbilder. Darunter versteht man Bilder, die ein Ereignis auf eine kurze Formel bringen und

---

47 Bussemer 2000, S. 105
48 Vgl. Brockhaus 1997
49 Paul 1990, S. 13
50 Vgl. Ontrup/Schicha 2001

die durch ihren hohen Wiedererkennungswert zu Ikonographien geworden sind. Es gibt wenige exklusive Schlüsselbilder, die lange in der öffentlichen Erinnerung haften bleiben.[51] Als Ergebnis der bisherigen Forschung lässt sich feststellen, dass das Bildliche stärkere Emotionen auslöst und nachhaltiger wirkt, als das geschriebene oder gesprochene Wort. Die Aufmerksamkeit richtet sich in der Regel stärker auf die emotional ansprechenderen visuellen Signale, so dass das gesprochene Wort einen geringeren Stellenwert bei der Wahrnehmung der Informationen erhält. Die bildliche Darstellung wirkt in der Regel realistisch, authentisch und glaubwürdig. Es gelingt ihr stärker, eine emotionale Regung zu erzeugen, als der verbalen Codierung.

Ursprünglich wurde der Visualisierung die Aufgabe zugeschrieben, bestimmte Inhalte durch Bilder zu komplettieren und transparent zu machen. Diese „Ergänzungsfunktion" hat sich m.E. hingegen hin zu einer Dominanz gegenüber den übrigen Informationsquellen (Schrift, Wort) verändert.

Die Visualisierung in den Medien führt dazu, dass die „assoziative Kraft" der Bilder durch die filmische Dynamik einen „Erlebniskontext" bei den Rezipienten erzeugt, der authentizitätssimulierend wirkt. Durch ihre filmischen Darstellungsmöglichkeiten ist die Visualisierung der Verbalisierung und der Textualität strukturell überlegen, da mit dem Reservoir technischer Bildbearbeitungsoptionen mehr Sinne der Rezipienten erreicht und damit ein höherer Grad an Emotion und Authentizitätsfiktion erzielt werden kann.

Bilder können Atmosphäre und Stimmungen von Personen darstellen, Emotionen erzeugen und Realitätsillusionen entstehen lassen. Visuelle Gestaltungskonventionen und Funktionen von visuellen Präsentationselementen, Embleme für wiederkehrende Sendungssegmente, immer gleiche Bilder prominenter Protagonisten können unterstützend dazu beitragen, Sachverhalte verständlich zu machen. Die rhetorische Persuasion liegt mithin in erheblichem Maße schon im Einsatz der Bilder selbst. Das bewegte Bild genießt Priorität bei der Selektion von Reizen. Durch die affektive Wirkung des Bildes fällt den Rezipienten die Distanz schwer. Bilder und Filmmaterial erzeugen die Illusion, dabei zu sein. Es wird den Zuschauern der Eindruck vermittelt, dass sie sich durch die visuelle Präsentation als Augenzeugen selbst ein Bild machen können und direkt an dem Ereignis teilnehmen. Sie sind aufgrund der rhetorischen Übermacht des Bildlichen auch ohne rationale Prüfung der Informationen und Argumente zu überzeugen.[52]

Die Vermittlung visualisierbarer Standardsituationen und personalisierter Politikbilder hat eher eine symbolische oder atmosphärische als eine sachliche Bedeutung. Strukturelle Zusammenhänge, komplexe Ursachen- und Wirkungsbeziehungen werden durch die additive

---

51 Exemplarisch sei an dieser Stelle nur an den symbolisch bedeutsamen Handschlag zwischen Hindenburg und Hitler in Potsdam erinnert.

52 Es kann davon ausgegangen werden, dass für die mediale Rhetorik die technisch-visuellen Darstellungsmöglichkeiten ausschlaggebender sind als die informativen und argumentativen Elemente ihrer Diskurse selbst. Visuelle Kommunikation geht über den Bereich verstandesmäßiger Abwägung hinaus. Nicht die Frage nach der Authentizität der Behauptung, sondern die Glaubwürdigkeit der Assoziation spielt dabei eine dominierende Rolle. Die suggestive Kraft der Bilder kann schließlich dazu führen, dass eine kritische Distanz gegenüber den angebotenen Motiven verloren geht. Das gilt vor allem dann, wenn den Rezipienten die Kompetenz fehlt, die visuelle Logik von Bildbearbeitungen zu entschlüsseln und dadurch die inszenierende und manipulierende Wirkungskraft als solche zu erkennen. Bilder und Filme bieten grundsätzlich kein authentisches Abbild der Welt. Schon die Selektion des Motivs, die Bildgestaltung und der gewählte Bildausschnitt hängt von den jeweils subjektiven Präferenzen des Fotografen oder Kameramanns ab und stellt somit ein individuelles Zufallsprodukt dar.

Fokussierung weniger Einzelbilder dabei nicht erfasst. Zusammenhänge und Prozesse können durch diese akteurzentrierte Darstellung von Politik nicht sichtbar gemacht werden. Dies gilt insbesondere für die Darstellung politischer Kontroversen, bei der das Bild eine gedankliche Brückenfunktion einnimmt, die argumentativen Assoziationsketten überlegen ist. Dabei steht Baringhorst zufolge nicht die rationale Argumentation, sondern die Überzeugungskraft beeindruckender Bilder im Mittelpunkt, um die Aufmerksamkeit des Publikums zu wecken und aufrecht zu erhalten.[53] Die Mehrzahl der Bilder, die uns den Schlüssel zu einem Ereignis bieten, sind hochgradig konventionalisierte Routinelösungen. Paul hat in seiner Studie „Aufstand der Bilder" über die visuellen Selbstdarstellungsmuster der Nationalsozialisten zu Recht darauf hingewiesen, dass unser Wissen über das „Dritte Reich" in weiten Teilen aus den durch die Nazis selbst produzierten Bildern besteht.[54] Symbole wie das Hakenkreuz, Fahnen, Aufmärsche und die prominenten Protagonisten wie Hitler, Goebbels, Himmler und Göring prägen neben den „Schockbildern"[55] aus den Konzentrationslagern die Erinnerung an die Gräueltaten der Faschisten.

Wie bereits erwähnt, sind Bilder weniger dem rationalen Diskurs und der Sprache zugänglich. Vielmehr kann die suggestive Kraft emotionsgeladener visueller Elemente dazu genutzt werden, Massen zu beeinflussen und zu manipulieren. Hitler erkannte ebenso wie Goebbels die suggestive Wirkungskraft der Bildpropaganda; diese versprach „schneller den Zugang zur Gefühlswelt, als lange Texte […]".[56] Die nationalsozialistische Bildpropaganda war motiviert, das Unterbewusstsein der Rezipienten anzusprechen, wobei nicht Aufklärung, sondern Regression als zentrale Motivation für die Nutzung visueller Motive ausschlaggebend war:

> „Mit ihren stereotypen, emotionsmächtigen Bildern und rituellen Bildszenarien aktivierte sie fossile innere Bilder und brachte aktuelle Ressentiments, Aggressionen, Erlösungssehnsüchte nach Schutz und Sicherheit, nach Macht und Freiheit visuell symbolisch in der Öffentlichkeit zum Ausdruck. […] Künstlich inszenierte Bilder und projektive Einbildungen vermischten sich zu einem rational kaum mehr entwirrbaren visuell-emotionalen Knäuel."[57]

Die Inszenierung von Bilderlebnissen avancierte zur treibenden Kraft der Propaganda der Nationalsozialisten. Plakate, Symbole, Fotos und Filmaufnahmen wurden strategisch eingesetzt, um die Massen zu beeinflussen. Auf Wahlplakaten und Pressefotos wurde ein breites Spektrum sorgfältig inszenierter Bilder produziert, die Hitler bisweilen durch Fotomontagen zum „Führer" hochstilisierten und zugleich antisemitische Aussagen enthielten. Hitler avanciert Behrenbeck zufolge zu dem nationalsozialistischen „Markenartikel", der durch den geschickten Einsatz damaliger Reklamemethoden durch ein entsprechendes „Kult-Marketing" offensiv „verkauft" wurde.[58] Zielgruppenplakate sprachen Frauen, Soldaten, Bauern und die Unterprivilegierten an. Plakate von Hitlers „Leibfotografen" Heinrich

---

53 Vgl. Baringhorst 1995
54 Vgl. Paul 1990
55 Vgl. Meyer/Ontrup/Schicha 2000a, S. 299
56 Paul 1990, S. 43
57 Paul 1990, S. 258
58 Vgl. Behrenbeck 1996

Hoffmann zeigten den Diktator in einem breiten Spektrum als Redner der Massen, mit Kindern, seinem Schäferhund, im Gespräch mit dem Volk und als Kirchgänger.[59]
Der „Starkult" um Hitler wurde systematisch erweitert, indem Privates aus seinem (vermeintlichen) Alltag zusammengetragen wurde. Bilder von Hitler in den Bergen wurden ebenso veröffentlicht wie Fotos des „Führers" mit Kindern unter dem Weihnachtsbaum. Sein Image wurde der jeweiligen „Weltlage" angepasst. In Kriegszeiten wurde der Mythos vom „größten Feldherrn aller Zeiten" aufgebaut, der in den gleichgeschalteten Presseorganen als Stratege mit seinen Generälen abgebildet wurde oder an der Front die Soldaten begrüßte.
Nachdem in Anlehnung an das Theatralitätskonzept bislang der Rahmen des nationalsozialistischen „Ereignismanagements" skizziert worden ist, wird im Folgenden auf die Form und die Inhalte der Reden Hitlers als zentrale und publikumswirksame Bestandteile des nationalsozialsozialistischen „Ereignismanagements" eingegangen.

Reden im deutschen Faschismus

Der öffentlichen Rede als zentraler Bestandteil der nationalsozialistischen Propaganda im deutschen Faschismus werden mehrere Funktionen zugeschrieben (vgl. Sluzalek 1987). Zunächst diente sie der Erzeugung kollektiver Gefolgschaft ist daher periodisch bei immer wiederkehrenden „Events" u.a. bei Parteitagen, Aufmärschen, Fackelzügen, Versammlungen, Kundgebungen oder Feiertagen abgehalten worden, die ein großes Publikum erreichten, um die nationalsozialistische Herrschaft zu legitimieren. Ein zentrales Ziel derartiger durch Reden strukturierter Zusammenkünfte lag in der Emotionalisierung des Auditoriums. Inhaltlich wurden die Reden der Nationalsozialisten als „großangelegter Diffamierungs-Feldzug" gestartet, um unerwünschte Werthaltungen und Personengruppen zu diskreditieren.[60]

Der Redner Hitler

„Auf uns wirkt der Redner Hitler heute meist lächerlich. Er nahm Unterricht bei Schauspielern, übte bestimmte Posen und Gesten. Seine übertriebene Gestik und Mimik mag damit zutun haben, daß die Leute, die ihn unterwiesen, aus dem Stummfilm kamen; durch die Gewöhnung an die Stummfilm Ästhetik erschien Hitler dem damaligen Publikum sicher nicht so grotesk wie einem heutigen."[61]

Die fundamentale Bedeutung der politischen Rede als Mittel der Politik sowie „Bedingung ihrer Möglichkeit und Medium ihrer Konstitution" hat der Demagoge Hitler früh erkannt und konsequent eingesetzt, um die Massen zu erreichen.[62]
Bereits vor dem Ersten Weltkrieg hatte Hitler den Wunsch artikuliert, als Volksredner aufzutreten, um mit dem Instrument der gesprochenen Worte Macht ausüben zu können.[63] In

---

59 Vgl. Paul 1990
60 Bork 1970, S. 98
61 Donner 1995, S. 19.
62 Kopperschmidt 1995, S. 10
63 Vgl. Domarus 1973, S. 44

seiner Schrift „Mein Kampf" schilderte er in pathetischen Worten die Suggestivkraft der Rede auf die Massen:

„Die Macht aber, die die großen historischen Lawinen religiöser oder politischer Art ins Rollen brachte, war seit urewig nur die Zauberkraft des gesprochenen Wortes."[64]

An anderer Stelle heißt es:

„Die Rede eines Staatsmannes zu seinem Volk habe ich nicht zu messen nach seinem Eindruck, den sie bei einem Universitätsprofessor hinterläßt, sondern an der Wirkung, die sie auf das Volk ausübt."[65]

Für Hitler bestand die Aufgabe der Rhetorik darin, als Instrument zur „Beeinträchtigung der Willensfreiheit des Menschen" beizutragen.[66] Hitler war als redegewandter Agitator tatsächlich in der Lage, sich in seinen Reden auf die jeweilige Zuhörerschaft einzustellen:

„Der Inhalt war wohl überall der gleiche, aber er liebte es, den Jargon nach der Landschaft oder dem Kreis der Versammelten zu wechseln."[67]

Er orientierte sich flexibel an den intellektuellen Voraussetzungen seines Publikums, und verwandte in seinen Reden vor einem akademischen Rezipientenkreis einen „verklausulierten, abstrakten Stil".[68] In bis zu zweistündigen Reden formulierte Hitler in der Regel zunächst langatmige Erzählungen, die das Publikum ermüdeten, während im weiteren Verlauf „demagogische Schlagworte, nationalistische Parolen usw." eingebaut wurden, um das Publikum „zu „elektrisieren" und allmählich zu immer stärkerem Beifall, zum kritiklosen Mitgehen zu veranlassen.[69]
Derartige Gefühlsausbrüche waren minutiös geplant und einstudiert, das Redetempo stieg; er sprach sich nahezu in einem ekstatischen Rausch, ohne jedoch die Kontrolle über den Stil oder den Inhalt seiner Rede zu verlieren und erzielte damit bei seiner Zuhörerschaft einen großen Erfolg:

„Seine dämonische Persönlichkeit und sein rhetorisches Geschick fanden im Volk wirkliche Resonanz. In den ersten Jahren seiner Herrschaft jubelte man ihm begeistert zu, und in den späteren Jahren, als sein Geschimpfe, seine ohnmächtigen Wutausbrüche und sein Maulheldentum auch dem einfachen Volk unangenehm wurden, war es die Furcht vor dem Dämon, der selbst diese Reden äußerlich zu einem Erfolg werden ließ."[70]

---

64 Hitler 1940, S. 116
65 Hitler 1940, S. 533
66 Hitler 1940, S. 531
67 Domarus 1973, S. 47
68 Domarus 1973, S. 47
69 Domarus 1973, S. 47
70 Domarius 1973, S. 50

Die Verwendung von Topoi: Das Freund-Feind-Schema

„Das charakteristische Wesensmerkmal der gelenkten Nazisprache war ihre Einfachheit und bewußte Primitivität, war die Wucht, mit der sie einmal geprägte Vorstellungs- und Denkschablonen immer wieder den Menschen einhämmerte."[71]

Neben dem Redestil hat Ulonska die pathetischen Reden Hitlers inhaltlich analysiert und folgende Systematik erstellt: Zunächst wurden allgemeine Defizite bei der Versorgung der Bevölkerung skizziert, um die Zuhörer zu verunsichern. Daran schloss sich der Angriff auf die an der Notlage (vermeintlich) Schuldigen an. An diesem Punkt wurden vor allem die Juden diffamiert und für alle nur denkbaren Probleme der Bevölkerung verantwortlich gemacht, um den Hass gegen ein Feindbild zu schüren. Die Reden schlossen in der Regel mit einem Appell an das Wir-Gefühl des deutschen Volkes, bei dem den Zuhörern Stolz und Freude durch die „Vision einer Volksgemeinschaft" vermittelt wurde.[72] Hitler

„[...] durchläuft das ganze Register menschlicher Emotionen, bis er sein Ziel erreicht: durch eine geschickte Redetechnik suggeriert Hitler dem Zuhörer, ergriffene Ehrfurcht vor ihm zu empfinden".[73]

Er orientierte sich dabei an den zentralen Ideen einer wirkungsvollen Propaganda, emotionale Appelle durch ständige Wiederholungen, geistige Vereinfachung und gefühlsmäßige Steigerung zu forcieren. Komplexe Sachverhalte wurden auf eindimensionale Schuldzuweisungen reduziert, bei denen die Lüge durch Parolen von Hitler als legitimes Mittel der Massenmanipulation angesehen wurde:

„Inhaltlich versprach Hitler allen alles. Ein geschlossenes Programm konnte und wollte er nicht anbieten. Bewußt wandte er sich nicht an den Verstand, sondern an der Gefühl der Massen."[74]

Hitler war ein Agitator, dem Haffner neben seiner „hypnotischen Fähigkeiten als Massenredner" die Persönlichkeitsmerkmale „Rücksichtslosigkeit, Rachsucht, Treulosigkeit und Grausamkeit" zugeschrieben hat.[75] Fehlende Selbstkritik und permanente Selbstüberschätzung gehörten zu seinen herausragenden Eigenschaften. Menschen sah er als Mittel zum Zweck, die er für seine Ziele instrumentalisieren wollte. Hitler avancierte in seinen Reden Goebbels zufolge zum „geborenen Aufpeitscher"[76] und sah in der Agitationsrede die effektivste Propagandawaffe, um die Massen mit „Zauberkraft" zu beeinflussen.[77]

Der Sprachgebrauch des „Führers" lässt sich als polarisierend und provokativ beschreiben, was auf eine „feindliche und aggressive Grundhaltung des Menschen Hitler schließen" lässt Schon durch seine Sprecheigenarten, die scharfe Rhythmik und Sprechweise, kommen „Verachtung, Zorn, Ärger, Haß, Trotz, Unwille, Ingrimm, Groll, Rachsucht" zum Vor-

---

71 Bork 1970, S. 33
72 Ulonska 1997, S. 10
73 Ulonska 1997, S. 15
74 Zentner 1990, S. 50
75 Haffner 1988, S. 11f.
76 Zentner 1990, S. 60
77 Paul 1990, S. 42

schein, die in seiner menschenfeindlichen Politik auch konsequent umgesetzt worden sind.[78] Charakteristisch für den Sprachgebrauch der Nationalsozialisten insgesamt war ein breites Spektrum sprachlicher Typen, die auch heute noch im Kontext der Reden und der Medienberichte über den Krieg gebräuchlich sind.[79] Dazu gehören Spiel- und Naturmetaphern, Euphemismen sowie die Ästhetisierung von Waffen. Ähnlich „argumentierten" auch die Nationalsozialisten. Das Grauen des Krieges wurde als sportliche Auseinandersetzung verschleiert. Kampf und Heldentum galten als die zentralen Kategorien des deutschen Volkes. Die Gegner des Naziregimes wurden diffamiert:

„Diese gezielten Verleumdungen, Bezichtigungen und böswilligen Unterstellungen hatten nur den einen Sinn, die demokratische Idee, die demokratischen Institutionen und Persönlichkeiten lächerlich und unmöglich zu machen."[80]

Hitlers aggressive Polemiken gegen Juden kamen durch eine sprachliche Bedrohung durch Diffamierung, Polarisierung und Diskriminierung zum Ausdruck, um bei den Zuhören Ressentiments und Argwohn zu erzeugen. Die Verbalisierung des Antisemitismus drückte einen Judenhass aus, der stellvertretend als Ventil für alle denkbaren nationalen Minderwertigkeitskomplexe diente, um persönliche und nationale Enttäuschungen zu kompensieren.[81]

Fazit

„Der wahre Endzweck der politischen Veranstaltung (bei den Nationalsozialisten, C.S.) [...] ist nicht Information oder politische Aufklärung, sondern die Demonstration von Macht, verschwörerischer Solidarität und volksweiter Zustimmung, nicht zu trennen von ständigen Hinweisen auf weltweite Bedrohungen."[82]

Die Nationalsozialisten haben sich professioneller Methoden aus dem Fundus theatralischer Optionen bedient, um ihre Propaganda wirkungsvoll strategisch einzusetzen. Ihr professionelles „Ereignismanagement" kennzeichnete die „Event"-Dramaturgien von klassischen politischen Akteuren. Mit Kenntnissen über die Selektions- und Präsentationslogik der Wirkungsdimensionen konzipierten sie performative Handlungsvollzüge, deren zentraler kommunikativer Inhalt von persuasiven Elementen gekennzeichnet war, und sich an Vorbildern der Reklame (Produktwerbung) orientierte. Im Mittelpunkt standen nicht die rationalen Modi diskursiver Situationsdefinitionen und Übereinkünfte, sondern emotionale und affektive Glaubwürdigkeitsbeteuerungen und Identifikationsangebote, die vor allem der Mobilisierung eines legitimierenden Zustimmungspotentials dienen. Diese Strategien politischen „Event"-Marketings wurden anhand ritualisierter (Massen)-Veranstaltungen bei Parteitagen oder Aufmärschen offensiv eingesetzt. Dort stand der „Führerkult" im Zentrum

---

78 Schnauber 1972, S. 111f.
79 Vgl. Schicha 1999, S. 12
80 Bork 1970, S. 30
81 Vgl. Bork 1970, S. 37. Diese Komplexe wurden vor allem durch den verlorenen Ersten Weltkrieg und den daraus resultierenden Friedensvertrag von Versailles sowie die wirtschaftliche Not in weiten Teilen der deutschen Bevölkerung ausgelöst.
82 Stern 1991, S. 37.

der strategischen Planung. Neben den rhetorischen Fähigkeiten Hitlers sorgte vor allem die minutiös geplante dramaturgische Regie der Gesamtrahmung von Massenereignissen für deren Erfolg.

Die politischen „Events" in Form von nationalsozialistischen Parteitagen, rituellen Umzügen und Festen zielten in ihren Wirkungskalkülen vornehmlich auf emotionale Wirkungen. Visuelle Zeichen (z.B. Fahnen, Hakenkreuze) sollten dazu beitragen, die Aufmerksamkeit und Zustimmung der Bevölkerung zu gewinnen. Expressiv ästhetische Anreizmomente zielen auf die Aufmerksamkeit der Rezipienten. Insgesamt wurden die verschiedenen ästhetisch-expressiven Momente zu einem Gesamteindruck verdichtet, der in allen Facetten auf die Kommunikation einer vorher festgelegten Botschaft ausgerichtet ist. Die performativen Handlungen, die in einer bestimmten Wirkungsabsicht entworfene Inszenierung, die Korporalität der prominenten Akteure und die Zuschauerausrichtung wiesen solche „Events" als theatralische Aufführungen aus. Das Ziel derartigen Vorgehens ist die „Sensationserzeugung und Massenpersuasion"[83], bei der die kognitiven Bezüge durch affektive und expressive Formen abgelöst werden. Reflektierte Selbstkritik und eigene Schuldeingeständnisse passen nicht in den Rahmen derartiger Aktionen. Zusammenfassend lässt sich konstatieren, dass nicht die rationale Argumentation, sondern u.a. die persuasive Kraft beeindruckender Bilder im Rahmen der Massenereignisse ausschlaggebend für den Erfolg der nationalsozialistischen Kampagnen war.

Die als sensationelle Höhepunkte inszenierten „Events" sorgten dafür, dass durch diese Form der Komplexitätsreduktion von Ereignissen eine Analyse von Strukturen und Hintergründen politischer Zusammenhänge erschwert wird. Komplexe Sachverhalte werden nicht mehr im Rahmen einer systematischen Analyse problematisiert, sondern deren Thematisierung durch die vordergründige Orientierung an scheinbar sinnfälligen Einzelereignissen verringert, wenn nicht gar verhindert. Die eigentlichen Inhalte der Reden Hitlers spielten im Hinblick auf die öffentliche Wirkungsdimension eine nur untergeordnete Rolle. Entscheidend war der Rahmen des „Gesamtkunstwerkes", in denen der Demagoge seine Auftritte absolvierte, um die massensuggestive Wirkung entfalten zu können.

Rituale im Rahmen symbolischer Politikvermittlung – und das haben die nationalsozialistischen Massenereignisse prägnant gezeigt – dienen der Grenzziehung und Abgrenzung zum politischen Gegner, ermöglichen eine Reduktion von Komplexität und sollen dazu beitragen, Orientierung und Identifikation durch bisweilen manipulative Strategien zu ermöglichen.

Aus einer normativ-politikwissenschaftlichen Perspektive stellt sich die Frage, welche Konsequenzen sich aus den Erfahrungen mit der Propaganda des Dritten Reiches für die moderne Politikvermittlung in demokratischen Gesellschaften ergibt. Zunächst sollte die Fokussierung auf die Personalisierung der Politik grundsätzlich problematisiert werden:

> „Das Führerprinzip ist nicht nur ein Übel totalitärer Systeme. Auch in demokratischen Gesellschaften besteht die Gefahr, die Komplexität des Politischen auf eine Person zu reduzieren."[84]

Grundsätzlich ist natürlich klar zu differenzieren zwischen der Situation in einem demokratisch legitimierten Parteiengefüge, das unter der „Kontrolle und Kritik" einer unabhängigen

---

83 Baringhorst 1995, S. 64
84 Bärsch 1998, S. 184

Medienlandschaft agiert und einer totalitären Diktatur unter Zensurbedingungen der „Gleichschaltung" und Propaganda.
Aber auch unter demokratischen Vorzeichen sollten Tendenzen aufmerksam verfolgt werden, sofern es z.B. auf Parteitagen nicht mehr um den kritischen Austausch von Argumenten zwischen der Parteiführung und der Parteibasis geht, sondern einzig und allein darum, den Spitzenkandidaten zu küren. Bei allem Verständnis für die Notwendigkeit, dass eine Partei Einigkeit und Geschlossenheit demonstrieren muss, um Erfolge zu erzielen, sollte sensibel auf Entwicklungen reagiert werden, die einen Personenkult an die Stelle der rationalen Auseinandersetzung rücken. Dieses Phänomen der Personalisierung ist auch in Bezug auf Wahlkämpfe hinlänglich bekannt, sofern sie sich weniger an politische Versammlungen mit konkreten Inhalten orientieren, sondern eher wie Popveranstaltungen inszeniert werden, die durch ein professionelles Ereignismanagement der Parteien sowie ihrer PR-Berater und Werbeagenturen konzipiert werden, um ihre Wirkung beim politisch weniger interessierten Rezipienten zu erreichen. Es ist zwar legitim, die Bedürfnisse der Bevölkerung nach Orientierung durch Personen zu befriedigen, um eine Ressource zu schaffen, die Loyalität und Bindung an Politiker und ihre Ziele herstellt. Dennoch sollte sensibel reagiert werden, sofern Politik zum „Ereignismanagement" verkommt, bei dem nicht die Begründung konkreter politischer Entscheidungen thematisiert wird, sondern die suggestive Wirkungskraft auf das Publikum zum zentralen Ziel einer Politikvermittlung mit abnehmenden inhaltlichen und sachlichen Bezügen führt.

Literatur

ALEXANDER, EDGAR (1937): *Der Mythos Hitler.* Zürich.

BARINGHORST, SIGRID (1995): Öffentlichkeit als Marktplatz – Solidarität durch Marketing? In: *Vorgänge* 132. Dezember 1995. H. 4, S. 55-67.

BÄRSCH, CLAUS EKKEHARD (1998): *Die politische Religion des Nationalsozialismus:* die religiöse Dimension der NS-Ideologie in den Schriften von Dietrich Eckart, Joseph Goebbels, Alfred Rosenberg und Adolf Hitler. München.

BEHRENBECK, SABINE (1996): „Der Führer". Die Einführung eines politischen Markenartikels. In: DIESENER, GERALD / GRIES, RAINER (HRSG.): *Propaganda in Deutschland.* Zur Geschichte der politischen Massenbeeinflussung im 20. Jahrhundert. Darmstadt, S. 51-78.

BOHSE, JÖRG (1988): *Inszenierte Kriegsbegeisterung und ohnmächtiger Friedenswille.* Stuttgart.

BOORSTIN, DANIEL J. (1963): *The image or what happened to the American dream.* Harmondsworth u.a.

BORK, SIEGFRIED (1970): *Mißbrauch der Sprache.* Tendenzen nationalsozialistischer Sprachregelung. Bern; München.

BRECHT, BERTHOLD (1996): Ein fähiger Schauspieler. Begegnung mit Adolf Hitler. In: *Der Spiegel*, Nr. 50/1996, S. 234-236.

BROCKHAUS, GUDRUN (1997): *Schauder und Idylle.* Faschismus als Erlebnisangebot. München.

BUSSEMER, THYMIAM (2000): *Propaganda und Populärkultur.* Konstruierte Erlebniswelten im Nationalsozialismus. Wiesbaden.

DAIBER, HANS (1995): *Schaufenster der Diktatur.* Theater im Machtbereich Hitlers. Stuttgart.

DIESENER, GERALD / GRIES, RAINER (HRSG.) (1996): *Propaganda in Deutschland.* Zur Geschichte der politischen Massenbeeinflussung im 20. Jahrhundert. Darmstadt.

DOMARUS, MAX. (1973): *Hitler. Reden und Proklamationen 1932-1945,* Band I Triumph. Wiesbaden.

DONNER, WOLF (1995): *Propaganda und Film im „Dritten Reich".* Berlin.

EDELMAN, MURRAY (1976): *Politik als Ritual.* Die symbolische Funktion staatlicher Institutionen und politischen Handelns. Frankfurt am Main.

EDER, ERNST GERHARD (1996): Bilder des Körpers- Schönheit, Fitneß, Nacktheit, Askese. Zur Ästhetik und Inszenierung der Gewalt im Nationalsozialismus. In: EHALT, HUBERT CH. (HRSG.): *Inszenierung der Gewalt:* Kunst und Alltagskultur im Nationalsozialismus. Frankfurt am Main, S. 213-236.

EITNER, HANS-JÜRGEN (1990): *Hitlers Deutsche:* das Ende eines Tabus. Gernsbach.

FEST, JOACHIM E.(1973): *Hitler.* Eine Biographie. Frankfurt am Main u.a.

FILMMUSEUM POTSDAM (HRSG.) (1999): *Leni Riefenstahl.* Berlin.

FISCHER-LICHTE, ERIKA (1998): Inszenierung und Theatralität. In: WILLEMS, HERBERT / JURGA, MARTIN (HRSG.): *Inszenierungsgesellschaft.* Ein einführendes Handbuch. Opladen; Wiesbaden, S. 81-90.

FREI, NORBERT / SCHMITZ, JOHANNES (1999): *Journalismus im Dritten Reich.* München.

HAFFNER, SEBASTIAN (1988): *Anmerkungen zu Hitler.* Frankfurt am Main.

HERZ, RUDOLF (1994): *Hoffmann & Hitler.* Fotografie als Medium des Führer-Mythos. München.

HITLER, ADOLF (1940): *Mein Kampf.* München (6. Auflage).

IMHOF, KURT / EISENEGGER, MARK (1999): Politische Öffentlichkeit als Inszenierung. Resonanz von „Events" in den Medien. In: SZYSZKA, PETER (HRSG.): *Öffentlichkeit.* Diskurs zu einem Schlüsselbegriff der Organisationskommunikation. Opladen; Wiesbaden, S. 195-218.

KOPPERSCHMIDT, JOSEF (1995): Zwischen politischer Rhetorik und rhetorischer Politik. Thematisch einleitende Bemerkungen. In: KOPPERSCHMIDT, JOSEF (HRSG.): *Politik und Rhetorik.* Funktionsmodelle politischer Rede. Opladen, S. 7-18.

LEISER, ERWIN (1989): *„Deutschland, erwache".* Propaganda im Film des Dritten Reiches. Reinbek bei Hamburg.

LOIPERDINGER, MARTIN (1987): *Der Parteitagsfilm „Triumph des Willens" von Leni Riefenstahl.* Opladen.

LOIPERDINGER, MARTIN / HERZ, RUDOLF / POHLMANN, ULRICH (HRSG.) (1995): *Führerbilder.* München.

LUNA, GIOVANNI DE (2000): *Mussolini.* Reinbek bei Hamburg.

MEYER, THOMAS / ONTRUP, RÜDIGER / SCHICHA, CHRISTIAN (2000A): *Die Inszenierung des Politischen.* Zur Theatralität von Mediendiskursen. Wiesbaden.

MEYER, THOMAS / ONTRUP, RÜDIGER / SCHICHA, CHRISTIAN (2000b): Die Inszenierung des politischen Welt-Bildes, Politikinszenierungen zwischen medialem und politischem Eigenwert. In: FISCHER LICHTE, ERIKA / PFLUG, ISABEL (HRSG.): *Inszenierung von Authentizität*. Tübingen, S. 183-208.

MEYER, THOMAS / ONTRUP, RÜDIGER / SCHICHA, CHRISTIAN (2001): Von der Verkörperung der Politik zur Entkörperlichung im Bild. Körperkonstrukte und Bildfunktionen in politischen Fernsehsendungen. In: FISCHER LICHTE, ERIKA / HORN, CHRISTIAN / WARSTAT, MATTHIAS (HRSG.): *Verkörperung*. Tübingen, S. 199-219.

NILL, ULRICH (1997): Sprache der Gegenaufklärung. Zu Funktion und Wirkung der Rhetorik im Nationalsozialismus. In: *Rhetorik* 16: Rhetorik im Nationalsozialismus, S. 1-8.

OHR, DIETER (1997): *Nationalsozialistische Propaganda und Weimarer Wahlen*. Empirische Analysen zur Wirkung von NSDAP-Versammlungen. Opladen.

ONTRUP, RÜDIGER / SCHICHA, CHRISTIAN (2001): Politik im Rausch der Bilder – Zur Wahrnehmung des Politischen in den Medien. In: FISCHER-LICHTE, ERIKA / HORN, CHRISTIAN / UMATHUM, SANDRA / WARSTAT, MATTHIAS (HRSG.): *Wahrnehmung und Medialität*. Tübingen, S. 159-175.

PANKAU, JOHANNES G. (1997): Vorwort des Herausgebers. In: *Rhetorik*. Ein internationales Jahrbuch, Band 16. Rhetorik im Nationalsozialismus. Tübingen.

PAUL, GERHARD (1990): *Aufstand der Bilder*. Die NS Propaganda vor 1933. Bonn.

RIEFENSTAHL, LENI (1987): *Memoiren*. Hamburg; München.

ROTHER, RAINER (2000): *Leni Riefenstahl*. Die Verführung des Talents. Berlin.

RUSSO, MANFRED (1985): Zeichenrituale in der politischen Kommunikation: Vom Wort zum Bild. In: PLASSER, FRITZ / ULRAM, PETER A. / WELAN, MANFRED (HRSG.): *Demokratierituale*. Wien; Köln; Graz, S. 105-120.

SARCINELLI, ULRICH (1992): Massenmedien und Politikvermittlung. Eine Problem- und Forschungsskizze. In: WITTKÄMPER G.W. (HRSG.): *Medien und Politik*. Darmstadt, S. 37-62.

SARCINELLI, ULRICH (1994): „Fernsehdemokratie". Symbolische Politik als konstruktives und als destruktives Element politischer Wirklichkeitsvermittlung. In: WUNDEN, WOLFGANG (HRSG.): *Öffentlichkeit und Kommunikationskultur*. Hamburg u.a., S. 31-41.

SCHICHA, CHRISTIAN (1999): Kriegsberichterstattung zwischen Anspruch und „Wirklichkeit". Kriterien für den Friedensjournalismus. In: *Zeitschrift für Kommunikationsökologie* 2/1999, S. 10-13.

SCHICHA, CHRISTIAN / ONTRUP, RÜDIGER (HRSG.) (1999): *Medieninszenierungen im Wandel*. Interdisziplinäre Zugänge. Münster; Hamburg; London.

SCHNAUBER, CORNELIUS (1972): *Wie Hitler sprach und schrieb*. Zur Psychologie und Prosodik der faschistischen Rhetorik. Frankfurt am Main.

SIEGMUND, ANNA MARIA (2000): *Die Frauen der Nazis*. Wien.

SLUZALEK, RALF (1987): *Die Funktion der Rede im Faschismus*. Oldenburg.

STERN, JOSEPH P. (1981): *Hitler. Der Führer und das Volk*. München.

ULONSKA, ULRICH (1997): Ethos und Pathos in Hitlers Rhetorik zwischen 1920 und 1933. In: *Rhetorik* 16: Rhetorik im Nationalsozialismus, S. 9-15.

ULONSKA, ULRICH (1990): *Suggestion der Glaubwürdigkeit.* Ammersbek.

VOLMERT, JOHANN (1989A): Politische Rhetorik des Nationalsozialismus. In: EHLICH, KONRAD (HRSG.): *Sprache im Faschismus.* Frankfurt am Main, S. 137-161.

VOLPERT, JOHANNES (1989B): *Politikerrede als kommunikatives Handlungsspiel.* München.

WALLISCH, STEFAN (1997): *Aufstieg und Fall der Telekratie.* Silvio Berlusconi, Romano Prodi und die Politik im Fernsehzeitalter. Wien.

WEIßMANN, KARLHEINZ (1995): *Der Weg in den Abgrund.* Deutschland unter Hitler 1933 bis 1945. Berlin.

WILLEMS, HERBERT / JURGA, MARTIN (HRSG.) (1998): *Inszenierungsgesellschaft.* Ein einführendes Handbuch. Opladen; Wiesbaden.

WINKLER, ANDREA (1988): Starkult auf Germanisch. Goebbels und Hippler hielten sich an die Rezepte Hollywoods. In: *Medium,* H. 3/1988, S. 27-30.

ZENTNER, CHRISTIAN (1990): *Adolf Hitler.* Eine Biographie in Texten, Bildern, Dokumenten. München.

CARSTEN BROSDA

‚Emotionalisierung' als Merkmal medialer Politikvermittlung
Zur Diskursivität emotionaler Äußerungen und Auftritte von Politikern im Fernsehen

„Mit dem Einzug der Politiker in die Unterhaltung, zumal in Prominententalks, greifen Elemente der Privatsphäre, wie Intimität, Spontaneität und persönliche Gefühle immer mehr Platz im politischen Diskurs."[1]

Unterhaltende Politikvermittlung als „affektive Akzentuierung von Information"[2] ist eng mit dem allgemeinen Phänomen der ‚Emotionalisierung' des Politischen in den Medien verbunden. Die ästhetischen Bild- und Klangwelten des ‚Politainment' gestatten, wie Dörner ausführt, einen emotionalen Zugang zur politischen Welt, der gerade deshalb so attraktiv ist, weil ‚Als-ob-Welten' im Schütz'schen Sinne angeboten werden, die sich einerseits auf Alltagserfahrungen beziehen, andererseits aber aufgrund des unterhaltenden ‚Feel-Good-Faktors' als ‚besser' erscheinen. Sie vermitteln eine „Emotion des Utopischen, ein Gefühl der besseren (politischen) Wirklichkeit".[3] Dieser unterhaltende Zugang zum Politischen, der gerade im Zusammenspiel mit weitreichenden allgemeinen Bildwirkungen die Zuschauer stark auf einer emotionalen Ebene anspricht, ist eng mit den Präsentationsbedingungen des Fernsehens verknüpft, nicht zuletzt weil das Rezeptionsverhalten vieler TV-Konsumenten primär auf Unterhaltung orientiert ist.[4] Das sorgt in der Folge dafür, dass Emotionen als eine zentrale Wirkung des Fernsehens betrachtet werden können.[5] TV-Sender, die ihre Programmangebote erfolgreich platzieren wollen, kommen kaum umhin, diese Bedürfnisse zu befriedigen. Unterhaltende Politikvermittlung ist eine Möglichkeit, Emotionalität auch in klassisch informativen Angeboten als Rezeptionsanreiz dezidiert und kalkuliert zu nutzen[6] – die gestiegene Bedeutung des Emotionalen in der medialen Politikvermittlung geht allerdings weit über diesen spezifischen Fall hinaus. Sie durchdringt alle audiovisuellen Medienangebote, in denen politische Repräsentanten auftreten.

„Viel stärker als die Printmedien erfüllt das Fernsehen die öffentliche Arena mit privater Atmosphäre. Das Fernsehen bietet eine Art von Information, die wir unter Familienangehörigen und Freunden austauschen, Im Vergleich zur Zeitschrift beispielsweise liefert das Fernsehen ein reichhaltiges Persönlichkeitsprofil des Kommunikators gleich mit. Die Trennungslinie zwischen privater Emotion und öffentlicher Kommunikation verwischt. Ein plötzliches Ringen nach Luft, das Schimmern von Tränen in den Augen, eine Stimme, die vor Trauer bricht oder sich durch eine schmerzliche Nachricht

---

1 Holtz-Bacha 2000, S. 165
2 Wegener 2001, S. 99
3 Vgl. Dörner 2001, S. 63
4 Vgl. Westerbarkey 1991
5 Vgl. Winterhoff-Spurk 2001, S. 181
6 Vgl. Wegener 2001, S. 99: „Unterhaltsame Information kann [...] verstanden werden als Information, die durch eine affektiv/emotionale inhaltliche und dramaturgische Gestaltung übermittelt bzw. dargestellt wird."

hindurchquält – das sind Informationen, die nicht diskursiv, digital oder kommunikativ sind, sondern präsentativ, analog oder expressiv."[7]

Dieser Befund von Meyrowitz bedarf – bei aller plakativen Eindringlichkeit – der weiteren Differenzierung: zwischen den jeweils betrachteten Formaten, dem Status der auftretenden Personen (Schauspieler oder nichtfiktionale Charaktere) und der Medienkompetenz der Zuschauer, die die Bildreize rezipieren. Festzuhalten bleibt allerdings, dass der Live-Charakter von Fernsehbildern oftmals die Fiktion des Authentischen vermittelt. Bilder können Atmosphäre und Stimmungen von Personen darstellen, Emotionen erzeugen und Realitätsillusionen entstehen lassen. Die rhetorische Persuasion von TV-Auftritten liegt mithin in erheblichem Maße schon im Einsatz der Bilder selbst. Metaphern, Bilder oder Images werden eingesetzt, um emotionale Reaktionen der Zuschauer hervorzurufen und um Aufmerksamkeit zu gewinnen: „Aus dem politischen Handeln ist ein Zeigen geworden, aus der diskursiven Öffentlichkeit eine ikonische."[8] Damit einher geht der Verlust diskursiver Elemente öffentlicher Kommunikation zugunsten einer Substitution durch präsentative und expressive individuelle Befindlichkeiten. Es ist eine offene Frage, inwiefern die relativ hohen rationalen Anforderungen an einen politischen Diskurs unter diesen Bedingungen dennoch einzulösen sind. Im Folgenden sollen erste, zunächst programmatische Annahmen zu diesem prekären Verhältnis formuliert werden.

Unter ‚Emotionalisierung' politischer Kommunikation lässt sich allgemein die Nutzung affektiver Ansprachemodi in der Politikvermittlung verstehen: Das bedeutet vor allem, dass an Gefühle der Bürgerinnen und Bürger appelliert wird, um deren emotionale Reaktion zur Integration der eigenen politischen Gruppe und zur Sicherung von Loyalitäten zu nutzen. Der amerikanische Politologe Michael Walzer hat vor kurzem an die Bedeutung derartiger Leidenschaften zur Organisation politischer Gefolgschaft und politischen Erfolgs gerade in sozialen Reformbewegungen erinnert, die emotional fundierte Unterstützung an der Basis benötigen, um sozialen Wandel durchsetzen zu können.[9] Walzer wendet sich gegen ein liberalistisches Politikverständnis, das Leidenschaften nur als rational domestizierte Interessen im Bereich des ökonomischen Erfolges anerkennt und plädiert statt dessen dafür, leidenschaftlichen Energien einen legitimen Platz in der sozialen Welt auch dann zuzuweisen, wenn es um die Wahl der Bündnispartner und die politische Auseinandersetzung mit anderen geht.[10] Damit spricht er sich zwar nicht gegen eine normativ geforderte politische Debattenkultur aus, die sich auf rationale Argumente und überzeugende Werte stützt, weist aber darauf hin, dass deren Grundannahmen im konkret erfahrenen politischen Engagement nur wenig Entsprechung finden und dass die Berücksichtigung von Leidenschaften und Emotionen als ein wichtiges Korrektiv für einen allzu rationalistischen politischen Liberalismus zu verstehen ist.[11]

Auch im Rahmen der bundesrepublikanischen Demokratie bildeten solche allgemeinen emotionalen Ansprache- und Inklusionsmuster immer schon einen wichtigen Bestandteil

---

7   Meyrowitz 1990, S. 204f.
8   Müller 1999b, S. 137
9   Vgl. Walzer 1999, S. 94
10 Vgl. Walzer 1999, S. 84ff.
11 Vgl. Walzer 1999, S. 94

politischer Kampagnen.¹² Und bei einem Blick zum Beispiel auf die Wahlplakate der Weimarer Republik der 1920er Jahre wird anhand der damals präsentierten Angst- oder Verheißungsszenarien deutlich, dass emotionalisierende Ansprache schon vor den Zeiten audiovisueller Massenmedien eine wichtige Rolle gespielt hat. Im Zuge von Demokratisierungsprozessen ist, das verdeutlichen diese Beispiele, zwar eine normative Transformation von Emotionen im Bereich politischer Legitimation festzustellen, nicht aber ein gänzliches Verschwinden.¹³ Vielmehr kann davon ausgegangen werden, dass Gefühle in der demokratischen Politik – kontrolliert von Institutionen – eine nicht zu unterschätzende Rolle spielen:

„Gesellschaft und Staat sitzen also auf einem Unterbau verdrängter und kontrollierter Leidenschaften auf. [...] Der Gesellschaftsvertrag beinhaltet auch eine Regelung zur Kontrolle von Gefühlen, und der ‚Gefühlsvertrag' ist ebenso ambivalent wie der ‚Geschlechtervertrag'. Emotionen wie Neid, Aggression, Angst sind die Grundierung von politischen Institutionen, ebenso wie beispielsweise Kameradschaft eine typisch männliche Form der emotionalen Bindung in der Politik ist [...]."¹⁴

Die Affektreduktion, die Elias als ein Charakteristikum der Moderne beschreibt¹⁵, ist eher als eine Verdrängung von Emotionalität aus der öffentlichen Kommunikation in eine konstruierte Privatheit hinein zu verstehen, in deren Folge Gefühle lange Zeit nicht als ein legitimes Mittel allgemein öffentlicher oder speziell politischer Auseinandersetzungen galten.¹⁶
Diese Gebote verlieren aber seit geraumer Zeit an Gestaltungskraft. Emotionale Bindung und Betroffenheit bilden seit den 1970er Jahren zunehmend die Basis der Identitätspolitik sozialer Bewegungen.¹⁷ Bereits im Jahrzehnt davor hat ein Prozess der zunehmenden Informalisierung und Affektlockerung in der Öffentlichkeit begonnen, in dem die Orientierung an der eigenen Befindlichkeit und das Ausleben eigener Gefühle als orientierungsleitende Faktoren an die Stelle brüchig gewordener Weltbilder getreten sind. Verschiebungen kultureller Deutungssysteme führten zu einem Wandel der Emotionskultur.¹⁸ Offen gezeigte Gefühle erlangen in Konsequenz wieder eine größere, wenn auch noch keinesfalls eine unproblematisch legitime Rolle im öffentlichen Handeln von Personen.
Ein wesentlicher Faktor der Verschiebung der kulturellen Deutungssysteme ist in der massenmedialen Durchdringung der Gesellschaft zu sehen.¹⁹ Für die Politik bedeutet die daraus erwachsende permanente öffentliche Beobachtung, dass die Images des politischen Spitzenpersonals allabendlich in den Wohnzimmern der Republik gesehen werden können – mit den Folgen, die Meyrowitz beschreibt.²⁰ Politik wird nicht nur visualisiert und personalisiert, wie viele Studien belegen²¹, sondern vor allen Dingen auch emotionalisiert. Stärker

---

12 Müller 1999a, S. 45f.
13 Vgl. Walzer 1999
14 Sauer 1999, S. 214
15 Vgl. Elias 1978
16 Vgl. Sauer 1999, S. 209; vgl. Sennett 1986
17 Sauer 1999, S. 201
18 Gerhards 1988, S. 236ff.
19 Dörner 2001, S. 91
20 Vgl. Meyrowitz 1990
21 Vgl. Brosda/Schicha 2002; vgl. grundlegend zur Visualisierung: Frey 1999; vgl. grundlegend zur Personalisierung: Wirth/Voigt 1999; Marcinkowski/Greger 2000

als in einer von Printmedien geprägten Demokratie sind es im Zeitalter des Fernsehens die emotionalen Reaktionen, welche die Politiker auf dem Bildschirm bei den Rezipienten hervorrufen, die die Meinungs- und Willensbildungsprozesse beeinflussen. Wenn von ‚Emotionalisierung' der Politikvermittlung gesprochen wird, dann können darunter emotionale Beziehungen zu einzelnen Politikern verstanden werden, deren Bedeutung – so die Ausgangsprämisse – durch die technische Verbreitungsstruktur des Massenmediums Fernsehen und durch seine Nähe suggerierenden bildlichen Präsentationsmöglichkeiten steigt.

Die medienpsychologische Forschung zeigt, dass oft allein die Präsenz eines Politikers auf dem Bildschirm ausreicht, um bei den Zuschauern autonome vegetative Prozesse zu aktivieren, die zu einer emotionalen Stellungnahme führen.[22] Wenn diese vielfach belegten Befunde zu einem nonverbalen Charisma mit erheblichen emotionalen Wirkungen tatsächlich zutreffen, müssen nicht einmal ehemals bürgerliche Gefühls-Sublimierungen rückgängig gemacht werden, um dem Emotionalen in der Politik eine neue Qualität zuzuweisen. Politiker werden durch die visuelle Fernsehvermittlung im Rahmen ‚parasozialer Interaktion'[23] vielmehr tendenziell so wahrgenommen, als handele es sich um nahestehende Personen aus dem privaten Umfeld des realen' Lebens. Das Rezeptions-Setting ist in den klassischen Begrifflichkeiten von öffentlich und privat nur schwer zu fassen, da sich eine „neue Wirklichkeitssphäre" etabliert hat, in der die „[...] öffentlichen Angelegenheiten über den Bildschirm in das frühere Privatissimum des Wohnzimmers hereinkommen [...]".[24]

Angesichts dieser neuartigen Präsenz der politischen Prominenz und angesichts der mit diesem Auftreten prinzipiell verbundenen emotionalen Wirkungen, stellt sich aus demokratiepolitischer wie auch aus demokratietheoretischer Sicht die Frage, wie emotionale Anspracherauster heutzutage unter den medial gewandelten Bedingungen des politischen Diskurses analysiert und bewertet werden können. Dazu ist es zunächst von Bedeutung, den Emotionsbegriff für die Analyse politischer Prozesse im allgemeinen und für die Beschäftigung mit der parasozialen Interaktion zwischen Zuschauern und im TV auftretenden Politikern im speziellen fruchtbar zu machen.[25] Emotionen werden daher im Folgenden in erster Linie nicht psychologisch als individuelle Phänomene betrachtet, sondern aus einer soziologischen Perspektive heraus als vorausliegende Ressource und als Ergebnis sozialer Interaktion verstanden. Anknüpfend an diese Perspektive können hoch selektiv theoretische Anschlussmöglichkeiten für eine politikwissenschaftliche Beschäftigung mit den Implikationen medialer Emotionalisierung aufgezeigt werden, die den Weg für die Formulierung von Angemessenheitskriterien weisen, an denen die Funktionalität und die Legitimität solcher Ansprachemodi gemessen werden kann.

Emotionen

Eine solche Beschäftigung mit dem Emotionsbegriff muss in der Psychologie beginnen, dann aber auf ein ein soziologisches Grundgerüst wechseln. Nur so verbleibt der Emotionsbegriff anschlussfähig für eine politikwissenschaftliche Analyse. Bereits in der Emotions-

---

22 Frey 1999, S. 96
23 Vgl. Horton/Wohl 1956; Vorderer (Hrsg.) 1996
24 Dörner 2001, S. 91
25 Dabei ist es im Rahmen dieses Aufsatzes nicht möglich, das Feld der Emotionspsychologie und -soziologie umfassend zu umreißen.

psychologie werden Emotionen auf individueller Ebene als Reaktionen auf erlebte oder durchlebte Situationen in der Welt behandelt und so in einen sozialen Kontext gestellt. Allerdings liegt der Analysefokus hier noch auf den individuellen Auswirkungen, wie Ulichs Definition von Emotionen als „subjektive Erfahrungstatsachen bzw. Bewußtseinsinhalte, die persönliche Betroffenheit und Engagement in unseren Beziehungen zur Welt ausdrücken", zeigt.[26]

Da diese Weltbezogenheit emotionaler Reaktionen nicht von sozialen Erfahrungen loszulösen ist, liegt es nahe, sie von vornherein als Ergebnis eines ständigen Wechselspiels zwischen Individuum und Außenwelt zu verstehen, und die Außenwelt mit in die Analyse hineinzunehmen. Emotionen entstehen vorwiegend in sozialen Situationen und sie wirken gleichermaßen auch auf diese zurück.[27] Diesen Umstand betont auch Gerhards in seiner soziologischen Definition von Emotionen, an die sich die folgenden Erörterungen anschließen sollen:

„Emotionen sind eine positive oder negative Erlebnisart des Subjektes, eine subjektive Gefühlslage, die als angenehm oder unangenehm empfunden wird. Emotionen entstehen als Antwort auf eine Bewertung von Stimuli und Situationen; sie können mit einer physiologischen Erregung einhergehen und können in Form von Emotionsexpressionen zum Ausdruck gebracht werden. Sie wirken selbst wieder strukturierend auf den sozialen Zusammenhang zurück."[28]

Eine politikwissenschaftliche Beschäftigung mit Gefühlen als einem leitendem Motiv politischer Legitimation kann an solchen soziologischen Entwürfen anknüpfen, da diese nicht auf rein psychologische Konzepte zurückgreifen[29], sondern statt dessen die gesellschaftliche Strukturierungskraft emotionaler Energien beschreiben beziehungsweise die Eingebundenheit affektiver Reaktionen in soziale Zusammenhänge berücksichtigen. Diese beiden Analyserichtungen können zunächst exemplarisch anhand der Modelle von Collins und Kemper knapp skizziert werden.

Soziale Strukturierung durch Emotionen

Collins wählt den Umstand, dass Emotionen soziale Situationen prägen, als Ausgangspunkt seiner theoretischen Erwägungen, in denen er ein individualistisches Handlungsmodell ritueller Interaktionen mit der Annahme verknüpft, dass diese Begegnungen auf der Mikro-Ebene immer auch von emotionalen Energien geprägt werden.[30] Jeder sozialen Begegnung liegt demnach eine emotionale Struktur zugrunde, die sich aus der emotionalen Ko-Fundierung des manifesten Gesprächsinhaltes in einem gemeinsamen „Mythos" in der Kommunikation speist. Die individuellen Akteure rekurrieren auf kulturelle Ressourcen und emotionale Energien, um im Verlauf ihres Interaktionsrituals diesen Mythos der Gemeinsamkeit zu etablieren und aufrechtzuerhalten. Die tatsächliche Wahrhaftigkeit spielt für den Erfolg der auf diese Weise erreichten sozialen Kohäsion eine untergeordnete Rol-

---

26 Ulich 1982, S. 80
27 Vgl. Oatley/Johnson-Laird 1987
28 Gerhards 1988, S. 16
29 Klein/Nullmeier/vonWersch 1999, S. 346
30 Vgl. Collins 1984

le.³¹ Vielmehr erbringt die kontrafaktische Unterstellung eine wichtige Strukturierungsleistung: Während nämlich kognitiv-sprachliche Weltzugänge durch ihre Symbolisierungsleistungen eine Loslösung vom Konkreten ermöglichen und dadurch eine kaum überblickbare Vielzahl von Handlungsmöglichkeiten und -alternativen produzieren, dienen Emotionen der Reduktion dieser Optionen. Sie strukturieren einerseits die soziale Situationen und stehen andererseits selbst als Ressource in Austauschbeziehungen zur Verfügung.³² Dieser Austausch wirkt auf die soziale Beziehung zurück, indem die dabei verwendeten Zeichen den Beteiligten Aufschluss darüber geben, wie der Gegenüber die soziale Beziehung definiert und ob er sich innerhalb ihrer durch Interaktion gesetzten Rahmenbedingungen ‚wohl' fühlt. Durch diese verstärkenden oder zersetzenden Rückmeldungen wird der künftige Charakter der sozialen Beziehung beeinflusst.³³ Stellen die Akteure fest, dass eine bestimmte Form der Interaktion ihnen zum Vorteil gereicht, dann werden sie die entsprechenden Handlungen wiederholen, prognostiziert Collins. Dadurch werden Handlungsmuster, die auf dem Mikro-Level individueller Interaktion eingeübt werden, zu gesellschaftlichen Makro-Mustern aufstrukturiert.³⁴

Emotionen besitzen innerhalb dieses Prozesses aufgrund von drei unterschiedlichen Mechanismen eine besondere Bedeutung:³⁵

- Emotionen zergliedern den sozialen Raum durch emotional unterschiedliche Besetzungen und bilden so nonverbale und grundlegende Strukturierungen.
- Emotionen sind Motor für soziales Handeln, weil eine Störung der Balance der individuellen emotionalen Ressourcen Menschen im Kampf um knappe Ressourcen zum Handeln bewegt.
- Emotionale Strukturierungen stabilisieren eine stratifizierte Gesellschaft, die durch ungleiche Verteilung von Ressourcen gekennzeichnet ist.

Emotionen begründen auf diese Weise auch eine moralische Ordnung, indem sie kulturelle Wertvorstellungen zum Ausdruck bringen.³⁶

Emotionen als Folge sozialer Interaktion

Die bislang skizzierten emotionssoziologischen Annahmen weisen bereits darauf hin, dass emotionale Energien nicht nur die soziale Struktur erhalten, die sich von Mikro-Ebene der Individual-Interaktion zu gesellschaftlichen Zusammenhängen aufstrukturiert, sondern dass sie, wie eingangs bereits angedeutet, gleichsam durch deren Etablierung auch erzeugt werden. Diesem Phänomen wendet sich Kemper zu. Er versteht Emotionen als Ergebnis von realen, antizipierten, erinnerten oder vorgestellten Macht- und Statusbeziehungen zwischen den Akteuren in einer spezifischen sozialen Situation. Emotionen sind aus dieser Perspektive das Ergebnis sozialer Strukturierungsleistungen.³⁷ Aus dem Verständnis der Situation heraus lassen sich auch Emotionen besser erklären, so Kempers zentrale Annahme.³⁸ Aller-

---

31 Vgl. Collins 1984, S. 387
32 Vgl. Gerhards 1988, S. 62
33 Vgl. Vester 1991, S. 113
34 Vgl. Collins 1984
35 Vgl. zum Folgenden: Gerhards 1988, S. 65f.
36 Vgl. Vester 1991, S. 117
37 Vgl. Kemper 1984, S. 371
38 Vgl. Kemper 1981, S. 138

dings erlaubt diese soziale Fundierung von Gefühlen keine eineindeutigen Schlüsse, da sich die gleichen Emotionen in ganz unterschiedlichen Interaktionen formieren können:

> „I view the emotions as capable of supporting extreme broad, even opposite, forms of social organization. Despite the great variability of cultural patterns and forms of societal organization, the same emotions undergird them. Hence we do not have direct biological determination of social patterns, but a case where social patterns – of whatever type – rely upon emotions for stability and support."[39]

Gerhards präzisiert diesen Interpretationsansatz dahingehend, dass nicht Status und Macht per se soziale Zusammenhänge strukturieren, sondern die Interpretation von sozialen Situationen in den Dimensionen Macht und Status durch die Akteure. Diese interpretierte Sozialstruktur kann dann gemeinsam mit Kenntnissen der idiosynkratischen Momente des Persönlichkeitssystems, der kulturellen Definition von Emotionen und manchmal auch der physiologischen Erregung herangezogen werden, um die soziale Genese von Emotionen zu erklären.[40]

Betrachtet man die Analysen von Collins und Kemper als zwei Seiten einer Medaille, dann kann für die Untersuchung emotionaler Ansprachemuster von einem wechselseitigen Prozess ausgegangen werden, in dem die Parameter einer sozialen Situation u.a. durch emotionale Mechanismen strukturiert werden und in dem gleichzeitig soziale Faktoren wiederum Emotionen evozieren.

Emotion und Kognition

Im Wechselspiel von Persönlichkeit und sozialer wie ‚natürlicher' Umgebung, das sich in den meist nur wenig beeinflussbaren Rahmenbedingungen der physiologischen Bedingungen und der kulturellen Normierung vollzieht, ist das Verhältnis von Emotion und Kognition von zentraler Bedeutung für die Beurteilung der ‚Rationalität' von Emotionen. Diese Problematik rückt aus politikwissenschaftlicher Sicht besonders in den Blick, wenn die demokratietheoretisch zu begründende Angemessenheit emotionaler Ansprache- und Reaktionsmuster in der Politikvermittlung beurteilt werden soll. Konkret die Frage, ob emotionalen Reaktionen kognitive Prozesse vorangegangen sein müssen, ist Gegenstand kontroverser Debatten.[41]

Gerhards geht aus einer für die politikwissenschaftliche Analyse anschlussfähigen soziologischen Interpretation heraus davon aus, dass sich Emotionen und (sprachlich vermittelte) Kognitionen in der Form der ihnen zugrundeliegenden Mechanismen des Welterkennens fundamental unterscheiden, dass sie aber gleichzeitig eng miteinander verschränkt sind:

> „Emotionen und sprachlich vermittelte Kognitionen unterscheiden sich voneinander durch die Tatsache, daß Emotionen eine simultane Form der Weltkonstruktion darstellen und Kognitionen eine sequentielle Form. [...] Emotionen leisten eine diffuse, par-

---

39 Kemper 1984, S. 373
40 Vgl. Gerhards 1988, S. 197
41 Mit diesen Fragen befasst sich vor allem die Psychologie (vgl. die Debatte zwischen Lazarus 1984 und Zajonc 1984). Im Rahmen dieses Aufsatzes kann nur eine knappe begriffliche Klärung des gängigen Verständnisses dieser Beziehung erfolgen, ohne zu tief in die emotionspsychologischen Fach-Erörterungen einzusteigen.

tikulare und qualitative, Kognitionen eine spezifische, universalistische und performative Orientierung. [...] Emotionen und sprachlich vermittelte Kognitionen gehen unterschiedliche Mischungsverhältnisse ein, die sich als Interpenetrationsverhältnisse interpretieren lassen."[42]

Elster versucht diese wechselseitige Durchdringung der beiden Mechanismen in verschiedene Modelle der Beeinflussung zu gliedern. Er geht davon aus, dass die meisten emotionalen Reaktionen sich auf einen vorangegangenen kognitiven Akt beziehen, weil wir uns zunächst eine Meinung über die Welt bilden, auf die wir dann emotional reagieren.[43] Daraus ergeben sich drei Modelle der Beziehung zwischen Kognition und Emotion, die bereits auf eine enge Verschränkung zwischen den beiden Mechanismen hinweisen und nicht mehr versuchen, den Wahrnehmungsprozess in eine allgemeingültig lineare Sequenz zu abstrahieren[44]:

- Eine Kognition kann Emotionen auslösen.
- Eine Kognition kann von Emotionen beeinflusst sein.
- Eine Kognition kann sich auf eine Emotion als intentionalen oder propositionalen Akt beziehen.

Folgt man diesen beiden Interpretationsansätzen, dann wird deutlich, dass die künstliche Trennung von Emotion und Kognition zu einem „Schein-Problem" führt.[45] Im vorliegenden Zusammenhang soll daher Ulichs Interpretation zugrunde gelegt werden, der dafür plädiert, Emotionen und Kognitionen als Bestandteile eines kontinuierlich rückgekoppelten Beeinflussungsprozesses zu sehen, dessen analytisches Zerlegen zwar möglich ist, aber in der Regel nur bedingt aussagekräftige Forschungsergebnisse produziert. Statt dessen können Emotionen als Folge eines komplexen Appraisal-Prozesses verstanden werden:

„Eine Person bewertet die Relevanz eines wahrgenommenen Objekts oder Ereignisses für ihre Ziele oder Bedürfnisse (ein Appraisal-Prozeß, innerhalb dessen u.a. Neuigkeit, intrinsische Angenehmheit, Zieldienlichkeit, Bewältigungspotential und Kompatibilität mit Standards geprüft werden [...]). Das Ergebnis dieses Appraisal-Prozesses produziert spezifische Reaktionsmuster (physiologische Reaktionen, motorischen Ausdruck, Handlungstendenzen, Gefühle), die im Dienste der Adaption an die jeweilige Situation stehen [...]. Entscheidend für die Emotionsauslösung und -differenzierung ist die subjektiv eingeschätzte Bedeutung des Ereignisses für die aktuelle Motivationslage des Organismus."[46]

In einem solchen Verständnis sind Emotionen mit kognitiven Prozessen untrennbar verknüpft, stoßen sie an oder folgen ihnen. Emotionen erfüllen, wie Oatley und Johnson-Laird in ihrem Entwurf einer kognitiven Emotionstheorie ausführen, wichtige kognitive Funktionen, die nicht als nebensächliche Effekte abgetan werden können.[47] Sie helfen Menschen dabei, Gemeinsamkeiten aufzubauen und auf der Basis dieser Gemeinsamkeiten Hand-

---

42 Gerhards 1988, S. 73
43 Vgl. Elster 1999a, S. 408. Als Ausnahmen sieht er Reaktionen auf Kunstwerke, ursprüngliche Emotionen wie Angst und vielleicht auch emotionale Reaktion gegenüber anderen Menschen.
44 Vgl. zum folgenden Elster 1999a, S. 408
45 Ulich 1982, S. 26
46 Scherer 1998, S. 276
47 Vgl. Oatley/Johnson-Laird 1987, S. 30

lungspläne umzusetzen. Dieses Ineinandergreifen von Kognitionen und Emotionen korrespondiert mit der engen Verzahnung von sozialer Strukturierung und emotionaler Fundierung.

Emotionale Ansprache in den Medien

„Politiker greifen [...] immer häufiger auf Gefühle als Legitimationsbasis und als Ressource von Identitätspolitik zurück [...]."[48]

Die bereits vorgenommenen mikrosoziologischen Erörterungen gewinnen politikwissenschaftliche Relevanz, wenn in Betracht gezogen wird, dass sich viele Kontakte mit politischen Führungspersonal seit etlichen Jahren vermittelt über das Fernsehen vollziehen. Politikerinnen und Politiker tauchen in vermeintlichen Face-to-Face-Situationen auf, für deren Analyse die emotionale Grundierung ebenso wenig außer acht gelassen werden kann wie die affektiven Wirkungen und die strategischen Absichten der auftretenden Politiker. Das Fernsehen schafft als „kulturelles Forum"[49] ein Vermittlungsumfeld, in dem affektive Präsentationsstrategien gerade auch in Verbindung mit unterhaltenden Formaten einen wesentlichen Bestandteil des Instrumentariums ausmachen, mit dem die Zuschauerinnen und Zuschauer vor dem Bildschirm gehalten werden.[50] Die Rahmenbedingungen des Leitmediums Fernsehen geben individuellen emotionalen Ansprachemustern vor allem aufgrund der dominanten Visualität der Darstellung[51] einen breiten Raum. Die konkreten Formen der zunehmenden Visualisierung und der damit einhergehenden ‚Emotionalisierung' politischer Diskurse sind bislang zwar theoretisch bereits konzipiert worden[52], tragfähige empirische Studien allerdings, die den Visualisierungsgrad in Bezug setzen zum Informationsgehalt des Berichteten und somit auch die Frage der Angemessenheit der Berichterstattung schon im Forschungsdesign zulassen, fehlen. Immerhin zeigen viele medienpsychologische Untersuchungen[53], dass das Bildschirmmedium Fernsehen emotionale Wirkungen entfaltet, die sich aus der besonderen, nicht-reziproken Situation speisen, in der Rezipienten auf Medienfiguren reagieren.

Zentral für die Analyse dieses Phänomens ist das Konzept der ‚parasozialen Interaktion' zwischen den im Fernsehen auftretenden Personen und den Rezipienten vor den Bildschirmen, das Phänomene wie Identifikation mit Medienfiguren oder empathische Teilnahme am Rezeptionsprozess erklären soll.[54] Das Publikum wird durch Personen, die in den Medien auftreten, scheinbar direkt angesprochen und kann auf diese Ansprache auch reagieren. Aus diesem Zusammenhang können (emotional fundierte) parasoziale Beziehungen erwachsen. Trotz der zwischengeschalteten medialen Vermittlung sind die skizzierten mikro-

---

48 Sauer 1999, S. 200
49 Newcomb/Hirsch 1986
50 Vgl. Bente/Fromm 1997; vgl. Brosda 2002
51 Vgl. Frey 1999, S. 100ff.
52 Vgl. Ludes 1993 und Ludes (Hrsg.) 1996; Meyer/Ontrup/Schicha 2000. Nach dem bisherigen Forschungsstand sind für die mediale Rhetorik die technisch-visuellen Darstellungsmöglichkeiten ausschlaggebender als die informativen und argumentativen Elemente ihrer Diskurse selbst.
53 Vgl. z.B. McHugo u.a. 1985; Frey 1999; Brosius/Kayser 1991; Brosius/Gaßner 1993; Schorr 1995; Mattenklott/Lipps 1999
54 Vgl. Horton/Wohl 1956; Vorderer (Hrsg.) 1996

sozialen Mechanismen des Wechselspiels zwischen sozialer Situation und Emotionen daher modifiziert auch auf die Interaktionen zwischen Medienfigur und Rezipient anzuwenden. Abgebildete Personen können wie ‚reale' Personen verstanden werden; und ihnen werden entsprechend soziale Eigenschaften zugesprochen.[55] Dazu reichen aufgrund der offensichtlichen Eindringlichkeit visueller Präsentation oftmals nur sekundenkurze Eindrücke aus.[56] Empirische Untersuchungen haben gezeigt, dass visuelle Eindrücke vorwiegend zur Bewertung des Charakters der dargestellten Person herangezogen werden, während deren Sachkompetenz primär anhand verbaler Äußerungen beurteilt wird.[57]

Politiker können auf diese Vermittlungsbedingungen mit teilweise bewusst kalkulierten Selbstinszenierungen reagieren, die eingespannt sind zwischen zwei grundlegend unterschiedliche, aber dennoch nicht zu trennende Ansprüche: zwischen „Glorifizierung und Glaubwürdigkeit"[58]. Einerseits streben Politiker in ihren Selbstdarstellungen gerade auch auf der emotionalen Ebene danach, etwas Außergewöhnliches, etwas Einzigartiges darzustellen. Andererseits aber müssen sie dabei stets beachten, dass ihr vorgezeigtes Handeln glaubwürdig in dem Sinne bleiben muss, dass die Partner in der ‚realen' und in der medienvermittelten Interaktion die soziale Angemessenheit und die Echtheit der expressiv nach außen gekehrten Welt des inneren Erlebens anerkennen.[59]

Politiker geraten zunehmend unter den Druck, ihre politische Rationalität emotional zu transportieren, indem sie diese in kalkulierten Inszenierungen einkleiden.[60] Die strategisch-künstliche Darstellung, die besonders auf eine Natürlichkeit zielt, mit deren Hilfe sich parteipolitische Ziele personengebunden beglaubigen lassen, findet aufgrund der dominanten Visualität des Mediums vor allem durch den Körper des Politikers statt: Zentrales Ziel eines Politikers muss daher die gelungene „Synthetisierung von Ästhetik und Politik" in einer neuen spezifischen Ästhetik sein.[61] Die politische Inszenierung in diesem Sinn wirkt gerade dann, wenn sie ihren Charakter dissimuliert und vorgibt, authentisches Geschehen zu sein. Ob ein bestimmtes kalkuliert entworfenes Auftreten die erwünschten Wirkungen erzielt, ist für Soeffner vor allem eine Frage der wahrgenommenen ‚Natürlichkeit'.[62]

Normative Maßstäbe zur Bewertung solcher selbstinszenierend-emotionaler Politiker-Auftritte im Fernsehen können sich ergeben, wenn man sie anhand der soziologischen Annahmen Goffmans[63] interpretiert. Diese Perspektive fügt sich zum einen in die bereits skizzierten mikrosozialen Modelle emotionaler Strukturierung ein, kann aber andererseits auch – anhand einer weiter gefassten Interpretation, die Habermas vorgenommen hat, – an normative Demokratiemodelle angeschlossen werden.

Goffman versteht soziale Interaktion als ein Rollenspiel verschiedener Ensembles, die sich voreinander darstellen, um auf diese Weise die Konstitutionsmerkmale der Situation zu

---

55 Vgl. Wulff 1996, S. 30. Es wäre aber ein Fehlschluss, aus der Beobachtung einer ikonischen Ähnlichkeit zwischen medienvermittelten und ‚realen' Personen auch auf eine Ähnlichkeit in der Wahrnehmung zu schließen. Vgl. auch Knobloch 1996
56 Vgl. Frey 1999
57 Vgl. Wegener 2001, S. 127
58 Laux/Schütz 1996
59 Vgl. Brosda 2002
60 Vgl. Soeffner 1995
61 Soeffner 1995, S. 4
62 Vgl. Soeffner 1995, S. 9
63 Vgl. Goffman 1983/1959

definieren, und die durch strategische Einflussnahme ihre Ziele durchsetzen wollen. Entgegen des populären Buchtitels „Wir alle spielen Theater" geht es dabei gerade nicht um ein bewusst und offen inszeniertes soziales Schauspiel, sondern um ein expressives Handeln, das stets mit dem Anspruch auf Wahrhaftigkeit und Authentizität vollzogen wird; wirkungskalkuliert entworfene Inszenierungen des alltäglichen Handelns vermögen nur dann erfolgreich zu sein, wenn sie ihren strategischen Charakter verbergen. Sowohl die Erscheinung als auch das Verhalten wirken dann – gemeinsam mit den szenischen Merkmalen des Bühnenbildes – als Fassade des Darstellers auf die Interaktionspartner und strukturieren so die soziale Situation. Die Darstellungen werden vom Publikum an dem vermeintlichen Wissen über einen vermeintlich der Darstellung vorausliegenden Charakter gemessen, auch wenn diese als unabhängig unterstellten Charaktereigenschaften erst in der sozialen Interaktion entstehen, wie Goffman betont:

„Das Selbst als dargestellte Rolle ist [...] kein organisches Ding, das einen spezifischen Ort hat und dessen Schicksal es ist, geboren zu werden, zu reifen und zu sterben; es ist eine dramatische Wirkung, die sich aus einer dargestellten Szene, entfaltet und der springende Punkt, die entscheidende Frage, ist, ob es glaubwürdig oder unglaubwürdig ist."[64]

Diese für den Erfolg der Darstellung wichtige Glaubwürdigkeit müssen die Handelnden durch dramaturgische Loyalität, Sorgfalt und Disziplin schützen. Sie dürfen im Wortsinne nicht aus der Rolle fallen – weder in den Bezügen des Handelns zum darzustellenden inneren Empfinden noch gemessen an den sozialen Standards, die gesellschaftlich für die Situation definiert worden sind.[65] Das stellt an den Darsteller die prekäre Anforderung, einerseits einen spontanen Eindruck in seinen Handlungen zu hinterlassen, sich andererseits aber von dieser Darstellung so weit gefühlsmäßig fernzuhalten, dass er nicht selbst von seinem Spiel hinfort tragen lässt. Er muss genügend Distanz wahren, um auf Veränderungen der Situation so reagieren zu können, dass die errichtete Fassade keine Risse bekommt und dadurch an Glaubwürdigkeit einbüßt.

Das dramaturgische, auf Kontrolle des eigenen Erscheinungsbildes bedachte Handeln der Darsteller ist somit zwar strategisch ausgerichtet, kann aber andererseits anhand verständigungsorientierter Geltungsansprüche, die weiterhin erhoben werden, bewertet werden, wie Habermas in seiner Auseinandersetzung mit dem Goffmanschen Modell betont. Er konzipiert das Rollenspiel der Darsteller als Ausdruck eines Verständigungsmodus, den er in Abgrenzung zum teleologischen, zum normativen und zum kommunikativen Handeln als dramaturgisch bezeichnet:

„Unter dem Gesichtspunkt dramaturgischen Handelns verstehen wir eine soziale Interaktion als Begegnung, in der die Beteiligten ein füreinander sichtbares Publikum bilden und sich gegenseitig etwas vorführen. ,Encounter' und ,performance' sind die Schlüsselbegriffe. [...] Eine Vorführung dient dazu, daß sich der Aktor vor seinen Zuschauern in bestimmter Weise präsentiert; indem er etwas von seiner Subjektivität zur

---

64 Goffman 1983/1959, S. 231
65 Vgl. Goffman 1983/1959, S. 193ff.

Erscheinung bringt, möchte er vom Publikum in einer bestimmten Weise gesehen und akzeptiert werden."[66]

In seinem auf die Funktionen der Sprache fokussierten Theorierahmen geht Habermas davon aus, dass dem dramaturgischen Handeln Sprache als ein Medium der Selbstinszenierung zugrunde liegt, das die expressive Funktion der Rede betont und dabei gleichzeitig die kognitive Bedeutung ihrer propositionalen Bestandteile und die interpersonale Bedeutung ihrer illokutionären Bestandteile herunterspielt. Durch ästhetische Überformung werden Interaktionen mit einem Sinn aufgeladen, der nicht in erster Linie rationalen Ansprüchen genügen soll, sondern unmittelbar auf emotionale Reaktionen zielt. Dramaturgisch Handelnde nehmen in ihren Auftritten nicht nur Bezug zu ihren subjektiven Erlebnissen und Gefühlen, sondern sie grenzen sich, indem sie diese expressiv nach außen kehren, gleichzeitig auch von ihrer Umwelt ab oder setzen sich auf spezifische Weise in Beziehung zu ihr.[67]

Der Bezug auf die subjektive Welt individuell eigener Gefühle und Erlebnisse, den der dramaturgisch Handelnde seinen Äußerungen zugrundelegt, ist – auch aufgrund dieser Beziehung zur Außenwelt – einer externen Beurteilung zugänglich, die vor allem auf Fragen der sozialen Angemessenheit zielt:

- Wird das Verhalten unter den sozialen Aspekten der Außenwelt betrachtet, dann stellt sich die Frage, ob das Auftreten zur sozialen Situation passt.
- Stellt man strategische Überlegungen in den Mittelpunkt der Bewertung, dann geht es darum, ob das Verhalten den erwünschten Eindruck weckt.
- Wird auf Wahrhaftigkeitsansprüche der Beziehung der Expression zum subjektiven Empfinden des Handelnden fokussiert, dann richtet sich die Bewertung danach, ob das Handeln konsistent ist und in einem nachvollziehbaren Verhältnis zu den bekannten Charaktereigenschaften steht.

Zur Beantwortung der zentralen letzten Frage steht allerdings kein diskursives Verfahren zur Verfügung, da Geltungsansprüche der Wahrhaftigkeit im strengen Sinne nicht argumentativ begründet, sondern nur durch Handlungskonsistenz belegt werden können.[68] Wenn die Wahrhaftigkeit in Zweifel gezogen wird, dann ist eine Begründung, dass das gezeigte Gefühl dem tatsächlichen emotionalen Zustand entspricht, allein auf der Basis von Wahrhaftigkeitsaussagen nicht möglich. Dennoch kann es natürlich in Zweifel gezogen werden – und wird es auch regelmäßig:

„Angesichts einer Selbstdarstellung stellt sich die Frage, ob der Aktor die Erlebnisse, die er hat, zum geeigneten Zeitpunkt auch äußert, ob er *meint*, was er *sagt*, oder ob er die Erlebnisse, die er äußert, bloß vortäuscht."[69]

Die Interaktionspartner können die Angemessenheit der emotionalen Äußerung bewerten, indem sie diese innerhalb des sozialen Kontexts betrachten. Zweifel können dann artikuliert werden, wenn die öffentlich demonstrierten Gefühlregungen offensichtlich nicht den Gegebenheiten der Situation entsprechen oder aber nicht durch entsprechende Handlungen un-

---

66 Habermas 1995/1981, Bd. 1, S. 136
67 Vgl. Habermas 1995/1981, Bd.1, S. 140
68 Vgl. Habermas 1995/1981, Bd.1, S. 69
69 Habermas 1995/1981, Bd.1, S. 139 (Hervorhebungen im Original)

termauert werden können und Inkonsistenzen deutlich zutage treten, die eine strategisch vorgetäuschte Gefühlsäußerung vermuten lassen.[70]
In einer medialen Rezeptionssituation ist eine solche Überprüfung aber meist nur unter erschwerten Bedingungen möglich. Zwar suggeriert die visuelle Darstellung der auftretenden Politiker eine Nähe die der von Mitgliedern eines engeren persönlichen Umfeldes zu entsprechen scheint, andererseits aber sind die Politiker genau dieses eben nicht, sondern entziehen sich jeder Möglichkeit der direkten Bewertung ihrer Handlungen vor und nach dem Auftritt. Lediglich Journalisten können die notwendige Konsistenz im Auftreten der Politiker zumindest näherungsweise beobachten und auffällige Inkongruenzen zwischen dem in medialer Selbstdarstellung präsentierten Image und dem politischen oder in Sonderfällen auch privaten Handeln, öffentlich aufzeigen, indem sie für die Rezipienten als ‚stellvertretende Beobachter' fungieren.[71]
Dramaturgisches Handeln kann auch zielgerichtete und zweckrationale Momente auf Seiten des Akteurs umfassen. Selbst eine strategisch angelegte Selbstinszenierung ist als eine Äußerung zu verstehen, die einen Anspruch auf subjektive Wahrhaftigkeit erhebt.[72] Erst wenn der Handelnde sein Publikum systematisch über seinen Gefühlszustand oder seine innere Erlebniswelt täuscht, kann nicht mehr von real erhobenen Geltungsansprüchen ausgegangen werden, sondern lediglich von der zweckrational-strategischen Simulation solcher Ansprüche. Solche fingierten expressiven Äußerungen können entsprechend nicht mehr anhand ihrer Wahrhaftigkeit, sondern nur noch anhand ihres strategischen Erfolges bewertet werden.[73]
Legt man dieses im Vergleich zum idealtypischen kommunikativen Handeln immer noch unterkomplexe Handlungsmodell zugrunde, um bewusst auf Emotionen zielende Politiker-Auftritte in TV-Sendungen zu beschreiben, so wird deutlich, dass zur Beurteilung der Angemessenheit emotionaler Äußerungen durchaus einige Kriterien zur Verfügung stehen, die allerdings voraussetzen, dass es den Rezipienten möglich ist, aufgrund der Kontinuität medialer Beobachtung andere Auftritte des Politikers ebenso als Bewertungsmaßstäbe heranzuziehen wie das soziale Setting, in dem der Auftretende agiert. Problematisch ist hingegen, dass die Zuschauer aufgrund der besonderen Parasozialität der Interaktion dazu gezwungen sind, sich lediglich mit der medial konstituierten Figur des Politikers, nicht aber mit dessen außermedialem Handeln auseinander zu setzen. Der dramaturgisch Handelnde kann nicht direkt damit konfrontiert werden, dass sein durch emotionale Äußerungen erhobener Geltungsanspruch der Wahrhaftigkeit u.U. in Zweifel gezogen wird. Auch der Blick der Zuschauer ist durch die Alternativlosigkeit der medialen Darbietung derart in Regie genommen, dass eine wirkliche Auseinandersetzung mit den entweder explizit verbal erhobenen Geltungsansprüchen der Wahrhaftigkeit oder den implizit nonverbal erhobenen Au-

---

70 Elster (1999a, S. 312ff.) plädiert in ähnlicher Richtung dafür, die Rationalität von Emotionen daran zu bewerten, wie angemessen sie im Verhältnis zu den ihnen zugrundeliegenden Überzeugungen sind. Die Kriterien, anhand derer diese Angemessenheit festzustellen ist, müssen allerdings erst noch theoretisch und empirisch identifiziert werden.
71 Darauf verweist auch Goffman (1983/1959, S. 26), der bezogen auf solche Inkongruenzen anmerkt: „Hier steht dem Forscher der Journalist zur Seite, denn die Abweichungen von der erwarteten Kohärenz zwischen Bühnenbild, Erscheinung und Verhalten bedingen Glanz und Pikanterie zahlreicher Karrieren und die Publikumswirksamkeit vieler Zeitschriftenartikel."
72 Vgl. Habermas 1995/1981 Bd.1, S. 141
73 Vgl. Habermas 1995/1981, Bd.1, S. 42

thentizitätsansprüchen nicht stattfinden kann, weil ein Blick hinter die ‚Kulissen' in der Situation der Rezeption nicht aus eigener Kraft möglich ist.[74]
Vielmehr sind als gegenläufige Tendenzen die bereits beschriebenen, teilweise unbewusst ablaufenden Reaktionen der Rezipienten auf die visuelle Repräsentanz der Politiker mit in Betracht zu ziehen, die kognitiv-rationale Verarbeitungs- und Bewertungsprozesse frontal zu unterlaufen drohen. Eine kundige mimisch, gestisch oder proxemisch zum Ausdruck gebrachte Inszenierung von Emotionen entzieht sich den Geltungsansprüchen, die mit sprachlichem Handeln erhoben werden.

In jedem Fall aber entfalten Emotionen Wirkungen innerhalb der ‚parasozialen Interaktion'; sie sind wie auf der mikrosozialen Ebene der Alltagsinteraktion dem Handeln einerseits vorausliegend, andererseits gehen sie aus ihm hervor. Insofern sind die Interaktionen zwischen Rezipienten und im TV auftretenden Politikern ohne Kenntnis der emotionalen Rahmenbedingungen und der (intentional wie unbewusst) transportierten Emotionen kaum angemessen zu bewerten. Der Zuschauer setzt sich nicht nur mit dem gesprochenen Wort auseinander, sondern reagiert auch auf die Darstellung des Vortrags und damit auch auf die Darstellung des Politikers, dem er zwangsläufig auch emotional grundierte Charaktereigenschaften zuspricht, selbst wenn diese auf einer unspezifischen Ebene wie der der Sympathie oder Antipathie verbleiben. Derartige Emotionen können die Beschäftigung mit propositionalen Inhalten flankieren, sie können sie aber auch durch affektive Ansteckungseffekte verdrängen. Scherer skizziert anhand des Beispiel eines Oppositionspolitikers, der in einer TV-Sendung empört – und damit emotional – auf einen Vorschlag der Regierung reagiert, drei verschiedene Wege, auf denen emotionale Äußerungen zu Reaktionen der Rezipienten führen können,:[75]

- Induktion: Wenn der Zuschauer selbst betroffen ist, kann er die Auswirkungen der Entscheidung auf seine eigenen Werte und Ziele bewerten. In diesem Fall wirken die Emotionen als Stimulus für eine darauf folgende rationale Beschäftigung mit dem Sachverhalt. Die ursprüngliche Emotion wird im Lichte eigener Erfahrungen reflektiert und an eigenen Wertstandards gemessen.
- Empathie: Wenn der Zuschauer selbst nicht betroffen ist, kann er dennoch mit dem Politiker mitfühlen und dessen Reaktion nachvollziehen. Hier mischen sich rationale und emotionale Elemente aus der Perspektive einer nicht direkt involvierten Person.
- Ansteckung: Der Zuschauer kann sich von der Empörung des Politikers in ihrer Expression anstecken lassen, d.h., die Emotion wird durch den Ausdruck übertragen. In diesem Fall verbleibt die Identifikation auf einer im strengen Sinne irrationalen Ebene und basiert einzig auf argumentativ nicht einzuholenden Gefühlsregungen.

Diese vorläufige Typologisierung macht deutlich, welche unterschiedlichen Funktionen emotionale Ansprachemuster und darauf folgende Emotionen im Prozess der medialen Vermittlung von Politik besitzen können. Während eine unkontrollierte und unreflektierte ‚Ansteckung' problematisch erscheint, da sie einer Überprüfung durch hinzuzuziehende Wertstandards nicht zugänglich ist, können Induktion und Empathie aus demokratiepolitischer und demokratietheoretischer Sicht als funktionale und legitime Bestandteile der Aus-

---

74 Diese „Hinterbühne", wie Goffman (1983/1959, S. 104) jenen Teil der Situation nennt, der dem Publikum nicht zugänglich ist und in dem sich die Darsteller anders geben können als auf der Vorderbühne, ist bei der Medienrezeption noch unzugänglicher als in anderen sozialen Situationen.
75 Vgl. zum folgenden Scherer 1998, S. 281f.

einandersetzung mit politischen Personen und den von ihnen behandelten Sachfragen gesehen werden. Emotionen sind dann als rational angemessen zu betrachten, wenn sie motivationale Voraussetzungen zum Handeln schaffen.[76] Im Fall medial vermittelter Emotionen kann dies auf dem Wege einer Aufmerksamkeitslenkung und Pointierung gelingen, die den Boden für ein Interesse bereitet, das dann zu einer weitergehenden rationalen Beschäftigung mit einem Anliegen, Thema oder Problem führen kann, die auf der Bewertung von politischen Handlungen oder Programmen beruht. Emotionale Ansprache kann somit einen Diskurs über Wahrheits- und Richtigkeitsansprüche vorbereiten, der sonst aufgrund mangelnder Wahrnehmung gar nicht zustande kommen würde. In solchen Fällen dienen Emotionen als Stimulus für eine kognitiv-rationale Auseinandersetzung mit dem Gegenstand der dargebotenen Gefühlsregung. Auch eine vorgetäuschte Emotion kann zu einer solchen Beschäftigung führen und *kann* damit letztlich funktional sein.

Die bewusste und kalkulierte Inszenierung des Anscheins bestimmter Emotionen ist hingegen als dysfunktional zu beurteilen, wenn ein fingierter emotionaler Gefühlsausdruck in der parasozialen Interaktion aufgrund fehlender Rückkanäle und Vergleichsmaßstäbe nicht als solcher erkannt werden kann. Dies kann nicht nur zu letztlich irrationalen Loyalitätsentscheidungen des Rezipienten führen, sondern auch die adäquate Interpretation der Bestandteile des kommunikativen Angebots erschweren, die propositional oder illokutionär auf tatsächliche Probleme und Handlungsvorschläge bezogen sind. Die vor Publikum dramaturgisch und ästhetisch-expressiv handelnden Polit-Akteure erzielen in diesen Fällen u.U. strategische Wirkungen (Perlokutionen), die nicht mehr rational abgesichert, geschweige denn überprüfbar sind.

Unabhängig von der Frage, ob die vorgezeigten Gefühle ‚authentisch' sind oder nicht, ist Emotionalisierung dann als problematisch zu bewerten, wenn affektive Ansprachemuster im medienvermittelten politischen Diskurs propositionale Inhalte nicht nur wie in jeder sozialen Situation ergänzen, sondern ersetzen, wenn also nichtdiskursive Geltungsansprüche der Wahrhaftigkeit solche der Wahrheit und der Richtigkeit verdrängen. Dies kann Auswirkungen auf verschiedenen Ebenen haben:

- Auf Seiten der Rezipienten können die evozierten Emotionen zu einer demokratiepolitisch nicht mehr hinnehmbaren Irrationalität in der Meinungsbildung führen.
- Auf Seiten der Politiker können die Diskrepanzen zwischen dem auf emotionale Wirkungen hin kalkulierten Medienimage und den außermedialen ‚realen' Charaktereigenschaften so groß und damit von außen wahrnehmbar werden, dass sie zu Glaubwürdigkeitsverlusten führen.
- Eine weit überwiegende Ausrichtung ehemals politischer Mediendiskurse auf personale und emotionale Qualitäten kann dazu führen, dass politische Entscheidungen über Legitimation und Loyalitäten nicht mehr auf sachlichen Bewertungen beruhen, sondern zu einer Art Personenplebiszit führen, in dem überwiegend nicht-politische Kategorien ausschlaggebend werden.

Die Beurteilung der durch die Bedingungen der Medienrezeption offenbar gestiegenen Wirkungen emotionaler Identifikation mit den auftretenden Politikern, ist aber nur in konkreten Fallanalysen zu beurteilen. Für eine solche umfassende Interpretation ist ein theoretisch abgesicherter politikwissenschaftlicher Rahmen notwendig.

---

76 Vgl. de Sousa 1987

Emotionen und politische Theorie

Die bislang in der politikwissenschaftlichen Analyse vorherrschende Verknüpfung von Emotion mit der Untersuchung von Masse-Phänomenen[77] hat einen heuristischen Blick auf die Auswirkungen emotionaler Anprachemuster auf der Mikro-Ebene oftmals verstellt. Dabei sollten gerade die individuellen emotionalen Effekte der medialen Repräsentation politischer Prozesse und Akteure in Gesellschaften, in denen das politische Geschehen oft nur in sozialer Vereinzelung wahrgenommen wird, stärker berücksichtigt werden. Bislang allerdings werden Emotionen zur Beschreibung politischer Phänomene vorwiegend dann herangezogen, wenn es um die expressive Dimension von Verfahren geht, in denen Gefühle durch ritualhafte Abläufe und rituelle Praktiken (z.B. demokratische Wahlen) Legitimation für eine bestehende Ordnung oder für politische Führungsansprüche schaffen beziehungsweise sichern können.[78] In den *normativen* politischen Theorieentwürfen scheinen Emotionen sogar vorschnell als ein die Rationalität der Akteure behindernder Faktor abgetan zu werden. Die ‚Angemessenheit' emotionaler Ansprachemuster deren Charakteristika im vorangegangenen Kapitel aufgezeigt wurden, lässt sich mit solchen Pauschalverurteilungen nicht adäquat bestimmen.[79]

Wie Sauer aus der Perspektive der Genderforschung zutreffend anmerkt, ist die noch immer weit verbreitete Annahme, dass Politik und Gefühl einander a priori ausschlössen, ein „[...] moderner Mythos und Teil eines bürgerlichen Gefühlsdispositivs, das auf den Dichotomien Vernunft/Ratio contra Gefühl, Kognition contra Emotion, Kultur/Zivilisation contra Natur, Mann contra Frau beruht".[80] Die Politikwissenschaft hat zur Reproduktion dieses Mythos bislang dadurch beigetragen, dass sie die Beziehung von Politik und Emotion unzureichend reflektiert hat und damit implizit die (auch mit Gender-Kategorien behaftete) Dichotomie von Rationalität und Gefühl fortschreibt.

Nullmeier, Klein und von Wersch skizzieren in ihrem Ausblick zum „künftigen Umgang der Politikwissenschaft mit Emotionen" zwei unterschiedliche Herangehensweisen normativer Politiktheorie an Emotionen:

> „Normative politische Theorien stehen vor der Frage, Emotionen in all ihrer Varianz als gegebenes Grundelement politischen Lebens hinzunehmen und theoriearchitektonisch auch anzuerkennen oder jede normativ gehaltvolle Vorstellung politischer Integration von der Voraussetzung einer Transformation zumindest eines bestimmten Spektrums der Emotionen abhängig zu machen."[81]

Emotionale Reaktionen und Handlungsmotivationen der Bürgerinnen und Bürger stehen entsprechend der theoretisch-normativen Herangehensweise in unterschiedlichen Beziehungen zu den Institutionen des politischen Systems: Entweder diese Institutionen belassen die Gefühle, wie sie sind, und koordinieren das emotionale Handeln lediglich so, dass gesamtgesellschaftlich rationale Problemlösungen daraus hervorgehen, oder aber sie trans-

---

77 Vgl. die Beiträge in Klein/Nullmeier (Hrsg.) 1999
78 Vgl. Gerhards 1988, S. 113
79 Vgl. Meyer 2001, S. 193ff.
80 Sauer 1999, S. 205
81 Klein/Nullmeier/von Wersch 1999, S. 354

formieren Emotionen und überführen sie in rationale Interessen oder begründbare normative Ansprüche, aus deren Unterschiedlichkeit heraus sich dann ein politischer Aushandlungsprozess konstituiert. Im ersten Fall werden lediglich die Handlungen einer Transformation unterworfen, im zweiten Fall wirken Institutionen weitergehend und nehmen bereits Einfluss auf die den Handlungen zugrundeliegenden Motivationsstrukturen.[82]
Ein Beispiel für ein motivationstransformierendes Institutionenverständnis, das Emotionen an sich nicht als eine legitime Begründung politischer Handlungen ansieht, ist die deliberative Demokratietheorie von Habermas.[83] Sie geht allerdings nicht von einem ‚erziehenden' Institutionengefüge aus, sondern verortet in den Verfahren diskursiver Verständigung eine quasi selbstläufige Steuerung, die dafür sorgt, dass nur diejenigen Bedürfnisse und Emotionen politische Relevanz erlangen, die begründbar sind und deswegen im Falle eines argumentativen ‚Tests' durch den Interaktionspartner in rationale Interessen transformiert werden können. Alle anderen emotionalen Motivationen, die nicht an gemeinsame Werte und anerkannte Argumentationen angeschlossen werden können, werden als ‚unvernünftig' und jedem Diskurs vorausliegend aus dem Bereich der Intersubjektivität und damit im hier untersuchten Fall auch aus dem politischen Aushandlungsprozess herausdefiniert.[84]
Gerhards hat daran anknüpfend in seinem emotionssoziologischen Entwurf vorgeschlagen, das Habermassche Analysespektrum zu erweitern und die Säkularisierungsprozesse der Moderne nicht nur als eine Versprachlichung der normativen und ethisch-politischen Bereiche von Gesellschaft sondern auch als Versprachlichung von Emotionen zu betrachten. Auch Gefühle unterliegen nach dem Brüchigwerden der gesellschaftlich postulierten Affektkontrolle zunehmend einer diskursiven Selbstkontrolle, die sich in intersubjektiven Verständigungsprozessen vollzieht. Indem die eigenen Emotionen zum Gegenstand reflexiver Betrachtung werden, verlassen die Individuen den Raum emotionaler Begründungen und nutzen stattdessen im inneren wie äußeren Diskurs die der Sprache inhärente Rationalität.[85] Aus dieser Beobachtung heraus lassen sich zwar einerseits die abnehmende Affektkontrolle in der Moderne[86] und die damit einhergehende zunehmende Selbstbestimmtheit des emotionalen Ausdrucks beschreiben, andererseits bietet aber gerade dieser starke kommunikative Rationalismus der Habermasschen Theorie kein Instrumentarium an, um die Rolle und Wirkung von Emotionen im politischen Prozess als eigenständige Ressource zu analysieren. Auch das im vorangegangenen Kapitel zur Beschreibung emotional wirksamer Auftritte durchaus aussagekräftige Modell des ‚dramaturgischen Handelns' liefert aufgrund seines im Vergleich zum umfassenderen kommunikativen Handeln defizitären Charakters keine ausreichend starke und vor allem legitime Grundlage für eine solche Autarkie. Klein, Nullmeier und von Wersch weisen auf dieses Defizit hin:

„Wofür in Habermas' Theorie kein Ort bleibt, ist die Analytik von intersubjektiv gültigen Emotionsschemata, die nicht mit Standards der Soll-Geltung verknüpft sind und daher in normativen Kontexten sich notwendig als illegitim darstellen würden, die sich daher als Ausdruck subjektiven Wollens zunächst nur dem Maßstab der Authentizität aussetzen. Zudem finden sich für diese Gefühlsklassen keine Erklärungsformen: Ihr

---
82 Vgl. Klein/Nullmeier/von Wersch 1999, S. 354
83 Vgl. Habermas 1992
84 Vgl. Klein/Nullmeier/von Wersch 1999, S. 350
85 Vgl. Gerhards 1988, S. 245
86 Vgl. Elias 1978

Wirken ist letztlich wieder auf eine objektivistische Handlungserklärung verwiesen, ohne dass Habermas für diese Art der Erklärung Konzepte anbieten würde."[87]

Gefühle wären – angesichts dieses Befundes – als „nicht-legitime emotionale Orientierungsschemata" sowohl allgemein in der Theorie des kommunikativen Handelns und speziell in der politikwissenschaftlichen Ausformulierung der auf sie aufbauenden deliberativen Demokratietheorie zu berücksichtigen.[88] Emotions- und Expressionsregeln, die den öffentlichen Ausdruck von Gefühlen kodieren, sind dann nicht schlicht als ‚natürlich' und ‚authentisch' zu verstehen, sondern stellen Ergebnisse von kulturellen und sozialen Interpretations- und Definitionsprozessen dar.[89] Nimmt man diese soziale und kognitive Fundierung von Emotionen mit in Betracht, dann wird deutlich, dass Gefühle symbolisch wie gesellschaftlich kodiert werden und entsprechend analog zu Institutionen zu verstehen sind, die ständig sozial reproduziert werden müssen.[90]

Für theoretische Modellierung politischer Prozesse bedeutet das, dass die Relevanz emotionaler Reaktionen und Orientierungen anerkannt, ihre Legitimität aber gleichsam unter Vorbehalt gestellt wird. Nur so begibt man sich nicht der Möglichkeit, politische Prozesse umfassend in ihren rationalen wie emotionalen Dimensionen zu untersuchen. Und nur so ist es darüber hinaus möglich, Formen der öffentlichen politischen Repräsentation sowohl unter dem Blickwinkel der durch sie im Wechselspiel von emotionaler und sozialer Strukturierung entfalteten affektiven Wirkungen zu analysieren als auch ihre Angemessenheit im Rekurs auf ihre Konsistenz und ihr Verhältnis zu den anderen vorgebrachten Geltungsansprüchen zu beurteilen. Eine derartige Perspektive ermöglicht eine differenzierte Beurteilung aktueller Tendenzen der ‚Emotionalisierung' in der Politikvermittlung und entgeht damit der Versuchung, diese pauschal nur als Irrationalismen und damit als letztlich die Vernunft der politischen Meinungs- und Willensbildung bedrohende Mechanismen anzusehen. Vielmehr können in der Psychologie des Einzelnen fundierte Motivationen und Emotionen erhebliche Auswirkungen auf das politische Handeln haben, die nicht per se irrational sein müssen, sondern im Gegenteil in spezifischen Situationen sogar zu einer rationaleren Wahl führen können, indem sie Menschen überhaupt erst entscheidungsfähig machen oder Loyalitäten und soziale Bindungen organisieren.[91]

Ausblick

Emotionale Ansprachemuster haben in der medialen Politikvermittlung aufgrund der Darstellungsbedingungen des Mediums Fernsehens einen größeren Stellenwert erlangt, als dies noch zu Zeiten einer von Printmedien geprägten Demokratie der Fall war. Die parasoziale Interaktion des Zuschauers mit den auftretenden Politikern inkorporiert aufgrund der visuellen Präsentation der Darsteller ebenso wie jede andere soziale Begegnung auch, emotionale wirksame Komponenten, die in der Analyse nicht außer acht gelassen werden können. Die politische Demokratie-Theorie wird durch diese neue Qualität des Emotionalen in der öffentlichen Wahrnehmung von Politik herausgefordert, sich kritisch mit ihren Rationali-

---

87 Klein/Nullmeier/von Wersch 1999, S. 350
88 Klein/Nullmeier/von Wersch 1999, S. 350
89 Vgl. Gerhards 1988
90 Vgl. Sauer 1999, S. 208
91 Vgl. Elster 1993

tätspostulaten zu befassen. Sauer weist zurecht darauf hin, dass es nicht darum gehen kann, Emotionen normativ durch Skandalisierung oder Dethematisierung aus dem Bereich des Politischen zu verbannen und sie dadurch erst zu einer zwar wirksam anzusprechenden aber der expliziten Thematisierung nicht zugänglichen Ressource aufzuwerten. Vielmehr müssten Emotionen aufgrund ihrer fraglosen Faktizität als Kraft in politischen Meinungs- und Willensbildungsprozessen ‚re-sozialisiert' und ‚re-politisiert', d.h. als kritisierbare, in sozialen Interaktionsverhältnissen fundierte Phänomene begriffen werden.[92]

Angesichts der empirisch festzustellenden Unmittelbarkeit emotionaler Reaktionen auf Auftritte des politischen Spitzenpersonals erscheint aber auch die Forderung nach einem diskursiven Verständnis von Emotionen, die aus theoretisch-normativer Perspektive heraus angeführt wird, problematisch. Während Gefühls- und Darbietungsregeln plausibel als Ergebnis sozialer und kultureller Aushandlungsprozesse zu beschreiben sind und entsprechend auch ordnungsstiftende Kraft entfalten können, unterliegen die konkreten emotionalen Reaktionen trotz ihrer sozialen Evozierung und Fundierung offenbar starken unbewusst ablaufenden Reaktionsschemata, die einem räsonierenden Zugriff erst a posteriori offen zu stehen scheinen. Um wenigstens diese Reflexion zu ermöglichen, ist eine medienpädagogisch zu fördernde Fähigkeit auf Seiten der Rezipienten notwendig, die Dörner als „visuelle Literalität" bezeichnet, und die dazu befähigt, „[...] die spezifische Perspektivität visueller Realitätskonstruktionen zu durchschauen".[93] Dazu gehört auch das Wissen um die besondere Parasozialität der Interaktion mit medial vermittelten Politiker-Images.

Ziel der politischen Theorie sollte im Lichte der bisherigen Befunde die Formulierung eines Katalogs von Kriterien sein, anhand dessen die Angemessenheit emotionaler Ansprachemuster und in deren Folge emotionaler Motivationsstrukturen als Bestandteile komplexerer politischer Diskurse bewertet werden kann. Mediale Politikpräsentation kann angesichts ihrer stark affektiven Dimension als diskursive Mischform betrachtet werden, die nicht auf kognitiv-propositionale Bestandteile reduziert werden kann, sondern in deren Rahmen unterschiedliche Geltungsansprüche aufgestellt und auch debattiert werden. Die Interpretation anhand des Modells dramaturgischen Handelns hat verdeutlicht, dass sich emotionale Medienauftritte in ihrer ästhetisch-expressiven Qualität zwar einerseits durch einen Wahrhaftigkeitsanspruch und durch semiotische Multidimensionalität auszeichnen, dass sie aber andererseits aufgrund ihrer sozialen Fundierung in Tatsachen der äußeren Welt einer Überprüfung zugänglich sind.[94] In medialen Politiker-Auftritten mischen sich ästhetische Expressivität, die nur anhand von Handlungskonsistenz und sozialer Angemessenheit überprüft werden kann, und argumentative Propositionalität, die auch theoretischen und praktischen Diskursen zugänglich ist. Eine solche Analyseperspektive, die darauf bedacht ist, die verschiedenen erhobenen Geltungsansprüche zu identifizieren und sowohl gesondert wie auch im Zusammenspiel zu analysieren, verbleibt anschlussfähig an normative Demokratie-Modelle wie das der deliberativen Theorie und widerspricht explizit jenem kulturpessimistischen Gestus, der in der medialen Emotionalisierung und Personalisierung des Politischen gleichsam den ‚Untergang' der Demokratie vermutet.

---

92 Vgl. Sauer 1999, S. 216
93 Dörner 2000, S. 16
94 Vgl. Meyer/Ontrup/Schicha 2000, S: 312f.

Literatur

BENTE, GARY / FROMM, BETTINA (1997): *Affektfernsehen.* Motive, Angebotsweisen und Wirkungen. Opladen.

BROSDA, CARSTEN (2002): „Und von Hause aus bin ich Rechtsanwalt und habe einen Hund" Politikerauftritte in Unterhaltungssendungen am Beispiel von Big Brother. In: SCHWEER, MARTIN K.W. / SCHICHA, CHRISTIAN / NIELAND, JÖRG-UWE (HRSG.): *Das Private in der öffentlichen Kommunikation.* Big Brother und die Folgen. Köln, S. 206-232.

BROSDA, CARSTEN / SCHICHA, CHRISTIAN (2002): Politische Werbung als Teil der Wahlkampfkommunikation. Anmerkungen zur Angemessenheit der Inszenierung. Erscheint in: ALOIS HAHN / HERBERT WILLEMS (HRSG.): *Die Gesellschaft der Werbung.* Konstanz.

BROSIUS, HANS-BERND / GAßNER, HANS-PETER (1993): Die Wirkung zweiseitiger Publikumsreaktionen auf die Wahrnehmung von Fernsehdiskussionen. In: *Medienpsychologie*, H. 1/1993, Jg. 5, S. 46-63.

BROSIUS, HANS-BERND / KAYSER, SUSANNE (1991): Der Einfluß von emotionalen Darstellungen im Fernsehen auf Informationsaufnahme und Urteilsbildung. In: *Medienpsychologie*, H. 3/1991, Jg. 3, S. 236-253.

COLLINS, RANDALL (1984): The Role of Emotion in Social Structure. In: SCHERER, KLAUS R. / EKMAN, PAUL (HRSG.): *Approaches to Emotion.* Hillsdale, N.J.; London, S. 385-396.

DÖRNER, ANDREAS (2000): *Politische Kultur und Medienunterhaltung.* Zur Inszenierung politischer Identitäten in der amerikanischen Film- und Fernsehwelt. Konstanz.

DÖRNER, ANDREAS (2001): *Politainment.* Politik in der medialen Erlebnisgesellschaft. Frankfurt am Main.

ELIAS, NORBERT (1978): *Über den Prozess der Zivilisation.* Soziogenetische und psychogenetische Untersuchungen. Bd. 2. Frankfurt am Main.

ELSTER, JON (1993): *Political Psychology.* Cambridge.

ELSTER, JON (1999A): *Alchemies of the Mind.* Rationality and the Emotions. Cambridge.

FREY, SIEGFRIED (1999): *Die Macht des Bildes.* Der Einfluß der nonverbalen Kommunikation auf Kultur und Politik. Bern u.a.

GERHARDS, JÜRGEN (1988): *Soziologie der Emotionen.* Fragestellungen, Systematik und Perspektiven. Weinheim und München.

HABERMAS, JÜRGEN (1995/1981): *Theorie des kommunikativen Handelns.* 2 Bände. Frankfurt am Main.

HABERMAS, JÜRGEN (1992): *Faktizität und Geltung.* Beiträge zur Diskurstheorie des Rechts und des demokratischen Rechtsstaats. Frankfurt am Main.

HOLTZ-BACHA, CHRISTINA (2000): Entertainisierung der Politik. In: *Zeitschrift für Parlamentsfragen,* H. 1/2000, Jg. 31, S. 156-166.

HORTON, DONALD / WOHL, RICHARD R. (1956): Mass communication and parasocial interaction. Observation on intimacy at a distance. In: *Psychiatry,* 19, S. 215-229.

KEMPER, THEODORE D. (1981): Auf dem Weg zu einer Theorie der Emotionen. Einige Probleme und Lösungsmöglichkeiten. In: KAHLE, GERD (HRSG.): *Logik des Herzens*. Die soziale Dimension der Gefühle. Frankfurt am Main, S. 134- 154.

KEMPER, THEODORE D. (1984): Power, Status and Emotions: A Sociological Contribution to a Psychophysiological Domain. In: SCHERER, KLAUS R. / EKMAN, PAUL (HRSG.): *Approaches to Emotion*. Hillsdale, N.J.; London, S. 369-383.

KLEIN, ANSGAR / NULLMEIER, FRANK (HRSG.) (1999): *Masse – Macht – Emotionen*. Zu einer politischen Soziologie der Emotionen. Opladen; Wiesbaden.

KLEIN, ANSGAR / NULLMEIER, FRANK / VON WERSCH, OLIVER (1999): Ausblick: Zum künftigen Umgang mit „Emotionen" in der Politikwissenschaft. In: KLEIN, ANSGAR / NULLMEIER, FRANK (HRSG.): *Masse – Macht – Emotionen*. Zu einer politischen Soziologie der Emotionen. Opladen; Wiesbaden, S. 345-359.

KNOBLOCH, SILVIA (1996): Überlegungen zur Charaktersynthese von non-fiktionalen Medienfiguren. Stellungnahme zu dem Beitrag von Hans J. Wulff. In: VORDERER, PETER (HRSG.): *Fernsehen als „Beziehungskiste"*. Parasoziale Beziehungen und Interaktionen mit TV-Personen. Opladen, S. 49-52.

LAUX, LOTHAR / SCHÜTZ, ASTRID (1996): *„Wir, die wir gut sind"*. Die Selbstdarstellung von Politikern zwischen Glorifizierung und Glaubwürdigkeit. München.

LAZARUS, RICHARD S. (1984): Thoughts on the Relations Between Emotion and Cognition. In: SCHERER, KLAUS R. / EKMAN, PAUL (HRSG.): *Approaches to Emotion*. Hillsdale, N.J.; London, S. 247-257.

LEINEMANN, JÜRGEN (1998): Ein Kampf um jeden Schritt. In: *Der Spiegel*, Nr. 39, 21. 9. 1998, S. 44-48.

LUDES, PETER (1993): *Von der Nachricht zur News-Show*. Fernsehnachrichten aus Sicht der Macher. München.

LUDES, PETER (HRSG.) (1996): *Informationskontexte für Massenmedien*. Theorien und Trends. Opladen.

MARCINKOWSKI, FRANK / GREGER, VOLKER: Die Personalisierung politischer Kommunikation im Fernsehen. In: KAMPS, KLAUS (HRSG.): *Trans-Atlantik – Trans-Portabel?* Wiesbaden 2000, S. 179-198.

MATTENKLOTT, AXEL / LIPPS, BEATE (1999): Kognitive Prozesse bei der Rezeption einer politischen Diskussion: Der Einfluß von Involviertheit in das Diskussionsthema und der Mediengattung. In: *Medienpsychologie*, H. 1/1999, Jg. 11, S. 5-20.

MCHUGO, GREGORY J. U.A. (1985): Emotional Reactions to a Political Leader's Expressive Displays. In: *Journal of Personality and Social Psychology*, H. 6/1985, Jg. 49, S. 1513-1529.

MEYER, THOMAS (2001): *Mediokratie*. Die Kolonisierung der Politik durch die Medien. Frankfurt am Main.

MEYER, THOMAS / ONTRUP, RÜDIGER / SCHICHA, CHRISTIAN (2000): *Die Inszenierung des Politischen*. Zur Theatralität von Mediendiskursen. Wiesbaden.

MEYROWITZ, JOSHUA (1990): *Überall und nirgends dabei*. Die Fernsehgesellschaft I. Weinheim, Basel.

MÜLLER, ALBRECHT (1999A): *Von der Parteiendemokratie zur Mediendemokratie.* Beobachtungen zum Bundestagswahlkampf 1998 im Spiegel früherer Erfahrungen. Opladen.

MÜLLER, MARION G. (1999B): „Seht her, liebt mich, wählt mich". Wahlkampf in der ikonischen Öffentlichkeit am Beispiel des Bundestagswahlkampfes 1998. In: WINTERHOFF-SPURK, PETER / JÄCKEL, MICHAEL (HRSG.): *Politische Eliten in der Mediengesellschaft:* Rekrutierung – Darstellung – Wirkung. München, S. 121-138.

NEWCOMB, HORANCE M. / HIRSCH, PAUL M. (1986): Fernsehen als kulturelles Forum. Neue Perspektiven für die Medienforschung. In: *Rundfunk und Fernsehen*, H. 2, Jg. 34, S. 177-190.

OATLEY, KEITH / JOHNSON-LAIRD, P.N. (1987): Towards a Cognitive Theory of Emotions. In: *Cognition and Emotion*, H. 1/1987, Jg. 1, S. 29-50.

SAUER, BIRGIT (1999): „Politik wird mit dem Kopfe gemacht." Überlegungen zu einer geschlechtersensiblen Politologie der Gefühle. In: KLEIN, ANSGAR / NULLMEIER, FRANK (HRSG.): *Masse – Macht – Emotionen.* Zu einer politischen Soziologie der Emotionen. Opladen; Wiesbaden, S. 200-218.

SCHERER, KLAUS R. (1998): Emotionsprozesse im Medienkontext: Forschungsillustrationen und Zukunftsperspektiven. In: *Medienpsychologie*, 4/1998, 10. Jg., S. 276-293.

SCHERER, KLAUS R. / EKMAN, PAUL (HRSG.) (1984): *Approaches to Emotion.* Hillsdale, N.J.; London

SCHORR, ANGELA (1995): Realitätsmanagement beim Fernsehkonsum. Ein Beitrag zur Wirkung von Reality-TV-Sendungen auf das emotionale Befinden. In: *Medienpsychologie*, H. 3/1995, Jg. 7, S. 184-204.

SENNETT, RICHARD (1986): *Verfall und Ende des öffentlichen Lebens.* Die Tyrannei der Intimität. Frankfurt am Main.

SOEFFNER, HANS-GEORG (1995): unveröffentlichtes Manuskript.

DE SOUSA, RONALD (1987): *The Rationality of Emotion.* Cambridge; London.

ULICH, DIETER (1982): *Das Gefühl.* Eine Einführung in die Emotionspsychologie. Wien, München, Baltimore.

VESTER, HEINZ-GÜNTER (1991): *Emotion, Gesellschaft und Kultur.* Grundzüge einer soziologischen Theorie der Emotionen. Opladen.

VORDERER, PETER (HRSG.) (1996): *Fernsehen als „Beziehungskiste".* Parasoziale Beziehungen und Interaktionen mit TV-Personen. Opladen.

WALZER, MICHAEL (1999): *Vernunft, Politik und Leidenschaft.* Defizite liberaler Theorie. Frankfurt am Main.

WEGENER, CLAUDIA (2001): *Informationsvermittlung im Zeitalter der Unterhaltung.* Eine Langzeitanalyse politischer Fernsehmagazine. Wiesbaden.

WESTERBARKEY, JOACHIM (1991): Vom Gebrauchswert der Massenmedien: Prämissen, Präferenzen und Konsequenzen. In: *Medienpsychologie*, H. 1/1991, Jg. 3, S. 27-52.

WINTERHOFF-SPURK, PETER (2001): *Fernsehen.* Fakten zur Medienwirkung. 2., völlig überarbeitete und ergänzte Auflage. Bern u.a.

WIRTH, WERNER / VOIGT, RONALD (1999): Der Aufschwung ist meiner! Personalisierung von Spitzenkandidaten im Fernsehen zur Bundestagswahl 1998. In: HOLTZ-BACHA, CHRISTINA (HRSG.): *Wahlkampf in den Medien – Wahlkampf mit den Medien*. Opladen, Wiesbaden, S. 133-158.

WULFF, HANS J. (1996): Charaktersynthese und Paraperson. Das Rollenverständnis der gespielten Fiktion. In: VORDERER, PETER (HRSG.): *Fernsehen als „Beziehungskiste"*. Parasoziale Beziehungen und Interaktionen mit TV-Personen. Opladen, S. 28-48.

ZAJONC, R.B. (1984): The Interaction of Affect and Cognition. In: SCHERER, KLAUS R. / EKMAN, PAUL (HRSG.): *Approaches to Emotion*. Hillsdale, N.J.; London, S. 239-246.

LUDGERA VOGT
Scharping im Pool
Über Chancen und Risiken der Privatisierung des Politischen

Einleitung

„Total verliebt auf Mallorca" – so lautet die großformatige Titel-Schlagzeile, mit der die *Bunte* am 23. August 2001 aufmacht. Ebenfalls auf dem Titelblatt findet sich das Foto eines Bundesverteidigungsministers, der mit seiner Lebensgefährtin Kristina Gräfin Pilati-Borggreve ausgelassen im Wasser planscht. Im Inneren des Heftes wird dann ein neunseitiges Interview mit Fotoserie veröffentlicht[1]. Während Rudolf Scharping im Interviewteil über Privates, aber auch über die großpolitische Lage und die Wahlaussichten für 2002 plaudert, zeigen die Fotos den Politiker in bis dahin ungewohnter Weise: Vor allem beim fröhlichen Wasserspiel mit der Freundin, aber auch beim Spaziergang oder posierend auf dem Rennrad des begeisterten Radsportlers.

Die eigentlich harmlos anmutende Urlaubsstory von *Bunte*-Chefreporter Heinz Sahner schlägt kurz nach Veröffentlichung hohe Wellen in der deutschen Medienlandschaft – spätestens nachdem *Der Spiegel* bereits am Montag darauf ein eigenes Titelbild mit Scharping und Pilati publiziert. Nun gibt es kaum ein Forum der deutschen Öffentlichkeit, in dem nicht über die Eskapaden des Verteidigungsministers berichtet und gespottet wird: vom Deutschen Bundestag über zahlreiche Talks-Shows – selbst da, wo man eigentlich ganz andere Themen zu behandeln hat – bis hin zur seriösen überregionalen Presse spricht alles über die mallorcinische Romanze. Viele Stimmen kritisieren es als stil- und geschmacklos, eine solche Manifestation sorglosen Glücks in einer Zeit zu publizieren, in der Scharpings Ministerium für einen unmittelbar bevorstehenden Auslandeinsatz deutscher Soldaten verantwortlich zeichnet.

Die Opposition wittert ihre Chance, den Minister zu demontieren, und greift freudig gewisse Auffälligkeiten in Scharpings Nutzung der Flugbereitschaft auf. Aus der Bade- wird eine Flugaffäre, und nur zweieinhalb Wochen nach der *Bunten* scheint der Politiker für viele Beobachter rücktrittsreif zu sein. Einzig der makabre Zufall, dass am 11. September mit den Terroranschlägen in Amerika die Tagesordnung des öffentlichen Diskurses radikal verändert wird, bewahrt Scharping unmittelbar vor weiterer Bedrängnis. Er bleibt im Amt, das Thema ist vorerst vom Tisch.

Der „Fall Scharping", der im Folgenden noch genauer beleuchtet wird, ermöglicht wichtige Einsichten in veränderte Rahmenbedingungen der Politik in der Gegenwartsgesellschaft. Modernisierung, Individualisierung, Optionalisierung, mediale Erlebnisgesellschaft – das sind nur einige Stichworte zum Wandlungsprozess, den die meisten westlichen Gesellschaften zur Zeit erfahren. Die Politik muss sich auf diese gewandelten Bedingungen einstellen, wenn sie weiterhin handlungsfähig sein will. Sie muss sich auf Symbolisches und Inszenatorisches einlassen, um den Kontakt zum Publikum nicht zu verlieren und weiterhin

---

1 „Alles in allem neun Seiten in dem Society-Magazin – so viel hat in diesem Jahr eigentlich nur der vermeintlich samenberaubte Boris Becker bekommen", schreibt Matthias Gebauer am 22. August in *Spiegel Online*.

in ausreichendem Maße Zustimmung und Wählerstimmen zu bekommen. Machterwerb in der Demokratie wird ohne entsprechende Strategien professionell betriebener oder zumindest beratener Kommunikationspolitiken nicht mehr möglich sein, und das schlägt sich auch zunehmend bei der Selektion des politischen Spitzenpersonals nieder.[2]
Die Notwendigkeit, Massenmedien, vor allem die Unterhaltungsformate derselben, aufzusuchen, ist jedoch mit spezifischen Problemen für die politischen Akteure verbunden. Die Medienlogik ist nur zum Teil beherrschbar. Sie ist mit eigentümlichen Kontingenzen verknüpft, die eine gut ausgedachte Initiative sehr schnell zum kontraproduktiven Faktor mit nicht intendierten Handlungsfolgen werden lassen können. Vor allem aber rächt es sich, wenn man bei der Planung und Umsetzung einer medialen Inszenierung unprofessionell vorgeht. Nicht nur Politikerkollegen, sondern auch die Medien selbst stürzen sich dann mitleidlos auf das jeweilige Opfer, um ihrerseits kommunikative Gewinne zu verbuchen – sei es in Form von Umfragewerten auf Seiten der Politiker, sei es in Form von Quoten und Auflagenzahlen auf Seiten der Medienmacher. Der Fall Scharping ist insofern gut geeignet, um vor allem die Risiken privatisierender Politik in der medialen Erlebnisgesellschaft deutlich werden zu lassen.
Im Folgenden wird zunächst ein Überblick zu den veränderten Rahmenbedingungen politischen Handelns in der Gegenwartsgesellschaft gegeben. Danach werden die Charakteristika werbender Politik herausgearbeitet, deren Höhepunkt die regelmäßig wiederkehrenden Wahlkampfphasen darstellen. Ein besonderes Moment der veränderten politischen Kommunikation stellt die Privatisierung des Politischen dar, die mit spezifischen Funktionen für politische und mediale Akteure verbunden ist. Wenn politische Wahlentscheidungen heute immer stärker im Hinblick auf Personen fallen, dann ist die Präsentation und Inszenierung des „Menschlichen" in der Politik eine logische Konsequenz. Nach diesen allgemeinen Überlegungen wird dann der Fall Scharping genauer analysiert. Hier geht es vor allem darum, die Gründe für das Scheitern des Projekts „Scharping im Pool" zu benennen – ein Scheitern, wohlgemerkt, für den Politiker, nicht für die Zeitschrift, die ungeahnte Auflagenhöhen erreichen konnte. Den Abschluss bildet ein kurzer Ausblick auf die Zukunft der politischen Kommunikation in Deutschland.

Der politische Markt in der deutschen Gegenwartsgesellschaft

Die meisten der heute formulierten soziologischen Gegenwartsdiagnosen deuten darauf hin, dass die moderne Gesellschaft in der zweiten Hälfte des 20. Jahrhunderts dramatische Veränderungen erfahren hat. Die Palette der Diagnosen reicht von der Risiko- über die Erlebnis- bis zur Multioptionsgesellschaft.[3] Gleich, welche Formel als gemeinsamer Nenner für die komplexen sozialen Prozesse gewählt wurde, es scheint Konsens dahingehend zu bestehen, dass die Gegenwartsgesellschaft gegenüber früheren Formationen durch eine deutliche Abnahme fraglos gegebener Traditionsbestände gekennzeichnet ist. Damit nehmen aber auch inhärente Steuerungspotentiale für das Leben der Bürger ab.

---

2   Zu diesen Entwicklungen, die sich vor allem beim Formenwandel des Wahlkampfs gut beobachten lassen, vgl. jetzt die Beiträge in Dörner/Vogt 2002.
3   Vgl. dazu Beck 1986, Schulze 1992, Gross 1994 sowie, mit kritischer Diskussion, Vogt 1997. Einen Überblick über diese neueren Gesellschaftsdiagnosen und ihre Benennungsformeln gibt der Sammelband von Kneer u.a. 1997.

Enttraditionalisierung bedeutet vor allem, dass die Lebensführung der Individuen in all ihren Facetten in immer geringerem Maße durch Vorgaben bestimmt wird, die ihre imperative Kraft der Geltung eines unhinterfragt geltenden Traditionshorizonts verdankt. Verbunden mit dem Begriff der Individualisierung folgt daraus auch, dass vormals unproblematisch gegebene Bindungen an soziale Milieus und an die darin vorfindbaren Institutionen, etwa die milieuspezifische Vereinskultur, ebenfalls ihre Selbstverständlichkeit verloren haben.

Die Zunahme von Optionen und die Abnahme von Ligaturen, so hat Ralf Dahrendorf schon 1979 formuliert, scheint die Signatur der Zeit zu sein. Die neuere Biografieforschung hat dies mikrosoziologisch anhand der Wandlungsprozesse von Lebenslaufmustern plausibilisieren können.[4] Und hier spätestens wird auch deutlich, dass die naive Annahme, eine Zunahme der individuellen „Freiheiten" kündige gleichsam das goldene Zeitalter der modernen Menschheit an, stark in die Irre geht. Denn die neue Freiheit generiert auch einen spezifischen Zwang: Den Zwang nämlich, all das, was früher institutionell gefestigt als Orientierungsmarken der Lebensführung vorgegeben war, nun selbst zu konstruieren oder zumindest in seiner Zusammensetzung zu komponieren. Die Individuen stehen dabei nicht zuletzt deshalb unter großem Druck, weil der Zwang zur Freiheit in der Moderne zugleich mit einem Zwang zur Originalität verbunden ist. Die Anerkennung durch die Mitmenschen ist hochgradig davon abhängig geworden, ob ich eine „originelle", „interessante" Existenz vorweisen kann.

Diese Veränderungsprozesse – Enttraditionalisierung, Individualisierung und ein Anwachsen der Optionen – haben auch in der Sphäre des Politischen deutliche Spuren hinterlassen. In der Zeit der „klassischen Moderne", vor allem ab der zweiten Hälfte des 19. Jahrhunderts, war eine ausgesprochen starke Koppelung von sozialstrukturellen Formationen, sozial-moralischen Milieus, politischen Lagern und Parteien zu beobachten. Diese wurden im alltäglichen Leben der Bürger über ein ausgefeiltes System milieuspezifischer Organisationen und Geselligungsformen immer wieder aufs Neue gefestigt. Am Ende des 20. Jahrhunderts hat sich dann eine weitgehende Erosion dieser Bindungen vollzogen.[5]

Besonders deutlich lässt sich diese Entwicklung anhand des Phänomens der Stammwählerschaft ablesen. War es im 19. und frühen 20. Jahrhundert völlig klar, dass die Herkunft aus einem bestimmten Milieu eine entsprechende Wahlentscheidung wahrscheinlich machte, so hat sich auch nach der relativen Lockerung der traditionellen Milieubindungen in der Bundesrepublik über lange Zeit hinweg eine große Treue der Wählerschaft zu ihrer Parteipräferenz, also eine jeweils stabile Koalition aus politischen Eliten, Parteien und Bürgern herausgebildet. In den letzten zwei Jahrzehnten jedoch lassen sozialwissenschaftliche Beobachter keinen Zweifel daran, dass der Typus des Stammwählers eine aussterbende Spezies darstellt.[6]

Wahlsituationen sind, so der klare Befund, zu tatsächlichen Wahlsituationen geworden. Die Wähler haben in der Regel ihre Entscheidung nicht schon kraft tradierter Bindung vorformuliert, sondern die je aktuelle Präferenz wird oft in der Wahlkampfphase selbst erst her-

---

4 Vgl. Kohli 1988 und Beck/Beck-Gernsheim 1993
5 Vgl. zu dieser Entwicklung ausführlich Rohe 1992
6 Siehe dazu etwa die regelmäßigen Analysen in Klingemann/Kaase 1986, 1994 und Kaase/Klingemann 1990, 1998. Die einschlägigen Befunde werden im Rahmen der Entwicklung des modernen Parteiensystems nun präzise zusammengefasst in Alemann 2000.

ausgebildet. Helmut Klages bringt diesen neuen Typus des Wählers auf den Begriff des „schwierigen Bürgers", der dem Staat und den Parteien mit ähnlich anspruchsvollen Erwartungen begegnet wie einem privatwirtschaftlichen Dienstleistungsanbieter.[7]

Werbende Politik

Auf den ersten Blick könnte man glauben, dass die Vision der politischen Ökonomie Downs'scher Provenienz Wirklichkeit geworden ist. Downs ging davon aus, dass rationale Nutzenmaximierer ihre Interessen im Wahlakt aufgrund einer genauen Angebotsanalyse der von den Parteien formulierten Policies bestmöglich umzusetzen verstehen.[8] Diese Vision ist jedoch ebenso verfehlt wie die alte Vorstellung vom „homo oeconomicus", der als modellplatonistisches Artefakt wirtschaftswissenschaftlicher Theoretiker noch heute zuweilen durch die universitären Seminare geistert. Wahlentscheidungen sind vielmehr durch eine ganze Reihe von Faktoren beeinflusst, gleich ob sie der Konsument im Supermarkt oder der Wähler im Wahllokal trifft. Die wenigsten Bürger studieren Wahlprogramme oder analysieren die Performance der Partei in der vergangenen Legislaturperiode, um dann nutzenoptimierend zu entscheiden. Statt dessen wirken hier oft Stimmungen, Medienkampagnen, Personen und ihre professionell inszenierte Ausstrahlung.

Das Politische ist heute in einem großen Ausmaß marktförmig organisiert, auch wenn der Markt – vor allem in stabilen Parteiensystemen wie dem deutschen – mit vielen Zugangsbeschränkungen versehen und in seiner Reaktion relativ träge beschaffen ist. Politische Anbieter konkurrieren hier um Nachfrager, die mit ihrer Wählerstimme und, zwischen den Wahlterminen, mit ihrer demoskopisch erfassbaren Zustimmung „bezahlen". Wähler erwarten für ihre Stimmen eine Gegenleistung. Diese Gegenleistung besteht jedoch nicht nur in interessenkonformen Sachpolitiken, sondern auch in symbolischer Politik, d.h. in einer attraktiven Präsentation dieser Sachpolitik durch professionell inszenierte Darstellungs- und Vermittlungskommunikation[9]. Jede Maßnahme muss effektvoll „verkauft" werden, sonst drohen Stimmungstiefs, die gleich von einer wachsamen Opposition genutzt und im günstigen Falle bei anstehenden Wahlgängen in Stimmengewinne umgemünzt werden können.

Dabei sollte man nicht zu schnell in den Fehler verfallen, diese symbolische oder kommunikative Seite des politischen Geschäfts nur als „bloße Show" zu qualifizieren oder ideologiekritisch als Verblendungsmaschinerie der kapitalistischen Entfremdungsverhältnisse zu „entlarven". Sicher wird hier – wie in der Produktwerbung – ein schöner Schein mit beschwingten Gefühlen produziert, der zunächst einmal mit der Realität vieler Bereiche des politischen Prozesses wenig zu tun hat. Eine positive Grundstimmung und gute Gefühle können jedoch ihrerseits als ein durchaus relevanter Faktor der sozialen Realität angesehen werden. Manche schwierigen und langfristigen Projekte lassen sich nur dann durchführen, wenn sie von zumindest leicht euphorisierten Gefühlsqualitäten bei den Beteiligten getragen werden.

Wie immer man beispielsweise inhaltlich zur Politik Ronald Reagans in den USA der 1980er Jahre stehen mag, eines zumindest wird man kaum bestreiten können: Reagans Inszenierungsstil, seine politische Rhetorik war in einer Zeit der nationalen Depression und

---

7 Vgl. Klages 1996, S. 246; vgl. dazu auch Münkler 1997, S. 169f.
8 Vgl. Downs 1968.
9 Siehe dazu grundlegend Sarcinelli 1987 und 1998.

außenpolitischer Niederlagen (Vietnam, Iran) durchaus dazu geeignet, die Stimmung sowohl bei Eliten wie bei der einfachen Bevölkerung so zu verbessern, dass später auch bei den harten Daten deutliche Verbesserungen gemessen werden konnten. Politisches Cheerleading, wie man Reagans Stil bezeichnet hat[10], kann also über die Beeinflussung des „subjektiven Faktors" in der Politik manches bewegen.

Daher vermag es wenig zu wundern, dass politische Werbetechniken aller Art, vom klassischen Wahlkampfinstrumentarium über die Konstruktion eines ansprechenden Corporate Design, personenbezogene Imageberatung und PR-Stäbe im großen Format bis hin zu aufwendig produzierten Themenkampagnen zu einem zentralen Faktor des politischen Geschehens geworden sind. Nicht nur ein Großteil der Aufmerksamkeit, sondern auch des finanziellen Budgets der Akteure wird in dieser Weise gebunden. Ganze Branchen sind erwachsen, die sich mit nichts anderem beschäftigen als mit der strategischen Präsentation von Politik. Keine politische Partei, keine Gewerkschaft, kein Arbeitgeberverband, ja keine Kirche kann sich heute im Forum der Medienöffentlichkeit zur Geltung bringen, ohne auf Werbe- und Kommunikationsprofis zurückzugreifen.

Jede politische Maßnahme, jede Verlautbarung, jeder Besuchs- und Gesprächstermin steht in der modernen Mediengesellschaft potentiell unter Dauerbeobachtung und kann somit positive oder negative öffentliche Wirkung entfalten. Da der politische Diskurs wiederum, zumindest der öffentliche politische Diskurs, sich weitgehend in das Forum der elektronischen Massenmedien verlagert hat, ist Politik in der Gegenwartsgesellschaft zu einer Dauerwerbesendung geworden. Politische „Produkte" werden fast rund um die Uhr angeboten: in Nachrichten und Magazinen, auf die sich PR-Fachleute und Event-Manager konzentrieren, aber auch in Talk Shows und medialen Unterhaltungsformaten, die sich immer deutlicher als diejenigen Kommunikationskanäle erweisen, auf denen auch das „unpolitische", an politischen Themen und Akteuren kaum interessierte Publikum noch erreicht werden kann.[11]

In Wahlkampfphasen kommt werbende Politik gleichsam zu sich selbst. In der modernen, repräsentativen Demokratie sind Wahlen so etwas wie der große Showdown, bei dem der Wähler die politischen Akteure für Verfehlungen zur Rechenschaft ziehen kann. Der „demokratische Mythos", wie ihn Almond und Verba als konstruktiven Grundbestandteil moderner westlicher Demokratien beschrieben haben[12], enthält somit auch eine Erzählung, die das Geschehen in repräsentativen Systemen ungeachtet ihrer zahlreichen Partizipationsdefizite grundsätzlich legitimiert. Der Wahlakt nämlich birgt das Versprechen eines guten Endes: Politiker werden am Ende für ihre Verfehlungen bestraft. Gleich ob es sich um Schwächen aufgrund von Unfähigkeit oder gar um gezielte egoistische Interessenverfolgung gehandelt hat, am Ende folgt die Abrechnung, und die „Gerechtigkeit" siegt.

Dieser elementaren Bedeutung des Wahlaktes für den Legitimitätsglauben in der repräsentativen Demokratie korrespondiert auch der Sinngehalt des Wahlkampfs. In Wahlkämpfen kann der Wähler wirklich das Gefühl einer souveränen Gewalt entwickeln, auf die es letztlich „ankommt". Wenn dann und wann dann auch noch sogenannte Kopf-an-Kopf-Rennen stattfinden, die den Eindruck hervorrufen, dass wirklich jede einzelne Stimme zählt, wird diese repräsentativ-demokratische Urszene vollends in ihrer Geltung bestärkt. Bei der letz-

---

10 Vgl. dazu Dörner 1993.
11 Siehe dazu Dörner 1999 und jetzt ausführlich Dörner 2001.
12 Vgl. Almond/Verba 1963.

ten US-Präsidenten-Wahl etwa, die durch eine Mehrheit von nur wenigen hundert Stimmen entschieden wurde, haben sich viele Nichtwähler im Nachhinein sehr darüber geärgert, nicht zur Wahlurne gegangen zu sein. Freilich kann der Wahlkampf als Bestandteil des demokratischen Mythos nur dann funktionieren, wenn der Wähler die Grundbedingungen des demokratischen Wettbewerbs auch als gegeben ansieht. Hat er dagegen den Eindruck, dass gar keine reale Konkurrenzsituation vorliegt und die politische Klasse nur stets den Kuchen unter sich neu verteilt, ohne sensibel zu sein für die Wählerinteressen, dann kann dem System durch Protest- oder Nichtwahl auch die Zustimmung verweigert werden.

In einem modernen, föderalen Mehrebenensystem kann man nun davon ausgehen, dass nahezu ständig irgendwelche Wahlgänge ins Haus stehen. In Deutschland beispielsweise reicht die Palette von der Europa- über die Bundes- und Landtagswahlen bis zur kommunalen Ebene. Vor allem die Bundespolitiker stehen so in einer Situation des permanenten Wahlkampfs. Politik als Dauerwerbesendung markiert also im Grunde genommen eine Kommunikationslinie, die sich mit regelmäßig zunehmender Intensität um die verschiedenen Wahltermine herum formiert.

Was bedeutet nun in der heutigen Gesellschaft Wahlkampf? Zieht man hier die einschlägige Forschung zurate, dann lässt sich die Entwicklung in den letzten 20 Jahren als ein Prozess zunehmender Amerikanisierung, oder besser: Modernisierung kennzeichnen.[13] Mit Winfried Schulz sind folgende Merkmale dieser Entwicklung zu benennen:[14]

- Personalisierung, d.h. eine Konzentration der Aufmerksamkeit auf die Person der Kandidaten, die zu Lasten der Sachthemen geht;
- die Gestaltung des Wahlkampfs als „horse race", als quasi-sportlicher Wettkampf der Kandidaten;
- ein Angriffswahlkampf („negative campaigning"), der auf die symbolische Abwertung oder gar Zerstörung des Gegners zielt;
- eine weitgehende Professionalisierung, welche die Gestaltung der Kampagne in die Hand von Kommunikationsfachleuten, Werbern und PR-Experten legt;
- ein Marketing-Ansatz der politischen Werbung;
- und schließlich ein gezieltes Ereignis- und Themenmanagement.

Was jedoch in den 90er Jahren hierzulande wirklich eine neue Qualität der Inszenierung hineinbrachte, lässt sich nicht auf den allgemeinen Nenner der Amerikanisierung bringen, sondern ist besser mit dem Begriff der „Entertainisierung"[15] zu fassen. Politiker und Werbeprofis haben sich 1998 in einem Ausmaß im Arsenal der Unterhaltungskultur bedient, das bis dahin hierzulande nicht zu finden war.[16] Zwar haben auch früher Schauspieler, Musiker oder TV-Entertainer den Wahlkampfauftritt nicht gescheut, um ihrer Partei zu nutzen. Die systematische Instrumentalisierung von Unterhaltungsformaten, wie sie 1998 insbesondere die Sozialdemokraten mit ihrem Spitzenkandidaten Gerhard Schröder praktizierten, wies jedoch tatsächlich die Qualität des Neuen auf.[17]

---

13 Zur Debatte über den Begriff der „Amerikanisierung" vgl. Kamps 2000, 2002. Zahlreiche Beobachter haben von Amerikanisierung gesprochen, weil sich in Amerika viele Phänomene einer modernisierten Gesellschaft und entsprechend einer modernisierten Wahlkampfführung in besonders fortgeschrittenem Ausmaß erkennen lassen.
14 Schulz 1997, S. 186ff.; vgl. auch Radunski 1996.
15 Vgl. Holtz-Bacha 2000.
16 Vgl. zum Folgenden Dörner 2001.
17 Siehe hierzu die Beiträge in Dörner/Vogt 2002.

Konsequent wirkt der Trend zum Entertainment im Wahlkampf vor allem angesichts der Entwicklung eines Fernsehmarktes, der seit der Einführung des dualen Rundfunksystems auch in Deutschland eine große Pluralität von Anbietern und medialen Kommunikationskanälen ermöglicht hat. „Wahlkampf unter Vielkanalbedingungen" bedeutet für Parteien und Politiker, dass der Kampf um die immer knapper werdende Ressource Aufmerksamkeit unter verschärften Bedingungen geführt werden muss.[18] Da auf dem Fernsehmarkt die höchsten Quoten stets mit Unterhaltungssendungen erreicht werden, wird verständlich, warum die politischen Werber zunehmend das Entertainment pflegen. Auf diesem Wege werden auch diejenigen Zuschauer und Wähler erreicht, die sonst mit Politik eher wenig zu tun haben. Die „unpolitischen Wechselwähler" – das sind derzeit nicht weniger als ca. ein Drittel des gesamten Elektorats – sind nämlich zugleich auch unterhaltungsorientierte Mediennutzer.[19]

Wer gewohnt ist, auf seinem „Unterhaltungsslalom" im Reich der Television immer dann wegzuschalten, wenn Politik im Informationsformat geboten wird, der bleibt schon mal eher auf dem Kanal, wenn die Politik im Unterhaltungsformat geboten wird. Dazu kommt, dass Politiker in den Informationssendungen in der Regel nur journalistisch gefiltert und geschnitten zu Wort kommen, während eine Talk- oder Gameshow den direkten Zugang zum Publikum gewährleistet. In dem Maße, wie auch die Produktwerbung heute unterhaltsam inszeniert sein muss, um die immer knapper werdende Aufmerksamkeit des Medienpublikums zu erheischen, müssen auch die politischen Akteure bei ihrer Präsentation nichts so sehr fürchten wie die beim Publikum sich einstellende Langeweile. Also wird auch mit ähnlichen Mitteln gearbeitet wie in der Produktwerbung: man bietet ästhetisierte Bildwelten, verpackt die Botschaft in pfiffige Kurznarrationen – beispielsweise biografische Anekdoten in Talk-Shows – und setzt auf den Faktor der Medienprominenz.

Die Privatisierung des Politischen

Die Entertainisierung, die sich in Wahlkämpfen wie in der politischen Kommunikation generell am Ende des 20. Jahrhunderts vollzogen hat, geht aufs engste mit einer Privatisierung oder Personalisierung einher. Personalisierung war oben schon als ein Merkmal „amerikanisierter" bzw. modernisierter Wahlkämpfe genannt worden. Was ist damit genau gemeint? Zunächst einmal bedeutet Personalisierung, dass in einer Wahlkampagne die Person des Spitzenkandidaten höchste Priorität genießt. Veranstaltungen, Wahlplakate, Fernsehspots stellen die Person in den Mittelpunkt – nicht nur als professionellen politischen Akteur, der zu dem entsprechenden Amt besonders befähigt sei, sondern vor allem auch als Privatmensch. Dabei rückt dann meist auch die Familie, zumindest die Ehefrau oder Lebensgefährtin mit in die Aufmerksamkeit, weshalb wiederum Probleme im Bereich der privaten Beziehungen auch automatisch ein Problem für die Kampagnenführung darstellen können.

Aber auch jenseits der Wahlkampfzeiten agiert der politische Akteur zunehmend in einer Inszenierung als „Privatmensch". Wichtigstes Forum für diese Inszenierung sind neben den seit einiger Zeit boomenden Gesellschaftsmagazinen wie *Bunte* oder *Gala* die zahlreichen

---

18 Vgl. Schulz 1998.
19 Siehe dazu Schulz 1997, S. 196 und Holtz-Bacha 1999, S. 17.

Personality-Talk-Shows[20]. Serien wie *Boulevard Bio* (ARD), *Beckmann* (ARD), *Johannes B. Kerner* (ZDF) oder auch die *Harald-Schmidt-Show* (Sat1) laden immer häufiger Politiker ein, um über Privates und Gesellschaftliches zu plaudern. Talentierte oder gut geschulte Akteure vermögen diese Sendungen dann zu nutzen, um sich als „Mensch zum Anfassen", als humorvoll, spontan und unterhaltsam zu präsentieren. Begnadete Erzähler wie Heiner Geißler, Gregor Gysi, Cem Özdemir, Guido Westerwelle oder früher Gerhard Schröder verstehen es hier jedoch auch, Unterhaltsames mit kurzen politischen Statements zu verknüpfen und so, wie verkürzt auch immer, Inhalte „rüberzubringen". Dieser Weg stellt oft die einzige Möglichkeit dar, ausgesprochen politikmüde und unterhaltungsorientierte Zuschauer als Wähler mit politischen Inhalten überhaupt noch zu erreichen. Angesichts dieser Entwicklung vermag es jedenfalls kaum zu überraschen, dass sich die Merkmale von politischer und Showprominenz in der Öffentlichkeit von Gegenwartsgesellschaften immer stärker angleichen.[21]

Erstaunlicherweise ist die Privatisierung des Politischen selbst in den USA noch kein sehr altes Phänomen.[22] Noch die zahlreichen Frauengeschichten John F. Kennedys blieben zu Beginn der 60er Jahre ebenso dem Blick der Öffentlichkeit entzogen wie seine Mafia-Kontakte. Politiker konnten sich jederzeit auf gewisse Diskretionsnormen der Journalisten verlassen. Erst mit Watergate hat sich im amerikanischen Mediensystem ein Wandel vollzogen, der dann dazu geführt hat, dass politische Akteure ihr Privatleben von der Ehefrau bis zum Ritt über die heimatliche Ranch als festen Bestandteil ihres öffentlichen Auftritts zu planen haben.[23] Die peinlichen Details, die schließlich im Rahmen von „Monicagate" über die Sexualpraktiken des amerikanischen Präsidenten breitgetreten wurden, stellen nur einen vorläufigen Höhepunkt dieser Privatisierung des Politischen dar. Festzuhalten bleibt, dass der politische Gegner jederzeit aus privaten Verfehlungen oder Normabweichungen Profit schlagen können.

Im deutschen Kontext hat die Diskretionsregel noch sehr viel länger gehalten. Das Privatleben der Bonner Politiker war, bis auf gelegentliche Gerüchte über Kohls Sekretärin oder Brandts Frauengeschichten, weitgehend tabu. Hier hat, wie im Bereich der Wahlkampfführung, die Berliner Republik ebenfalls Veränderungen mit sich gebracht. Beobachtern gilt der sogenannte „Rosenkrieg" zwischen Gerhard Schröder und seiner Frau Hiltrud als Wendepunkt[24], der schließlich bis zu Scharpings Badehose und einer unschönen öffentlichen Auseinandersetzung zwischen dem Minister und seiner Noch-Ehefrau geführt hat. Heute gilt die publizistische Erörterung privater Details aus dem Leben der Politiker weitgehend als Normalität, gleich ob es um das Kind der Kanzlergattin, um die Eheprobleme des Bundesaußenministers oder um die musikalischen Hobbies der ehemaligen Gesundheitsministerin geht. Klaus Wowereit, Regierender Bürgermeister von Berlin und Spitzenkandidat der SPD für die Senatswahlen, wusste sehr gut, warum er im Juni 2001 ein öffentliches Outing an den Beginn seiner Wahlkampagne setzte. So konnte er einem eventuell anstehenden *negative campaigning* von Seiten des politischen Gegners jeglichen Wind aus den Segeln nehmen. Gleichzeitig wurden gezielt Bevölkerungsgruppen angesprochen, die alternativen

---

20 Zur Typologie der Talk-Shows vgl. Plake 1999, S. 32 ff.; zum Politikerauftritt in der Personality-Show vgl. Dörner 2001, S. 143.
21 Siehe dazu die Untersuchung von Peters 1996.
22 Vgl. zum Folgenden Holtz-Bacha 2001.
23 Holtz-Bacha 2001, S. 20.
24 Vgl. Holtz-Bacha 2001, S. 22.

sexuellen Orientierungen tolerant gegenüberstehen – in Berlin sicherlich keine geringe Anzahl von Wählern. *Life style politics* sind hier zu einem konkreten Faktor im harten Wahlkampfgeschäft geworden.

Nun ist sexuelle Denunziation in der Politik keine neue Methode. Auch die alte Bundesrepublik kannte hier zahlreiche Fälle, zu deren Opfern u.a. Willy Brandt, Helmut Kohl, Hans Ulrich Klose, Kurt Biedenkopf oder Björn Engholm gehörten.[25] Die offensive Wendung des eigenen Intimlebens stellt jedoch eine neue Qualität dar, die zeigt, wie sehr auch hierzulande das Politische schon privatisiert und das Private politisch geworden ist.

Aus der Perspektive der politischen Akteure bzw. der professionellen Politikberater lassen sich nun systematisch Funktionen des Privaten in der öffentlichen Kommunikation benennen:[26]

(1) *Vermenschlichung*: Diese Funktion wurde oben schon im Zusammenhang mit den Talk-Shows angesprochen. Der politische Akteur entgeht hier dem Negativimage als über der Alltagswelt schwebender Machtmensch ebenso wie dem der grauen Aktenmaus. Er kann sich als Sympathieträger inszenieren, mit dem man gerne auch mal ein Bier trinken gehen würde, wenn denn die Zeit dafür da wäre. Wenn Wahlakte immer stärker im Hinblick auf Personen vorgenommen werden, dann ist diese Präsentation des „Menschlichen" von ganz zentraler Bedeutung.

(2) *Vereinfachung*: Je komplexer das politische Geschehen, je schwieriger einzelne Sachverhalte überhaupt noch dem politischen Publikum zu vermitteln sind, um so eher bietet sich die Person des Politikers als Fixpunkt der Aufmerksamkeit und als Träger politischer Entscheidungen an. Wenn ich als „Normalbürger" mit vertretbarem Aufwand ohnehin kaum noch einen Einblick in die schwierigen wirtschaftlichen oder biologisch-medizinischen Problemlagen erhalten kann, dann bleibt oft nur noch die Person und das Vertrauen in den konkreten Politiker als Anhaltspunkt für eine rationale Wahl übrig.

(3) *Emotionalisierung*: In einem marktförmig organisierten politischen Feld mit zunehmend „volatilen", d.h. wechselbereiten bzw. situativ entscheidenden Wählern stellt die emotionale Dimension ein wichtiges Moment des Machterwerbs und der Machterhaltung dar. Kein Politiker kann es sich heute noch leisten, bei Entscheidungen und Präsentationen den „Feel-Good-Faktor"[27] außer Betracht zulassen. Wenn es gelingt, das eigene politische Projekt, die eigene Partei und Person mit Feel-Good zu verknüpfen, dann ist auf dem Weg zum Stimmenerwerb vieles gewonnen. Die Wirksamkeit der Leipziger „Krönungsmesse" im Frühjahr 1998, bei der Kandidat Schröder zur triumphalen Filmmusik aus dem Kassenhit *Airforce One* in den Saal einmarschierte und sich als positiver Erlöser-Held inszenieren konnte, hat das gute Feeling nicht nur in den Veranstaltungsbau, sondern über die Berichterstattung gleichsam kostenlos in Millionen deutscher Wohnzimmer getragen und damit den Weg für den Wahlerfolg im Herbst geebnet.[28]

---

25 Siehe dazu Koch 1994.
26 Vgl. zum Folgenden Holtz-Bacha 2001, S. 23f.; die ersten vier Begriffe sind von ihr übernommen und mit eigenen Bestimmungen ergänzt worden; die fünfte und sechste Kategorie sind neu hinzugefügt worden.
27 Dörner 2001, S. 57ff.
28 Vgl. Dörner 1999. Vgl. zum Thema Emotionalisierung auch den Beitrag von Brosda in diesem Band.

(4) *Prominenzgewinn*: Wahlkampf heute läuft unter „Vielkanalbedingungen" (Schulz) ab. Dies bedeutet, dass nicht nur die verschiedenen Medienanbieter, sondern auch die Politiker sich in einem harten Konkurrenzkampf um Aufmerksamkeit befinden. Bei 20 und mehr Angeboten muss man schon Besonderes, Außeralltägliches bieten, um Zuschauer zu binden. Einer der wichtigsten Aufmerksamkeitsfaktoren aber ist Prominenz. Nur dann, wenn ein Gesicht einen hohen Wiedererkennungswert hat, sind viele Zuschauer bereit, dabeizubleiben und die Fernbedienung liegenzulassen. Über Prominente möchte man, gerade auch im Privatbereich, gerne mehr erfahren, man möchte Geheimnisse gelüftet und Details aus der Biografie anekdotisch aufbereitet dargestellt sehen. Prominenz ist also eine zentrale Voraussetzung dafür, dass ein politischer Akteur Zugang zu unpolitischen Wählerschichten bekommt. Und Prominenz ist in zunehmendem Maße als Öffentlichkeitsmacht Voraussetzung dafür, dass man sich auch im Bereich der traditionellen Arkanpolitik, also in Ausschüssen, Fraktionen und Parteigremien hinter den Kulissen, durchsetzen kann.

(5) *Lifestyle-Politik*: Wenn Politik heutzutage auch über Lifestyle-Optionen verkauft werden muss, dann ist die konkrete Person des Politikers ein ganz entscheidendes Medium, um die Lifestyle-Option zu visualisieren. Stil ist letztlich attraktiv nur dann, wenn ich sie an einem sinnlich fassbaren Menschen wahrnehmen kann. Exquisite Maßanzüge, Wein- und Zigarrensorten werden hier ebenso lebendig wie Urlaubsorte, die Präferenz für Automarken oder das Konnubium mit jungen, attraktiven und beruflich erfolgreichen Frauen.

(6) *Verantwortlichkeit*: Schließlich aber sollte eine ganz traditionelle Dimension von Privatheit und Charakterdingen nicht übersehen werden: In einer repräsentativen Demokratie werden nicht Inhalte oder Programme, sondern zunächst einmal Personen gewählt, auch wenn diese mitunter hinter den Parteimechanismen zu verschwinden drohen. Das persönliche Gewissen des Abgeordneten ist, allen Fraktionszwängen zum Trotz, laut Grundgesetz der alleinige Maßstab des parlamentarischen Handelns. Da vermag es kaum zu wundern, dass die Wähler ein berechtigtes Interesse daran haben zu erfahren, wer eigentlich der gewählte Mensch auch jenseits des professionellen Rollenhandelns ist. Lässt seine Lebensführung positive Rückschlüsse auf Verlässlichkeit, Verantwortungsbewusstsein, Moralität zu, oder kommen dort berechtigte Zweifel auf? Diese Dimension sollte bei allen Klagen über die Boulevardisierung des Politischen in der Gegenwartsgesellschaft nicht übersehen werden. Denn anders als bei Showprominenz, zu der selbst demonstrativ amoralisch auftretende „Partygirls" problemlos gelangen können, gehört eine gewisse Seriosität zum erwarteten Image des Politikers dazu. Wo diese Seriosität, auch und gerade im Privaten, nicht vorhanden scheint, wird der Wähler mit der Zustimmung zögern.

Da die politischen Kommunikationsverhältnisse in der medialen Erlebnisgesellschaft durchaus symbiotische Relationen zwischen Politik und Medien vorweisen, sollte man schließlich auch die Vorteile in den Blick nehmen, die den Massenmedien aus der Privatisierung des Politischen erwachsen: Das Private der Person hat nämlich in der Regel nicht nur den Vorteil eines größeren Unterhaltungswertes – und mit Unterhaltung werden noch immer die höchsten Quoten und Marktanteile erzielt –, sondern es hat auch den Vorteil visueller Wahrnehmbarkeit. Personen sind sinnlich fassbar und gut wiedererkennbar. Das Politische, das teils sehr abstrakt, teils als nichtöffentliche Sitzung einfach gar nicht sichtbar ist, wird auf diese Weise gut und anschaulich darstellbar. Daher ist es wenig überraschend, wenn vor allem das bildfixierte Fernsehen die Privatisierung des Politischen gerne mitmacht.

Der Fall Scharping – ein Lehrstück über die Risiken werbender Politik

Rudolf Scharping galt eigentlich immer als ein solider, aber dabei doch dröge, grau und langweilig wirkender Politiker. Als er für die Bundestagswahl 1994 zum Kanzlerkandidaten gekürt worden war, hatte die SPD versucht, dieses Image durch gezielt eingefädelte Talk-Auftritte, unter anderem mit Ehefrau Jutta, und ähnliche Maßnahmen zu verändern – weitgehend erfolglos. Der „Putsch" durch Oskar Lafontaine im Jahre 1995, der Scharping aus dem Parteivorsitz entfernte, wurde von vielen Genossen als Befreiung von einer farb- und erfolglosen Führungsfigur wahrgenommen.
Während der ersten Zeit als Verteidigungsminister machte Scharping unauffällig, aber relativ erfolgreich seine Arbeit, leitete die Bundeswehrreform in die Wege und stellte im zeitweise krisengeschüttelten Kabinett Schröder einen stabilen Ruhepunkt dar. Die Wende begann dann tatsächlich im Privaten, als Scharping im September 1999 bei einem „Salon" seines Medienberaters Moritz Hunzinger die spätere Lebensgefährtin Kristina Gräfin Pilati (von Thassul zu Daxberg-) Borggreve kennenlernte. Aus der Liaison wurde für den verheirateten dreifachen Familienvater die große Liebe, und zur Überraschung aller Beobachter trug das Paar sein Liebesglück alsbald auch in die interessierte Medienöffentlichkeit. *Bild am Sonntag* erhielt im August exklusive Bilder von gemeinsamen Spaziergängen im Taunus, und im Januar 2001 traten Scharping und Pilati unter dem vielsagenden Titel *Nur die Liebe zählt* in *Boulevard Bio* auf. Der Verteidigungsminister gab in dieser Sendung zu verstehen, dass mit der neuen Liebe auch ein neuer Lebensabschnitt begonnen habe und die Arbeit in seinem Leben nunmehr eine deutlich geringere Rolle spiele – für einen amtierenden Bundesminister immerhin eine bemerkenswerte Aussage.
Diese Auftritte bewegten sich insgesamt durchaus noch im üblichen Rahmen des Berliner Politainment, und sie wurden von Pressebeobachtern eher wohlwollend kommentiert: als Versuche einer „grauen Maus", in der Medienlandschaft der Erlebnisgesellschaft an Profil und an Sympathiepunkten zu gewinnen. Die Fotostory in der *Bunten* am 23. August 2001 brachte jedoch eine neue Dimension ins Spiel. Spaziergänge Hand in Hand waren bisher auch von zahlreichen anderen Spitzenpolitikern geboten worden, aber ein ausgelassenes und Verliebtheit geradezu demonstrativ zur Schau stellendes Planschen in der Badehose, das stellte für einen hohen Amtsträger doch etwas Ungewohntes und, wie die alsbald einsetzende Resonanz in der Medienöffentlichkeit zeigte, Unangemessenes dar.
Die Bunte hatte gleich vier Fotos aus dem Pool, ein großformatiges und drei kleinere, auf der Titelseite platziert. Die dazugehörige Schlagzeile lautete: „Verteidigungsminister Rudolf Scharping und Gräfin Pilati: Total verliebt auf Mallorca". Auf den Bildern war das Paar turtelnd und fröhlich, ja in kindlicher Ausgelassenheit zu sehen. Der unmittelbare Kontext auf dem Titelblatt macht deutlich, in welchen Sinnhorizont der Verteidigungsminister sich mit dieser Story hineinstellte: Als einziges weiteres Foto erscheint eine Portraitaufnahme von „Party Girl" Ariane Sommer, einer Ikone der neuen Berliner Spaßkultur, mit der Überschrift: „Zu sexy fürs Fernsehen?". Weitere Stories über „Schumi" und seine Corinna sowie über Christine Kaufmanns Dementi gegen Gerüchte, sie habe sich liften lassen,

sind ebenfalls auf der Titelseite angekündigt. Hier scheint also die vielfach beklagte Boulevardisierung der Politik in der Gegenwartsgesellschaft direkt greifbar geworden. Schon in den Jahren 1998 und 1999 waren zahlreiche Berliner Politiker von Gerhard Schröder über Jürgen Trittin bis Wolfgang Schäuble mit Lifestyle-Geschichten in der *Gala* aufgetreten und hatten Neuigkeiten über Beziehungsdramen diverser Minister in der Boulevard-Öffentlichkeit von *Bild* bis *Stern* breitgetreten. Nun versuchte offenbar auch Rudolf Scharping, mit dem Glamour der Society-Blätter Pluspunkte beim Marketing seiner Person zu verbuchen.

Die nahezu einhellige Reaktion aus Politikerkreisen auf diesen Versuch war negativ. Parteigenossen bescheinigten dem Minister, er habe „ein Rad ab", und der nordrheinwestfälische Ministerpräsident Wolfgang Clement wurde zu einem der meistzitierten Politiker mit der im *Stern* veröffentlichten Äußerung „Wir alle sagen, der hat im Moment 'ne Macke". Clement war es auch, der erstmals aus den eigenen Reihen die Möglichkeit eines Rücktritts thematisierte: „alle gucken nur in die Luft: Fällt er runter oder nicht."[29] Vor allem viele Militärs empfanden den Auftritt als geschmack- und stillos.[30] Die Inszenierung verliebter Sorglosigkeit und eines hedonistischen Lebensgefühls wirkte für die meisten unangemessen in einer Zeit, in der ein Einsatz deutscher Soldaten in Mazedonien unter dem Minister Scharping unmittelbar bevorstand. Wenn deutsche Mütter um ihre Söhne bangen, so der Tenor, darf der verantwortliche Minister nicht seinen zweiten Frühling öffentlich zelebrieren.

Erst mit der am 27. August folgenden Titelgeschichte des *Spiegel* jedoch wurde die Fotostory der *Bunten* zum Medienereignis.[31] Wenn das wichtigste Nachrichtenmagazin Deutschlands sich auf Augenhöhe mit dem Boulevardblatt bewegte, dann steckte offensichtlich doch mehr politischer Zündstoff in dem Vorgang als es zunächst scheinen wollte. „Rudolf der Eroberer" lautete die Titelschlagzeile in bewusstem Spiel mit militärisch-amouröser Begrifflichkeit. Zu sehen war das planschende und turtelnde Paar, der Pool war nun jedoch ein Bundeswehrhelm. Die Unterschrift lautete: „Verteidigungsminister Scharping: Bedingt abwehrbereit". Der dazugehörige Artikel im Heft gab dann unter der Überschrift „Nur die Liebe zählt"[32] den Ton der weiteren Beschäftigung mit dem „Fall Scharping" vor: Spott und Häme.

Scharping wird hier vorgeführt als ein Mann mit großer Realitätsferne. Kein Politiker sei so stark durch eine Diskrepanz zwischen Selbst- und Fremdbild geprägt wie der Verteidigungsminister, der sich schon 1994 während seiner Kanzlerkandidatur als „zweiter Clinton" gefühlt hatte.[33] Das „älteste von sieben Kindern eines bankrotten Möbelhändlers", das später den „Aufstieg zum Politikstudium" schaffte, habe in der Öffentlichkeit immer als „dröger, starrer, langsamer Mann" gewirkt. Der „1,89 Meter große Politiker mit einem Bubengesicht, das gleichzeitig zu alt und zu jung wirkt für seine Jahre" und über eine „dröhnende Stimme" verfüge, „die fast immer ein wenig beleidigt klingt", habe sich mit

---

29 *Stern*, Heft 37/2001.
30 Vgl. „Scharping weiß, was die Frauen wollen" in *Spiegel Online*, 24. August 2001.
31 *Der Spiegel* Nr. 35/2001.
32 Ein Zitat aus der *Boulevard Bio*-Sendung, das wiederum den Titel einer seit 1993 erfolgreich bei RTL ausgestrahlten Fernsehshow mit Kai Pflaume zitiert. Dort erhalten Pärchen mit kriselnden Beziehungen vor laufender Kamera die Möglichkeit, durch Beichtkurse gegenüber dem Partner (und der TV-Öffentlichkeit) die Brüche zu kitten und tränenreich Versöhnung zu feiern (vgl. dazu Reichertz 2000, S. 87ff).
33 Vgl. dazu Knaup u.a. im *Spiegel*-Titel „Nur die Liebe zählt", Der Spiegel, Heft 35/2001.

dem Pool-Auftritt nun vollends lächerlich gemacht und merke dies noch nicht einmal. Der Stern legte in der Folgewoche nach mit einer Story über Scharping als „nackte Kanone", versehen mit einem persiflierten Filmplakat zur gleichnamigen Erfolgskomödie, auf dem Scharping und Pilati im Gestus des Trottelpolizisten Leslie Nielsen und seiner attraktiven Filmpartnerin Priscilla Presley posieren.[34] Man musste schließlich auch nicht lange warten, bis Harald Schmidt in seiner Late Night Comedy-Show Scharping aufs Korn nahm. Scharping, der „KFOR-Casanova mit der Lizenz zum Turteln", wurde dort zum „Liebling des Monats" gekürt und ein ums andere Mal durch den Kakao gezogen.

Auch die seriöse Presse, von *FAZ* bis *taz*, von der *FR* bis zur *SZ* beschäftigte sich ausführlich mit dem misslungenen Inszenierungsversuch des Ministers, nahezu alle Talk-Shows luden PR-Fachleute, Politiker und Politologen ein, um über den Fall und seine Folgen für das „Politainment" in Deutschland zu diskutieren. Die Bonner Opposition konzentrierte sich bald auf entdeckte Ungereimtheiten in Zusammenhang mit Scharpings Nutzung der Flugbereitschaft. Der Minister war auffallend oft nach Frankfurt (den Wohnort Pilatis) geflogen und hatte sogar Flüge bestellt, um für eine Nacht in den Urlaubsort an die Seite der Lebensgefährtin zu gelangen. Illegalitäten konnten zwar nicht nachgewiesen werden, aber es blieb der Eindruck eines Ministers, der unverantwortlich mit Steuergeldern umgeht. Ein Ende fand die Pool- und Flugaffäre schließlich erst mit den Ereignissen vom 11. September, als die Schlagzeilen und Talk-Shows mit Terror und Islamismus statt mit Polikerbadehosen gefüllt wurden. Scharpings Umfragewerte sind allerdings seitdem andauernd schlecht geblieben. Das Vertrauen der Bevölkerung in den Bundesverteidigungsminister scheint nachhaltig gestört zu sein.[35]

Wenn man nun analytisch die Gründe für das Scheitern der Scharpingschen Imagepolitik bestimmt, werden einige wichtige Funktionsbedingungen der Privatisierung des Politischen deutlich. Die Ursachen des Kommunikationsdesasters lassen sich in fünf Punkten benennen:

(1) Das Timing der Veröffentlichung war unglaublich schlecht. Der Grundgedanke, die „graue Maus" und den steifen „Aktenfresser" Scharping in entspannter Freizeitatmosphäre zu präsentieren, ist im Rahmen der medialen Erlebnisgesellschaft sicher nicht falsch. Dies jedoch in einem Augenblick zu tun, als ein ernster und gefährlicher Auslandseinsatz deutscher Soldaten unmittelbar ansteht, lässt sich nur als ausgesprochene Leichtfertigkeit etikettieren. So war es für den politischen Gegner ein Leichtes, die Diskrepanz zwischen Imagepolitik und Ernst der Lage aufzugreifen, zu skandalisieren und damit den Minister an den Rand des Rücktritts zu treiben.

(2) Das schlechte Timing verweist auf einen zweiten, entscheidenden Punkt: Die Aktion wurde unprofessionell, d.h. ohne professionelle Beratung und Begleitung durchgeführt. Scharping entschied im Alleingang, „beraten" lediglich durch die Redaktion der *Bunten*, die dabei aber immer ihr Hauptziel, die Steigerung der Auflage, im Auge hatte. Nicht nur das Timing, auch die Auswahl der mitunter fast anzüglich erscheinenden Bilder ist dieser mangelnden Professionalität der Aktion zu verdanken. Scharping scheint einen ganz zentralen Trend der Veränderung politischer Kommunikation nicht erkannt zu haben: den der Professionalisierung. Wenn politische Akteure auf dem viel-

---

34 *Stern*, Heft 37/2001.
35 So lagen Scharpings Vertrauenswerte laut dpa Mitte Oktober 2001 bei 25 Prozent, während Kanzler Schröder bei 64 Prozent der Bevölkerung großes Vertrauen genoss.

fach unberechenbaren Glatteis der Medienlogik nicht ausrutschen wollen, tun sie gut daran, sich des Know Hows spezialisierter Kommunikationsberater und PR-Fachleute zu bedienen. Die Parteien, gerade auch die SPD, haben diese Entwicklung längst erkannt und produktiv verarbeitet – der individuelle Akteur Rudolf Scharping blieb beratungsresistent.

(3) Die visuelle Botschaft eines ausgelassenen, sorglos planschenden Paares geriet in eine eklatante Diskrepanz zur Würde des Amtes eines Bundesministers. Jeder politische Akteur muss bei der Planung von Medienauftritten bedenken, inwiefern das dort aufzubauende Image nicht in Widerspruch zur symbolischen Semantik des Amtes gerät, in das er gewählt wurde oder gewählt werden möchte.[36] Dies hat auch Gerhard Schröder nach seiner Wahl 1998 erkennen müssen. Er war durch eine ausgesprochen unterhaltungsorientierte Kampagne ins Kanzleramt gelangt. Als er auf diesem Weg weitermachen wollte und dann auch noch ernsthafte Probleme im Kabinett bzw. zwischen den Koalitionspartnern aufkamen, wurde dies vom Wahlvolk mit erheblichen Popularitätsverlusten quittiert. Schröder stoppte den Spaß-Kurs, sagte eine ganze Reihe von geplanten Auftritten u.a. in der *Harald-Schmidt-Show* und in der Sportsendung *ran*, ab und blieb auch der Talk-Öffentlichkeit weitgehend fern. Seine Umfragewerte haben sich daraufhin bald stabilisiert.[37]

(4) Die Diskrepanz zwischen der Botschaft der Pool-Inszenierung und dem Ort, den ein Ministeramt in der symbolischen Ordnung einer Demokratie einnimmt, verweist auf einen weiteren Aspekt. Bei Politikern insgesamt gilt, im Unterschied zur Show- und Glamour-Prominenz, dass neben der Inszenierung von Spaß und Lockerheit auch eine relevante Komponente in der Symbolisierung von Seriosität und Ernsthaftigkeit besteht. Ein „Party-Girl" wie Ariane Sommer kann gerade aus der Zurschaustellung von Amoralität und Sorglosigkeit seine Prominenzgewinne ziehen.[38] Bei Politikern, bei Ministern zumal, muss stets eine Balance gewahrt bleiben zwischen Spontaneität, Hedonismus und Spaßbereitschaft einerseits und dem erforderlichen Verantwortungsbewusstsein andererseits. Scharpings Botschaften, sowohl bei Biolek als auch im mallorcinischen Pool, lautete: „Ich kümmere mich jetzt mehr um mein privates Glück". Genau dies aber darf der Politiker und Amtsträger als öffentliche Person nicht tun.

(5) Abschließend ist auf einen weiteren Punkt zu verweisen, der mit der Frage der Kontinuität von Biografien zu tun hat. In der sozialen Welt wie in der Medienöffentlichkeit erwartet man bei allem Interesse am Neuen doch, dass eine Person morgen noch die ist, die sie heute war.[39] Kontinuität im Wandel ist es, was die Identität eines Menschen auch in der Zeit der „Bastelbiografien" ausmacht. In Scharpings öffentlichem Auftre-

---

36 Vgl. dazu Sarcinelli 2001.
37 Die Botschaft des Bildes muss also zur Funktion passen, die der Politiker im öffentlichen Leben erfüllt. Als Gregor Gysi sich Anfang der 90er Jahre auf einem PDS-Wahlplakat in der Pose des Gekreuzigten darstellen ließ, war dies eine stimmige Umsetzung seiner Funktion, öffentlich die Sünden der SED auf sich zu nehmen; vgl. dazu Vogt 1995.
38 Wie sehr diese Darsteller der neuen Spaßkultur sich des Inszenierungscharakters ihres öffentlichen Auftretens bewußt sind, zeigt folgende Äußerung eines Berliner Party-Girls: „Es kommt nicht darauf an, Spaß zu haben, sondern Spaß darzustellen."
39 So führt der Soziologe und Biografieforscher Alois Hahn aus: „In der Realität ändern wir uns außerdem ständig. Wenn ich dem unentwegt Rechnung trüge, würde mir Alter Ego als eine Einheit gar nicht greifbar, ich könnte mich auf ihn nicht eindeutig beziehen. Tatsächlich behandeln wir einander aber als Identitäten. Wir gehen davon aus, daß der Herr Hahn von heute auch der von gestern ist." (Hahn 1987, S. 13)

ten gab es jedoch derart starke Brüche, dass die Identität der Person und damit auch die Glaubwürdigkeit auf der Strecke bleiben musste. Wer derartige Radikal-Konversionen durchmacht, der verliert vor allem das Merkmal der Berechenbarkeit, das wiederum vor allem für einen hohen Amtsträger in einer politischen Ordnung von großer Bedeutung ist. Der Wechsel des Images war zu abrupt, und dadurch hingen zwei Personen – der alte, graue Scharping und der neue, lustbetonte Scharping – gleichsam unverbunden in der Luft.

Alles in allem erscheint die Fotostory in der *Bunten* als freiwillige Selbstentehrung, als eine Form selbstreferentieller destruktiver Kommunikation[40], die den Politiker Rudolf Scharping ohne Not nahe an den völligen Gesichtsverlust als öffentliche Person gebracht hat. Schwer vorstellbar, dass ein exponierter politischer Akteur und hoher Amtsträger einen solchen Prozess unbeschadet überstehen kann.

Ausblick

Der Fall Scharping, das grandiose Scheitern einer Imagepolitik, wird nicht zur Folge haben, dass die Privatisierung des Politischen ein Ende findet. Die Akteure werden vielleicht vorsichtiger agieren, sie werden sicher vor allem auf professionelle Hilfe bei der Inszenierung der eigenen Person als Teil des anzubietenden politischen Produkts verstärkt zurückgreifen, um der Pool-Falle zu entgehen, in die der Verteidigungsminister getappt ist. Aber schon die Wahlkämpfe des Bundestagswahljahrs 2002 werden zeigen, dass kein Spitzenpolitiker heute in Deutschland ohne die unterhaltende Inszenierung des Privaten auskommt, wenn er seine Aussichten auf Stimmengewinne am volatilen Wählermarkt nicht unnötig verschlechtern will. Entertainisierung, Politainment, Personalisierung werden weitergehen, auch wenn man nach dem 11. September 2001 den ausgelassenen Spaßfaktor, wie er noch die SPD-Kampagne 1998 gekennzeichnet hatte, deutlich gedämpft fahren wird. Die spitzenpolitische Karriere des Rudolf Scharping aber dürfte durch die misslungene Kommunikationspolitik einen starken Knick erfahren haben. Möglicherweise haben die Ankündigungen von Gräfin Pilati, die sie kurz nach den Planschbildern in der *Bunten* verlautbaren ließ, einen größeren Realitätsgehalt, als man ursprünglich meinte: Sie könne sich mit dem Gedanken anfreunden, dass ihr Rudolf das Kabinett verlasse. Zeit für Pool-Spiele wären dann gewiss in ausreichendem Maße vorhanden. Nur würde sich die Medienöffentlichkeit kaum noch dafür interessieren.

Literatur

ALEMANN, ULRICH VON (2000): *Das Parteiensystem der Bundesrepublik Deutschland.* Opladen.

ALMOND, GABRIEL A. / VERBA, SYDNEY (1963): *The Civic Culture.* Political Attitudes and Democracy in Five Nations. Princeton, N.J.

BECK, ULRICH (1986): *Risikogesellschaft.* Auf dem Weg in eine andere Moderne. Frankfurt am Main.

---

40 Zur Entehrung und Selbstentehrung als Formen symbolischer Politik in der Öffentlichkeit moderner Gesellschaften siehe ausführlich Vogt 1998.

BECK, ULRICH / BECK-GERNSHEIM, ELISABETH (1993): Nicht Autonomie, sondern Bastelbiographie. In: *Zeitschrift für Soziologie,* H. 3/1993, S.178-187.

DAHRENDORF, RALF (1979): *Lebenschancen.* Anläufe zur sozialen und politischen Theorie. Frankfurt am Main.

DÖRNER, ANDREAS (1993): Zur rhetorischen Konstruktion politisch-kultureller Identitäten. Selbst- und Fremdbilder in zwei Reden Ronald Reagans. In: GOETSCH, PAUL / HURM, GERD (Hrsg.): *Die Rhetorik amerikanischer Präsidenten seit F. D. Roosevelt.* Tübingen, S. 285-305.

DÖRNER, ANDREAS (1999): Politik im Unterhaltungsformat. Zur Inszenierung des Politischen in den Bildwelten von Film und Fernsehen. In: *Aus Politik und Zeitgeschichte,* B41/99, S.17-25.

DÖRNER, ANDREAS (2001): *Politainment.* Politik in der medialen Erlebnisgesellschaft. Frankfurt am Main.

DÖRNER, ANDREAS / VOGT, LUDGERA (Hrsg.) (2002): *Wahl-Kämpfe.* Betrachtungen über ein demokratisches Ritual, Frankfurt am Main. (im Erscheinen)

DOWNS, ANTHONY (1968): *Ökonomische Theorie der Demokratie.* Tübingen.

GROSS, PETER (1994): *Die Multioptionsgesellschaft.* Frankfurt am Main.

HAHN, ALOIS (1987): Identität und Selbstthematisierung. In: HAHN, ALOIS / KAPP, VOLKER (Hrsg.): *Selbstthematisierung und Selbstzeugnis: Bekenntnis und Geständnis.* Frankfurt am Main, S. 9-24.

HOLTZ-BACHA, CHRISTINA (1999): Bundestagswahlkampf 1989 – Modernisierung und Professionalisierung. In: HOLTZ-BACHA, CHRISTINA (Hrsg.): *Wahlkampf in den Medien – Wahlkampf mit den Medien. Ein Reader zum Wahljahr 1998.* Opladen; Wiesbaden, S. 8-29.

HOLTZ-BACHA, CHRISTINA (2000): Entertainisierung der Politik. In: *Zeitschrift für Parlamentsfragen,* H. 31/2000, S. 156-166.

HOLTZ-BACHA, CHRISTINA (2001): Das Private in der Politik: Ein neuer Medientrend? In: *Aus Politik und Zeitgeschichte,* B41-42/2001, S. 20-26.

KAASE, MAX / KLINGEMANN, HANS-DIETER (Hrsg.) (1990): *Wahlen und Wähler.* Analysen aus Anlaß der Bundestagswahl 1987. Opladen.

KAASE, MAX / KLINGEMANN, HANS-DIETER (Hrsg.) (1998): *Wahlen und Wähler.* Analysen aus Anlaß der Bundestagswahl 1994. Opladen.

KAMPS, KLAUS (2002): Politische Parteien und Kampagnen-Management. In: DÖRNER, ANDREAS / VOGT, LUDGERA (Hrsg.), *Wahl-Kämpfe.* Betrachtungen über ein demokratisches Ritual, Frankfurt am Main. (im Erscheinen)

KAMPS, KLAUS (Hrsg.) (2000): *Trans-Atlantik, Trans-Portabel?* Die Amerikanisierungsthese in der politischen Kommunikation. Wiesbaden.

KLAGES, HELMUT (1996): Der „schwierige Bürger" – Bedrohung oder Zukunftspersonal. In: WEIDENFELD, WERNER (Hrsg.): *Demokratie am Wendepunkt.* Die demokratische Frage als Projekt des 21. Jahrhunderts. Berlin, S. 233-253.

KLINGEMANN, HANS-DIETER / KAASE, MAX (Hrsg.) (1986): *Wahlen und politischer Prozeß.* Analysen aus Anlaß der Bundestagswahl 1983. Opladen.

KLINGEMANN, HANS-DIETER / KAASE, MAX (Hrsg.) (1994): *Wahlen und Wähler.* Analysen aus Anlaß der Bundestagswahl 1990. Opladen.

KNEER, GEORG u.a. (Hrsg.) (1997): *Soziologische Gesellschaftsbegriffe.* Konzepte moderner Zeitdiagnosen. München.

KOCH, FRIEDRICH (1994): Sexuelle Denunziation. Ein Beitrag zur systematischen Ehrabschneidung in der politischen Auseinandersetzung. In: LUDGERA VOGT, ARNOLD ZINGERLE (Hrsg.), *Ehre – archaische Momente in der Moderne.* Frankfurt am Main, S. 117-130.

KOHLI, MARTIN (1988): Normalbiographie und Individualität: Zur institutionellen Dynamik des gegenwärtigen Lebenslaufregimes. In: BROSE, HANS-GÜNTHER / HILDENBRAND, BRUNO (Hrsg.): *Vom Ende des Individuums zur Individualität ohne Ende.* Opladen, S. 33-54.

MÜNKLER, HERFRIED (1997): Der kompetente Bürger. In: KLEIN, ANSGAR / SCHMALZ-BRUNS, RAINER (Hrsg.): *Politische Beteiligung und Bürgerengagement in Deutschland.* Möglichkeiten und Grenzen. Bonn, S. 153-172.

PETERS, BIRGIT (1996): *Prominenz.* Eine soziologische Analyse ihrer Entstehung und Wirkung. Opladen.

PLAKE, KLAUS (1999): *Talkshows.* Die Industrialisierung der Kommunikation. Darmstadt.

RADUNSKI, PETER (1996): Politisches Kommunikationsmanagement. Die Amerikanisierung der Wahlkämpfe. In: BERTELSMANN STIFTUNG (Hrsg.): *Politik überzeugend vermitteln.* Wahlkampfstrategien in Deutschland und den USA. Gütersloh, S. 33-52.

REICHERTZ, JO (2000): *Die Frohe Botschaft des Fernsehens.* Kulturwissenschaftliche Untersuchung medialer Diesseitsreligion. Konstanz.

ROHE, KARL (1992): *Wahlen und Wählertraditionen in Deutschland.* Kulturelle Grundlagen deutscher Parteien und Parteiensysteme im 19. und 20. Jahrhundert. Frankfurt am Main.

SARCINELLI, ULRICH (1987): *Symbolische Politik.* Zur Bedeutung symbolischen Handelns in der Wahlkampfkommunikation der Bundesrepublik Deutschland. Opladen.

SARCINELLI, ULRICH (2001): *Politische Akteure in der Medienarena.* Beiträge zum Spannungsverhältnis zwischen Amtsverantwortung und Medienorientierung bei politischen Positionsinhabern. (= Heft 12 der Landauer Arbeitsberichte und Preprints). Landau.

SARCINELLI, ULRICH (Hrsg.) (1998): *Politikvermittlung und Demokratie in der Mediengesellschaft.* Bonn.

SCHULZ, WINFRIED (1997): *Politische Kommunikation.* Theoretische Ansätze und Ergebnisse empirischer Forschung. Opladen; Wiesbaden.

SCHULZ, WINFRIED (1998): Wahlkampf unter Vielkanalbedingungen. Kampagnenmanagement, Informationsnutzung und Wählerverhalten. In: *Media Perspektiven*, H. 8/1998, S. 378-391.

SCHULZE, GERHARD (1992): *Die Erlebnisgesellschaft.* Kultursoziologie der Gegenwart. Frankfurt am Main, New York.

VOGT, LUDGERA (1995): Das Kreuz der Vergangenheit. Zur politischen Werbung der PDS. In: ANDREAS DÖRNER, LUDGERA VOGT (HRSG.): *Sprache des Parlaments und Semi-*

otik der Demokratie. Studien zur politischen Kommunikation in der Moderne. Berlin; New York, S. 340-363.

VOGT, LUDGERA (1997): *Zur Logik der Ehre in der Gegenwartsgesellschaft.* Differenzierung, Macht, Integration. Frankfurt am Main.

VOGT, LUDGERA (1998): Destruktive Kommunikation: Zur symbolischen Politik der Entehrung. In: *Schweizerische Zeitschrift für Soziologie*, H. 24/1998, S. 81-107.

CARSTEN BROSDA / CHRISTIAN SCHICHA

Politikvermittlung im Unterhaltungskontext
Formen politischer Rituale und ihre Grenzen

Das Fernsehen ist für das Erlangen und den Erhalt politischer Macht unentbehrlich geworden. Politiker, die aufgrund ihrer privilegierten Position in den Medien regelmäßig die Möglichkeit erhalten, sich professionell zu präsentieren, können mit einer breiten Zustimmung rechnen.[1] Die Merkmale des historisch relativ neuen Phänomens des Fernsehrituals fallen daher in der medialen Politikberichterstattung zusammen mit der Tatsache, dass die Konstitution und Ausübung von politischer Macht in allen Epochen auf das engste verbunden war mit der Zurschaustellung von Körpern, mit Theatralität und Dramaturgie.[2]
Dabei spielt vor allem die Verwendung visueller Symbole zur Steigerung von Macht und Autorität eine zentrale Rolle.[3] Alle Machtstrukturen und kollektiven Vorstellungsmuster suchen sich auf diese Weise ihren sinnlichen Ausdruck.[4] Bereits Durkheim untersuchte politische Rituale konventionellen Typs unter besonderer Berücksichtigung von Symbolen. Flaggen und Hymnen fungieren als Insignien der Macht und Autorität und werden von Politikern strategisch eingesetzt, um Menschen an sich und ihre Ideale zu binden.[5] Die Macht, Verbindlichkeit zu schaffen, stabilisiert sich immer auch durch die Macht, die Sinne in Regie zu nehmen. Von der repräsentativen Architektur über die Verherrlichung des Herrschers durch das Gemälde bis zum Abschreckungsritual der öffentlich zur Schau gestellten Hinrichtung lässt sich der Wille erkennen, Anordnungen für das Sehen zu schaffen, die Denken und Handeln beeinflussen. Zum *theatralischen* Ereignis werden sie dann, wenn es sich um „Darstellungsaktivitäten" handelt, die „vor allem mit dem tätigen Körper und/oder seinen mediatisierten Bildern operieren".[6] Das betrifft zunächst einmal die Konventionen der Inszenierung, des öffentlichen Vorzeigens, der demonstrativen Indienstnahme der Zeichen des menschlichen Körpers in kalkuliert gewählten Situationen und Beziehungen.
Der Begriff des Rituals ist heute nicht nur von unterschiedlichen wissenschaftlichen Disziplinen aufgenommen worden, sondern er ist auch zu einem populären Modebegriff aufgestiegen, wenn es darum geht, auf stereotype Handlungen in den Massenmedien hinzuweisen. Daher gilt es genau zwischen den verschiedenen Formen des politischen und des medialen Rituals sowie ihrer Symbiosen zu unterscheiden. Dazu sollen im Folgenden erste programmatisch-analytische Überlegungen formuliert werden.

---

1 Vgl. die Analyse von Goethals (1998, S. 314), der aufzeigt, wie professionell der ehemalige amerikanische Präsident Reagan im Rahmen von Fernsehritualen agierte. Seine Erfahrung als Schauspieler kam ihm dabei zweifellos zugute.
2 Vgl. Mergel 2001
3 Vgl. Goethals 1998
4 Dabei stellen Politikrituale nicht nur eine „Verzierung" für real ablaufende politische Prozesse und Aktivitäten dar: „Das Ritual aber ist in Wirklichkeit ein integraler Bestandteil der Politik moderner Industriegesellschaften; es ist nur schwer vorstellbar, wie ein politisches System ohne des auskommen könnte." (Kertzer 1998, S. 366) Mergel (2001, S. 22) betont die bedeutende Relevanz von Politikritualen, indem er die Frage stellt: „Was war wichtiger für die Durchsetzung der neuen Ostpolitik in den frühen siebziger Jahren: die Verabschiedung der Ostverträge oder Willy Brandts Kniefall in Warschau?"
5 Vgl. Durkheim 1981
6 Fiebach 1986, S. 9

Zum Aufbau und zur Funktion von Ritualen

Rituale spielen nicht nur für religiöse Gruppen und Bewegungen eine bedeutende Rolle, sondern ebenso in anderen Bereichen wie der Kunst, dem Theater oder dem Sport. Aber auch aus den Massenmedien und der Politik sind rituelle Handlungsvollzüge und -strukturierungen nicht mehr wegzudenken. Gemeinsam erzeugen mediale und politische Akteure unter genauer zu spezifizierenden Bedingungen rituelle Kontexte, die die Darstellung des Politischen ebenso prägen wie seine Wahrnehmung durch die Öffentlichkeit.
Beim Versuch, das Phänomen des Rituals zu definieren, bieten sich formale, substanzielle oder funktionale Zugänge an:
- In einer formalen Definition wird das Ritual in der Art und Weise bestimmt, wie eine Handlung oder ein Verhalten vollzogen wird. Es geht demzufolge um die Form der Durchführung, in der in Abgrenzung zu Routinen und Gewohnheiten der Vollzug, die Wiederholung oder die Stereotypisierung analysiert wird.
- Die substanzielle Definition bezieht sich auf den Inhalt von rituellen Handlungen in Abgrenzung zu Zeremonien und Bräuchen.
- Funktionale Definitionen hingegen definieren die Bedeutung von Ritualen aufgrund ihrer individuellen, gruppenspezifischen oder gesamtgesellschaftlichen Funktion. Dabei kommt der Religion in vielen Fällen eine zentrale Bedeutung zu.[7]

Bei zwischenmenschlichen Begegnungen werden Handlungen aufeinander abgestimmt, standardisiert, koordiniert und wiederholt; sich daraus ergebende Rituale basieren auf im Vorhinein festgelegten konkreten Abläufen.[8] Die Entdeckung der Kraft rituellen Handelns für die Schaffung von Identität und Gruppensolidarität führt zu gemeinschaftsstiftenden Handlungen.[9] Dabei stellt das Ritual eine Handlungsform dar, die Unsicherheit zu überbrücken hilft und Orientierung speziell in Übergangsphasen bietet.[10] Ein Ritual kann als eine Reihenfolge stilisierten Verhaltens klassifiziert werden, das durch besondere Mechanismen die Aufmerksamkeit des breiten Publikums auf sich ziehen kann, indem es als besonderes Ereignis wahrgenommen werden kann, da es zu einer bestimmten Zeit an einem bestimmten Ort zu einem besonderen Anlass aufgeführt wird.[11]
Das Ritual verfügt dabei über ein Repertoire geeigneter und kulturspezifischer „Konstellationen von Kernsymbolen".[12] Rituelle Handlungen sind in der Regel nach einem konventi-

---

7 Vgl. Werlen 1984, S. 21f.
8 Vgl. Humphrey/Laidlaw 1998, S. 135
9 Vgl. Krieger/Bellinger 1998
10 Vgl. Turner 1989
11 Dazu Thomas (1998, S. 430): Rituale „sind komplexe soziale Zeitgeber. Sie steuern in dieser Funktion Wiederholungen, etablieren Ereigniszyklen und Intervalle zwischen rituellen Ereignissen, setzten Phasen als Zeit ihrer Dauer fest und schaffen als große liturgische Ordnungen größere zeitliche Perioden. Rituale dienen in vielfältigen Formen der sozialen Synchronisation psychischer, emotionaler und kognitiver Prozesse".
12 Vgl. Platvoet 1998, S. 187. Er hat eine Reihe von Ritualdimensionen skizziert, die prägnante Ausprägungen ritueller Erscheinungen definieren:
- Die interaktive Dimension. Hierbei wird das Rituale als Typ spezifischen Verhaltens skizziert, dass durch sozialisationsspezifische Lernprozesse kulturell herausbildet.
- Die kollektive Dimension. Da mindestens zwei Teilnehmer an einem Ritual beteiligt sind, kann von einer kollektiven Ausrichtung ausgegangen werden.
- Die Gewohnheitsdimension. Rituale stellen soziale Interaktionen dar, bei denen soziale Prozesse durch wiederholtes Handeln konventionalisiert, formalisiert und dadurch zur Gewohnheit werden.

onellen Muster in einem spezifischen Rahmenzusammenhang stilisiert.[13] Sie folgen dabei einem repetitiven und stereotypen Muster.[14]
Ein Ritual ist zunächst als eine Form zu interpretieren, die garantiert, dass bestimmte Inhalte immer wiederkehren bzw. dass verschiedene Inhalte dieselbe Form wahren. Für die Funktionsweise des Rituals ist wesentlich, zwei Ebenen des Formbegriffs zu unterscheiden: eine äußere und eine innere Form, das heißt eine formalästhetische Gestaltung und eine inhaltlich-thematische Ordnung.

Fernsehrituale

Im Gegensatz zu den klassischen Veranstaltungs-Ritualen, die eine unmittelbare physische Präsenz aller Beteiligten voraussetzen, bietet das Fernsehen als „kulturelles Forum"[15] die Möglichkeit, weitreichende Publikumssegmente anzusprechen. Es transportiert wie kein anderes Massenmedium die Symbole unserer Gesellschaft. Trotz enormer räumlicher Entfernungen initiiert es gemeinschaftliche Erlebnisse von Millionen Zuschauern, wie die Berichterstattung über die Terroranschläge am 11. September 2001 erneut gezeigt hat. Durch das Fernsehen können die Zuschauer zur selben Zeit an verschiedenen Orten die angebotenen Angebote rezipieren und verarbeiten:

> „Durch den immer wieder kehrenden Einsatz von Bildern und Metaphern, durch sprachliche Wiederholungen und inhaltliche Rituale bestätigt es das Gewesene und konstruiert auf dieser Grundlage Neues."[16]

Insbesondere stark ritualisierte Großereignisse wie Sportveranstaltungen bieten einem Millionenpublikum die Möglichkeit, an derartigen „Events" als einer ritualisierten Form globaler Teilhabe zu partizipieren und somit neue Formen von emotional dichten Gemeinschaf-

---

- Die Dimension der traditionalisierenden Innovation. An diesem Punkt wird an Elemente traditioneller Rituale angeknüpft, die ggf. in modifizierter Form wieder auftauchen.
- Die expressive Dimension. Rituale verfügen nach deren Verständnis über eine besonders starke Wirkungsambition, um die angesprochene Zielgruppe zu erreichen.
- Die kommunikative Funktion. Rituale verfügen stets über spezifische Botschaften für die Adressaten.
- Die symbolische Dimension. Kommunikationsprozesse in Ritualen vollziehen sich durch Verdichtung komplexer Sachverhalte mittels Symbolik.
- Die multimediale Dimension. Rituale umfassen eine Vielzahl von Wahrnehmungsmustern (Gestik, Mimik, visuelle Eindrücke), die über die Sprache weit hinausgehen.
- Die Performance-Dimension. Hierbei steht der Ereignischarakter des Rituals mit dem Ziel im Mittelpunkt, die Aufmerksamkeit der Zuschauer zu erreichen.
- Die performative Dimension. Darunter werden symbolischen Handlungen in Form von Übergangsritualen subsumiert (z.B. Taufe, Eheschließung)
- Die ästhetische Dimension. An diesem Punkt steht die wirkungsvolle Absicht im Zentrum, die durch einen feierlichen und wohlgeformten Rahmen zur Ausprägung gelangt.
- Die strategische Dimension. Rituale fungieren durch ihre gemeinschaftsbildende Kraft als zentrale Kategorie der Machtausübung und des Machterhaltes.
- Die integrative Dimension. Die Funktion der Gemeinschafts- und Gruppenbildung kann als konstituierendes Merkmal des Rituals interpretiert werden.

13 Vgl. Rao/Köpping 2000, S.6
14 Vgl. Rappaport 1998, S. 191
15 Thomas 1996, S. 26
16 Vgl. Thompson 2001

ten zu erzeugen. Das Fernsehen avanciert somit zum untrennbaren Bestandteil derartiger Veranstaltungen.
Weiterhin schafft das Fernsehprogramm durch seinen zyklischen Charakter der Programme und seine konstante Darstellung von Sachverhalten eine vertraute Basis, aus der Vertrauen und Orientierungssicherheit erwachsen können. Insbesondere Nachrichtensendungen entsprechen in ihren ständig wiederkehrenden Strukturmerkmalen konventionell strukturierten Formen und Ritualen – von der Erkennungsmelodie über die Studiokulisse und das Auftreten des Sprechers bis hin zur thematischen Schwerpunktsetzung der Inhalte.

> „Eine gleichbleibende und Vertrautheit aufbauende Präsentation ermöglicht die Herstellung eines vagen Gefühls der Sicherheit und der Etablierung eines Kontaktes mit der Welt „draußen", jenseits des individuellen Lebens."[17]

Damit es überhaupt einen spezifischen Sinn macht, von einem „Fernsehritual" zu sprechen, muss man von dem komplexen Zusammenwirken der folgenden Elemente und Wirkungsfelder ausgehen:[18]

(1) *„Wirksamkeit" des Inhalts*: Die entscheidende Rolle spielen kulturelle Normen, Konventionen und Glaubenssätze. Eine Sendung trägt institutionsspezifische Ziele und Normen, die untrennbar verbunden sind mit einem bestimmten Realitäts- bzw. Relevanzversprechen. Das Ritual organisiert eine Begegnung zweier ‚Welten', von denen die eine dem Radius der alltäglichen Handlungen und Bewegungen entspricht, während die andere einem Gesetz zu folgen scheint, durch das sie ‚realer' ist als diese Realität, aber doch ständig in sie hineinspielt, uns ‚angeht'.

(2) *Stabile Rollenprofile* einer oder mehrerer Personen, die durch das Geschehen führen und dabei wichtige Bezugspersonen sind.

(3) Die stützende, regulierende und stimulierende *Funktion formalästhetischer Gestaltungselemente*: Auf die einzelne Sendung bezogen – also abgesehen von der „Corporate Identity" des Senders, die sich auch im Design der Sendungen niederschlagen muss – erfüllen fernsehästhetische Mittel drei Funktionen, die sich teilweise überlappen:

- *externe Strukturierung*: Besonders auf der Eben des ästhetischen Designs müssen Sendungen rekursiv ihre Grenzen zu anderen Sendungen markieren und ihren Inszenierungsrahmen abstecken
- *interne Strukturierung*: Von großer Bedeutung sind Verlaufsschemata, die Sendungseigenes und Sendungsfremdes, Rubriken, Beiträge und Moderationsteile in einer festen Ablaufstruktur miteinander verbinden, um der Wahrnehmung die Integration des Fremden und Neuen in ein sendungseigenes, bekanntes Schema zu erleichtern. Dabei wird nicht nur durch den horizontalen Verlauf die Relevanz der berichteten Ereignisse erkennbar macht, sondern auch eine vertikale Ordnung symbolisiert: Aktuelle Nachrichten fallen stets in bereits existierende Ausformungen von Nachrichten hinein. Ob es sich um eine Auslandsbesuch des Bundeskanzlers, kriegerische Auseinandersetzungen, Sport oder Wetter handelt: Die Tagesmeldungen werden in bestimmte Bedeutungssegmente zerlegt, scheinbar entsprechend der Art und der Bedeutung des Realitätssegments, auf das sie verweisen.

---

17 Thomas 1998, S. 218
18 Vgl. Meyer/Ontrup/Schicha 2000

- Die Herausbildung einer *audiovisuellen Leitmotivik*, die erst einmal der Identifizierung von Sendungseigenem und Sendungsfremden dient, aber auch als Stimulans der Wahrnehmung fungiert und das Ganze mit einem ästhetischen Grundton durchzieht. In Fernsehinszenierungen wirkt sich gerade dieses Moment zunehmend stärker aus, und zwar durch eine audiovisuelle Leitmotivik, die durch die Konzentration bestimmter Farben, Formen, Rhythmen, Melodien umgesetzt wird.

(4) Der *„Stabilitätseffekt"*: Es lässt sich konstatieren, dass rituelle Wiederholungen einen „symbolischen Mehrwert" hervorbringen. Dieser besteht zusammengefasst in einer verdichtenden Auslegung von Weltgeschehen, die voraussehbar ist und Identifikationsmöglichkeiten für Vergemeinschaftungsprozesse in Gang bringt, also eine stabile Ordnung der Realität behauptet, auf die sich die Inszenierung bezieht. In diesem Sinne kann das Ritual geradezu als Beruhigung über das Dasein fungieren oder auch nur als Vergewisserung einer kontinuierlichen Orientierungssicherheit in einer ständig sich verändernden Welt.

Politikrituale im Kontext der massenmedialen Berichterstattung

Der Verbund elektronischer Kommunikationstechniken mit dem Leitmedium Fernsehen errichtet eine ‚elektronische Bühne', die eine unumgehbare Vorstruktur bildet sowohl für das Verhalten derjenigen, die auf ihr auftreten müssen, um gesellschaftlich präsent zu sein, als auch für diejenigen, die Gestaltungs- und Präsentationsaufgaben haben. So wird eine Kommunikationsumwelt geschaffen, in die potenziell alle anderen Repräsentationsformen, Darstellungskonventionen, Kommunikationsstrategien und Selbstdarstellungen integriert werden können. Innerhalb der damit umrissenen Rahmenbedingungen ist die Inszenierung des Politischen durch eine wechselnde, komplexe Verschaltung verschiedener Teilrahmen geprägt, die spezifische Formen der Theatralität entwickeln und sich dabei gegenseitig beeinflussen und verstärken:

- Da sind erstens politische Handlungen, die immer schon theatralische Aspekte aufgewiesen haben, weil die Repräsentation der Macht, die (Selbst-)Inszenierung politischer Repräsentanten und politische Versammlungsrituale von Spielregeln der Demonstrativität bestimmt werden, die sowohl die Rhetorik und das Körperverhalten der Akteure als auch die Wahrnehmungsweise der Zuschauer steuern. Diese Konventionen haben sich mit den Inszenierungsmitteln verändert, und heute entlädt sich der Inszenierungswille in einer Fülle von Ereignissen, die gänzlich oder zu wichtigen Teilen überhaupt nur im Hinblick auf ihre mögliche Rezeption im Fernsehen entstehen und darum immer schon den Regeln unterworfen sind, die das wahrscheinlich machen.[19]
- Die Politik sieht sich zweitens in den Rahmen einer professionalisierten journalistischen Selektions- und Präsentationslogik gestellt, bei der die Grenzen der von Kant bis Habermas markierten Unterscheidung zwischen politisch-moralischen Diskursen und ästhetisch-emotionaler Expressivität verschwimmen. Visuell und emotional aufgeladene Vignetten, narrative Versatzstücke und Gesichter sind konstitutiv für die Dramaturgie, differenziertere Analyse und Information sind nur mit diesen Elementen zu haben.

---

19 Vgl. Boorstin 1963

- Das bedeutet schließlich drittens, dass in politischen Informationssendungen genau wie in der Werbung oder in Seifenopern die (Re-)Inszenierung bzw. das Vorzeigen von alltäglichen Situationen und Verhaltensweisen ein große Rolle spielt. Politische Ereignisse finden in immer größerem Maße unter wohlkalkulierter Bezugnahme auf die Medien statt, die sie übertragen. Die Massenmedien, abhängig von der unentwegten Zufuhr neuer Informationen, besitzen in der Welt der Politik eine stets sich erneuernde Quelle, treffen aber auf eine ‚Realität', die durch die mediale Informationsstruktur als solche zunehmend immer schon vorab inszeniert wird.

Wenn die grundlegende Operation des Fernsehens die Ersetzung der Gleichräumlichkeit durch Gleichzeitigkeit ist, so spielt auch hier die Vermittlung des Gefühls, Mitglied einer Gemeinschaft zu sein, eine entscheidende Rolle. In den elektronisierten theatralen Räumen

„[...] wird Intimität und Öffentlichkeit simuliert. [...] ‚Welt' auf der Ebene der Audiovisionen nicht mehr durch gemeinsames, interaktives Handeln erzeugt [...], sondern durch die Fiktion des gemeinsamen Wahrnehmens."[20]

Es ist also nicht von ausschlaggebender Bedeutung, ob die gemeinsamen Orientierungsmuster gemeinsames Handeln organisieren oder nicht. Entscheidender ist das Gefühl, etwas verpasst zu haben, ‚ausgeschlossen' zu sein, wenn man diese oder jene bestimmte Sendung nicht gesehen hat. Nach Schechner nähert sich eine Aufführung um so mehr dem Pol des Rituals zu, je mehr die Trennung zwischen Darstellern und Zuschauern zurückgenommen wird.[21] Wenn man Menschen das Gefühl vermitteln kann, ein Defizit zu haben, weil sie bei einem wichtigen Fernsehereignis nicht dabei gewesen sind, ist das eine sanfte, zeitgenössische Form der Exkommunikation, die allerdings unter den modernen Vielkanal-Bedingungen immer schwieriger zu erreichen ist. Die Teilnehmer eines Rituals sind von ihm abhängig, während im Gegensatz dazu das Theater von seinem Publikum abhängt.

Wie ist diese ‚Abhängigkeit' in der heutigen Kommunikationsgesellschaft, die nicht mehr wesentlich auf Ideologie und Weltanschauung gegründet ist, konkret beschaffen? Eine zuverlässige Bindung von Zuschauerinteressen an eine Sendung wird vor allem dann erreicht, wenn glaubhaft gemacht werden kann, dass man auf die Kenntnis der vermittelten Informationen und Ereignisse angewiesen ist, um am gesellschaftlichen Leben teilzuhaben, bzw. wenn gesellschaftliche Tendenzen und Stimmungen (re-)konstruiert werden, während es der jeweiligen Sendung gleichzeitig gelingt, sich als wichtiger Umschlagplatz für solche Elemente des Lebensstils zu etablieren, die eine virtuelle Gemeinschaft als die ihren betrachtet.

Es ist angesichts dieser Rahmenbedingungen eine Illusion anzunehmen, dass Politik ‚pur' als objektivierende Information über entsprechende Zusammenhänge ohne dramaturgische Effekte und symbolische Darstellungsmittel übermittelt werden könne.[22] Politisches Handeln umfasst neben der inhaltlichen Ausrichtung immer schon die Vermittlungsebene, um seinen Durchsetzungsambitionen gerecht zu werden. Politik ist ebenso Entscheidungsprozess, Prioritätensetzung und Problemlösung wie auch Ritual und wird entsprechend auf den visuellen Ebenen mit Hilfe von Inszenierungstechniken umgesetzt. Eine auch aus demokratietheoretisch-normativer Sicht angemessene Reduktion politischer Problemkomplexität

---

20 Schmidt 1994, S. 288f.
21 Vgl. Schechner 1990
22 Vgl. Sarcinelli 1994

findet dann statt, wenn die Vielschichtigkeit der Information vereinfacht wird, aber dennoch im Kern erhalten bleibt. Dabei wird auf spezifische Schemata und Muster für Darstellung und Wahrnehmung des Politischen zurückgegriffen. Die solche Techniken nutzende symbolische Politik ist auf die Mobilisierung von Emotionen und Gefühlen hin gerichtet und bedient sich u.a. der historisch bekannten Staatsmanngesten, die von Politikern, wie z.B. de Gaulle und Adenauer, Kohl und Mitterand oder Brandt, an unterschiedlichen geschichtlich bedeutsamen Plätzen in Szene gesetzt wurden. Für die kommunikativen Funktionen solcher Inszenierungen kommt es entscheidend darauf an, ob es sich im empirischen Einzelfall um dargestelltes Handeln in der Rolle von Verdichtungssymbolen handelt, in denen vorausgesetzte und erkennbare kulturelle, soziale und politische Sinnzusammenhänge zum Ausdruck kommen, oder um Verweisungssymbole, die ins Leere laufen können, wenn der scheinbar symbolisch dargestellte Handlungszusammenhang auf der politischen Handlungsebene gar nicht besteht. Kritik an politischen Inszenierungen dieser Art muss diese Unterscheidung treffen und begründen können, solange Diskurselemente der Informativität und Argumentativität auf der politischen Handlungsebene in rational entscheidbaren Formen zentrale Dimensionen der politischen Medienkommunikation in der Demokratie bleiben.

Bestimmte Verhaltensweisen von Politikern entstehen oft erst dann, wenn audiovisuelle Medien am Ort des Geschehens sind. Diese wechselseitigen Effekte umfassen die konsequente Berücksichtigung medienspezifischer Dramaturgien und negativ bewerteter Ritualisierungen bei der Expression spektakulärer Elemente.

„Der Begriff des Rituals steht heute meist für sinnentleerte Formen und Handlungen, deren Äußeres längst vom Inhaltlichen, Substantiellen abgekoppelt ist. Im Falle von politischer Kommunikation für die Verbreitung von Leerformeln und anderen nichtssagenden Begriffen und Mitteilungen."[23]

Symbolische Staatsmanngesten lassen sich auch im Rahmen der kurzen Nachrichtenberichterstattung aus journalistischer Perspektive gut einbauen. Die Vermittlung visualisierbarer Standardsituationen und personalisierter Politikbilder hat jedoch eher eine symbolische oder atmosphärische als eine sachliche Bedeutung:

„Die täglichen Nachrichtensendungen präsentieren ritualisierte Berichte über die ,Wirklichkeit'. Es handelt sich dabei um sorgfältig konstruierte Erzählungen, die in Worten und Bildern zusammengestellt werden, und welche die Geschehnisse erklären sollen. Den Erfolg von Fernsehritualen können wir daran ermessen, dass die meisten von uns die Nachrichten nicht als symbolische Konstruktion betrachten, sondern viel eher als symbolische Darstellung der Realität."[24]

Strukturelle Zusammenhänge, tiefgehende Erörterungen, komplexe Ursachen- und Wirkungsbeziehungen werden durch die additive Fokussierung weniger Einzelbilder dabei

---

23 Russo 1985, S. 105
24 Goethals 1998, S. 317. Die Form der Präsentation von Nachrichten erzeugt ebenfalls einen Ritualcharakter durch die Invariantenbildung der gleichbleibenden Sendezeiten und die formale Standardisierungen der Präsentation durch die Sprecher bzw. Moderatoren. Das Vorlesungsritual und die gleichbleibende Studiokulisse signalisieren Statik und Erwartungssicherheit (vgl. Bleicher 1999, S. 158).

nicht erfasst. Zusammenhänge und Prozesse können durch diese akteurszentrierte Darstellung von Politik nicht sichtbar gemacht werden.
Darüber hinaus findet investigativer Journalismus in Nachrichtensendungen aufgrund einer Reihe von Faktoren so gut wie nicht statt: Dazu gehören die Kürze der Sendezeit, die Hintergrundinformationen nicht zulässt, der Aktualisierungszwang, der die Vermittlung einer gründlichen Recherche verhindert, sowie die Verkürzung der Erklärung für komplexe Zusammenhänge. Nachrichtenmeldungen bleiben oberflächlich und erfüllen eher eine „Pointierfunktion"[25] als eine tatsächliche Informationsfunktion. Die Standarisierung der Themenselektion und der Präsentationstechniken verhindert Experimente. Vielmehr wird mit den immer gleichen Schlüsselbildern und Einstellungen gearbeitet. So ergibt sich ein hoher Ritualisierungsgrad der Fernsehkommunikation, der sonst nur bei stark formalisierten Festen, Initiationsritualen, Gedenkveranstaltungen und dergleichen anzutreffen ist.[26]
Schlüsselbilder, Empfangsrituale und Pressekonferenzen, demonstrieren den Hang der verantwortlichen Nachrichtenredakteure, das Bild ins Zentrum der Berichterstattung zu rücken. So wird bei den Rezipienten der Eindruck einer Erwartungs- und Verhaltenssicherheit erweckt und der Glaubwürdigkeitsanspruch der TV-Nachrichten zusätzlich untermauert. Visuelle Kontinuität verspricht gerade bei komplexen Themen Orientierung; ein Design dagegen, das zuviel Aufmerksamkeit erzeugt, manipulieren oder beeindrucken will, ist kontraproduktiv.
Es stellt sich aber die Frage, ob diese Bilder aussagekräftig sind oder als Ritualbilder bestimmte Themen nur symbolisieren sollen. Da Politik in der Regel ein abstraktes Geschehen ist und sich politische Willens- und Entscheidungsprozesse im Gegensatz zu Unfällen, Katastrophen und Sportereignissen kaum filmen lassen, müssen weitergehende Mechanismen und Strategien greifen, um Politikvermittlung zu gewährleisten.

„Fernsehnachrichten, als Teil eines Inszenierungs- und Unterhaltungsmediums, sind auf Darsteller, Bühnen, und Bühnenbild angewiesen. Politischer Alltag in Fernsehnachrichten zeigt sich daher häufig als routinierter, ritualisierter Medienalltag: vorfahrende Limousinen, Händeschütteln, Zeremonien, kurze Debatten- und Redeausschnitte, sowie der einträchtige Willkommensgestus am Kabinettstisch."[27]

Trotz dieses „Visualisierungszwangs" innerhalb der Nachrichtenberichterstattung werden bei weitem noch nicht die Möglichkeiten genutzt, die das Medium zu bieten hat, sondern in der Regel dominieren konventionelle und traditionelle Kriterien. „Sprechende Köpfe" der immer gleichen politischen Akteure werden bevorzugt gezeigt und unterstützen damit zusätzlich die Personalisierung von Fernsehnachrichten.
Während konventionell erstellte politische Magazine und Nachrichten sich demnach durch die Darstellung von Banalitäten, Alltäglichem, Selbstverständlichem, Belanglosem und von immer gleichen Politikritualen auszeichnen, wird dieser Differenzmangel der gepflegten Langeweile, in dem oberflächliche Stereotypen schematisch dargestellt werden, durch Unterhaltungselemente aufgehoben. So wird den Rezipienten ein Anreiz geboten, sich für unterhaltsam verpackte politische Themen zu interessieren.

---

25 Kamps 1999, S. 129
26 Vgl. Oevermann und Tykwer 1991
27 Kamps 1998, S. 41

„Freilich schließen sich Unterhaltung und Information keineswegs aus, sondern bedingen einander sogar, denn Abwechslungsreichtum ist höchst informativ, und Überraschungen können uns wiederum aktivieren, motivieren und (nach dem dramaturgischen Prinzip wechselnder Spannung und Entspannung) der Abfuhr von Triebdruck dienen."[28]

Die rituelle Publizität z.b. der Tagesschau mit der immer gleichen Darstellungsform von Akteuren, Themen, Konflikten und Katastrophen verliert angesichts solcher Alternativen schnell ihre Faszination – besonders beim jüngeren Publikum. Man könnte die These formulieren, dass die konventionelle, stereotype Form politischer Berichterstattung, die jahrzehntelang den immer gleichen Ritualen entsprach, u.U. nicht mehr ausreicht, um das Publikuminteresse aufrecht zu erhalten.

Politik im Unterhaltungsrausch: Innovative Formen der Politikvermittlung?

Aber auch Unterhaltungssendungen unterliegen einer strengen Dramaturgie, die durch immer wiederkehrende Elemente in einer bestimmten Reihenfolge die Abfolge der Sendung strukturiert. Die obligatorische Erkennungsmelodie, das Begrüßungsritual durch den Moderator, die Studioeinrichtung und den Ablauf der Sendung selbst sorgen dafür, dass die Erwartungssicherheit und die Identifikation auf Seite der Rezipienten erhalten bleibt. Die *Harald Schmidt Show* (SAT 1) stellt neben der Sendung *TV-Total* (PRO 7) von Stefan Raab den Prototyp für eine Sendung dar, die durch massenmediale Selbstbezüglichkeit eine Form der Selbstthematisierung und Selbstinszenierung schafft:[29]

- Die Selbstinszenierung wird erreicht, indem die Programmform durch das Fernsehen zu einem selbst geschaffenen Primärereignis avanciert:
- Die Selbstthematisierung in Form fernsehmedialer Selbstbezüglichkeit findet sich darin, dass sich die Beiträge thematisch des Mediums Fernsehens annehmen.
- Die massenmediale Selbstbezüglichkeit liegt vor, wenn fernsehmediale Beiträge an Veröffentlichungen in anderen Medien (Rundfunk, Print) anknüpfen.

So wird das tagesaktuelle Geschehen ironisch aufgearbeitet und prominente Protagonisten aus dem Show-Geschäft oder der Politik werden durch unterschiedliche Mechanismen veralbert. In der *Harald Schmidt Show* wechselten sich im Bundestagswahlkampf 1998 auf dem Stuhl neben dem markanten Schreibtisch des Entertainers Spitzenpolitiker aller Parteien zum Gespräch ab.[30]

---

28 Westerbarkey 1995, S. 152
29 Vgl. Frieske 1998, S. 80ff.
30 So zum Beispiel der damalige SPD-Bundesgeschäftsführer Franz Müntefering. Dieser unterhaltsame Auftritt hatte einen besonderen Hintergrund: Der Entertainer hatte sich in mehreren aufeinander folgenden Sendungen über die Frisur des Politikers lustig gemacht, unter anderem dadurch, daß er sich ein Haarstück auf die Ohren setzte, das den Haaransatz des Politikers imitierte. Müntefering antwortete bei seinem persönlichen Erscheinen mit einem intelligent vorbereiteten Auftritt, bei dem er sich mit wohldosiertem Humor auf die Regeln des Satire-Genres einließ. Es gelang ihm nicht nur, mit sparsamen Mitteln und trockenem Charme einen volksnahen, liebenswürdigen Wahlkämpfer aus Westfalen vorzustellen, sondern er brachte auch zwei ältere Fotos mit, die Schmidt zur Belustigung des Publikums mit langen Haaren zeigten. Die ganze Szene ist ein Dialog zwischen zwei Kommunikationsprofis und hat darüber hinaus eine treffende Symbolik: Der medienerfahrene Politiker gibt dem Medienhistrionen ein Bild zurück und demonstriert damit, dass auch er mit Bildern umzugehen versteht (vgl. Meyer/Ontrup/Schicha 2000).

Die jüngste Medienentwicklung forciert Prozesse der Vermischung und gegenseitigen Durchdringung von Situationen, Genres, Sinnbereichen und Formen, die früher mehr oder weniger deutlich voneinander getrennt waren. Das betrifft zum Beispiel die Vermischung von Politik und Unterhaltung, den Austausch von Elementen zwischen fiktionalen und nicht-fiktionalen Formaten, den Wechsel von Personen zwischen verschiedenen Rahmen. Fernsehstars und Moderatoren treten in der Werbung und in Spielfilmen auf, Fernsehdarsteller fungieren als Clip-Ansager, Sportler avancieren zu Popstars, Filmschauspieler diskutieren im Fernsehstudio über Politik.[31] Und auch Politiker versuchen zunehmend in zunächst politikferne Genres vorzudringen, um die jugendliche Wählerschaft anzusprechen, die von den Nachrichtenritualen nicht mehr erreicht werden.

Diese neuen Mischungsverhältnisse bezeichnet Dörner als „Politainment"[32]; ein Begriff, der gleichermaßen auf die unterhaltende Politik und auf die politische Unterhaltung zielt. Im ersten Fall bedienen sich Politiker der Instrumente der Unterhaltungskultur, im zweiten greift die Unterhaltungskultur selbst politische Inhalte auf und transformiert sie innerhalb ihrer eigenen Darstellungsformate.

Entsprechend des ersten Verständnisses gestalten Politiker ihre Auftritte im Fernsehen immer demonstrativer nicht nur als medien-, sondern als genrewirksames Ereignis. Politiker-Sein heißt, mediale Herausforderungen zu parieren und sich unterschiedlichen Genres und Spielregeln möglichst virtuos anzupassen. Längst ist aus dem 50er-Jahre-Fernsehen als „Fenster zur Welt" ein Schaufenster geworden, in dem auch die Politikerinszenierung flexibel werden muss. Politiker sind sich der Mobilisierungsfunktion durch die Bedeutung von öffentlich zur Schau gestellten symbolischen Handlungen als Rituale durchaus bewusst.[33] Durch derartige „Interaktionsrituale"[34] werden die soziale Position, der Status, Rang und das Machtpotential der agierenden Akteure bestätigt und gefestigt. Dabei unterwerfen sich die politischen Protagonisten, den spezifischen Regeln und Ritualen, die wiederkehrender Bestandteil derartigen Sendungen sind.[35]

Politik wird dort in einer personalisierten und auf eine einfache Grundkonstellation reduzierten Wirklichkeit dargestellt. Das bewirkt einerseits Verzerrungen und Verkürzungen andererseits aber auch Veranschaulichung und Orientierung. Die emotionale Dimension steht klar im Vordergrund. Politische Unterhaltungsöffentlichkeiten sind keine Aufklärungsöffentlichkeiten, bieten aber ebenso wenig Anlass für apodiktische Verfallsszenarien, da ihre Angebote durchaus in einem demokratisch-republikanischen Sinne nutzbar sein können.

---

31 Vgl. Nieland 1999, Schicha 2000
32 Vgl. Dörner 2001
33 Vgl. die Analyse von Kerzer (1998, S. 380) über die Versöhnungsrituals von Helmut Kohl und Ronald Reagan auf dem Soldatenfriedhof in Bitburg bzw. der Erinnerungsfeier auf dem Friedhof in Verdun, wo Kohl und Mitterand sich symbolisch die Hände reichten.
34 Vgl. Goffman 1999
35 Exemplarisch sei an dieser Stelle nur an die Auftritte von Gerhard Schröder in der Sendung *Wetten daß...?* oder der Daily Soap *Gute Zeiten – schlechte Zeiten* erinnert. Darüber hinaus treten Politiker als „Privatpersonen" regelmäßig in Talkshows wie *Boulevard Bio* oder der *Harald Schmidt-Show* auf (vgl. Meyer/Ontrup/Schicha 2000).

Guido Westerwelle auf dem Weg in den Big Brother Container – Eine Grenzüberschreitung?[36]

Die ehemals populäre Unterhaltungssendung *Big Brother* kann ebenfalls – entsprechend des Ritualbegriffs – als eine Kommunikationsform verstanden werden, die als Teil einer größeren, sequentiell geordneten Aufführung fungiert. In ihrem Programmschema sind eine Reihe von immer wiederkehrenden Zyklen zu beobachten, die den Sendeablauf strukturieren.[37] Die täglich zur immer gleichen Uhrzeit ausgestrahlte Zusammenfassung der Ereignisse im Container liefert für die Rezipienten eine Form der verlässlichen Erwartungssicherheit und Vertrautheit mit dem angekündigten Geschehen mit einer konstanten Zeitrhythmik.

Der FDP-Politiker Guido Westerwelle hat sich ausgerechnet an dem von vielen seiner politischen Kollegen kritisierten *Big Brother*-Experiment beteiligt. Die Gegner der Sendung wandten sich vor allem gegen die (angebliche) Verletzung der Menschenwürde der Kandidaten, den ungehemmt befriedigten Voyeurismus der Zuschauer und das Spielprinzip der Abwahl (Mobbing).[38] Westerwelles Besuch im Container hat angesichts der vorangegangenen erregten Debatte um die Sendung ein enormes öffentliches – überwiegend kritisches Echo – ausgelöst. Die Hauptkritik bezog sich darauf, dass er sich aus populistischen Motiven heraus diesem moralisch fragwürdigen Fernsehereignis zugewandt hat, um Werbung für seine Partei und Person zu machen. Die Ernsthaftigkeit seines Auftritts im Container, versuchte er damit zu legitimieren, dass er mit den Bewohnern über Politik diskutieren wollte.[39]

Dem Auftritt im *Big Brother*-Container von Guido Westerwelle ging eine formale Zeremonie voraus.[40] Er wurde mit einem gläsernen Fahrzeug, das an das Papamobil des Papstes erinnerte, vom Studio zum Container gefahren. Auf dem Weg dorthin wurde mit ihm im Auto ein Interview geführt, bei dem er die Geschenke präsentierte, die er den Bewohnern mitbrachte. Sein Aufenthalt im Container avancierte aufgrund der mitgebrachten Geschenke zu einem Ritualtyp einer „spontanen" Feier mit expressivem Bezugsrahmen, die an die Ausrichtung eines Geburtstages erinnerte.[41] Das Geschehen wurde live übertragen.

Westerwelle hat durch seinen Besuch eine Reihe von Regeln gebrochen, die sonst klassische Politikrituale kennzeichnen. Am prominentesten verstieß sein Besuch sicherlich gegen die Erwartungshaltung an eine seriöse Form der Politikvermittlung in dafür vorgesehenen Foren (z.B. dem Deutschen Bundestag). Westerwelle hat diese Foren nicht nur verlassen, sondern er trat darüber hinaus in einer allgemein hoch umstrittenen und heiß diskutierten Sendung auf.

---

36 Vgl. für eine ausführliche Analyse von Politikerbesuchen in der Sendung *Big Brother*: Brosda 2002.
37 Dazu gehören u.a. die im „Spielverlauf" periodisch immer wiederkehrenden Elemente der Nominierung durch die Mitbewohner, der Ein- und Auszug der Kandidaten, die obligatorische Wochenaufgabe, die Stellungnahme im „Sprechzimmer" sowie diverse Begrüßungs- und Verabschiedungsrituale auf der Inhaltsebene.
38 Vgl. Schicha 2000b; Schicha 2000c; Schicha 2002
39 Vgl. Brosda 2002. Angesicht des Kurzauftritts von einer guten halben Stunde darf die Ernsthaftigkeit dieser Begründung jedoch bezweifelt werden. Er verurteilte zwar während seines Blitzbesuches das Auftreten rechtsradikaler Gewalt, in erster Linie diente der Aufenthalt hingegen dem Konsum der mitgebrachten alkoholischen Getränke.
40 Vgl. zur religiösen Funktion von Zeremonien im Kontext von Ritualen weiterführend Geertz (1999, S. 78).
41 Vgl. Grimes 1998, S. 134

Politikvermittlung im Unterhaltungskontext: Formen politischer Rituale und ihre Grenzen 163

Eine riskante Strategie: Westerwelle hat sich durch diese kontrollierte Brechung politischer Ritualkonventionen ganz bewusst in einen neuen Kontext hinein begeben. Dabei nutzte er die Aufmerksamkeit, die jede Verletzung ritueller Gewohnheiten mit sich bringt, und stellte sie in den Dienst des Aufbaus eines eigenen medialen Charismas als unkonventioneller und mutiger junger Politiker, der bei der Zielgruppenansprache junger, vermeintlich politikentfremdeter Menschen bereit ist, eingefahrene Wege zu verlassen.

Gleichzeitig allerdings hat sich Westerwelle in mehrerlei Hinsicht rollenkonform zu den privatistischen Ritualbedingungen einer Unterhaltungssendung wie *Big Brother* verhalten:

- Er hat den Bewohnern – wie sich das für einen Besucher „gehört" – Geschenke mitgebracht.[42]
- Er hat sich an die Regeln der *Big Brother*-Regie gehalten, die die Dauer seines Aufenthaltes festgelegt hat.
- Er trat dem Anlass gemäß in lockerer Kleidung auf und verzichtete auf die ansonsten übliche Krawatte.
- Beim Konsum der Getränke im Container trank er wie die Bewohner lässig aus der Flasche, eine bei offiziellen politischen Anlässen eher unübliche Sitte.
- Der FDP-Politiker hat sich „Rituale des Benehmens"[43] zueigen gemacht, indem er seine Gesprächspartner in einem anschließenden Interview Komplimente durch die Bemerkung „Die sind ja richtig nett" gemacht hat.
- Darüber hinaus hat es den Bewohnern erlaubt, „persönliche Fragen zu stellen".[44]

Durch diese demonstrative Anpassung an die informell rituellen Rahmenbedingungen des zunächst politikfremden Kontextes der Sendung *Big Brother* stellt Westerwelle seine Flexibilität unter Beweis: Nicht nur dass er bereit ist, den rituellen Rahmen des Politischen zu verlassen, er zeigt darüber hinaus auch seine Kompetenz in dem ihm von seiner Rollenzuweisung her fremden Kontext.

Ritualbrechung und -konformität beziehen sich bei diesem exemplarischen Auftritt insofern auf unterschiedliche Rahmungen. Erst im Zusammenspiel allerdings können sie die von Westerwelle intendierte Wirkung des Image-Aufbaus in einem vorab geplanten Sinne gewährleisten. Dazu gehört auch, dass Westerwelle an einer Stelle die Ritualbedingungen des *Big Brother*-Hauses durchbrach, als er den Bewohnern dann doch eine Information aus der streng abgeschotteten Außenwelt mitteilte (Michael Schumacher ist Formel-1-Weltmeister). Auch in dieser kleinen Handlung zeigt sich deutlich das Bestreben des FDP-Politikers, sich als unabhängiger Geist zu präsentieren, der sich nicht in ein Korsett ritueller Regeln zwängen lässt.[45]

---

42 Dies ist die Ebene der rituellen Praxis, die im Kontext von face to face-Begegnungen auftritt. Sie besteht aus Zeichen der Ehrerbietung, des Benehmens, wodurch der soziale Status und Rang des Interaktionsteilnehmers festgelegt wird. Auf der Ebene der reziproken Rollenerwartung, wo institutionelle Rollenidentitäten festgelegt werden, spielt die persönliche Identität keine Rolle. Vielmehr handelt es sich hierbei um bestimmte Konventionen z.B. der Höflichkeit (vgl. Bergesen 1998, S. 53, Goffmann 1999).
43 Bergesen 1998, S. 61
44 Goffman 1999, S. 11. Dabei hat er sich mit den Worten vorgestellt: „Und von Hause aus bin ich Rechtsanwalt und habe einen Hund" (vgl. Brosda 2002).
45 Auch die Verletzung von Ritualbedingungen kann bei entsprechender Permanenz zum Ritual werden, wie die Sendungen von Harald Schmidt und Stefan Raab zeigen.

Ausblick: Wo liegen die Grenzen innovativer Politikrituale im Unterhaltungsgenre?

Aus einer normativ-demokratietheoretischen Perspektive stellen Rituale, wenn sie sich auf politische Sachverhalte beziehen, immer auch Verkürzungen von komplexen politischen Zusammenhängen dar. Daraus erwächst eine „Spannung zwischen Ritualität und Realität".[46] Eine derart konstruierte Ordnung unterliegt immer auch dem Manipulationsverdacht, da gegebenenfalls ein angemessenes und richtiges Verhalten durch eine Ritualisierung verschleiert wird.[47] Insofern sind Rituale als Formen des „instrumentellen" bzw. „strategischen" Handelns zu verstehen; Geltungsansprüche im Verständnis eines argumentativen Diskurses werden in der Regel nicht formuliert.[48]

> „Das Ritual ist nicht darauf ausgerichtet, einen universalen Konsens in einer nur kontrafaktisch anzunehmenden universellen Kommunikationsgemeinschaft anzustreben und zu erlangen, ritualisiertes Handeln zielt vielmehr auf die Durchsetzung einer hier und jetzt geltenden Gruppenidentität, d.h. auf eine persönliche, kulturelle und ontologische Totalität."[49]

Darüber hinaus sind Rituale nicht darauf angelegt, einen Erkenntnisgewinn zu erzielen, um Neues zu lernen bzw. neue Informationen zu erhalten, sondern es werden vielmehr Erkenntnisgrenzen gezogen. Gleichwohl verfügen. Sie über eine Orientierungsfunktion, in der Auslegungs- und Konstruktionsprozesse vonstatten gehen, wodurch eine Erleichterung von sozialer Interaktion erreicht werden kann.[50]

Rituale lassen sich als expressiv oder kommunikativ definierte Klasse von Handlungen definieren, die eine Botschaft in kondensierter und symbolischer Form übermitteln. Dabei handelt es sich primär um formale, institutionalisierte, stereotype und repetitive Handlungen.[51] Rituale dienen der Grenzziehung und Abgrenzung, ermöglichen eine Reduktion von Komplexität und sollen dazu beitragen, Orientierung und Identifikation zu ermöglichen.

Durch Fernsehrituale werden Themen von sozialer Relevanz nach medienspezifischen Inszenierungsformen u.a. durch Dramatisierung und Personalisierung aufbereitet und präsentiert. Fernsehrituale reduzieren Komplexität, indem sie unter Bezugnahme auf präsentative Symbole kommunizieren. Kognitive, diskursive und erkenntnisorientierende Dimensionen stehen dabei weniger im Mittelpunkt. Zentral ist vielmehr die Orientierungsfunktion und die gemeinschaftliche Erfahrung, weniger die Informationsleistung.

Nimmt man diese Überlegungen zum Maßstab einer Bewertung innovativer Formen unterhaltsamer Politikvermittlung, so sind deren Wirksamkeit und Akzeptanz aus einer normativ-politikwissenschaftlichen Perspektive an der Angemessenheit der zugrundeliegenden Ritualisierungen zu messen. Der normative Bewertungsmaßstab von Ritualen ist entsprechend abhängig vom sozialstrukturellen Normengefüge.[52] Im Gegensatz zur Werbung oder

---

46 Krieger/Belliger 1998, S. 17
47 Vl. Bergesen 1998, S. 69
48 Vgl. Habermas 1981
49 Krieger/Belliger 1998, S. 29.
50 Vgl. Edelman 1976
51 Vgl. Werlen 1984, S. 43
52 Im Zusammenhang mit den wechselseitigen Abhängigkeitsverhältnissen zwischen Journalisten und Politikern stellt Schaaf (1988) die provokante Frage, ob es sich im Umgang der Berichterstatter mit den Volksvertretern

zu fiktiven Unterhaltungsangeboten im Fernsehen wird von Politikern erwartet, dass sie ihre Botschaften glaubwürdig vertreten und begründen. Dabei ist es legitim, auch Unterhaltungsformate zu nutzen, um die Aufmerksamkeit der Rezipienten zu erreichen, sofern im Rahmen dieser Auftritte auch tatsächlich politischen Themen erörtert werden.
Der Auftritt des FDP-Politikers Guido Westerwelle war hingegen lediglich ein durchsichtiger Versuch, ein Medienspektakel zu initiieren, um öffentlich wahrgenommen zu werden. Dieses Ziel hat er zweifellos erreicht. Sein rund halbstündiger Auftritt im *Big Brother*-Container diente dabei aber keineswegs dazu, um politische Zusammenhänge im Gespräch mit den Bewohnern zu problematisieren. Vielmehr stand das Interesse im Vordergrund, seine Partei und Person durch den angeblichen Tabubruch seiner Visite im *Big Brother*-Haus innerhalb der Medien zu platzieren.
Von einer Grenzüberschreitung kann kaum die Rede sein. Politiker versuchen zunehmend, Unterhaltungskontexte zu nutzen, um politikverdrossene Wählerschichten anzusprechen. Im Zusammenhang mit dem moralisch-kontrovers diskutierten *Big Brother*-Projekt war der Auftritt von Westerwelle strategisch nicht unklug, faktisch jedoch eher langweilig und unspektakulär. Die Glaubwürdigkeit derartiger Aktionen ist demzufolge zu bezweifeln. Ebenso ist zu erwarten, dass sich der Abnutzungseffekt durch abnehmende Zuschauerresonanz bei derartigen Politikritualen ebenso einstellt wie beim *Big Brother*-Projekt insgesamt.

Literatur

BELLIGER, ANDREA, KRIEGER, DAVID J.(HRSG.) (1998): *Ritualtheorien.* Ein einführendes Handbuch. Opladen; Wiesbaden.

BELLIGER, ANDREA / KRIEGER, DAVID J.(1998): Einführung. In: BELLIGER, ANDREA, KRIEGER, DAVID (HRSG.): *Ritualtheorien.* Ein einführendes Handbuch. Opladen; Wiesbaden, S. 7-36.

BERGESEN, ALBERT (1998): Die rituelle Ordnung. In: BELLIGER, ANDREA / KRIEGER, DAVID J.(HRSG.): *Ritualtheorien.* Ein einführendes Handbuch. Opladen; Wiesbaden, S. 49-76.

BLEICHER JOAN KRISTIN: *Fernsehen als Mythos.* Poetik eines narrativen Erkenntnissystems. Opladen; Wiesbaden 1999.

BOORSTIN, DANIEL J. (1963): *The image or what happend to the american dream.* Harmondsworth u.a.

BROSDA, CARSTEN (2002): „Und von Hause aus bin ich Rechtsanwalt und habe einen Hund" Politikerauftritte in Unterhaltungssendungen am Beispiel von Big Brother. In: SCHWEER, MARTIN K.W. / SCHICHA, CHRISTIAN / NIELAND, JÖRG-UWE (HRSG.): *Das Private in der öffentlichen Kommunikation.* Big Brother und die Folgen. Köln, S. 206-232.

DÖRNER, ANDREAS (2001): *Politainment.* Politik in der medialen Erlebnisgesellschaft. Frankfurt am Main.

---

nicht immer mehr um „inszenierte Rituale" handelt, in denen Hintergrundinformationen durch symbolische Gesten ersetzt werden.

DURKHEIM, EMILE (1981): *Die elementaren Formen des religiösen Lebens*. Frankfurt am Main.

EDELMAN, MURRAY (1976): *Politik als Ritual*. Die symbolische Funktion staatlicher Institutionen und politischen Handelns. Frankfurt am Main.

FRIESKE, MICHAEL (1998): *Selbstreferentielles Entertainment*. Televisionäre Selbstbezüglichkeit in der Fernsehunterhaltung. Wiesbaden.

GEERTZ, CLIFFORD (1999): *Dichte Beschreibung*. Beiträge zum Verstehen kultureller Systeme. Frankfurt am Main (6. Auflage).

GOETHALS, GREGOR T. (1998): Ritual und die Repräsentation von Macht in Kunst und Massenkultur. In: BELLIGER, ANDREA / KRIEGER, DAVID J. (HRSG.): *Ritualtheorien*. Ein einführendes Handbuch. Opladen; Wiesbaden, S. 303-322.

GOFFMAN, ERVING (1999): *Interaktionsrituale*. Über das Verhalten in direkter Kommunikation. Frankfurt am Main (5. Auflage).

GRIMES, RONALS (1998): Typen ritueller Erfahrung, In: BELLIGER, ANDREA / KRIEGER, DAVID J.(HRSG.): *Ritualtheorien*. Ein einführendes Handbuch. Opladen; Wiesbaden, S. 119-134.

GÜNTHER, THOMAS (1998): *Medien – Ritual – Religion:* zur religiösen Funktion des Fernsehens. Frankfurt am Main.

HABERMAS, JÜRGEN (1981): *Theorie des kommunikativen Handelns*, 2 Bde. Frankfurt am Main.

HUMPHREY, CAROLINE / LAIDLAW, JAMES (1998): Die rituale Einstellung. In: BELLIGER, ANDREA / KRIEGER, DAVID J.(HRSG.): *Ritualtheorien*. Ein einführendes Handbuch. Opladen; Wiesbaden, S. 135-155.

KAMPS, KLAUS (1998): „Zur Politik nach Bonn..." Politische Kommunikation in Fernsehnachrichten. In: KAMPS, KLAUS / MECKEL, MIRIAM (HRSG.): *Fernsehnachrichten*. Opladen, S. 33-48.

KAMPS, KLAUS (1999): Im Wahlkampf nichts Neues. Aufmerksamkeitsstrukturen der Kampagnenberichterstattung in Fernsehnachrichten. In: HOLTZ-BACHA, CHRISTINA (HRSG.): *Wahlkampf in den Medien – Wahlkampf mit den Medien*. Ein Reader zum Wahljahr 1998. Wiesbaden, S. 109-132.

KERTZER, DAVID I. (1998): Ritual, Politik und Macht. In: BELLIGER, ANDREA / KRIEGER, DAVID J.(HRSG.): *Ritualtheorien*. Ein einführendes Handbuch. Opladen; Wiesbaden, S. 365-390.

FIEBACH, JOACHIM (1986): *Die Toten als die Macht der Lebenden*. Zur Theorie und Geschichte von Theaters in Afrika. Berlin.

RAO, URSUAL / KÖPPING, KLAUS PETER (2000): Einleitung: Die „performative Wende": Leben – Ritual – Theater. In: KÖPPING, KLAUS-PETER / RAO, URSULA (HRSG.): *Im Rausch des Rituals*. Gestaltung und Transformation der Wirklichkeit in körperlicher Performanz. Hamburg, S. 2-31.

MEYER, THOMAS / ONTRUP, RÜDIGER / SCHICHA, CHRISTIAN (2000): *Die Inszenierung des Politischen*. Zur Theatralität von Mediendiskursen. Wiesbaden.

MERGEL, THOMAS (2001): Einmarsch der Matadore. Symbole und Rituale: Die neue Politikgeschichte macht sich ethnologische Perspektiven zueigen. In: *Frankfurter Rundschau* vom 6.3.2001, S. 22.

OEVERMANN, ULRICH / TYKWER, JÖRG (1991): Selbstinszenierung als reales Modell der Struktur von Fernsehkommunikation. In: MÜLLER-DOHM, STEFAN / NEUMANN-BRAUN, KLAUS (HRSG.): *Öffentlichkeit – Kultur – Massenkommunikation*. Oldenburg, S. 267-316.

ONTRUP, RÜDIGER / SCHICHA, CHRISTIAN (1999): Die Transformation des Theatralen – Eine Einführung. In: SCHICHA, CHRISTIAN / ONTRUP, RÜDIGER (HRSG.): *Medieninszenierungen im Wandel. Interdisziplinäre Zugänge*. Münster; Hamburg; London, S. 7-18.

PLATVOET, JAN (1998): Das Ritual in pluralistischen Gesellschaften. In: BELLIGER, ANDREA / KRIEGER, DAVID J. (HRSG.): *Ritualtheorien. Ein einführendes Handbuch*. Opladen; Wiesbaden, S. 173-190.

RAPPAPORT, ROY A. (1998): Ritual und performative Sprache. In: BELLIGER, ANDREA / KRIEGER, DAVID J. (HRSG.): *Ritualtheorien. Ein einführendes Handbuch*. Opladen; Wiesbaden, S. 191-212.

RUSSO, MANFRED (1985): Zeichenrituale in der politischen Kommunikation: Vom Wort zum Bild. In: PLASSER, FRITZ / ULRAM, PETER A. / WELAN, MANFRED (HRSG.): *Demokratierituale*. Wien; Köln; Graz, S. 105-120.

SARCINELLI, ULRICH (1994): „Fernsehdemokratie". Symbolische Politik als konstruktives und als destruktives Element politischer Wirklichkeitsvermittlung. In: WUNDEN, WOLFGANG (HRSG.): *Öffentlichkeit und Kommunikationskultur*. Hamburg u.a., S. 31-41.

SCHAAF, DIERK-LUDWIG (1988): Nur inszenierte Rituale? Vom Umgang mit Politikern. In: *W & M*, H. 3/1988, S. 31-33.

SCHECHNER, RICHARD (1990): *Theater-Anthropologie. Spiel und Ritual im Kulturvergleich*. Reinbek.

SCHICHA, CHRISTIAN (2000a): Infotainmentelemente im Genre politischer Informationsprogramme In: NIELAND, JÖRG-UWE / SCHICHA, CHRISTIAN (HRSG.): *Infotainment und Aspekte medialer Wahrnehmung*. Ergebnisbericht und Stellungnahmen zum Workshop an der FU vom 2.6.1999 im Rahmen des DFG-Schwerpunktprogramms: „Theatralität". Duisburg, S. 72-89.

SCHICHA, CHRISTIAN (2000b): „Leb wie Du Dich fühlst?" Zur Fiktion von Authentizität beim Sendeformat Big Brother. In: WEBER, FRANK (Red.): *Big Brother. Inszenierte Banalität zur Prime-Time*. Münster, S. 77-94.

SCHICHA, CHRISTIAN (2000c): „Big Brother ist watching you..." Zur Diskrepanz zwischen Öffentlichem und Privaten im kommerziellen Rundfunk. In: *Zeitschrift für Kommunikationsökologie*, H. 1/2000, S. 47-50.

SCHICHA, CHRISTIAN (2001): „War on America" Medienberichterstattung und symbolische Politikinszenierungen nach den Terroranschlägen in den USA. In: *Zeitschrift für Kommunikationsökologie*, H. 3/2001, S. 47-52.

SCHICHA, CHRISTIAN (2002): Ein Experiment wie mit Ratten?, Big Brother und die „Moraldebatte". In: SCHWEER, MARTIN K.W. / SCHICHA, CHRISTIAN / NIELAND, JÖRG-

UWE (HRSG.): *Das Private in der öffentlichen Kommunikation*. Big Brother und die Folgen. Köln, S. 105-132.

SCHMIDT, SIEGFRIED J. (1994): *Kognitive Autonomie und soziale Orientierung*. Frankfurt am Main.

THOMAS, GÜNTER (1998): *Medien – Ritual – Religion.* Zur religiösen Funktion des Fernsehens. Frankfurt am Main.

THOMPSON, JOHN B. (2001): Bilder als Komplizen. Im Kampf der Symbole haben Amateurvideos und Endlosschleifen den Terror sichtbar gemacht. In: *DIE ZEIT* vom 20.9.2001, S. 66.

TURNER, VICTOR (1989): *Das Ritual.* Struktur und Antistruktur. Frankfurt am Main.

WESEL, REINHARD (1998): Das Bild der UNO. Zur Visualisierung supranationaler symbolischer Politik. In: HOFMANN, WILHELM (HRSG.): *Visuelle Politik.* Filmpolitik und die visuelle Konstruktion des Politischen. Baden-Baden, S. 302-331.

WERLEN, IWAR (1984): *Ritual und Sprache:* zum Verhältnis von Sprechen und Handeln in Ritualen. Tübingen.

WESTERBARKEY, JOACHIM (1995): Journalismus und Öffentlichkeit, Aspekte publizistischer Interdependenz und Interpenetration. In: *Publizistik,* H. 2/1995, Jg. 40, S. 152-162.

JENS TENSCHER / ALEXANDER GEISLER

Politiker kommen ins Gespräch
Chancen und Risiken von Politikerauftritten im Fernsehen

Einleitung

Nach wochenlanger Inszenierung der so genannten „K-Frage" und der schlussendlichen Inthronisierung des bayerischen Ministerpräsidenten Edmund Stoiber zum Spitzenkandidaten der Union für die Bundestagswahl 2002 sollte ein Solo-Auftritt bei *Sabine Christiansen* (ARD) den Startschuss für eine Wahlkampagne markieren, als deren zentrale Plattform die vielfältigen Gesprächsrunden, Interviewsendungen und Shows des Fernsehens auserkoren worden waren. Der Unionskandidat selbst hatte im Vorfeld seines *Christiansen*-Auftrittes den Bundeskanzler mehrfach zu live ausgestrahlten Redeuellen im Fernsehen aufgefordert. Das Wahlkampfteam der Union schien sich also sicher zu sein, dem mitunter als „Medienkanzler" titulierten Schröder auf dessen ureigenem Terrain Paroli bieten zu können. Allein, der „Probelauf" bei *Sabine Christiansen*, schon jetzt ein kleines Stück Wahlkampfgeschichte, entfaltete nicht die erhoffte Wirkung. Vielmehr wirkte Edmund Stoiber im Gespräch mit Sabine Christiansen fahrig, nervös und unkonzentriert. Insbesondere die Titulierung Christiansens als „Frau Merkel" wurde im Nachhinein zu einem vielzitierten Synonym für einen gemeinhin als misslungen erachteten Fernsehauftritt. Entsprechend titelte die *Süddeutsche Zeitung* (22.01.2002): „Ein Mann, zu viele Wörter. Stoiber stammelt bei ,Christiansen'" und *Die Welt* (22.01.2002) kritisierte „Stoibers Solo ohne Punkt und Komma". Dass der Unionskandidat nur einen Tag später in der politischen Interviewsendung *Was nun...?* (ZDF) die bemängelte Souveränität (wieder) an den Tag legte, wurde von den meisten politischen Feuilletonisten – wenn überhaupt – nur am Rande bemerkt.[1] Gerade im Vergleich zu Gerhard Schröder, der sich kurz zuvor in der politischen Talkshow *Berlin Mitte* (ZDF) im jovial, unangestrengt wirkenden Geplauder mit Maybrit Illner als „kumpelhafte[r] Kanzler" (*FAZ*, 22.1.2002) selbst präsentierte, blieb der Eindruck eines hölzernen, unsicheren und mediumungeschickten Kanzlerkandidaten der Union haften.

Das Beispiel zeigt, dass Wahlkampfinszenierungen in modernen Mediengesellschaften wie der Bundesrepublik Deutschland ihrer eigenen Dramaturgie folgen. Im Jahr 2002 hießen die *Premieren* des bundesdeutschen Fernsehwahlkampfes *Berlin Mitte* und *Sabine Christiansen*. Bis zum *großen Finale*, dem Fernsehduell der Spitzenkandidaten von SPD und CDU/CSU in der Woche vor der Bundestagswahl am 22. September 2002, konnten sich die Zuschauer jedoch auf eine „Marathonvorstellung" einstellen.[2] Wie schon der 98er

---

1 Stoibers Auftreten bei *Sabine Christiansen* wurde vom zwei Tage später einbestellten Wahlkampfleiter der Union, dem ehemaligen Chefredakteur der *Bild am Sonntag*, Michael Spreng, mit der Sorge Stoibers um dessen erkranktes Enkelkind begründet. Interessanterweise war dies zuerst in der *Bild*-Zeitung zu lesen, zeitgleich mit der Ankündigung, im Wahlkampf dem „Showmenschen" Gerhard Schröder den „Familienmenschen" Edmund Stoiber entgegensetzen zu wollen.
2 Strittig ist zum gegenwärtigen Zeitpunkt noch, a) wie viele derartiger Fernsehduelle es geben wird, b) welche Sender diese ausstrahlen werden und c) ob die Spitzenkandidaten der „kleinen" Parteien wie im Modell der ehemaligen „Elefantenrunde" (Vgl. hierzu Schrott 1990; Tenscher/Schrott 1996) mitdiskutieren werden.

Bundestagwahlkampf, aber insbesondere auch der 2000er Landtagswahlkampf in Nordrhein-Westfalen gezeigt haben, würden dabei nicht nur die „klassischen" Formate der politischen Informationsvermittlung – politische Magazine, Reportagen, Nachrichtensendungen und Wahlwerbespots –, sondern vor allem die Politikerauftritte in den diversen Gesprächsforen eine entscheidende Rolle spielen.[3] Dies nicht zuletzt deswegen, weil die dortige Performance der Kandidaten in besonderem Maße der Kritik der Wahlkampfbeobachter – seien es politische Korrespondenten, Feuilletonisten, aber auch Fernsehentertainer wie Harald Schmidt oder Stefan Raab – ausgesetzt sein würden. Deren Einfluss auf das Ausmaß des Erfolges oder Misserfolges von Politikerauftritten im Fernsehen, gerade bei denjenigen, die die Auftritte *nicht* gesehen haben, sollte insofern nicht unterschätzt werden.[4]

Das aktuelle Beispiel zeigt darüber hinaus aber vor allem, dass der programmatischen Empfehlung zum Gang in die Talkshows, die der ehemalige CDU-Bundesgeschäftsführer und langjährige Wahlkampfmanager Peter Radunski bereits vor zehn Jahren den Politikern jeglicher parteipolitischer Couleur mit auf den Weg gab,[5] diese nicht unreflektiert und unvorbereitet folgen sollten. Zweifelsohne *können* die diversen Gesprächssendungen und Shows zwar ideale Bühnen darstellen, um sich als charismatische, schlagfertige, souveräne, eloquente, selbstsichere, konsequente, sach- und medienkompetente Politiker zu präsentieren. Gleichwohl bergen die unterschiedlichen Formate jedoch nicht nur *Chancen*, sondern auch mannigfache *Risiken*, auf welche im Folgenden aufmerksam gemacht werden soll. Hierbei geht es um eine genrespezifische Differenzierung der diskursiven Politikvermittlung via Fernsehen. Dem vorangestellt ist ein Blick auf die vielfältigen soziokulturellen, medialen und politischen Veränderungen, in die der Prozess der „politischen Talkshowisierung"[6] eingebettet ist.

Aspekte moderner Mediendemokratien

Die auf solch griffige Formeln wie „Entertainisierung des Politischen"[7], „Politainment"[8] oder „Talkshowisierung des Politischen" verkürzten Veränderungen im politisch-medialen Interaktionsraum sind nur ein Teil umfassenderer, fundamentaler Wandlungsprozesse, wie sie moderne (Medien)Gesellschaften wie die Bundesrepublik Deutschland kennzeichnen. Dabei beziehen sich die genannten Begrifflichkeiten z.T. auf unterschiedliche Ebenen und Prozesse der Veränderungen der Politikvermittlung, welche in der relevanten Literatur mitunter zu verschwimmen scheinen (vgl. Tabelle 1). Im vorliegenden Kontext interessiert zunächst, wie die spezifische Politikvermittlung via TV-Talk und damit Prozesse der „Talkshowisierung"[9] in übergeordnete Prozesse eingebunden sind.

---

3 Vgl. Holtz-Bacha 2000; Tenscher/Nieland 2002
4 Vgl. bereits Schwartzenberg 1980, S. 183ff.
5 Vgl. Radunski 1992, S. 76
6 Sarcinelli/Tenscher 1998
7 Holtz-Bacha 2000
8 Dörner 2001
9 Im Begriff der „Talkshowisierung" ist die Bezugsgröße, nämlich das Fernsehsendeformat „Gesprächssendung", genannt.

Tabelle 1: Diskussionen zur Entwicklung der Politikvermittlung

Allgemein	Ebene	Angesprochene Prozesse
↓	Gesellschaft	Modernisierung
	Mediengesellschaft	„Amerikanisierung"
	Mediatisierte Politikvermittlung	Entertainisierung bzw. Politainment
Spezifisch	Politikvermittlung im Fernsehen	Talkshowisierung

Der Begriff der ‚Mediengesellschaft' verweist auf eine ganze Reihe von Beobachtungen, die sich zunächst an der quantitativen Erweiterung und der qualitativen Differenzierung des (elektronischen) Medienangebotes festmachen lassen.[10] Für die Bundesrepublik gilt hierbei die so genannte „Dualisierung" des Fernsehens als Initialzündung einer Entwicklung, die sich gegenwärtig in der Etablierung des Internets als weithin akzeptiertem, umfassendem Massenmedium fortsetzt.[11] Speziell dieses Beispiel macht deutlich, wie schnell und engmaschig sich Medien mit allen gesellschaftlichen Bereichen vernetzen. So hat sich nicht nur die Abrufbarkeit medial vermittelter Informationen exponentiell beschleunigt, sondern auch die Zahl potentieller Informations- und Unterhaltungsquellen wächst in inflationärem Maße. Diese Veränderungen gehen einher mit einer in den vergangenen Jahren kontinuierlich ansteigenden Nutzung und Be(ob)achtung von Medien durch die Bevölkerung.[12] In zunehmendem Maße erlangt demzufolge das Luhmann'sche Diktum Gültigkeit: „Was wir über unsere Gesellschaft, ja über die Welt, in der wir leben, wissen, wissen wir durch die Massenmedien."[13]

Auf der anderen Seite der Medaille – der Seite der Anbieter medialer Angebote – ist Medienpräsenz immer mehr zum zentralen Faktor geworden, um gesellschaftliche Aufmerksamkeit und Anerkennung zu sichern.[14] Dies hat vor allem Folgen für die ohnehin i.d.R. als bürgerfern und öffentlichkeitsarm geltende Sphäre des Politischen, für die – plakativ formuliert – ein Wandel „von der Parteien- zur Mediendemokratie"[15] konstatiert bzw. prognostiziert wird. Im Mittelpunkt dieses Erklärungsmodells steht die Wahrnehmung, dass demokratische Politik in so genannten „Mediendemokratien" nicht mehr nur begründungspflichtig und zustimmungsabhängig ist, sondern zudem medial – und das heißt vor allem fernsehgerecht – vermittlungsfähig sein muss, um dauerhaft Erfolg zu haben.

Die hieraus resultierenden Konsequenzen für Politik und politische Akteure sind weitreichend. Sie werden zudem durch flankierende Modernisierungsphänomene innerhalb der Bevölkerung noch verschärft. Denn je mehr traditionelle Konfliktlinien, Ideologien und Parteineigungen ihren vormals prägenden Einfluss auf die Gesellschaft verlieren, umso stärker sind politische Akteure auf die Vermittlungsfunktion der Medien angewiesen. So drohen vor dem Hintergrund der anhaltenden Individualisierung[16] der Wählerschaft nicht nur die vormals über Parteikanäle gewährleisteten Zugangswege zur Öffentlichkeit verloren

---

10 Vgl. Jarren 1998
11 Siedschlag u.a. 2001
12 Vgl. van Eimeren/Ridder 2001
13 Luhmann 1996, S. 9
14 Insofern ist der Boom, den die Daily Talkshows in den 90er Jahren verzeichneten, ebenso wie das Phänomen der „Medienprominenten" (z.B. Verona Feldbusch) ein typisches Merkmal medial geprägter Gesellschaften.
15 Sarcinelli 1998; Müller 1999; Vgl. auch die Beiträge in von Alemann/Marschall 2002
16 Vgl. Beck 2001

zu gehen. Vielmehr steigen mit einer tendenziell wachsenden Zahl parteilich „ungebundener" Wähler auch die Chancen der politischen Konkurrenten, via Massenmedien gezielt Wählergruppen zu mobilisieren bzw. tendenzielle Fremdwähler zu demobilisieren – immer vorausgesetzt, die richtige Botschaft erreicht zum richtigen Zeitpunkt die richtigen Adressaten.[17] Dies erklärt, warum nicht nur, aber insbesondere zu Wahlkampfzeiten die parteiorganisatorischen gegenüber den massenmedialen Vermittlungsformen zurücktreten, warum die Parteibinnenkommunikation in zunehmendem Maße (auch) massenmedial erfolgt.[18]

Um beim Publikum im doppelten Sinne des Wortes weiterhin bzw. wieder „anzukommen", um auch die Aufmerksamkeit der politisch wenig Interessierten und der steigenden Zahl der Wechselwähler zu wecken, bedarf es in zunehmendem Maße perfekt inszenierter, abwechslungsreicher und auch populärer Darstellungen *für die* Massenmedien und *in den* Massenmedien. Und das nicht nur zu Wahlkampfzeiten, sondern permanent. Schließlich ist es in modernen Mediendemokratien kaum vorstellbar, dass sich auf öffentliche Unterstützung angewiesene politische Akteure dem steten Fluss politisch-medialer Kommunikation entziehen könnten. Für sie heißt es heutzutage mehr denn je: sie *dürfen* nicht nicht kommunizieren und sie müssen dies *zeitgemäß* tun. Wer sich nicht ständig als Kommunikator professionell in Szene setzt und/oder wer medial einfach nicht „rüberkommt", der geht, überspitzt formuliert, auf lange Sicht in der Flut massenmedialer Botschaften und visueller Reize unter. Entsprechend scheinen politische Akteure immer häufiger darauf bedacht zu sein, auch im Rahmen ihrer Routinepolitik die ganze Palette der Medienformate zur Vermittlung ihre personellen und konzeptionellen Angebote zu nutzen. Dies kann bisweilen zu Spannungen zwischen den Strukturen und Strategien der organisationszentrierten Parteienlogik einerseits und einer stärker kandidatenzentrierten Medienlogik andererseits führen.[19] In diesem Zusammenhang steht insbesondere die in den vergangenen Jahren zu beobachtende Ausweitung der Politikvermittlung über die nicht genuin nachrichten- und informationszentrierten Formate hinaus in Richtung unterhaltungsorientierter Formate auf dem Prüfstand.

Dabei zeigt sich bei genauerem Hinsehen, dass das viel zitierte Phänomen der Talkshowisierung des Politischen zwei zunächst unabhängige Komponenten beinhaltet.[20] Zum einen geht es um die wachsenden *Möglichkeiten* für Politiker, im Fernsehen „talkend" präsent zu sein. Diese ergeben sich aus der Ausdifferenzierung, Entwicklung und Etablierung neuer Fernsehformate und -hybride im Zuge der durch die so genannte „Dualisierung" der Rundfunklandschaft angestoßenen fortschreitenden Kommerzialisierung und Publikumsorientierung des Programmangebotes. So hat insbesondere das Format der ‚politischen Talkshow' das Spektrum der (politischen) Informationsvermittlung und die Präsenzmöglichkeiten für Politiker im Fernsehen seit Mitte der 90er Jahre des vergangenen Jahrhunderts deutlich ausgeweitet.[21]

Zum anderen ist aber auch eine zunehmende *Bereitschaft* des politischen Spitzenpersonals festzustellen, diese (neuen) Plattformen – mit all ihren Chancen und Risiken – zu nutzen. Wie der 98er Bundestagswahlkampf und der Erfolg der politischen Talkshows in den ver-

---

17 Holtz-Bacha 1999, S. 11
18 Vgl. Niedermayer 2000, S. 195; Geisler/Tenscher 2002
19 Vgl. Plasser et al. 1996, S. 86; Sarcinelli 1998
20 Vgl. Nieland/Tenscher 2002, S. 319
21 Vgl. Tenscher 1999; Meyer et al. 2000

gangenen beiden Jahren unterstreichen,[22] scheint die ursprüngliche Skepsis der Politiker gegenüber den zunächst „neuen" Formaten der Hoffnung gewichen zu sein, auf diesem Weg sich selbst und die eigene Politik am besten darstellen zu können. Einen wesentlichen Beitrag zu dieser Einsicht haben sicherlich die „legendären" Auftritte Bill Clintons im Rahmen der US-amerikanischen Präsidentschaftswahlkämpfe der Jahre 1992 und 1996 geleistet, die ihn u.a. Saxophon spielend in die *Arsenio Hall Show* (MTV) und plaudernd zu *Larry King Live* (CNN) führten.[23]

Televisionäre Politikvermittlung in Mediendemokratien

Die schon längere Zeit bekannte besondere Attraktivität des Leitmediums ‚Fernsehen'[24] für die Politikdarstellung ist zum einen auf dessen *Omnipräsenz* und zum anderen auf die *visuelle Komponente* des Mediums zurückzuführen. Dabei verweist der Begriff der *Omnipräsenz* auf die enormen Reichweitenvorteile von Fernsehbildern und -botschaften. Denn im Vergleich zu allen anderen Massenmedien wird das Fernsehen durchschnittlich am häufigsten, am längsten und von den meisten Menschen genutzt – und genießt zudem das breiteste Imageprofil.[25] So kommen auch diejenigen Bürger und Wähler mit Wahlkampfbotschaften in Kontakt, die sich wenig oder gar nicht für Politik(er) interessieren – zumindest dann, wenn sich Wahlkampf nicht nur in den klassischen Formaten politischer Informationsvermittlung, also in Nachrichtensendungen, politischen Magazinen und Reportagen, abspielt, denen politisch Desinteressierte vermehrt durch einen Knopfdruck auf die Fernbedienung ausweichen. Darüber hinaus profitiert das Bildmedium Fernsehen gegenüber anderen Massenmedien von seiner Aktualität und seiner Authentizität suggerierenden, visualisierenden Präsentationsweise.[26] Gerade die visuelle Komponente des Fernsehens, der „Zeigezwang" dieses Mediums, bietet politischen Akteuren im Vergleich zu Hörfunk und Presse ein einzigartiges Forum zur „leibhaftigen" und „realitätsgetreuen" Selbstdarstellung. Die Konsequenz aus alledem ist, dass politische Akteure primär über das Fernsehen kommunizieren. Wer im permanenten Wettbewerb um kommunikative Positionsvorteile öffentliche Aufmerksamkeit für sich, seine Themen und Positionen erwecken möchte, muss schlichtweg die Fernseh-Kanäle mit all ihren Spielfeldern nutzen.

Die fernsehimmanenten Visualisierungsbedürfnisse machen das Medium zugleich in besonderem Maße anfällig für gezielte Beeinflussungsversuche von Seiten der politischen Akteure. In diesem Zusammenhang ist zum einen auf das mediengerechte Arrangement von jenen Ereignissen und Pseudoereignissen im Vorfeld der Berichterstattung zu verweisen, die ausschließlich zum Zwecke ihrer medialen Verwertung inszeniert werden. Dabei erlaubt es die Orientierung der journalistischen Arbeit an Medien- und Nachrichtenfaktoren den

---

22 Dieser Erfolg ermisst sich nicht nur in den vergleichsweise konstant hohen Einschaltquoten, sondern nicht zuletzt an den diversen Auszeichnungen, die die Moderatorinnen Sabine Christiansen, Maybrit Illner und Sandra Maischberger für ihr journalistisches Tun erhalten haben (Vgl. Nieland/Tenscher 2002, S. 334; Mohr 2002).
23 Vgl. Ridout 1993, S. 170; Dörner 1999, S. 19; Holtz-Bacha 2000, S. 156
24 Vgl. u.a. Radunski 1980; Tenscher 1998
25 Vgl. Ridder/Engel 2001
26 Man denke in diesem Zusammenhang nur an die etwas antiquierte Vorstellung vom Fernsehen als scheinbar objektiven „Fenster zur Welt", wie sie in den ersten Jahren nach der Einführung des Mediums weit verbreitet war.

politischen Akteuren politische Events, wie Parteitage und Pressekonferenzen, gezielt an den Bedürfnissen der Medien auszurichten und maßgeschneiderte „Bilder für die Bilder-Macher"[27] zu produzieren. Insgesamt verschiebt sich hierdurch, so wird vermutet, der Fokus der medialen Aufmerksamkeit von den komplexen, aber unspektakulären, Inhalten politischer Entscheidungsprozesse hin zu den professionellen Erzeugnissen symbolischer „Darstellungspolitik". Diese erschöpfen sich jedoch nicht in den intensivierten Bemühungen der Parteien zur gezielten Beeinflussung der medialen Agenda. Vielmehr bedingen die Aufmerksamkeitsstrukturen der Medienberichterstattung eine strategische *Personalisierung* der Parteienkommunikation, die politische Prominenz als Transmissionsriemen politischer Botschaften einspannt.[28]

Derartige Personalisierungstendenzen, aus demokratietheoretischer Perspektive zumeist kritisch beäugt, sind letztlich auch kennzeichnend für die zunehmende Ergänzung des Ereignismanagements im Vorfeld der Berichterstattung durch aktives Kommunikationsmanagement „im Innern" der Berichterstattung, namentlich durch Politikerauftritte in den diversen Gesprächsformaten des Fernsehens. Diesbezüglich ist festzuhalten, dass das politische Spitzenpersonal bis etwa zur Mitte der 90er Jahre so gut wie nie live im Fernsehen und wenn, dann vornehmlich in politischen Diskussions- und Interviewsendungen wie *Was nun...?* (ZDF) oder den legendären „Elefantenrunden" drei Tage vor den Bundestagswahlen zu sehen war. Mittlerweile zählen sie jedoch zum festen Inventar unterschiedlichster – nicht nur politischer – Talk- und Spielshows, einschließlich *Wetten dass..?* (ZDF), der *Harald-Schmidt-Show* (SAT.1) oder *Was bin ich?* (Kabel.1).

Wenn sich Politiker jedoch in zunehmendem Maße auch in den Unterhaltungsformaten des Fernsehens präsentieren, drohen die vormals eindeutigen Grenzen zwischen Politischem und Unpolitischem, zwischen Privatem und Öffentlichem sowie zwischen Unterhaltendem und Informativem immer mehr zu verschwimmen. Derartige Befürchtungen wollen zumindest im vielstimmigen Chor der Politik-, Kultur- und Medienwissenschaftler, die sich mit den sinnfälligen Veränderungen der Politikvermittlung beschäftigen, nicht verklingen[29] – auch wenn hier in den vergangenen Jahren eine gewisse „Entspannung" zu konstatieren ist.[30]

Zudem scheint die des Öfteren kritisierte fehlende Trennschärfe zwischen Privatem und Politischem sowohl von journalistischer als auch von politischer Seite bisweilen durchaus erwünscht zu sein.[31] Diese Vermutung wird durch die jüngste (missglückte) Selbstinszenierung des Bundesverteidigungsministers Rudolf Scharping als Privatmann unterstrichen, welche ihn u.a., nebst seiner Partnerin, Gräfin Pilati-Borgreve, in die Talkshow *Boulevard Bio* (ARD) führte.[32] Gerade an diesem Beispiel werden die Ambivalenzen deutlich, die ein Politikerauftritt in einer unpolitischen (Talk)Show des Fernsehens mit sich bringen kann: Einerseits sind die nicht (primär) politikzentrierten Fernsehformate zwar geeignet, auch die in ihrer Mehrzahl nicht (primär) politikorientierten Zuschauer und Wähler zu erreichen. Andererseits können nur diejenigen Politiker die Möglichkeiten des *Politainment* gewinnbringend nutzen, die sowohl den formatsspezifischen Erwartungen in Bezug auf Medien-

---

27 Goergen/Goergen 2000
28 Vgl. Holtz-Bacha et al. 1998, S. 241
29 Vgl. Elfferding 1993
30 Vgl. Dörner 1999, 2001; Tenscher 1999
31 Vgl. Holtz-Bacha 2001
32 Vgl. auch den Beitrag von Vogt in diesem Band.

und Gesprächskompetenz als auch den Erwartungen der Zuschauer an auf das jeweilige politische Amt bezogene Kompetenz und Glaubwürdigkeit Genüge leisten. Die Grenzen der erfolgreichen Selbstdarstellung sind insofern in hohem Maße abhängig von den Kompetenzvermutungen und dem Authentizitätsempfinden der jeweiligen Zuschauer.[33] Entsprechend stehen „talk-gewillte" Politiker vor der immer neuen Herausforderung, die schwierige Balance zwischen Bürgernähe und Anbiederung einerseits, zwischen demonstrativer Zurschaustellung von Sachkompetenz und abgehobener Fachsimpelei andererseits zu wahren.

Talk ist nicht gleich Talk

In der wissenschaftlichen Auseinandersetzung mit mediatisierter Politikvermittlung genießt der Rückgriff auf die Metaphorik des Theaters anhaltende Beliebtheit.[34] Talkshows werden in diesem Zusammenhang gerne als Medienbühnen und Inszenierungsräume beschrieben, die den Teilnehmern in kooperativer oder konfrontativer Form Gelegenheit zur Präsentation politischer, aber eben auch zunehmend privater Themen und Inhalte bieten. Wie kaum ein anders Fernsehformat stehen sie nahezu paradigmatisch für das oft beschriebene symbiotisch angelegte Verhältnis zwischen medialen und politischen Eliten,[35] die untereinander ein – durch Bündelung von Unterhaltungs- und Nachrichtenwerte generiertes – Publikumsinteresse gegen mediale Publizität handeln. Dabei spielt die rollenadäquate Inszenierung eines vermeintlichen Antagonismus zwischen investigativ und distanziert wirken wollenden Journalisten einerseits und souverän journalistische Kritik und Angriffe abwehrenden Politikern andererseits eine entscheidende Rolle. Wie kein anderes Genre bieten Gesprächssendungen also sowohl den Moderatoren als auch den politischen Diskutanten die Möglichkeit, ihre jeweiligen Strategien ohne Interessenskonflikte zu verfolgen, da durch das Format die beiderseits gewünschte Personalisierung geradezu *par excellence* gewährleistet ist.
Dessen ungeachtet ist Talkshow aber nicht gleich Talkshow. Bei genauerem Hinsehen lassen sich drei zentrale Sendeformate unterscheiden, die Politikern innerhalb und außerhalb von Wahlkämpfen eine Plattform zur Selbstdarstellung bieten:
(1) *politische Diskussions- und Interviewsendungen* wie z.B. *Was nun...?* (ZDF), *halb 12* (ZDF), *Bonner Runde* (ARD/ZDF), *Friedman* (ARD), *Maischberger* (N-TV) sowie diverse Formate des Ereignis- und Informationskanals Phoenix
(2) *politische Talkshows* wie z.B. *Sabine Christiansen* (ARD), *Berlin Mitte* (ZDF) und *Talk in Berlin* (N-TV)
(3) *nicht politische Talk- und Unterhaltungsshows* wie z.B. *Beckmann* (ARD), *Die Johannes-B.-Kerner-Show* (ZDF) oder die *Die Harald-Schmidt-Show* (SAT.1)
Wie an anderer Stelle gezeigt werden konnte,[36] divergieren diese
- im Ausmaß des Politikgehalts bzw. im Stellenwert politischer Themen und Gäste
- in der Relevanz unterhaltender Elemente
- im Grad ihrer Strukturiertheit bzw. ihrer Kontingenz

---

33 Vgl. Kepplinger 1997; Sarcinelli 2001
34 Vgl. Meyer et al. 2000, S. 50
35 Vgl. bereits Jarren 1988
36 Vgl. Nieland/Tenscher 2002, S. 322ff.

- im Grad ihrer Seriosität bzw. der Sachlichkeit der Themenbehandlung und des Diskussionsstils
- in der Größe und der Zusammensetzung der Publika im Studio und vor den Bildschirmen

Diese formatspezifischen Unterschiede bestimmen letztlich den Stellenwert, der ihnen von Seiten der Politiker und ihrer Medienberater für die Platzierung bestimmter Themen, Positionen und Botschaften (Agenda-Building) sowie zur Selbstdarstellung (Image-Building) beigemessen wird. Für den einzelnen Akteur ist letztlich die Einschätzung des jeweiligen Talkshowformats – in Verbindung mit seinen individuellen Kompetenzen und Erwartungen – ausschlaggebend für die Teilnahme oder Nichtteilnahme an den entsprechenden Sendungen. In vergleichender Perspektive lassen sich die angesprochenen Talkshow-Profile wie folgt kontrastieren (vgl. Tabelle 2):

Tabelle 2: Klassifikation von Gesprächssendungen

	Politische Diskussions- und Gesprächssendungen	Politische Talkshows	Unpolitische Talkshows / Unterhaltungssendungen
Politikgehalt	Hoch	Mittel	Niedrig
Unterhaltungselemente	Niedrig	Mittel	Hoch
Strukturiertheit	Hoch	Mittel	Niedrig
Seriosität	Hoch	Hoch	Niedrig
Zuschauerkreis	Niedrig	Hoch	Hoch
Agenda-Building	Hoch	Hoch	Niedrig
Image-Building	Mittel	Hoch	Hoch

Losgelöst von Amt und Kompetenzprofil eines einzelnen Politikers lassen sich demnach bestimmte formattypische Chancen und Risiken benennen, die ein Auftritt in einer Gesprächssendung mit sich bringt. Hinsichtlich des Potenzials wurde schon auf die besonderen Reichweitenvorteile von Fernsehgesprächssendungen hingewiesen. Daneben ermöglicht einzig die Teilnahme an Talkshows es Politikern, sich und ihre Themen direkt und, von den dramaturgischen Einflüssen der Bildregie[37] und den – zumeist vergeblichen – Steuerungsversuchen der Moderatoren einmal abgesehen,[38] unbearbeitet zu präsentieren. Die Art und Weise der Selbstdarstellung ist wiederum genreabhängig verschieden und reicht von der Selbstinszenierung eines souveränen, fach- und sachkompetenten Politikers in einer politischen Interviewsendung bis hin zum eloquenten, humorvollen, schlagfertigen Menschen „wie du und ich" in einer unpolitischen Talkshow. Im Gegensatz zu den vollmediatisierten Formen der Fernsehberichterstattung, wie z.B. Nachrichtensendungen, können hierbei die Fußangeln missliebiger Kürzungen – häufig auf 15-sekündige „Sound-bites" – und Montagen ebenso wie journalistische Kommentierungen in größerem Maße vermieden werden. Insbesondere politische Newcomer, Querdenker und Quereinsteiger bekommen zudem –

---

37 Diese werden allerdings z.T. als erheblich eingeschätzt. (Vgl. Hickethier/ Bleicher 1998)
38 Vgl. Tenscher/Schrott 1996

namentlich in den unpolitischen Talkshows – bisweilen eine Chance, die traditionellen Begrenzungen des klassischen Informationsjournalismus zu überwinden.[39] Diese bieten zudem in besonderem Maße die Möglichkeit, auch eher unpolitische Wähler bzw. solche Zuschauer anzusprechen, die das vorhandene Angebot informationsorientierter Medien in der Regel nicht erreicht. Letztlich heben sich Politikerauftritte in Gesprächssendungen von nicht-mediatisierten Kommunikationsformen wie politischer Werbung ab, die auf Wahlkampfphasen beschränkt bleiben, den Etat politischer Organisationen belasten und denen zudem von Seiten der Bevölkerung zuweilen Misstrauen entgegengebracht wird.

Diesen Chancen stehen eine Reihe von Risiken gegenüber, die Auftritte in Talkshowformaten für Politiker zu einem zweischneidigen Schwert machen. So ist der Ablauf derartiger Gesprächssendungen im Gegensatz zu klassischen Inszenierungen, wie Parteitagen und anderen geplanten „Events", i.d.R. nicht vorherzubestimmen. Dieser Unsicherheitsfaktor verschärft sich, sobald es sich um Live-Sendungen handelt oder „Überraschungsgäste", eingefangene Zuschauerreaktionen oder ein Studiopublikum den Ablauf bzw. die Wirkung der Sendung mitbestimmen. So lässt sich, wie am eingangs beschriebenen Live-Auftritt Stoibers bei *Sabine Christiansen* deutlich wurde, der Eindruck einer misslungenen Performance in einer Talkshow im Nachhinein nur schwerlich wegwischen.

Ebenso wenig verfügen alle Politiker über das notwendige Maß an rhetorischer Kompetenz, an Spontaneität, Witz und Schlagfertigkeit, um den Anforderungen der Moderatoren, des Publikums oder ihren zuweilen eloquenteren Mitdiskutanten gerecht zu werden. Schließlich stellen Talkshowauftritte einen Balanceakt zwischen der Notwendigkeit eines der Sendung adäquaten Auftretens (Kleidung, Frisur, Schmuck, Mimik, Gestik)[40] und den Authentizitätsansprüchen der Zuschauer dar. Gerade der politischen Klasse eher distanziert gegenüberstehende Rezipientenkreise (z.B. Jugendliche) neigen dazu, allzu durchschaubare Gefälligkeitsgesten bestenfalls als peinlich, schlimmstenfalls als ärgerlich zu empfinden.

So bieten die diversen Formate der Fernsehunterhaltung und -berichterstattung den politischen Akteuren, abhängig von ihrem öffentlichen Image, ihrer politischen Position und ihren individuellen Fähigkeiten und Neigungen, gleichermaßen Chancen und Risiken. Auf Seiten der Politiker haben diese Gegebenheiten in den vergangenen Jahren zu einer Art Auswahlprozess geführt, in dem Medien-, Kommunikations- und Darstellungskompetenzen als Selektionskriterien zwischen *Talkshow-Meistern* und *Talkshow-Meidern* fungieren.[41] Derartigen Kompetenzen scheinen auch bei der Rekrutierung und Ausbildung politischer Akteure eine zunehmend wichtigere Rolle zuzukommen. Dessen ungeachtet ist nicht jeder Politiker ein universell einsetzbarer und omnipräsenter „Talkshow-Meister" à la Guido Westerwelle (FDP, Jürgen Möllemann (FDP) oder Franz Müntefering (SPD), welche sich auf die unterschiedlichen Erfordernisse der diversen Talkshowformate adäquat einzulassen verstehen. Vom seit Anfang der 90er Jahre auf deutschen Bildschirmen zu beobachtenden „Talkshow-Boom" haben schließlich vor allem jene Politiker profitiert, die bereit und in der Lage sind, sich auf die Spielregeln des jeweiligen Genres einzulassen und denen von Seiten der Medien die entsprechende Popularität zugebilligt wird. Dabei handelt es sich

---

39 Dagegen bleiben die politischen Diskussions- und Interviewsendungen sowie die politischen Talkshows i.d.R. den „prominenten" Politikern vorbehalten. Hier scheint sich senderübergreifend in zunehmendem Maße eine politische „Talkshow-Elite" zu etablieren, die sich aus einem überschaubaren Pool an Ministern, Partei- und Fraktionsvorsitzenden sowie Generalsekretären zusammensetzt.
40 Vgl. Nieland/Tenscher 2002, S. 327
41 Vgl. Nieland/Tenscher 2002, S. 383

momentan noch um eine recht überschaubare Gruppe politischer Talkshow-Stammgäste. Gleichwohl kann sich ein nach politischer Aufmerksamkeit und Unterstützung strebender Politiker nicht (mehr) völlig den Gang in die Gesprächssendungen des Fernsehens ersparen – und sich dabei auch nicht nur auf die „klassischen" politischen Formate beschränken. Die Gruppe der selbstgewählten *Talkshow-Meider* innerhalb prominenter Spitzenpolitiker dürfte demzufolge in den kommenden Jahren stetig kleiner werden.

Zusammenfassung und Ausblick

Wer sich als prominente Person des öffentlichen Lebens, zumal als Politiker, in eine Gesprächssendung des Fernsehens begibt, kann viel(e) erreichen – aber auch einige(s) verlieren, und das nicht nur bei den Zuschauern an den Bildschirmen. Denn analog zur eingangs gewählten Metapher gilt, dass spektakuläre, genauso wie misslungene Premieren einen medienübergreifenden Widerhall in der öffentlichen Berichterstattung finden. Dies macht das Forum Fernsehen (keineswegs nur, aber gerade) für Politiker einerseits zu einer attraktiven, andererseits aber auch zu einer gefährlichen Bühne. Ungeachtet der Risiken, die Politikerauftritten im Fernsehen inne wohnen, ist jedoch ein Rückzug von dieser Medien-Bühne derzeit nicht (mehr) vorstellbar – mit entsprechend ambivalenten Folgen für den politischen Herstellungsbereich, die Wahrnehmung des Politischen sowie – nicht zuletzt – den politischen Diskurs.[42]

Die Erfahrungen der vergangenen Wahlkämpfe und die eingangs angesprochenen Vorzeichen des für September anstehenden Urnengangs 2002 deuten darauf hin, dass die publizistische wie wissenschaftliche Debatte um die politische Talkshowisierung noch lange nicht an ihrem Ende angelangt sein dürfte. Talkshows waren in den vergangenen Jahren, sind derzeit und werden wohl auch in Zukunft zentrale Bühnen im rauschenden Inszenierungsfestival moderner Politikdarstellung bleiben. Sofern die derzeitigen Krisensymptome in Richtung Mobilisierungsschwäche und Mitgliederschwund seitens der politischen Parteien anhalten, wird die Rolle unterhaltungsorientierter und personalisierter Kommunikationsforen wie Talkshows eher noch zunehmen. Der Willen und die Fähigkeit zur strategischen Selbstinszenierung verschmelzen dann immer stärker mit dem Anforderungsprofil des mediensozialisierten und medienversierten Karrierepolitikers, für den die Talkshow einen taktischen Manöverplatz im Kampf um öffentliche Zustimmung darstellt.[43] Ob jedoch die Talkshow den klassischen Ortsverein jemals wird ersetzen können, wie es Albrecht Müller plakativ formuliert,[44] bleibt angesichts der strukturellen Gegebenheiten des deutschen Parteiensystems mehr als fraglich. Sie erweitert ihn zweifelsohne zumindest bis ins heimische Wohnzimmer.

---

42 Vgl. Sarcinelli/Tenscher 1998; Tenscher 1999
43 Vgl. Schröder 2000: 19 f..
44 Vgl. Müller 1999, S. 59

Literatur

ALEMANN, ULRICH VON / MARSCHALL, STEFAN (HRSG.) (2002): *Parteien in der Mediendemokratie.* Wiesbaden.

BECK, ULRICH (2001): Das Zeitalter des „eigenen Lebens". Individualisierung als „paradoxe Sozialstruktur" und andere offene Fragen. In: *Aus Politik und Zeitgeschichte*, Heft 29/2001, S. 3-6.

DÖRNER, ANDREAS (1999): Politik im Unterhaltungsformat. Zur Inszenierung des Politischen in den Bilderwelten von Film und Fernsehen. In: *Aus Politik und Zeitgeschichte*, Heft 41/1999, S. 17-25.

DÖRNER, ANDREAS (2001): *Politainment.* Politik in der medialen Erlebnisgesellschaft. Frankfurt am Main.

ELFFERDING, WIELAND (1993): Die Talk-Show als Form des Schweigens über Politik. Eine Diskurspolemik. In: *Österreichische Zeitschrift für Politikwissenschaft*, Heft 3/1993, S. 463-476.

GEISLER, ALEXANDER / TENSCHER, JENS (2002): „Amerikanisierung" der Wahlkampagne(n)? Zur Modernität von Kommunikationsstrukturen und -strategien im nordrhein-westfälischen Landtagswahlkampf 2000. In: SARCINELLI, ULRICH / SCHATZ, HERIBERT (Hrsg.): *Mediendemokratie im Medienland?* Inszenierungen und Themensetzungsstrategien im Spannungsfeld von Medien und Parteieliten am Beispiel der nordrhein-westfälischen Landtagswahl im Jahr 2000. Opladen, S. 53-117.

GOERGEN, FRITZ / GOERGEN, BARBARA (2000): Bilder für die Bilder Macher. In: ALTENDORFER, OTTO / WIEDEMANN, HEINRICH / MAYER, HERMANN (Hrsg.): *Handbuch. Der Moderne Medienwahlkampf.* Professionelles Wahlmanagement unter Einsatz neuer Medien, Strategien und Psychologien. Eichstätt, S. 42-61.

EIMEREN, BIRGIT VAN / RIDDER CHRISTA-MARIA (2001): Trends in der Nutzung und Bewertung der Medien 1970 bis 2000. Ergebnisse der ARD/ZDF-Langzeitstudie Massenkommunikation. In: Media Perspektiven, Heft 11/2001, S. 538-553.

HICKETHIER, KNUT / BLEICHER, JOAN KRISTIN (1998): Die Inszenierung der Information im Fernsehen. In: JURGA, MARTIN / WILLEMS, HERBERT (Hrsg.): *Inszenierungsgesellschaft.* Ein einführendes Handbuch. Opladen; Wiesbaden, S. 369-383.

HOLTZ-BACHA, CHRISTINA (1999): Wahlkampf 1998 – Modernisierung und Professionalisierung. In dies. (Hrsg.): *Wahlkampf in den Medien – Wahlkampf mit den Medien.* Ein Reader zum Wahljahr 1998. Opladen; Wiesbaden, S. 9-23.

HOLTZ-BACHA, CHRISTINA (2000): Entertainisierung der Politik. In: *Zeitschrift für Parlamentsfragen*, Heft 1/2000, S. 156-166.

HOLTZ-BACHA, CHRISTINA (2001): Das Private in der Politik: Ein neuer Medientrend? In: *Aus Politik und Zeitgeschichte*, Heft 41/2001, S. 20-26.

HOLTZ-BACHA, CHRISTINA / LESSINGER, EVA-MARIA / HETTESHEIMER, MERLE (1998): Personalisierung als Strategie der Wahlwerbung. In: IMHOF, KURT / SCHULZ, PETER (Hrsg.): *Die Veröffentlichung des Privaten. Die Privatisierung des Öffentlichen.* Opladen; Wiesbaden, S. 240-250.

JARREN, OTFRIED (1988): Politik und Medien im Wandel: Autonomie, Interdependenz oder Symbiose? Anmerkungen zur Theoriedebatte in der politischen Kommunikation. In: Publizistik, Heft 4/1988, S. 619-632

JARREN, OTFRIED (1998): Medien, Mediensystem und politische Öffentlichkeit im Wandel. In: SARCINELLI, ULRICH (Hrsg.): *Politikvermittlung und Demokratie in der Mediengesellschaft*. Beiträge zur politischen Kommunikationskultur. Bonn, S. 74-94.

KEPPLINGER, HANS MATHIAS (1997): Politiker als Stars. In: FAULSTICH, WERNER / KORTE, HELMUT (Hrsg.): *Der Star*. Geschichte – Rezeption – Bedeutung. München, S. 176-194.

LUHMANN, NIKLAS (1996): *Die Realität der Massenmedien*. Opladen 1996.

MEYER, THOMAS / ONTRUP, RÜDIGER / SCHICHA, CHRISTIAN (2000): *Die Inszenierung des Politischen*. Zur Theatralität von Mediendiskursen. Wiesbaden.

MOHR, REINHARD (2002): Die sanfte Inquisition. In: *Der Spiegel*, Heft 11/2002, S. 72-74.

MÜLLER, ALBRECHT (1999): *Von der Parteiendemokratie zur Mediendemokratie*. Beobachtungen zum Bundestagswahlkampf 1998 im Spiegel früherer Erfahrungen. Leverkusen.

NIELAND, JÖRG UWE / TENSCHER, JENS (2002): Talkshowisierung des Wahlkampfes? Eine Analyse von Politikerauftritten im Fernsehen. In: SARCINELLI, ULRICH / SCHATZ, HERIBERT (Hrsg.) (2002): *Mediendemokratie im Medienland?* Inszenierungen und Themensetzungsstrategien im Spannungsfeld von Medien und Parteieliten am Beispiel der nordrhein-westfälischen Landtagswahl im Jahr 2000. Opladen, S. 319-394.

PLASSER, FRITZ / SOMMER, FRANZ / SCHEUCHER, CHRISTIAN (1996): Medienlogik: Themenmanagement und Politikvermittlung im Wahlkampf. In: PLASSER, FRITZ / ULRAM, PETER A. / OGRIS, GÜNTHER (Hrsg.): *Wahlkampf und Wählerentscheidungen*. Analyse zur Nationalratswahl 1995. Wien, S. 85-118.

RADUNSKI, PETER (1980): *Wahlkämpfe*. Moderne Wahlkampfführung als politische Kommunikation. München;Wien.

RADUNSKI, PETER (1992): The Show must go on. Politiker in der Fernsehunterhaltung. In: *Bertelsmann Briefe*, Heft 128/1992, S. 76-78.

RIDDER, CHRISTA-MARIA / ENGEL, BERNHARD (2001): Massenkommunikation 2000: Images und Funktionen der Massenmedien im Vergleich. Ergebnisse der 8. Welle der ARD/ZDF-Langzeitstudie zur Mediennutzung und -bewertung. In: *Media Perspektiven*, Heft 3/2001, S. 102-125.

RIDOUT, CHRISTINE F. (1993): News Coverage and Talk Shows in the 1992 Presidential Campaign. In: *Political Science & Politics*, Heft 4/1993, S. 712-716.

SARCINELLI, ULRICH (1998): Parteien- und Politikvermittlung: Von der Parteien zur Mediendemokratie? In: DERS. (Hrsg.): *Politikvermittlung und Demokratie in der Mediengesellschaft*. Beiträge zur politischen Kommunikationskultur. Bonn, S. 273-296.

SARCINELLI, ULRICH (2001): *Politische Akteure in der Medienarena*. Beiträge zum Spannungsverhältnis zwischen Amtsverantwortung und Medienorientierung bei politischen Positionsinhabern. Heft 12 der Landauer Arbeitsberichte und Preprints. Landau.

SARCINELLI, ULRICH / TENSCHER, JENS (1998): Polit-Flimmern und sonst nichts? Das Fernsehen als Medium symbolischer Politik und politischer Talkshowisierung. In: KLINGLER, WALTER / ROTERS, GUNNAR / ZÖLLNER, OLIVER (Hrsg.): *Fernsehforschung in Deutschland.* Themen – Akteure – Methoden, Teilband 1. Baden-Baden, S. 303-317.

SCHRÖDER, PETER (2000): *Politische Strategien.* Baden-Baden.

SCHROTT, PETER (1990): Wahlkampfdebatten im Fernsehen von 1972 bis 1987. Politikerstrategien und Wählerreaktion. In: KAASE, MAX / KLINGEMANN, HANS-DIETER (Hrsg.): *Wahlen und Wähler.* Analysen aus Anlaß der Bundestagswahl 1987. Opladen. S. 647-674.

SCHWARTZENBERG, ROGER-GÉRARD (1980): *Politik als Showgeschäft.* Moderne Strategien im Kampf um die Macht. Düsseldorf; Wien.

TENSCHER, JENS (1998): Politik für das Fernsehen – Politik im Fernsehen. Theorien, Trends und Perspektiven. In: SARCINELLI, ULRICH (Hrsg.): *Politikvermittlung und Demokratie in der Mediengesellschaft.* Beiträge zur politischen Kommunikationskultur. Bonn, S. 184-208.

TENSCHER, JENS (1999): „Sabine Christiansen" und „Talk im Turm". Eine Fallanalyse politischer Fernsehtalkshows. In: *Publizistik,* Heft 3/1999, S. 317-333.

TENSCHER, JENS / NIELAND, JÖRG-UWE (2002): Wahlkämpfe im Showformat. In: DÖRNER, ANDREAS / VOGT, LUDGERA (Hg.): *Wahl-Kämpfe.* Betrachtungen über ein demokratisches Ritual. Frankfurt a.M. (i.E.).

TENSCHER, JENS/ SCHICHA, CHRISTIAN (HRSG.) (2002): *Talk auf allen Kanälen.* Angebote, Akteure und Nutzer von Fernsehgesprächssendungen. Wiesbaden (i.E.).

TENSCHER, JENS/ SCHROTT, PETER (1996): Elefanten unter sich? Das Aufeinandertreffen von Moderatoren und Politikern in den deutschen Wahlkampfdebatten. In: *Politische Vierteljahresschrift,* Heft 3/1996, S. 447-474.

TANJEV SCHULTZ

Menschelnde Unterhaltung mit Politikern
Daten und Überlegungen zu Auftritten in Promi-Talkshows

Politiker sind auch nur Menschen. Diese banale Gewissheit kann zur frisierten Botschaft werden, mit der ihrerseits Politik gemacht wird. Das ist das Geschäft der menschelnden Unterhaltung mit Politikern. Sie suggeriert dem Publikum Einblicke in die andere Seite der Macht – die Seite der persönlichen Stärken und Schwächen, der menschlichen Irrungen und Wirrungen, der geplatzten und der in Erfüllung gegangenen Träume. Boulevardblätter und ihre elektronischen Pendants liefern seit jeher solche *stories*, in denen über Politiker und ihre Familien als vermeintliche Privatmenschen berichtet wird. Aber warum die Politiker nicht gleich selbst erzählen lassen? Tatsächlich haben sich Prominenten-Talkshows auf die menschelnde Unterhaltung mit ihren Gästen geradezu spezialisiert. Dort plaudern auch Politiker scheinbar ungezwungen über ihre Gefühle und Stimmungen, ihre Kindheit, Partnerschaften, Hobbies, Schicksalsschläge, ihren Karriereweg und ihren Arbeitsalltag. Die Bedeutung dieser Sendungen für eine Politikvermittlung im Unterhaltungsformat wird im Folgenden umrissen, indem zunächst die Konzeption der Promi-Talks und einige Daten zu Politiker-Auftritten im Jahr 2001 vorgestellt und schließlich kurz in ihren möglichen Funktionen und Gefahren diskutiert werden.

Promi-Talks im deutschen Fernsehen

Die schon klassische Diagnose, dass Politik zu einem Showgeschäft regrediere,[1] verlangt nach Differenzierungen kommunikativer Kontexte und medialer Formate. Eine Stilisierung von Politikern zu „Showstars" und die Fokussierung auf Spitzenpolitiker und ihr Image erfolgen auf durchaus unterschiedliche Weise in den diversen medialen und extra-medialen *settings*. Als allgemeine, übergreifende Phänomene spielen dabei Techniken der Selbstdarstellung und Inszenierung eine wichtige Rolle.[2] Sie passen sich jedoch format- und bereichsspezifisch an, erfüllen verschiedene Funktionen und können entsprechend unterschiedlich bewertet werden. Eine grobschlächtige, aber grundlegende Differenz besteht zwischen Kontexten, die noch erkennbar Teil des politischen Handlungs- und Kommunikationsraums sind, und solchen Kontexten, die vorrangig anderen Sphären angehören (z.B. der Kunst, die Kunst bleibt, auch wenn sie „politisch" ist).[3] Die Beachtung solcher Differenzen bleibt auch im Falle des Medienangebots nicht nur analytisch sinnvoll, sondern spiegelt ein Genre- und Formatwissen der Rezipienten wider, das trotz oder gerade wegen

---

1 Ein locus classicus ist Schwartzenberg 1980.
2 Vgl. u.a. Schütz 1992; Grewening 1993; Müller-Dohm/Neumann-Braun 1995; Meyer et al. 2000, 2001; Münkler 2001
3 Meyer bemerkt, dass verschiedene Inszenierungsformen „eine unterschiedliche Affinität zu Informativität, Argumentativität und politischer Funktionslogik haben" und dass sie „*entweder komplexe politische Information vermitteln können*, oder *im Unterhaltungsleerlauf das Politische als Thema* verwenden" (Meyer 1999, S. 151). Vgl. auch Meyer et al. 2000, 2001

der neuen Unübersichtlichkeit[4] und Grenzverschiebung in den Formaten sicher noch nicht geschleift werden konnte. So lassen sich die zahlreichen Gesprächssendungen im Fernsehen in Gruppen mit je eigenen Merkmalen und Funktionen unterteilen, von denen hier die Prominenten-Talkshows (Personality-Shows) in Abgrenzung zum Polit-Talk (politische Gesprächssendungen/Debattenshows) interessieren.[5]

Prominenten-Talkshows, in denen außer Schauspielern, Sportlern, Musikern und anderen Stars auch Politiker zu sehen sind, lassen sich als ein *explizites Unterhaltungsformat* verstehen. Im Gegensatz zu Polit-Talks wie *Berlin Mitte* oder *Sabine Christiansen* überwiegen politikfremde Gäste; es fehlt überhaupt an einer übergreifenden Themenstellung – die Gäste selbst bilden das Thema.[6] Eine Politikvermittlung findet lediglich indirekt statt, vor allem wenn Politiker auftreten, deren persönliche Anekdoten und Geschichten am Rande mit Kommentaren zur aktuellen Politik amalgamiert werden und in jedem Falle auch ohne diese als Bestandteil einer impliziten politischen Werbung wirken.[7] Im Vordergrund der Sendungen steht die menschelnde Unterhaltung; eine kritische Herausforderung der Gäste oder ein politisches Sachgespräch, das den Charakter einer bekenntnishaften Plauderei überschreitet, sind programmatisch nicht vorgesehen und werden, sollten sie versehentlich aufkommen, eilig überspielt und von leichterem Stoff abgelöst. In Debattenshows und politischen Gesprächssendungen mögen Unterhaltungswerte natürlich ebenfalls eine (möglicherweise sogar bedeutende) Rolle spielen, und es kann fraglich sein, ob und in welcher Güte sie ihren politischen Anspruch einlösen. Womöglich lassen sie, wenn man einen anspruchsvolleren normativen Maßstab anlegt, wenig Raum für eine seriöse und angemessene Auseinandersetzung mit politischen Fragen.[8] Nichtsdestotrotz bleibt ein wichtiger konzeptueller Unterschied erhalten zwischen Promi-Talks, die auf eine politikferne Unterhaltung zielen, aber dennoch nicht ganz frei von der Politik und ihren Akteuren sind, sowie Polit-Talks, die auf eine Vermittlung und Diskussion von Politik zielen, aber unter Umständen zur unsachgemäßen Unterhaltung degenerieren.[9]

Typisch für Promi-Talks ist ihr Bemühen, eine lockere, annähernd heimelige Atmosphäre herzustellen. Nicht nur werden Requisite und Anordnung der Gäste entsprechend gestaltet. Die Talkmaster bedienen sich eines empathischen, bisweilen kumpelhaften und intimen Stils der Gesprächsführung und verzichten weitgehend auf konfrontative oder kritische

---

4 Vgl. Meckel 1997
5 Für Klassifikationen von Gesprächssendungen vgl. Steinbrecher/Weiske 1992; Fley 1997; Eimeren/Gerhard 1998; Plake 1999; Dörner 2001, S. 133ff. Verschiedene Kriterien werden zur Unterscheidung von Gesprächssendungen verwendet, u.a.: thematischer Fokus, Anzahl und Struktur der Gäste, Regelmäßigkeit der Sendung, Anzahl von Moderatoren, Anwesenheit eines Studiopublikums, Zuschauerbeteiligung, Live-Ausstrahlung oder Aufzeichnung, räumliche Anordnung der Akteure, Requisite, Sendeplatz.
6 Vgl. Plake 1999, S. 32ff.
7 Zur indirekten Politikvermittlung kommt es auch, wenn politikferne Prominente zu politischen Themen oder Fragen von Moral und Werten Stellung beziehen.
8 Vgl. u.a. Holly et al. 1986; Sarcinelli/Tenscher 1998; Tenscher 1999; Meyer et al. 2000, 2001
9 Solche Differenzierungen sind m.E. nützlicher als Pauschalurteile, denen zufolge alle Talkshows gleichermaßen unsubstanzielles *Entertainment* bieten (Plake 1999, S.10). Man könnte sagen: sobald sich die oben getroffene Unterscheidung überhaupt nicht mehr der empirischen Realität entnehmen ließe, ginge Politik ganz in einem Unterhaltungskomplex auf, in dem Differenzierungen zwischen Themen, Personen und Handlungssphären vollständig zugunsten unmittelbarer Effekte und medialer Imperative fallen. Bei allen Vorbehalten gegenüber den Entwicklungen in der politischen Kommunikation schiene mir jedoch eine solche Kritik, wie sie sich einst in der Unterstellung eines kulturindustriellen Verblendungszusammenhanges äußerte, als stark überzogen und selber viel zu unterscheidungsarm. Differenzierungen entbinden freilich nicht von einer kritischen Gesamtbetrachtung und Reflexion (s.u.).

Interviewtechniken.[10] Dem Gast werden in erster Linie Gelegenheiten zur Selbstoffenbarung, zur eigenen Profilierung und Entfaltung von Charme und Witz geboten. Ein Studiopublikum, das für die meisten (allerdings nicht alle)[11] Promi-Talks obligatorisch ist, sowie die übrigen Talk-Gäste übersetzen erstaunliche oder „gelungene" Offenbarungen und Pointen sogleich in Reaktionen der Anteilnahme, des Wohlgefallens und der Heiterkeit. Ob die menschelnde Unterhaltung tatsächlich unterhält, kann so von allen Beteiligten unmittelbar abgelesen werden. Im Polit-Talk dagegen wird der Applaus eines vorhandenen Studiopublikums zwar ebenfalls zum Test für Pointen und rhetorisches Geschick, verbindet sich jedoch mit Parteinahmen im politischen Wettbewerb, um dessen Ausblendung und Verdeckung der Promi-Talk gerade bemüht ist. Bei konfrontativen und polarisierenden Einzelinterviews wiederum, wie sie Michel Friedman in *Friedman* (ARD) führt, handelt es sich um einen speziellen Typ des Polit-Talk, jedenfalls nicht um eine Form des seichten Promi-Talk.[12] Ähnliches gilt für andere Interviewsendungen, in denen Politiker im Einzelgespräch auftreten und relativ sachorientiert befragt werden wie bei *Maischberger* (n-tv) oder *Was nun, Herr/Frau...?* (ZDF). In diesen Sendungen dominieren Elemente eines *kritischen Interviews*; das Interesse gilt deutlicher der politischen Bedeutung des Gastes, nicht so sehr seiner reinen Menschlichkeit und privaten Hintergründe.[13] Politische Gegenstände werden zwar auch hier mit der Person des Befragten verschränkt, doch weniger mit dem Ziel, Politiker in ihren individuellen Lebenszusammenhängen erfahrbar zu machen, als mit dem erkennbaren Ansinnen, Zusammenhänge zwischen Handlungen, Einstellungen und Fakten aufzuhellen.[14]

Welche Prominenten-Talkshows gibt es nun im deutschen Fernsehen? – Die meisten sind schnell als solche identifizierbar; dies gilt vor allem für die traditionsreichen großen Freitagabend-Runden der dritten Programme: *NDR Talkshow*, *III nach 9*, *Herman & Tietjen*, *Riverboat* (vgl. Tabelle 1). Dort versammeln jeweils zwei oder drei Moderatoren sechs bis acht Prominente in einer auf Gemütlichkeit hin arrangierten Gruppe. Die Gespräche sind grob zentriert auf jeweils einen der Prominenten, die nacheinander in den Mittelpunkt gerückt werden. Vielfach kommt es darüber hinaus zu quer verlaufenden Interaktionen. Prominente, die bereits im Zentrum des Interesses standen oder erst später ins Rampenlicht gerückt werden, greifen in andere Unterhaltungen ein und beziehen sich interessiert bis

---

10 Christian Schicha bezeichnete dies auf der Jahrestagung des Netzwerk Medienethik und der DGPuK-Fachgruppe „Kommunikations- und Medienethik" am 22.2.2002 in einem Vortrag in München als „unterwürfigen" Moderationsstil. Das trifft den Punkt, wenn man größere Distanz von den Sendungen fordert. Die Moderatoren des Promi-Talk könnten den Vorwurf hingegen einfach zurückweisen, weil sie den dahinter stehenden Maßstab im Falle ihrer Sendungen für unangemessen halten. Sie wollen ihren Gästen eben einfach nahe kommen, ohne ihnen zu nahe zu treten. Anders bei Polit-Talks: verhalten sich Moderatoren hier gegenüber ihren Gästen „unterwürfig", so widerspricht dies den Ansprüchen und Erwartungen, die nicht zuletzt von der Anlage und dem Selbstverständnis der Sendungen suggeriert werden.
11 Die Sendung *Beckmann* verzichtet inzwischen auf ein Studiopublikum und möchte dadurch den Versuch unterstreichen, eine intime Gesprächsatmosphäre zwischen Talkmaster und Gast aufzubauen.
12 Der Wechsel zwischen Provokation und Empathie sowie zwischen Sachfrage und Personalisierung kann als ein besonderer Stil politischer Interviewführung eingesetzt werden. Vgl. für die Sendung *ZAK* Röttger/Weßler 1996. Gehaltvolle politische Gespräche schließen unterhaltsame, persönliche und „leidenschaftliche" Elemente sicher nicht aus. Die menschelnde Unterhaltung allerdings setzt sie prioritär und zielt unmittelbar auf das Persönliche *hinter* und *jenseits* des Politischen.
13 Auch hier ist zu betonen, dass die Idee eines kritischen Interviews zunächst als erhobener Anspruch wahrnehmbar wird. Wie gut es jeweils eingelöst wird, wäre jeweils zu beurteilen.
14 Vgl. Haller 1997, S. 146ff.

ehrfürchtig und vor allem heiter und ausgelassen aufeinander, so dass der Gesamteindruck einer freundschaftlich bis familienähnlich geselligen Atmosphäre entsteht.

Ähnlich aufgebaut ist die Talk-Reihe *ALEX* im Fernsehprogramm des Sender Freies Berlin. Allerdings verbucht sie schon aufgrund eines ungünstigeren Sendeplatzes und einer beschränkten bundesweiten Empfangbarkeit geringere Einschaltquoten und orientiert sich etwas stärker an der regionalen Prominenz. Auffällig ist insgesamt die Dominanz der öffentlich-rechtlichen Anbieter im Metier des Promi-Talk, der sich zwar jenseits der Freitagabend-Runden in weitere Sendeformen ausdifferenziert hat, aber noch immer vorrangig auf dem ersten, zweiten und auf den dritten Programmen zuhause ist. So inszeniert beispielsweise die Sendereihe *B.trifft* (WDR3) ein überraschendes Aufeinandertreffen von zwei bis drei Stars. Kochsendungen involvieren Prominente in der Arbeit am Herd und verwickeln sie dabei in menschelnde und offen für die neuesten Produktionen der Stars werbende Unterhaltungen. Stärker in die Richtung einer Spielshow geht die Reihe *Zimmer frei* (WDR3), in der je ein Prominenter auf seine „WG-Tauglichkeit" geprüft wird und sich durch Spieleinlagen und Interviewsequenzen als zukünftiger „Mitbewohner" empfehlen soll. Unterhaltungen mit Prominenten sind darüber hinaus natürlich in diverse andere Spiel- und Showsendungen integriert (*Wetten, dass...?*, *Verstehen Sie Spaß?* usw., auch Late Night Shows wie die *Harald-Schmidt-Show*). Eindeutiger als diese lassen sich die Sendungen *Johannes B. Kerner Show* (ZDF), *Beckmann* (ARD) und *Boulevard Bio* (ARD) als Prominenten-Talkshows klassifizieren. Sie verlassen sich vollständig auf die Unterhaltung mit ihren überwiegend prominenten Gästen, unterscheiden sich allerdings von den Freitagabend-Runden der dritten Programme durch ihre geringere Zahl an Gästen pro Sendung und die stärkere Konzentration der Gesprächsführung auf einen einzigen Talkmaster, der die Gäste im Verlauf einer Sendung nach und nach zu sich bittet.

Wie in den Freitagabend-Runden kreisen die Gespräche bei Kerner, Biolek und Beckmann vorzugsweise um die Lebensumstände und persönlichen Geschichten der Gäste, oft untermalt von eingeblendeten Fotos mit privaten Motiven: die Kindheit der Gäste, ihre Lebenspartner, Kinder und Haustiere, Szenen aus Freizeit und Urlaub. Die menschelnden Fragen der Talkmaster bieten den Prominenten ausreichend Gelegenheiten für humorvolle oder bemerkenswerte Anekdoten und für die Ausbreitung persönlicher Bekenntnisse, Vorlieben und Anliegen. Zur Illustration mögen wenige Fragen aus der *Johannes B. Kerner Show* mit Helmut Kohl im Januar 2002 dienen: „Erinnern Sie sich an den Tag, als Sie erfahren haben, dass Ihr älterer Bruder gefallen ist?"; „Ihr erstes Kind heißt Walter. Ist das eine Form von Erinnerung an Ihren verstorbenen Bruder?"; „1960 die Hochzeit mit Hannelore Renner. Hat diese Hochzeit auch Ihr Leben verändert oder nur das Ihrer Frau?"; „In den Jahren Ihrer Amtszeit als Bundeskanzler – wenn Sie darüber nachdenken, über wen Sie sich am meisten geärgert haben, kommen Sie da eher auf politische Gegner oder auf Menschen Ihrer eigenen Partei?"[15] Werden Politiker im Promi-Talk auf politische Themenkomplexe angesprochen, so geschieht es vorzugsweise mit einem Interesse an den *Befindlichkeiten* der Befragten. Der Mensch hinter dem Politiker soll sichtbar werden.

---

15 Die Fragen wurden abgedruckt in der Frankfurter Rundschau vom 19. Januar 2002, S. 22. Für kurze Fallanalysen von Politikerauftritten bei *Kerner* und *Biolek* vgl. Dörner 2001, S. 145ff.

Tabelle 1: Prominenten-Talkshows im deutschen Fernsehen 2001 (Auswahl)

Titel/Sender	Tag	ca. Beginn	Zuschauer in Mio. 2001 (BRD gesamt)	MA in % 2001 (BRD gesamt)
Die Johannes B. Kerner Show (ZDF)*	Do	23:05	2,16	19,2
Boulevard Bio (ARD)	Di	23:05	1,97	17,0
Beckmann (ARD)	Mo	23:05	1,79	15,9
NDR Talkshow (N3)**	Fr	22:00	1,25	6,6
Herman & Tietjen (N3)**	Fr	22:00	1,25	6,5
III nach 9 (RB/N3)**	Fr	22:00	1,07	5,8
Riverboat (MDR)**	Fr	22:00	0,91	4,8
ALEX – die Berliner Talkshow (B1)	Di	20:15	0,13	0,5

* Die Kerner-Show läuft seit Anfang 2002 an vier Tagen in der Woche.
** Diese Sendungen werden parallel auf anderen dritten Programmen ausgestrahlt, so dass die angegebene Zuschauerzahl jeweils leicht unter dem Gesamtwert liegt (Kontaktsumme).

[Quelle: AGF/GFK-Fernsehforschung]

Politiker-Auftritte im Jahr 2001

Dass Promi-Talks tatsächlich die „Menschen" hinter den Politikern zeigen, mag bezweifelt werden. Dass Politiker sich regelmäßig im Promi-Talk zeigen, ist dagegen eine Tatsache. In acht untersuchten Prominenten-Talkshows traten im Jahr 2001 insgesamt 102 Politiker auf (vgl. Tabelle 2). Über das Jahr verteilt bedeutet dies also eine Frequenz von fast zwei Politikern pro Woche allein in diesen acht Sendungen. Mit der Ausnahme von wenigen Wochen, insbesondere während der Sommerpause, gaben sich die Politiker in wöchentlicher Regelmäßigkeit die Studioklinke in die Hand, um sich auf eine Unterhaltung mit den Promi-Talkern einzulassen. *Johannes B. Kerner* und *Beckmann* zogen besonders viele Politiker in ihre Sendung; unter den Prominenten-Runden der dritten Programme lag *ALEX* vorne. Wie Tabelle 2 zeigt, treten Politiker im Promi-Talk typischerweise ohne professionelle Konkurrenz auf. Nur selten werden weitere Kollegen aus der Politik dazugeladen, die in einen Wettbewerb um Aufmerksamkeit und Sympathiepunkte eintreten oder die Unterhaltung in einen politischen Disput verwandeln könnten.

Dafür bringen Politiker bisweilen Partner und Familienmitglieder in die Sendungen mit und weisen sich schon durch ihre Begleitung als Privatmenschen aus. So war Verteidigungsminister Rudolf Scharping im Januar 2001 zusammen mit seiner Lebensgefährtin Kristina Pilati-Borggreve bei *Boulevard Bio* zu Gast.[16] Auch die SPD-Sozialpolitikerin und ehemalige Ministerin des Landes Brandenburg, Regine Hildebrandt, trat mit ihrem Ehemann Jörg bei Alfred Biolek auf (September 2001). Im Zweifelsfalle reicht für die Promi-Talker aber

---

16 Dies war noch vor seiner missglückten Inszenierung für die *Bunte* – als ein Verteidigungsminister, der mit seiner Liebschaft im Pool planschte, während seine Soldaten mobil machten. Vgl. dazu den Beitrag von Vogt in diesem Band.

der aktuelle oder ehemalige Partner eines Politikers im Soloauftritt: Jutta Scharping war 2001 bei *Kerner* zu Gast, Kanzlergattin Doris Schröder-Köpf bei *Kerner* und *Biolek*, Loki Schmidt bei *Beckmann*, Ingrid Biedenkopf bei *Riverboat* und der Bruder von Kanzler Schröder, Lothar Vosseler, bei *ALEX*.

Tabelle 2: Politiker in acht Prominenten-Talkshows 2001

Titel/Sender	Gesamtzahl Sendungen	Anzahl Gäste pro Sendung	Politiker als Gäste (N=102)	Sendungen mit Politiker-Auftritt
Die Johannes B. Kerner Show (ZDF)	41	1-4	15	15
Boulevard Bio (ARD)	39	3-6	6	6
Beckmann (ARD)	38	1-4	25	24
NDR Talkshow (N3)*	22	6-8	8	7
Herman & Tietjen (N3)*	12	6-8	8	8
III nach 9 (RB/N3)*	13	6-7	8	7
Riverboat (MDR)*	23	6-7	11	10
ALEX – die Berliner Talkshow (B1)	18	4-6	21	15

[Quelle: Listen und Archive der Redaktionen, eigene Berechnungen]

Eine erkennbare Präferenz der Sendungen liegt verständlicherweise bei hochrangigen Spitzenpolitikern und damit der größtmöglichen politischen Prominenz. Entsprechend sind Regierungsvertreter, amtierende Minister, Ministerpräsidenten oder sonstige staatliche Würdenträger im Vorteil. Politiker, die einer der Regierungsparteien SPD und Bündnis 90/Die Grünen angehörten, waren in den untersuchten acht Prominenten-Talkshows im Jahr 2001 stark repräsentiert: 43 der 102 Politiker-Auftritte fielen auf SPD-Mitglieder. Die Grünen waren mit 18 Auftritten nicht allzu weit von den 27 Auftritten aus Reihen der CDU/CSU entfernt (vgl. Tabelle 3).

Tabelle 3: Politiker in acht Prominenten-Talkshows 2001 nach Parteien

Parteizugehörigkeit	Zahl von Auftritten (N=102)
SPD	43
CDU/CSU	27
Bündnis 90 / Die Grünen	18
FDP	9
PDS	5

[Quelle: Sendelisten der Redaktionen, eigene Berechnungen (Titel der Talkshows s.o.)]

Insbesondere frisch gewählte Amtsträger machen schnell ihre Runde in den Prominenten-Talkshows. So tauchte die neu gewählte Bundesvorsitzende der Grünen, Claudia Roth, gleich fünf Mal in den acht untersuchten Promi-Talks auf; die noch nicht lange vereidigte Verbraucherschutzministerin Renate Künast (Die Grünen) vier Mal und Gesundheitsministerin Ulla Schmidt (SPD) immerhin drei Mal. Attraktiv dürfte die menschelnde Unterhaltung auch für Politiker sein, die sich unmittelbar in einem Wahlkampf befinden. Im Umfeld der geplatzten Großen Koalition in Berlin und der Neuwahl des dortigen Senats waren Gregor Gysi (PDS) und Klaus Wowereit (SPD) jeweils vier Mal in den acht genannten Promi-Talks unterwegs. Der schließlich durch ein Misstrauensvotum abgesetzte Berliner Bürgermeister Eberhard Diepgen (CDU) brachte es noch auf drei Auftritte.

Tabelle 4: Politiker in acht Prominenten-Talkshows 2001 nach Funktionen

Politische Funktionen	Zahl von Auftritten (N=102)	Personenzahl (N=61)
Amtierende Minister (Bund/Länder), Ministerpräsidenten, Bundestagspräsident	33	23
Amtierende Vorsitzende der Bundesparteien, Bundestagsfraktionen, Generalsekretäre	15	7
Ex-Minister (Bund/Länder), Ex-Ministerpräsidenten	30	18
Sonstige	24	13

[Quelle: Sendelisten der Redaktionen, eigene Berechnungen (Titel der Talkshows s.o.)]

Neben Politikern, die an der vorderen Linie des politischen Betriebs agieren, laden Prominenten-Talkshows auch altgediente Spitzenpolitiker früherer Tage ein (vgl. Tabelle 4). Ehemalige Minister und Ministerpräsidenten bestritten 2001 fast ein Drittel der Politiker-Auftritte. Regine Hildebrandt (SPD) war in fünf der acht Sendungen zu Gast und bürgte als schwer kranke Politikerin, die im November 2001 verstarb, automatisch für ein hohes Maß an *human touch*. Während manche ehemaligen Spitzenpolitiker, etwa Hans-Jürgen Wischnewski (ein Auftritt), Hans Koschnick (ein Auftritt) oder Norbert Blüm (drei Auftritte), voraussichtlich und nach eigenem Bekunden keine größere Rolle mehr in der Politik spielen werden, liegt der Fall bei manchen Kollegen wohl anders: Ob nun Wolfgang Schäuble (ein Auftritt), Klaus Kinkel (ein Auftritt) oder Andrea Fischer (vier Auftritte) – viele der Politiker, die als Ex-Minister oder ehemalige Parteivorsitzende im Promi-Talk plaudern, könnten vielleicht später einmal erneut größere Verantwortung übernehmen und/oder haben selbst zum Zeitpunkt ihrer Auftritte noch immer beachtliche politische Funktionen und Einflüsse innerhalb von Partei und Parlament.

Die Bedeutung, die den Medienauftritten von Politikern beigemessen wird, um ihr Image zu pflegen bzw. aufzubauen und um schlicht präsent zu sein oder zu bleiben, treibt also sowohl die amtierenden wie die ehemaligen, teils im Wartestand befindlichen Spitzenpolitiker in die diversen Gesprächsrunden des Fernsehens. Neben den politischen Talkshows wie *Berlin Mitte* (ZDF), *Sabine Christiansen* (ARD) oder *Talk in Berlin* (n-tv) bieten die unterhaltungsorientierten Promi-Talks ein gern angenommenes Forum zur Selbstdarstellung und Eigenwerbung der politischen Akteure. Dazu kommen teilweise noch weitere

Engagements in politikfernen Unterhaltungssendungen, wie Quizshows, Übertragungen von Galavorstellungen der Unterhaltungsbranche oder Sportwettkämpfen.[17]

Funktionen und Gefahren der menschelnden Unterhaltung

Für die Produzenten von Prominenten-Talkshows bildet die politische Klasse ein sichtlich willkommenes Reservoir potenzieller Gäste. Die Vielzahl an Sendungen verlangt nach einer Masse und Varianz von Prominenten, die ohne das Zutun aus der Politik nur schwer aufgebracht werden könnte. Zudem lässt sich für die menschelnde Unterhaltung sicherlich desto mehr Aufmerksamkeit erregen, je einflussreicher und mächtiger die Gesprächspartner sind. Politiker wissen immer etwas Interessantes zu berichten, sie haben viel erlebt, sind weit gereist, kennen viele andere Prominente und lenken, so die Suggestion, die Geschicke der vielen Namenlosen, die nun wenigstens dank Promi-Talk einen kurzen Blick in die Seele und Lebenswelt der Mächtigen erhaschen dürfen.

Politiker sind in der Regel bestens mit den Bedingungen von Fernsehauftritten vertraut und bieten eine hohe Gewähr für schlagfertige Antworten – gute Voraussetzungen also für ein erfolgreiches Auftreten im Promi-Talk. Politiker bergen zwar auch ein gewisses Risiko, vom Pfad der leichten Unterhaltung abzukommen und ideologisches Terrain zu betreten. Doch mit der Maxime der Sendungen, nicht unnötig zu politisieren, konvergiert wohl das Interesse von Politikern, sich auf ihr persönliches Auftreten zu verlassen und politische Kontroversen zu meiden, solange sie ihnen nicht von anderen aufgenötigt werden.[18] Fragen, die sie in die Enge treiben könnten, oder inhaltliche Aspekte, die sie zu überfordern drohen, stehen im Promi-Talk kaum zu befürchten. Die Einladung von lediglich einem Politiker pro Sendung sichert darüber hinaus deren Chancen, sich in politischen Fragen als einzige Kompetenz in der Runde zu profilieren. Die Plauderei mit Stars der Unterhaltungsbranche bietet den Politikern außerdem die Möglichkeit, einen vertrauten Umgang in politikfernen Sphären unter Beweis zu stellen und sich zusammen mit populären Sympathieträgern zu zeigen.

Prominenten-Talkshows bieten Politikern mithin ein attraktives Forum zur massenwirksamen Selbstdarstellung, ohne dass damit größere Gefahren verbunden wären. Blamagen und Peinlichkeiten drohen in Unterhaltungsformaten ja erst, sobald stärker spielerische Elemente zum Zuge kommen, die vom Gast eine anspruchsvollere Performance und tatsächlich spontane Reaktionen und Kompetenzbeweise verlangen (Pantomimen, Lösung komplexerer

---

17 Einige Beispiele: Kanzler Gerhard Schröder nutzte die ARD-Übertragung des DFB-Pokalfinale 2001, um als Fußball-„Experte" mit Moderator Gerhard Delling und Ex-Profi Günther Netzer zu plaudern. CDU-Politiker Norbert Blüm ist Mitglied der Raterunde *Was bin ich?* auf (Kabel 1). Selbst die *Harald-Schmidt-Show*, in der vorwiegend Schauspieler und Moderatoren als Gäste Platz nehmen, besuchten 2001 einige Politiker, u.a. wenige Tage vor der Landtagswahl in Baden-Württemberg die dortige SPD-Spitzenkandidatin Ute Vogt. Gregor Gysi nahm als Spitzenkandidat der PDS für die Wahlen in Berlin ebenfalls wenige Tage vor der Wahl bei Harald Schmidt Platz. Gysi verschaffte sich im September außerdem einen Auftritt in der Personality-Show *Zimmer frei* und war damit so ziemlich überall zu Gast (da er auch regelmäßig in expliziten Polit-Talk-Sendungen auftauchte).
18 Die Auftritte von Politikern in Talkshows markieren insoweit eine „symbiotische Struktur des modernen Politainment", das der politischen Klasse ebenso zugute kommt wie den Medien (Dörner 2001, S. 135).

Aufgaben usw.).[19] Der Promi-Talk in weichen Sesseln bietet Politikern die bequemste Form, sich in Unterhaltungsformaten breit zu machen. Engagements in anderen Unterhaltungssendungen, z.B. Vorabendserien, stehen schnell in der öffentlichen Kritik, weil Politiker in ihnen allzu deutlich zu reinen Showstars mutieren. Dagegen wird die menschelnde Unterhaltung mit Politikern im Promi-Talk zwar von der Qualitätspresse belächelt. Doch als ein lange etabliertes Format und als Lieblingskind der öffentlich-rechtlichen Anstalten, in denen die Interessen der politischen Parteien nicht unbedingt ignoriert werden, muss sich der Promi-Talk weder um die medienpolitische Rückendeckung noch um seinen Erfolg beim Publikum sorgen.

Legt man die Einschaltquoten zugrunde, gibt es für die menschelnde Unterhaltung mit Prominenten im allgemeinen und Politikern im besonderen eine große Nachfrage,[20] die sich aus Sicht der Promi-Talker auf ein „berechtigtes Interesse" zu berufen weiß: Politiker seien eben auch Menschen mit Herz und Verstand, und auch in einer Demokratie gehöre es zu den Bedürfnissen der Bürger, etwas mehr über ihre Repräsentanten zu erfahren als das, was sich aus ihren unmittelbaren politischen Handlungen entnehmen lässt. Es bestehe ein nicht zu denunzierendes Grundbedürfnis nach Einblicken in die Biografien und Lebenswelten ansonsten unnahbarer Prominenter, die mit ihrem Leben viele berühren, Zeitgeschichte schreiben und als kollektive Identifikationsfiguren dienen. Sicherlich mag sich dieses Bedürfnis auf recht verschiedenen Niveaus äußern und kann dementsprechend durch unterschiedlich anspruchsvolle mediale Angebote befriedigt werden. Doch keinesfalls handle es sich um ein Phänomen, das ausschließlich niederen Instinkten, voyeuristischen Neigungen und tölpelhaften Weltsichten zugeordnet werden könnte. Viele der Intellektuellen beispielsweise, die boulevardeske Medienberichte abtun oder verachten, interessieren sich ihrerseits für die privaten Lebensumstände ihrer Lieblinge, sei dies nun Thomas Mann, Richard Wagner oder Rudi Dutschke. Wer schrieb wem Liebesbriefe, wie haben die Künstler ihre Kinder erzogen, in was für einer Wohnungseinrichtung haben sie es sich gemütlich gemacht? – Die Feuilletons sind voll des gehobenen Tratsches für Intellektuelle.

Wie sehen die Mächtigen sich und ihre Umwelt, was treibt sie um, was verfolgt sie, was lässt sie kalt? Wie leben sie, was denken diejenigen über sie, die sie aus nächster Nähe erleben? Das weit verbreitete Interesse, sich die großen Figuren des kulturellen und politischen Geschehens in ihrer teils banalen, teils außergewöhnlichen „Menschlichkeit" zu erschließen, bildet den fruchtbaren Nährboden für die menschelnde Unterhaltung im Promi-Talk. Geschriebene Biografien, Porträts, aber ganz besonders die unmittelbaren Unterhaltungen mit den Prominenten selbst, die sich so ins Licht rücken können, wie es ihnen gefällt, bleiben zwar stets nur zweifelhafte Annäherungen, die mit den Ambivalenzen von Authentizität und Inszenierung und mit der Relativität der Perspektiven zu kämpfen haben. Und doch bleibt wohl ein Reiz für die Rezipienten erhalten, sich diesen Spannungen auszusetzen, um sich ein wenigstens scheinbar eigenes Bild von den Mächtigen zu machen. Vielleicht ist nicht einmal zu unterschätzen, dass dem Publikum in seinem Drang nach menschelnder Unterhaltung die damit verbundenen Illusionen im Prinzip bewusst sein mögen.

---

19 Gefahr würde auch drohen, wenn die Promi-Talker tatsächlich ans „Eingemachte" des Privatlebens gingen – doch dies ist in der einverständnisorientierten und, wie Dörner bemerkt, auf „bürgerliche Geselligkeit" ausgerichteten Anlage des Promi-Talk ebenfalls nicht zu erwarten (Dörner 2001, S. 145).
20 Vgl. Tabelle 1. Die Zuschauer des Promi-Talk verteilen sich im Übrigen relativ gleichmäßig über alle sozialen Schichten (Eimeren/Gerhard 1998, S. 604).

Zuschauer können die Doppelbödigkeit der Medienauftritte ebenso einrechnen wie die sich präsentierenden Prominenten. Man wisse doch, meinte Luhmann, „auf beiden Seiten des für beide Seiten undurchsichtigen Spiegels, daß es sich um Inszenierungen handelt. Die Undurchsichtigkeit wird gewissermaßen dadurch kompensiert, daß man sie einrechnet."[21] Zweifellos müssten Rezeptions- und Wirkungsstudien mehr Evidenzen zur Aufnahme der menschelnden Unterhaltung mit Politikern erbringen. Vieles spricht aber für die Annahme, dass die meisten Zuschauer die leichte Kost, die ihnen die Promi-Talks offerieren, nicht mit dem Ernst der Politik verwechseln und durchaus zu unterscheiden wissen zwischen den Leistungen, die sich auf politisches Handeln im engeren Sinne beziehen, und den selbstdarstellerischen Qualitäten und persönlichen Lebensumständen, die im Promi-Talk in den Vordergrund gerückt werden. Allerdings sind die Verhältnisse wahrscheinlich komplizierter, als dies in dieser beruhigenden Vorstellung zum Ausdruck kommt. Wenn die bloße Bildschirmpräsenz schon werbende Wirkungen zeitigt und Bürger aufgrund limitierter Aufmerksamkeits-Ressourcen und kognitiver Überlastung ihre politischen Einschätzungen und Urteile in hohem Maße auf Basis von Vertrauensvorschüssen, unbewussten visuellen Eindrücken und einigermaßen diffusen, unsystematisch verknüpften Kriterien der Kompetenzzuschreibung treffen, dann könnte die menschelnde Unterhaltung die Substanz der politischen Urteilskraft auf individueller und kollektiver Ebene noch zusätzlich angreifen.[22]
Die Reflexion dieser Gefahr muss sich nicht zwangsläufig an elitäre Positionen oder verfallstheoretische Szenarien binden. Was den Verfall betrifft, ließe sich stets vor Augen halten, dass auch in angeblich goldenen Zeiten der Demokratie das Interesse für private Details aus dem Leben des politischen Personals und für den „Charakter" der Politiker die politischen Sachfragen überlagert haben könnte.[23] Und was die elitäre Komponente betrifft, so ist es zunächst einmal eine Binsenweisheit, dass nicht die gesamte Bevölkerung komplexer Gesellschaften dem Ideal eines politischen Staatsbürgers nachzueifern vermag, wie es republikanische Modelle entworfen haben. Das kann weder erwartet werden, noch ist dies notwendigerweise dramatisch für den Zustand einer Demokratie.[24] Aber jeder, auch ein überdurchschnittlich informierter und politisch halbwegs sachkundiger Bürger, kann sich kritisch selbst befragen, worauf er seine politischen Urteile und vor allem seine Bewertung einzelner Politiker eigentlich gründet. Wer hier ehrlich vorgeht, kommt womöglich zu dem Ergebnis, dass sich vieles vielleicht doch Eindrücken verdanken könnte, die nicht zuletzt vom „charismatischen" Auftreten und den persönlichen „Geschichten" der Politiker herrühren.[25]
Die Differenzierung politischer und gesellschaftlicher Prozesse zwingt zur Komplexitätsreduktion in der Wahrnehmung und Verarbeitung. Die Gefahr einer Politikvermittlung im Unterhaltungsformat des Promi-Talk liegt dann darin, dass sie das Publikum eventuell sogar gegen dessen bessere Absichten dazu treiben kann, in ihren politischen Urteilen auf überschaubare, aber sachlich unangemessene Standards auszuweichen. Radikaldemokratische Kritiker sprechen vom Aufleben unbemerkter Inseln persönlicher Herrschaft im Schat-

---

21 Luhmann 1992, S. 85
22 Grenzverschiebungen zwischen Politischem und Privatem mögen natürlich noch in anderer Weise problematisch sein und haben bekanntlich eine Fülle kritischer Deutungen hervorgebracht.
23 Vgl. etwa Schudson 1992. Für eine historische Relativierung vgl. auch Münkler 2001
24 Vgl. etwa den immer noch lesenswerten Beitrag von Dahrendorf 1969
25 Vgl. Hitzler 1996

ten systemischer Strukturen und von einer Involution liberaldemokratischer Systeme zu Wahlmonarchien.²⁶

Das mag weit übertrieben sein. Doch ein begründeter Verdacht regt sich allemal, wenn die Politiker-Auftritte im Promi-Talk selbst vor heißen Wahlkampf-Phasen nicht Halt machen. Am unproblematischsten erscheinen die Auftritte altgedienter Politiker, die mehr als wandelnde Geschichtsbücher und durch ihre Erfahrung legitimierte Zwischenrufer denn als aktuelle politische Protagonisten gelten müssen. Im Falle amtierender oder im Wartestand befindlicher Spitzenpolitiker liegt der Fall anders: Ihre Präsenz im Promi-Talk zielt nicht nur auf eine tendenziell sachleere Eigenwerbung, sondern geht unter Umständen auch auf Kosten der anspruchsvolleren und sachorientierten Politikvermittlung in anderen Formaten. Indem Spitzenpolitiker auf die menschelnde Unterhaltung setzen und unangenehmen Medienvertretern leicht ausweichen können, ohne ihre massenmediale Präsenz zu gefährden, wird der seichte Promi-Talk zur bedrohlichen Konkurrenz für die kritische Politikberichterstattung. Tatsächlich gibt es Klagen u.a. von Seiten der politischen Magazin-Redaktionen, dass Politiker regelmäßig Stellungnahmen und Interviews verweigern, während sie wenig reserviert erscheinen, wenn ihre Mitwirkung an den Geschichten der Boulevardpresse und an der menschelnden Unterhaltung im Promi-Talk gefragt ist.²⁷

Der Schaden für die Politikvermittlung, den die Politiker-Auftritte im Promi-Talk bedeuten könnten, zeigt sich weniger in einzelnen Unterhaltungen, die man je nach Geschmack für belanglos, peinlich oder interessant halten mag. Er zeigt sich am ehesten in der relativen Position des Promi-Talk in der Landschaft öffentlicher und daran anschließender privater Kommunikationen. Und hier mehren sich, etwa mit der Expansion der *Johannes B. Kerner Show*, die Anzeichen für einen Bedeutungszuwachs, der keinen Alarmismus auslösen muss, aber Anlass zur kritischen Beobachtung und zu eingehenderen Untersuchungen bietet.

Literatur

CARIO, INGMAR (2001): Seichter Talk bevorzugt. In: *message*, Heft 4/2001, S. 106-110.

DAHRENDORF, RALF (1969): Aktive und passive Öffentlichkeit. Über Teilnahme und Initiative im politischen Prozeß moderner Gesellschaften. In: LÖFFLER, MARTIN (HRSG.): *Das Publikum*. München, S. 1-12.

DÖRNER, ANDREAS (2001): *Politainment*. Politik in der medialen Erlebnisgesellschaft. Frankfurt am Main.

EIMEREN, BIRGIT VAN / GERHARD, HEINZ (1998): Talkshows – Formate und Zuschauerstrukturen. In: *Media Perspektiven*, Heft 12/1998, S. 600-607.

FLEY, MATTHIAS (1997): *Talkshows im deutschen Fernsehen*. Konzeptionen und Funktionen einer Sendeform. Bochum.

GREWENING, ADI (HRSG.) (1993): *Inszenierte Information*. Politik und strategische Kommunikation in den Medien. Opladen.

---

26 Maus 1994, S. 188f. Für eine nüchterne systemfunktionalistische Betrachtung siehe etwa Wehner 1998
27 Vgl. Cario 2001

HALLER, MICHAEL (1997): *Das Interview*. Ein Handbuch für Journalisten. 2. Aufl., Konstanz.

HITZLER, RONALD (1996): Die Produktion von Charisma. Zur Inszenierung von Politikern im Medienzeitalter. In: IMHOF, KURT / SCHULZ, PETER (HRSG.): *Politisches Raisonnement in der Informationsgesellschaft*. Zürich, S. 265- 288.

HOLLY, WERNER / KÜHN, PETER / PÜSCHEL, ULRICH (1986): *Politische Fernsehdiskussionen*. Zur medienspezifischen Inszenierung von Propaganda als Diskussion. Tübingen.

LUHMANN, NIKLAS (1992): Die Beobachtung der Beobachter im politischen System: Zur Theorie der öffentlichen Meinung. In: Wilke, JÜRGEN (HRSG.): *Öffentliche Meinung*. Theorien, Methoden, Befunde. Freiburg; München. S. 77-86.

MAUS, INGEBORG (1994): *Zur Aufklärung der Demokratietheorie*. Rechts- und demokratietheoretische Überlegungen im Anschluß an Kant. Frankfurt am Main.

MECKEL, MIRIAM (1997): Die neue Unübersichtlichkeit. Zur Entwicklung des Format-Fernsehens in Deutschland. In: *Rundfunk und Fernsehen*, Jg. 45, Heft 4, S. 475-485.

MEYER, THOMAS (1999): Aufklärung durch politische Informationsdiskurse der Massenmedien. Schwerpunkt Fernsehen. Demokratietheoretische und demokratiepolitische Fragen. In: LUDES, PETER / SCHANZE, HELMUT (HRSG.): *Medienwissenschaften und Medienwertung*. Opladen; Wiesbaden, S. 147-160.

MEYER, THOMAS / ONTRUP, RÜDIGER / SCHICHA, CHRISTIAN (2000): *Die Inszenierung des Politischen*. Zur Theatralität von Mediendiskursen. Wiesbaden.

MEYER, THOMAS / SCHICHA, CHRISTIAN / BROSDA, CARSTEN (2001): Diskurs-Inszenierungen. Zur Struktur politischer Vermittlungsprozesse am Beispiel der „ökologischen Steuerreform". Wiesbaden.

MÜLLER-DOOHM, STEFAN / NEUMANN-BRAUN, KLAUS (1995): *Kulturinszenierungen*. Frankfurt am Main

MÜNKLER, HERFRIED (2001): Die Theatralisierung der Politik. In: FRÜCHTL, JOSEF / ZIMMERMANN, JÖRG (HRSG.): *Ästhetik der Inszenierung*. Frankfurt am Main, S. 144-163.

PLAKE, KLAUS (1999): *Talkshows*. Die Industrialisierung der Kommunikation. Darmstadt.

RÖTTGER, ULRIKE / WEßLER, HARTMUT (1996): Interviewstile und das neue Politikbild im Fernsehen. Situative Interaktionsbeziehungen in Politikerinterviews am Beispiel ZAK. In: JARREN, OTFRIED / SCHATZ, HERIBERT / WEßLER, HARTMUT (HRSG.): *Medien und politischer Prozess*. Opladen, S. 251-267

SARCINELLI, ULRICH / TENSCHER, JENS (1998): Polit-Flimmern und sonst nichts? Das Fernsehen als Medium symbolischer Politik und politischer Talkshowisierung. In: KLINGLER, WALTER ET AL. (HRSG.): *Fernsehforschung in Deutschland*. Themen-Akteure-Methoden. Baden-Baden, S. 303-317.

SCHUDSON, MICHAEL (1992): Was There Ever a Public Sphere? If So, When? In: CALHOUN, CRAIG (HRSG.): *Habermas and the Public Sphere*. Cambridge, S. 143-164.

SCHÜTZ, ASTRID (1992): *Selbstdarstellung von Politikern*. Analyse von Wahlkampf-auftritten. Weinheim.

SCHWARTZENBERG, R.G. (1980): *Politik als Showgeschäft.* Moderne Strategien im Kampf um die Macht. Düsseldorf; Wien.

STEINBRECHER, MICHAEL / WEISKE, MARTIN (1992): *Die Talkshow.* 20 Jahre zwischen Klatsch und News. München.

TENSCHER, JENS (1999): „Sabine Christiansen" und „Talk im Turm". Eine Fallanalyse politischer Fernsehtalkshows", *Publizistik*, Jg. 44, Heft 3, S. 317-333.

WEHNER, JOSEF (1998): Öffentliche Meinung und Person – Zur Darstellung der Politik in den Medien. In: IMHOF, KURT / SCHULZ, PETER (HRSG.): *Die Veröffentlichung des Privaten – Die Privatisierung des Öffentlichen.* Opladen; Wiesbaden, S. 318-331.

HANNES SCHWARZ
Wählen via Fernbedienung
Politikerauftritte in Unterhaltungsformaten –
Eine neue Kultur politischer Meinungsbildung?

Die Relevanz des Fernsehens für die Vermittlung von Politik ist unbestritten. Der Kommunikationswissenschaftler Siegfried Frey nennt die flächendeckende Einführung des Fernsehens eine „[...] visuelle Zeitenwende, in deren Folge sich die Balance zwischen Auge und Ohr im Kommunikationsprozess völlig verschoben hat".[1] Mit der wachsenden Bedeutung des Fernsehens und anderer gesellschaftlicher Veränderungen, wie einer nachlassenden Parteienbindung, einer zunehmenden Individualisierung von Lebenswegen und zunehmend komplexer werdenden gesellschaftlichen Zusammenhängen, werden die Vermittlungsbedingungen und -formen des Mediums auch für die Politikwissenschaft immer wichtiger, weil sich der Politikvermittlungsprozess immer mehr auf das Fernsehen konzentriert. Die Vorstellung mediale Politikdarstellung habe möglichst rational und auf Fakten konzentriert zu sein, wird immer häufiger durch die Vermischung nachrichtlicher und unterhaltender Politikdarstellung herausgefordert. Die Entertainisierung von Politik wird kritisch begutachtet und in den seltensten Fällen uneingeschränkt gutgeheißen. Dabei wird zumeist übersehen, dass das Fernsehen möglicherweise eine andere Rolle im Konzert der Medien spielt, als die althergebrachten Print- und Funkmedien.

Im folgenden soll die Rolle des Fernsehens als kulturelles Forum in Bezug auf die unterhaltende Darstellung von Politik erläutert werden, um im Anschluss genau diese Form der Politikdarstellung näher zu untersuchen und die Gefahren und Potenziale der Entertainisierung von Politik im Fernsehen zu diskutieren.

Politische Kommunikation ist ohne das Fernsehen kaum mehr denkbar

Die Bedeutung des Fernsehens für die politische Kommunikation wird im Zusammenhang mit der Debatte um die Veränderung der politischen Kommunikation, die unter Stichworten wie Amerikanisierung oder Modernisierung zusammengefasst wird, immer wieder angesprochen. Dies geschieht entweder auf einer sehr allgemeinen Ebene oder in Detailfragen, die sich auf bestimmte Charakteristika der Modernisierung, respektive Amerikanisierung beziehen. Das wird schon allein dadurch deutlich, dass der Begriff Medialisierung im Zusammenhang mit Amerikanisierung und Modernisierung immer wieder auftaucht. Dieser betont die Verschiebung der politischen Kommunikation von der interpersonellen Ebene, wie in der Diskussion in Orts- und Kreisverbänden der Parteien, auf die Ebene der Massenmedien und insbesondere des Fernsehens. „Aus dem Parteienwahlkampf ist ein Fernsehwahlkampf geworden", beschreibt Radunski diesen Befund.[2] Die Beschreibungen dieser Position machen die ihr zugewiesene Tragweite sehr deutlich. So schreibt Tenscher:

---
1 Frey 1999, S. 27
2 Radunski 1996, S. 36

„Wer nicht auf diesem Kommunikationskanal sendet, ist auch politisch nicht präsent und wird schlichtweg weniger wahrgenommen."[3]

Bereits in den siebziger Jahren, so Holtz-Bacha, rückte das Fernsehen in der Bundesrepublik zum zentralen Wahlkampfmedium auf.[4] Dennoch scheint sich dieses Gewicht in der Folgezeit noch weiter zu Gunsten des Fernsehens verschoben zu haben. Aus der Praxis berichtet der langjährige Wahlkampfmanager der CDU, Peter Radunski, schon 1980, es gebe wohl keinen Wahlkämpfer, „der nicht dem Fernsehen die größte Bedeutung für das Wahlgeschehen beimisst".[5] Seitdem sind über zwanzig Jahre vergangen, und die Fernsehnutzung ist in dieser Zeit erheblich gestiegen.[6] Geht man davon aus, dass die Relevanz des Mediums mit der Zahl seiner Rezipienten steigt, ist seine tragende Rolle in der Darstellung von Politik kaum noch zu bestreiten. Ähnlich sieht es Sarcinelli, der plakativ formuliert:

„Ohne die Medien jedenfalls und vor allem ohne das Fernsehen sind politische Parteien heute allenfalls noch politische Flüstertüten."[7]

Das Fernsehen als „kulturelles Forum" wird dabei zur Bühne für die Präsentation politischer Ideen und Meinungen, die von den Rezipienten dort erwartet und ihnen zugleich näher gebracht werden.

Das Fernsehen als „kulturelles Forum"

Um die gesellschaftlich Bedeutung des Mediums begreifbar zu machen, bietet sich das Konzept des Fernsehens als „kulturelles Forum" an. Hier wird davon ausgegangen, dass die Medien Plattformen sind, die Raum-, Zeit und Sozialgrenzen überspringend, kulturelle Sinnbestände und Informationen präsentieren, verarbeiten und verbreiten. Nach Newcomb und Hirsch, ist das Fernsehen das „kulturelle Forum", dass das massenmediale Publikum mit der „Vielfalt von Ideen und Ideologien unserer Kultur konfrontiert".[8] Dadurch übernimmt es eine „identitätsstiftende Funktion", weil es zum Orientierungs- und Referenzpunkt gesellschaftlicher Meinungsbildung wird.[9] Dies ist aber nicht als ein einseitiger Prozess zu verstehen, in dem das Fernsehen der Gesellschaft ein Bild vorgibt, an dem diese sich orientiert, sondern als ein wechselseitiges Bezugsystem, in dem das Medium selektiv aufnimmt, was geschieht und damit zurück in die Gesellschaft wirkt. Dabei spielt die visuelle Darstellungsform eine entscheidende Rolle, lenkt sie doch die Aufmerksamkeit des Zuschauers auf die optische Darstellung, die affektive Beurteilungsprozesse in Gang setzt, die rationale Beurteilungen immer mehr durch spontane Eindrücke ersetzt.[10] Mit der Einführung und der zunehmenden Bedeutung des Fernsehens entsteht ein Raum,

„[...] in dem Inneres und Äußeres, Inszenierung und inszenierbare Wirklichkeit teilweise austauschbar geworden sind. Die Macher nehmen Erfahrungen und Elemente

---

3 Tenscher 1998 ebd., S. 187
4 Holtz-Bacha 1999, S. 16
5 Radunski 1980, S. 60
6 Vgl. Müller 1999, S. 59
7 Sarcinelli 2000, S. 19
8 Newcomb/Hirsch 1986, S. 183
9 Vgl. Mikos 1999
10 Vgl. Frey 1999, S. 96

aus dem Alltagsleben auf, formen sie zu Geschichten und inszenieren sie für das Medium. Über die Bildschirme werden sie in veränderter Form in die Lebenswelt zurückgeworfen, die dadurch ihrerseits eine Transformation erfährt".[11]

Dem Konzept des kulturellen Forums folgend bedeutet dies, dass sich die Fernsehmacher als „Symbolverkäufer" am Unterhaltungsinteresse und Normalitätsverständnis des Publikums orientieren, indem die Sendungen letzteres als Orientierungspunkt verwenden, um ersterem zu genügen. Wer wiederum als Politiker in die Medien will, „[...] muss Informationen produzieren, von denen die medialen Symbolverkäufer glauben, dass sie sich vermarkten lassen".[12] Er wird zum symbolischen „Selbstverkäufer"[13], der sich selbst in seiner Funktion dem Medium gemäß inszenieren muss. Insofern verändert er seine Selbstdarstellung und die seiner Politik den Bedingungen des Mediums entsprechend.
Der Orientierungspunkt dieser Inszenierungen ist, Fiske und Hartley zur Folge, die Sprache des Publikums. Sie gehen davon aus, dass die Kommunikation der Massenmedien, analog zu der eines „Barden" in der mittelalterlichen Gesellschaft, von Adressierung an ein bestimmtes Publikum bestimmt ist.[14] Demzufolge bestimmt der Publikumsgeschmack das Programm auf der Bühne der Massenmedien, dem sich Spitzenpolitiker als symbolische Selbstverkäufer wiederum anpassen, jedoch zugleich an der Realitätskonstruktion einer immer mehr auf mediale Wirklichkeit orientierten Gesellschaft mitwirken. Das Ergebnis ist ein dynamischer Prozess, der diejenigen zu Gewinnern macht, die Rezeptionsbedürfnisse und Probleme des Publikums am besten berücksichtigen, und ihre Selbstdarstellung darauf ausrichten.

„Der Preis dieser Gewinne ist die Notwendigkeit, das Format der eigenen Selbstdarstellung dem von Erfolgsbedingungen bestimmten Format der Medienkommunikation anzupassen, und das heißt heute wesentlich, dem Diktat der Unterhaltung und ihren Implikationen (z.B. Verständlichkeit) zu genügen."[15]

Welchem klassischen Genres der Medien kann Politik im Unterhaltungsformat und/oder Politainment zugeordnet werden? Niklas Luhmann teilte das massenmediale Programmangebot in die Bereiche Unterhaltung, Nachrichten/Berichte und Werbung.[16] Dabei ergeben sich bei näherem Hinsehen jedoch erhebliche Zuordnungsschwierigkeiten. Luhmann selbst fällt es schwer, beispielsweise die Sportberichterstattung zuzuordnen.[17]
Allzu oft wird über den eigentlichen Berichterstattungsanlass hinausgegangen, wird Politik zur Show und zur Unterhaltung. So ist es durchaus fraglich, ob ein Besuch des FDP-Generalsekretärs Guido Westerwelle bei der Realityshow *Big Brother*, oder ein Auftritt des damaligen SPD-Kanzlerkandidaten Gerhard Schröder in der Fernsehserie *Gute Zeiten – schlechte Zeiten* nur Unterhaltung oder auch dem Bereich Information zuzuordnen ist. Schwieriger wird es noch bei so perfekten Inszenierungen wie dem SPD-Parteitag 1998 in Leipzig, der als „Hollywood an der Pleiße" beschrieben wurde[18]. Das „Gesamtkunstwerk

---

11 Meyer/Ontrup/Schicha 2000, S. 91
12 Willems 2000, S. 57
13 Willems 2000, S. 49
14 Fiske und Hartley 1978, S. 86
15 Willems 2000, S. 58
16 Vgl. Luhmann 1996, S. 51f
17 Vgl. Luhmann 1996, S. 96ff
18 Leinemann 1998, S. 15

aus Lichtern, Farben, Tönen, Gesichtern, Posen, Gesten und mythischen Szenen"[19], war Anlass für diverse Kommentierungen und Debatten in den Kultur- und Medienteilen der Zeitungen.[20]
Deutlich wird, dass die Trennlinie zwischen Unterhaltung und Berichterstattung zu ziehen, schwieriger geworden ist. Bereits Klaus hat zutreffend darauf aufmerksam gemacht, dass Information und Unterhaltung keine Gegensätze sind.[21] Gleichwohl lassen sich vor allem anhand der thematischen Orientierung der einzelnen Programmangebote nach wie vor tendenzielle Unterschiede zwischen verschiedenen Formaten ausmachen. Diese sind nur keinesfalls so trennscharf, wie manche das suggerieren. Die Programmbereiche

„[…] bleiben zwar identifizierbar und unterscheidbar, aber sie zeichnen sich mehr und mehr durch eine in vielfältiger Weise dramaturgisch bewerkstelligte Homogenisierung im Sinne einer Entertainisierung aus".[22]

In Leipzig hat die SPD nicht nur ihren Kanzlerkandidaten gekürt, sondern auch eine Unterhaltungsshow erster Güte für das Fernsehen produziert. Damit hat sie nicht nur ein besonderes Ereignis geschaffen, das in der Berichterstattung entsprechend ausgiebig gewürdigt und diskutiert wurde, sondern auch dem Bedürfnis des Zuschauers nach Unterhaltung entsprochen. In Anlehnung an die Logik der „Erlebnisgesellschaft"[23] erklärt Willems diesen Prozess:

„Auf der Medienebene der Nachrichten und Berichte realisiert diese (die Erlebnisgesellschaft) sich durch eine Theatralität, die Ereignisse mit einem Erlebniswert für das jeweilige Publikum und nach Maßgabe der Vorstellungen des jeweiligen Publikums selektiv aufgreift, konstruiert oder bearbeitet. Das Prinzip der medialen Wirklichkeitskonstruktion, und d.h. heute schon fast der Wirklichkeitskonstruktion überhaupt, ist hier also ein immer unlimitierter werdendes Gefallensprinzip."[24]

Für die Politik folgt daraus, dass sie diesen Kriterien in ihrer Darstellung entsprechen muss. Nachrichten und Berichte müssen unterhalten. Das tun sie entweder dadurch, dass sie außergewöhnliche Ereignisse wie besondere Erfolge, Rücktritte, Skandale oder Katastrophen zeigen, oder dadurch, dass sie unterhaltend präsentiert werden. Politik ist im kulturellen Forum TV nur ein Programminhalt neben vielen anderen auch. Im Rahmen eines Programmkontinuums muss sie sich entsprechend bruchlos einfügen lassen, um für die überwiegend kommerziellen Sender auch weiterhin ein rezeptionsrelevanter Programminhalt zu sein. Daher lässt sich eine tendenzielle Konvergenz der Darstellungsstile in den unterschiedlichen Programmformaten feststellen. Das wirkt auf Politik zurück, indem diese zur Anpassung an die medialen Vermittlungsbedingungen und Selektionskriterien gedrängt wird. Nach Willems orientieren sich die medialen „Symbolverkäufer" dabei im allgemeinen „demokratisch" an dem „Normalitäts- bzw. Informationsverständnis des normalen, d.h. des möglichst größten Publikums".[25]

---

19 Meyer 1998, S.22
20 Vgl. Brosda 1999; Meyer 1998, S. 23; Kamps 2000, S. 10
21 Vgl. Klaus 1996
22 Willems 2000, S. 50
23 Schulze 1992
24 Willems 2000, S. 50
25 Willems 2000, S. 51

Wenn Politik aber unterhalten muss, gleicht sie sich dem Genre der Unterhaltung immer mehr an. Die Konvergenz verschiedener Programmbereiche wird zusätzlich dadurch befördert, dass es zunehmend Programmformate im Fernsehen gibt, die den sogenannten Realityshows wie *Big Brother* zugerechnet werden, die reales Leben als Unterhaltung präsentieren. Der Zuschauer rückt näher an die Geschehnisse heran, indem hier reale Probleme von realen Personen diskutiert werden. Die Distanz zum Medium wird geringer. Durch diesen Realitätsbezug wird aber auch die Abgrenzung zum Bereich „Nachrichten und Berichte", der nach Luhmann besonders durch die „Authentizität" der Informationen gekennzeichnet ist, auch von dieser Seite aus immer geringer.

„Bei Informationen, die im Modus der Nachrichten und Berichterstattung angeboten werden, wird vorausgesetzt und geglaubt, dass sie zutreffen, dass sie wahr sind. [...] andernfalls würde die Besonderheit dieses Programmbereichs Nachrichten und Berichte zusammenbrechen."[26]

Diese Authentizität ist aber auch den Realityshows nicht völlig abzusprechen. Reales Leid, reale Freude, reale Menschen werden im Programmheft angekündigt, und der Zuschauer kann scheinbar an diesem Leben teilnehmen. Inwiefern die ganz und gar nicht der normalen Lebenswelt entsprechenden Bedingungen den Begriff der Realität hier unpassend machen, ist an dieser Stelle nicht zu diskutieren. Es scheint, als finde der Zuschauer sich und das was in der alltäglichen Lebenswelt relevant ist, in diesen Sendungen wieder. Die Dramatik ist der von Fernsehnachrichten und Berichten ähnlich, sind doch die dort geschilderten Ereignisse in erster Linie auch nur deshalb interessant, weil sie wirklich passiert sind.

Das bedeutet zugleich, dass der Wechsel zwischen den Formaten einfacher wird und erklärt die Auftritte von Spitzenpolitikern im Bereich Unterhaltung. Es heißt aber auch, dass Politikvermittlung nicht ausschließlich im Bereich Nachrichten und Berichte stattfinden muss, sondern sich zunehmend in Richtung anderer Formate orientiert. Dies ermöglicht und erfordert aber auch andere Formen der Politikdarstellung.

Dementsprechend, und auf dem Konzept des kulturellen Forums basierend, ist einem Erklärungsansatz von Dörner zu folgen, dass die Darstellung von Politik in unterhaltenden Formaten im Fernsehen deshalb immer wichtiger und politikwissenschaftlich relevant ist, weil die populäre Medienkultur den Alltag nahezu aller Bürger durchdringt.

„Weitgehend abgelöst von den traditionellen raum-zeitlichen Restriktionen der sozialen Interaktion, vollzieht sich in der medienkulturellen Kommunikation eine virtuelle Vergemeinschaftung. Die Medien fungieren dabei als eine Relaisstation: Sie verstärken und modifizieren die politischen Diskurse und leisten damit nicht nur eine wichtige Visibilisierung von politischer Kultur, sondern beeinflussen in großem Maße den Prozess der Stabilisierung oder Veränderung von kulturellen Selbstverständlichkeiten."[27]

---

26 Luhmann 1996, S. 56
27 Dörner 2000, S. 212

Entertainisierung – Politik auf dem Weg zum Bürger

Versteht man das Fernsehen im erläuterten Sinne als kulturelles Forum, hat Politik im Unterhaltungsformat also zumindest theoretisch einen Platz im Programmangebot. Praktisch sind Auftritte von Spitzenpolitikern in Unterhaltungs- und Talkshows spätestens seit dem Wahlkampf 1998 in der Bundesrepublik keine Neuigkeit mehr. Es gibt viele Beispiele für die Popularisierung oder Entertainisierung von Politik. Mit diesen beiden Begriffen, aber auch mit Umschreibungen wie die „Talkshow ersetzt den Ortsverein"[28] oder „Politik im Unterhaltungsformat"[29], wird versucht den Einzug der politischen Akteure in die Unterhaltung[30], bzw. eine zunehmende Vermischung von Programmgenres zu beschreiben, die in diesen Fällen Information und Unterhaltung als unterschiedliche Kategorien nicht mehr definierbar macht.

Ein populäres Beispiel ist der Besuch von Franz Müntefering bei Harald Schmidt im Frühjahr 1998. Schmidt hatte sich im Vorfeld des Auftritts immer wieder auf die Frisur Müntefering bezogen, die der damalige SPD-Bundesgeschäftsführer mit Fotos konterte, die die Frisur des Entertainers in jüngeren Jahren zeigten. Eine gänzlich unpolitische Sache wurde somit zum Türöffner für den Auftritt eines Spitzenpolitikers in einer Unterhaltungssendung. Aufgrund der Fülle dieser Fälle, die für den Wahlkampf 1998 beispielsweise von Müller aufgelistet werden[31], ist dies aber kaum mehr als Ausnahme, sondern als ein deutlicher Trend in der politischen Kommunikation im Fernsehen zu bezeichnen. Es ist allerdings nicht eindeutig geklärt, was dem Bereich des Infotainment, der Entertainisierung, der Politik im Unterhaltungsformat und/oder der Popularisierung zuzuordnen ist.

Da die Begriffe Entertainisierung und Popularisierung ihrer Bedeutung nach einen Prozess beschreiben, werden sie hier als Bezeichnung des Phänomens verwandt, das als Politik im Unterhaltungsformat, Politainment und/oder Infotainment zu Tage tritt. Dieser Prozess bedeutet für das Fernsehen, dass insbesondere die Differenzierung zwischen den einzelnen Formaten zusehends schwieriger wird. Politik ist im Fernsehen nicht mehr eindeutig dem Bereich Information zuzuordnen, sondern ist zunehmend Teil anderer Formate. Nach Dörner machen diese Begriffe darauf aufmerksam, dass sich in den 90er Jahren eine enge Kopplung zwischen Politik und Entertainment, politischer und unterhaltender Kommunikation herausgebildet hat, die es so vorher nicht gab.

> „Politainment bezeichnet eine bestimmte Form der öffentlichen, massenmedial vermittelten Kommunikation, in der politische Themen, Akteure, Prozesse, Deutungsmuster, Identitäten und Sinnentwürfe im Modus der Unterhaltung zu einer neuen Realität des Politischen montiert werden. Diese neue Realität konstituiert den Erfahrungsraum, in dem den Bürgern heutzutage typischerweise Politik zugänglich wird."[32]

Wiederkehrende Beispiele für Politik im Unterhaltungsformat sind die Auftritte Bill Clintons in der *Arsenio-Hall-Show* und im Musiksender *MTV* im US-Wahlkampf 1992[33], sowie in der Bundesrepublik die Auftritte Gerhard Schröders in der Soap-Opera *Gute Zeiten –*

---

28 Müller 1999
29 Dörner 1999
30 Vgl. Holtz-Bacha 1999, S. 17
31 Vgl. Müller 1999, S. 32ff
32 Dörner 2001, S. 31
33 Vgl. Dörner 2000, S. 12; Holtz-Bacha 2000b, S. 156; Nieland 2000, S. 309

schlechte Zeiten oder des FDP-Politikers Jürgen Möllemann in der Realityshow *Big Brother – Der Talk*³⁴. Diese Sendungen sind ihrem Format nach eindeutig dem Unterhaltungssektor zuzurechnen, öffnen sich aber offensichtlich gegenüber Personen aus der Politik. Schwieriger wird es bei den diversen Talkshows wie beispielsweise *Sabine Christiansen* (ARD), *Talk im Turm* (SAT1), *Michael Friedmann* (ARD), *Der Grüne Salon* (n-tv) oder *Berlin Mitte* (ZDF). Diese Talksendungen behandeln zwar nahezu ausschließlich politische Themen, ein Unterhaltungsfaktor ist ihnen aber nicht abzusprechen. Dörner stellt fest,

„[...] dass die Unterhaltungsfunktion bei all diesen Talkshows eindeutig im Vordergrund steht. Und so ist ein symptomatisches Charakteristikum darin zu sehen, dass neben den politischen Größen regelmäßig auch solche des Entertainments ihre Meinungen zum besten geben."³⁵

Tenscher geht davon aus, dass es gerade das Interesse der Fernsehmacher an einer unterhaltsamen Darstellung von Politik ist, das dieses Format so populär gemacht hat.³⁶ Bemerkenswert ist, dass einige dieser Sendungen von ehemaligen Politikern moderiert werden.
Anhand dieser Beispiele ist davon auszugehen, dass tatsächlich eine Entertainisierung der Politikdarstellung zu beobachten ist. Während die Zuordnung von Talkrunden und Infotainmentsendungen zum Unterhaltungssektor noch schwer fallen mag, sind die Auftritte von Spitzenpolitikern bei *Big Brother* oder der Serie *Gute Zeiten – schlechte Zeiten*, in der neben Gerhard Schröder auch schon der damalige Berliner Bürgermeister Eberhard Diepgen und der brandenburgische Ministerpräsident Manfred Stolpe auftraten, eindeutige Indikatoren für diesen Prozess. Es ist demnach zu diskutieren, inwiefern die Entertainisierung eine Folge der zunehmenden Bedeutung des Fernsehens in der Gesellschaft ist.
Wie bereits beschrieben, zeichnet sich das Fernsehen als kulturelles Forum dadurch aus, dass es gesellschaftliche Debatten ebenso aufnimmt wie anstößt und abbildet. Das Genre Unterhaltung ist dabei

„[...] ein spezifischer Realitätsmodus von Erfahrung, der zur alltagspraktischen Welt einerseits in Beziehung steht, andererseits aufgrund seines Als-ob-Charakters jedoch Distanz und Entlastung aufbaut. Unterhaltung ermöglicht so kognitiv und emotional utopische Erfahrungsmöglichkeiten, die soziale und politische Realität in einem anderen Licht erscheinen lassen".³⁷

In diesem Sinne ist es also durchaus möglich, wenn nicht gar sinnvoll, schwierige politische Themen in Unterhaltungssendungen, bzw. unterhaltend darzustellen. Je nachdem welcher Rahmen gewählt wird, können realpolitische Diskurse einer unmittelbaren Ernsthaftigkeit enthoben und somit leichter rezipierbar für den Zuschauer dargestellt werden. Politiker versuchen sich in neuen Formaten darzustellen und vollziehen dabei Grenzüberschreitungen, die manchmal auch stark kritisiert werden. Das Kalkül, sich durch das Eindringen in politikferne Formate und antizipierte Tabubrüche als modern und aufgeschlossen zu präsentieren und damit neue Zielgruppen zu erreichen, kann, so Holtz-Bacha, auch in eine Sackgasse führen.

---

34 Vgl. Nieland 2000, S. 320
35 Dörner 2001, S.17
36 Tenscher 1998, S. 199
37 Dörner 2000, S. 95

„Dann endet das, was zwar rational in Hinblick auf kurzfristige Ziele der Popularität und des Stimmengewinnens ist, letztlich in der Rationalitätsfalle."[38]

Ein Beispiel für einen derartig kalkulierten Medienauftritt, dessen politischer Gehalt jedoch sehr begrenzt, bzw. nicht vorhanden ist, ist der Besuch des damaligen FDP-Generalsekretärs Guido Westerwelle im *Big Brother*-Container des Fernsehsenders RTL2[39]. In einer Untersuchung der Politikerauftritte in dieser Sendung bilanziert Brosda, die politischen Gespräche im Container reduzierten sich auf wenige Schlagworte und Einordnungen.

„Auch nur minimalen Ansprüchen an Politikvermittlung kann (und will) solch ein Auftritt gar nicht genügen. Das Politische war lediglich formal in der Person Westerwelles anwesend, nicht inhaltlich."[40]

Ein prominentes Beispiel für das Scheitern solcher Strategien ist der Besuch von Bundeskanzler Gerhard Schröder in der Samstagabend-Show *Wetten dass?*. Der Besuch wurde als unangemessen für das Amt des Bundeskanzlers beurteilt[41] und Schröder zog sich nach dieser Debatte von Auftritten in Unterhaltungssendungen weitgehend zurück. Aufgrund der heftigen Kritik vor allem in konservativen Medien, sagte der Kanzler kurzfristig Auftritte in der *Harald Schmidt Show* und in *ran* ab.[42]

Dennoch prognostizieren immer mehr wissenschaftliche Untersuchungen einen Bedeutungsgewinn derartiger Auftritte. Nieland erkennt einen Trend, dass

„[...] inzwischen auch in der Bundesrepublik jene Formen der Politikvermittlung an Raum gewinnen, die nicht nur populärkulturelle Verweise und Brechungen enthalten und damit auf die Lebensstilsemantik und die Alltagskommunikation vor allem von Jugendlichen Bezug nehmen, sondern sich auch in diesem Umfeld bewegen."[43]

Weitergehend erklärt Dörner, dass Auftritte in solchen Sendungen gar eine Erfolgsdeterminante sind, auf die kein Spitzenpolitiker mehr verzichten kann. Man habe nur dann wirklich Aussicht auf Erfolg, wenn man bereit sei,

„[...] in die Unterhaltungsformate zu gehen und dort Imagepolitik und Impression Management zu betreiben. Wer in Deutschland nicht wenigstens einmal zum Talk bei Alfred Biolek und Harald Schmidt oder in eine Show wie ‚Wetten dass?' eingeladen wird, der hat aufgrund mangelnder Medienprominenz zu wenig Öffentlichkeitsmacht, um politisch etwas zu bewegen."[44]

Dementsprechend schreibt Radunski, wenn man sich die Fernsehlandschaft ansehe, könne man Politikern nur einen Rat geben:

---

38 Holtz-Bacha 2000b, S. 166
39 In der zweiten Staffel der Reality-Show ging der Generalsekretär der FDP, Guido Westerwelle, am 14. Oktober 2000 im Rahmen der Samstagabend-Sendung *Big Brother – Die Entscheidung* 20.15 Uhr auf RTL für eine halbe Stunde in den *Big Brother*-Container und war anschließend Gast im Studio, um sich den Fragen von Moderator Oliver Geissen zu stellen.
40 Brosda 2001, S. 16
41 Vgl. Weischenberg 1999
42 Vgl. Nieland 2000, S. 324
43 Nieland 2000, S. 307f.
44 Dörner 1999, S. 19

„[...] rein in die Talkshows und Unterhaltungssendungen. Hier steigen die Chancen ein größeres Publikum zu erreichen, hier kann man seine Gedanken viel ausführlicher entwickeln als in Nachrichtensendungen oder politischen Magazinen, wo nur kurze Statements erlaubt sind."[45]

Auf die Möglichkeit ausführlicher zu politischen Themen und Ansichten Stellung zu nehmen, macht auch Nieland aufmerksam. Dies gilt insbesondere für die Polit-Talkshows, da dort Politik eben explizit thematisiert wird.[46] Generell liegt der Haupteffekt dieser Auftritte aber in der Möglichkeit, sich an ein Millionenpublikum zu wenden.

Aus wissenschaftlichen Analysen geht hervor, dass der Ratschlag an die Politiker nun mehr nicht nur lautet, sich im Fernsehen zu präsentieren, sondern vor allem in den Unterhaltungsformaten des Fernsehens präsent zu sein. Gründe für diesen Trend liegen offenbar in einer zunehmenden Unterhaltungsorientierung des Publikums und in sichtbaren (Wahl-) Erfolgen dieser Strategie.

„Ausgehend von der Annahme eines Wechselverhältnisses von sozialem Wandel und den Veränderungen des Mediensystems rückt – nicht nur im Lichte der US-amerikanischen Wahlkämpfe – die zunehmende Bedeutung der Unterhaltungskommunikation und damit der Verwendung von Symbolen und Stars der Populärkultur für die politische Kommunikation in den Blickpunkt."[47]

Hier kommt offenbar die bereits zuvor benannte Logik der „Erlebnisgesellschaft" zum Tragen, in der geboten ist, was dem möglichst größten Publikum gefällt.[48] Im Wettbewerb um die Publikumsgunst sieht sich die Politik veranlasst, der wachsenden Unterhaltungsorientierung des Publikums und dem überproportional gewachsenen Anteil an unterhaltungsorientierten Medienangeboten in jüngster Zeit entsprechend, sich den Wählern verstärkt auch über nicht genuin politikbezogene Sendungen wie Talk-, Game- oder Personalityshows zu präsentieren.[49] In einer fernsehorientierten Gesellschaft stehen die Akteure in einem Aufmerksamkeitswettbewerb untereinander und mit anderen medialen Angeboten, der sie zum „Going Public" zwingt, „und dies in einer immer stärker personalisierten und professionalisierten Form".[50] Die Entertainisierung ist dabei ein Faktor, der das Unterhaltungsbedürfnis der Zuschauer auch im Bereich der Politikdarstellung befriedigt und in enger Verknüpfung mit anderen Entwicklungen der modernisierten Politikvermittlung, wie der Personalisierung, Inszenierung und Visualisierung dafür sorgt, dass in der Konkurrenz um Aufmerksamkeit und Einschaltquoten jegliche Langeweile vermieden wird.[51]

Dementsprechend definiert Bosshardt Infotainment auch als mehr, als nur die Mischung zwischen Information und Unterhaltung. Vielmehr sollte diese

„[...] auch als Rezeptionsqualität in einem angeregten (Information) und erregten (Unterhaltung) Zustand aufgefasst werden. Es geht um das Wechselspiel von Kognition und Affekt, um das Spannungsfeld zwischen Nachrichtenwerten und Gefühlsfaktoren.

---

45 Radunski 1996, S. 37
46 Nieland 2000, S. 310
47 Nieland 2000, S. 311
48 Vgl. Schulze 1992
49 Vgl. Sarcinelli/Tenscher 1998
50 Niedermayer 1999, S. 20
51 Vgl. Schicha 2000, S. 72

"[…] die Ingredienzien für die Dramaturgie informativer Unterhaltung und unterhaltsamer Information sind […] Abwechslung, Personalisierung […], Emotionalisierung, eine dosierte Mischung von Spannung und Entspannung, Stimulation, Vermeidung von Langeweile."[52]

Hier wird auch deutlich, dass die Merkmale einer Veränderung der politischen Kommunikation nicht separat zu sehen sind, sondern sich teilweise gegenseitig bedingen.[53] So sind Personalisierung, Visualisierung, Inszenierung und Emotionalisierung eben auch ein Aspekt der Entertainisierung von Politik.

Das Ende eines elitären Demokratieverständnisses

Die Folgen dieser sind die bereits genannten Genrevermischungen, die unter anderem sowohl durch die Entertainisierung von Politik begünstigt werden, als auch diese befördern. Meyer, Ontrup und Schicha prognostizieren, dass die „Dichotomien von Information und Unterhaltung, kognitiver und emotionaler Wahrnehmungsaktivität, argumentativer Rede und wirkungsorientierter Rhetorik" angesichts der visuellen Inszenierungslogik des Leitmediums Fernsehen in ihrer bisherigen Schärfe nicht aufrechterhalten werden können.[54] Die bürgerliche Vorstellung einer diskursorientierten Vermittlung von Politik und öffentlichen Meinungsfindung scheint damit in der heutigen Gesellschaft zumindest im Fernsehen unrealistischer geworden zu sein. Derartig lautender Kritik muss jedoch entgegnet werden, dass der Anspruch, Politik sei auf einer rein rationalen Ebene diskutierbar, zwar einem normativen Ideal gesellschaftlicher Meinungsfindung entspricht, in der Praxis jedoch eine große Gruppe von Menschen ausschließt oder zumindest von der Teilhabe am politischen Prozess abhält. Rager beispielsweise hält den

„[…] Versuch, sozusagen ‚Information pur' zu produzieren, für elitär und undemokratisch. Die oft praktizierte, sterile und schablonenhafte Behandlung beispielsweise von Politik schließt weite Schichten der Bevölkerung aus dem politischen Diskurs aus, die in diesen Formen der Auseinandersetzung nicht trainiert sind – oder sich ihr verweigern."[55]

Dem entgegen bietet eine entertainisierte Politikdarstellung den Zuschauern die Möglichkeit, sich über stärker personalisierte, inszenierte und visualisierte Darstellungsformen ein Bild zu machen, bzw. einen Eindruck zu bekommen, von den Kandidaten und ihren Ansichten. So formiert sich „[…] in den visuellen Als-ob-Welten der Medienunterhaltung, […] die uns allen selbstverständliche Imagination der politischen Welt".[56]

Dörner erklärt dies durchaus im Sinne des Konzepts des Fernsehens als kulturelles Forum, wonach das Fernsehen Impulse aus der Gesellschaft aufnimmt, sie interpretiert, darstellt und wiederum Impulsgeber ist. So ist es einerseits zu einem großen Teil immer auch eine Bühne gesellschaftlicher Diskussionen, prägt aber andererseits auch die Rezeptionserwartungen und -bedürfnisse der Zuschauer. Für die Entertainisierung der Politik bedeutet dies,

---

52 Bosshardt 1991, S. 3
53 Vgl. Schwarz/Brosda 2001
54 Meyer/Ontrup/Schicha 2000, S. 310
55 Rager 1993, S. 16
56 Dörner 2000, S. 212

dass sich politische Akteure soweit in die Unterhaltungsformate des Fernsehens hineinwagen, wie dies einerseits der Erleichterung der Rezeption und der Selbstdarstellung dient, und andererseits der Funktion des Politikers angemessen erscheint. Dies kann nicht nur zu einer wichtigen Visibilisierung von politischer Kultur beitragen sowie politische Diskurse verstärken und modifizieren, sondern außerdem den Prozess der Stabilisierung oder Veränderung von kulturellen Selbstverständlichkeiten beeinflussen.

„Die populäre Medienkultur durchdringt den Alltag nahezu aller Bürger. Weitgehend abgelöst von den traditionellen raum-zeitlichen Restriktionen der sozialen Interaktion, vollzieht sich in der medienkulturellen Kommunikation eine virtuelle Vergemeinschaftung."[57]

Demnach beziehen sich die positiven Aspekte der Entertainisierung vor allem auf die Erschließung neuer Rezipientengruppen für die Politik. Denn

„[...] wenn es zutrifft, dass die Populärkultur zusehends der Verbreitung von Prinzipien der Lebensführung für jugendliche Zuschauer dient und Hilfestellung für ihre Alltagsinterpretation leistet, dann scheint eine Annäherung an diese ‚politikfremde' Kultur nur konsequent".[58]

Nielands Annahme ist sicher auch auf andere an Politik desinteressierte Gruppen zu übertragen, sofern sich Politiker auch in Formaten zeigen, die deren Interessen entsprechen. Dementsprechend ist davon auszugehen, dass sich mit der wachsenden Bedeutung des Fernsehens für die Bevölkerung und der fortschreitenden Konjunktur von Talkshow- und Unterhaltungsformaten auch der Trend einer zunehmenden Entertainisierung von Politik fortsetzen wird.
In der zuschauernahen Mischung aus Entertainment und Information kommen sich die Strategien der Medien und der Politikdarsteller durchaus entgegen.

„Politische Probleme bewusst machen oder davon abzulenken – beide Wahlkampfstrategien werden von den Parteien oft gleichzeitig und nebeneinander gefahren. [...] Und mit nichts anderem versuchen die elektronischen Medien, insbesondere das Fernsehen, ihre Zuschauer zu gewinnen: Unterhaltung, damit sie auf andere Gedanken kommen, oder Information, damit sie auf neue Gedanken kommen."[59]

Folgt man diesem Gedanken, ist der Prozess der Entertainisierung mit der wachsenden Bedeutung des Fernsehens in der Gesellschaft beinahe zwangsläufig verbunden. So kommt es zu einem „grundsätzlichen Bedeutungswandel in Bezug auf die Darstellung und das Gewicht von Politik in Fernsehsendungen".[60] Sie wird nicht mehr nur rein informativ und sachlich dargestellt, sondern präsentiert sich in allen Facetten der Programme und mit den Eigenschaften ihrer medialen Darsteller. Ganz im Trend von Personalisierung, Inszenierung und Visualisierung wird Politik mit allen Möglichkeiten des Mediums Fernsehen dargestellt, scheinbar ganz so, wie es dem Zuschauer gefällt. Dementsprechend konstatiert Brosda, dass

---

57 Dörner 2000, S. 212
58 Nieland 2000, S. 321
59 Radunski 1996, S. 33f.
60 Kaase 1997, S. 66

„[...] die Akzeptanz für die Verschmelzung von Informations- und Unterhaltungsöffentlichkeiten wächst, ebenso wie die Beweglichkeit ihrer prominentesten Protagonisten zwischen den verschiedenen Foren".[61]

Die Entertainisierung ist ein fester Bestandteil der Politikdarstellung unserer Tage.[62] Sie ist eine Folge der zunehmenden Unterhaltungsorientierung des Publikums und dem damit verbundenen Problem der Politik, den Bürger zu erreichen.

„Der Aufstieg der Medienunterhaltung zum Sinn- und Identitätszentrum der modernen Gesellschaft hat jedenfalls die Begehrlichkeit der Politik geweckt, kann sie doch hier die politikverdrossenen und desinteressierten Wähler in ihrer Rolle als Fernsehzuschauer noch erreichen. Im Gegenzug haben die Unterhaltungsmacher zunehmend auf politische Akteure, Themen und Geschehnisse zurückgegriffen, um ihre bunten Bilderwelten anschaulich und interessant zu bevölkern."[63]

Die Entertainisierung ist also sowohl eine Bedingung, um im Wettbewerb mit anderen Formaten des Fernsehens zu bestehen, als auch im engen Zusammenhang mit einer Individualisierung der Gesellschaft und der kleiner werdenden Möglichkeit der Parteien zu sehen, die Bürger anders als massenmedial zu erreichen. Sie ist daher eine notwendige, professionelle Reaktion seitens der politischen Akteure auf einen gesellschaftlichen und medialen Wandel und darüber hinaus eine Chance, einen Prozess in Gang zu setzen, der neben den vielfach benannten Gefahren der Banalisierung und Personalisierung von Politik auch aktivierendes Potenzial für das politische Interesse der Zuschauer haben kann.

Fazit: Angemessene Unterhaltung

Dementsprechend sind Politik und Unterhaltung im Zeitalter des Fernsehens als Massenkommunikationsmedium Nummer eins keine untrennbaren Gegensätze mehr, sondern vielmehr eine vernünftige Verbindung von Zuschauerinteresse und demokratisch notwendiger Politikdarstellung. Die Frage ist nicht mehr, ob Politik und Unterhaltung miteinander vereinbar sind, sondern nur noch, ob die Verhältnismäßigkeit zwischen Ernst und Würde des politischen Sachverhalts und der auftretenden Person auf der einen Seite, und der Darstellungsform und dem Sendekontext auf der anderen Seite gewahrt bleibt. Erfahrungen aus der jüngsten Vergangenheit lassen darauf hoffen, dass dies ein sich selbst regulierender Prozess ist, in dem die Zuschauer und Wähler Richter über die Angemessenheit sind.
Verabschiedet man sich von der theoretisch wünschenswerten, jedoch vergleichsweise elitären Vorstellung, politische Meinungsbildung sei allein durch nüchterne Faktenrezeption und darauf folgende Abwägung erstrebenswert, spielt die unterhaltende Darstellung von Politik im Fernsehen gar eine positiv unterstützende Rolle bei der politischen Meinungsbildung. In Zeiten immer lockerer werdender Parteieinbindungen und damit einhergehend, immer weniger interpersonellen Kontakten mit Politikern, können sich die Zuschauer ein Bild vom Menschen im Politiker machen. Diese (vermeintlich) persönliche Bekanntschaft ist die Grundlage für Vertrauens- und Kompetenzzuweisungen, die in der politischen Mei-

---

61 Brosda 2002, S. 17
62 Vgl. Radunski 1996, S. 34; Holtz-Bacha 1999, S. 18; Holtz-Bacha 2000, S. 161f
63 Dörner 2001, S. 45

nungsbildung von jeher eine wichtige Rolle spielen, nämlich immer dann, wenn Sachverhalte zu komplex sind, um für den einzelnen Wähler nachvollziehbar zu sein. Vor dem Hintergrund der Tatsache, dass die persönliche Begegnung mit einem Spitzenpolitiker für die Masse der Wählerinnen und Wähler eher unwahrscheinlich ist und auch die für ihr Urteil später relevanten politischen Entscheidungen in der Regel medial vermittelt werden, erscheint die unterhaltende Politikdarstellung in der Mediengesellschaft nicht die schlechteste Option zu sein. Im Gegenteil, sie bietet das Potenzial, das Interesse der Zuschauer für den politischen Prozess über mediale Sympathiebindungen wieder zu wecken und aufrecht zu erhalten. Vor dem Hintergrund, dass das Fernsehen das dominante Medium ist, das einen Großteil der gesellschaftlichen Debatten abbildet und ihre Aufmerksamkeit erzielt, ist es aus Sicht des politischen Systems vielleicht sogar notwendig. Politikwissenschaftlich ist die Frage interessant, inwieweit eine Balance zwischen normativen Ansprüchen an die politische Willensbildung und notwendigen Zugeständnissen im Zusammenhang mit einer Entertainisierung von Politik gefunden und formuliert werden kann.

Dabei ist zu beachten, dass politische Bildung und politisches Interesse nicht einfach verordnet werden können. Versteht man das Fernsehen als kulturelles Forum im geschilderten Sinne, ist es letztlich nicht das Medium, das durch sein Programm eine fundiertere politische Meinungsbildung verhindert, sondern in großem Maße auch das fehlende Zuschauerinteresse für solche Programminhalte. Es muss also darum gehen, Kinder und Jugendliche schon früh zu politisch mündigen und interessierten Bürgerinnen und Bürgern zu erziehen, die dann die entsprechenden Programminhalte nachfragen und liefern. Wer eine politisch interessierte und engagierte Gesellschaft will, muss dies an anderer Stelle schaffen, als nur das Fernsehprogramm zu ändern.

Literatur

BOSSHARDT, LOUIS (1991): Infotainment im Spannungsfeld von Information und Unterhaltung. In: *Medienwissenschaft Schweiz,* H. 1, S. 1-4.

BROSDA, CARSTEN (1999): Aufstand nach der Krönungsmesse. Der SPD-Parteitag 1998 in Leipzig. Zur Inszenierung journalistischer Inszenierungskritik. In: SCHICHA, CHRISTIAN / ONTRUP, RÜDIGER (HRSG.): *Medieninszenierungen im Wandel.* Interdisziplinäre Zugänge. Münster, S. 199-213.

BROSDA, CARSTEN (2002): „Und von Hause aus bin ich Rechtsanwalt und habe einen Hund" Politikerauftritte in Unterhaltungssendungen am Beispiel von Big Brother. Erscheint in: SCHWEER, MARTIN K.W. / SCHICHA, CHRISTIAN / NIELAND, JÖRG-UWE (HRSG.): *Das Private in der öffentlichen Kommunikation.* Big Brother und die Folgen. Köln. [Manuskript]

BUSSEMER, THYMIAN (2001): *Smiling Willy – fighting Willy oder Das Konzept von 1961.* Ein Gespräch mit Willy Brandts Wahlkampfmanager Klaus Schütz. Unveröffentlichtes Manuskript in Besitz des Verfassers.

DÖRNER, ANDREAS (1999): Politik im Unterhaltungsformat. Zur Inszenierung des Politischen in den Bilderwelten von Film und Fernsehen. In: *Aus Politik und Zeitgeschichte,* B41/99, S. 17-25.

DÖRNER, ANDREAS (2000): *Politische Kultur und Medienunterhaltung.* Zur Inszenierung politischer Identitäten in der amerikanischen Film- und Fernsehwelt. Konstanz.

DÖRNER, ANDREAS (2001): *Politainment.* Politik in der medialen Erlebnisgesellschaft. Frankfurt a.M.

FISKE, JOHN / HARTLEY, JOHN (1978): *Reading Television.* London.

FREY, SIEGFRIED (1999): *Die Macht des Bildes.* Der Einfluss der nonverbalen Kommunikation auf Kultur und Politik. Bern u.a..

HOLTZ-BACHA, CHRISTINA (Hrsg.) (1999): *Wahlkampf in den Medien – Wahlkampf mit den Medien* Ein Reader zum Wahljahr 1998. Opladen; Wiesbaden.

HOLTZ-BACHA, CHRISTINA (2000) Entertainisierung der Politik. In: *Zeitschrift für Parlamentsfragen,* H. 1, S. 156-166.

KAASE, MAX (1997): Medien und Politik. In: UNIVERSITÄT HEIDELBERG (Hrsg.): *Massen, Macht und Medien.* Heidelberg, S. 51-80.

KAMPS, KLAUS (2000) (Hrsg.): *Trans-Atlantik-Trans-Portabel.* Die Amerikanisierungsthese in der politischen Kommunikation. Wiesbaden.

KLAUS, ELISABETH (1996): Der Gegensatz von Information ist Desinformation, der Gegensatz von Unterhaltung ist Langeweile. In: *Rundfunk und Fernsehen,* H. 3, Jg. 44, S. 402-417.

LEINEMANN, J. (1998): Hollywood an der Pleiße. In einer pompösen Show feierten die Sozialdemokraten die Kür ihres Kanzlerkandidaten. In: *Der Spiegel,* 20.4.1998, S. 26-28.

LUHMANN, NIKLAS (1993): *Soziale Systeme.* Grundriß einer allgemeinen Theorie. Frankfurt a.M.

LUHMANN, NIKLAS (1996): *Die Realität der Massenmedien. 2.,* erweiterte Auflage. Opladen.

MEYER, THOMAS / KAMPMANN, MARTINA (1998): *Politik als Theater.* Die neue Macht der Darstellungskunst. Berlin.

MEYER, THOMAS / ONTRUP, RÜDIGER / SCHICHA, CHRISTIAN (2000): *Die Inszenierung der Politischen.* Zur Theatralität von Mediendiskursen. Wiesbaden.

MÜLLER, ALBRECHT (1999): *Von der Parteiendemokratie zur Mediendemokratie.* Beobachtungen zum Bundestagswahlkampf. Opladen.

NEWCOMB, HORACE M. / HIRSCH, PAUL (1986): Fernsehen als kulturelles Forum. Neue Perspektive für die Medienforschung. In: *Rundfunk und Fernsehen,* H. 2, Jg. 34, S. 177-190.

NIEDERMAYER, OSKAR (1999): Die Bundestagswahl 1998: Ausnahmewahl oder Ausdruck langfristiger Entwicklungen der Parteien und des Parteiensystems? In: DERS. (Hrsg.): *Die Parteien nach der Bundestagswahl 1998.* Opladen, S. 9-36.

NIELAND, JÖRG-UWE (2000): Politics goes popular. Anmerkungen zur Popularisierung der politischen Kommunikation. In: KAMPS, KLAUS (Hrsg.): *Trans-Atlantik – Trans-Portabel?* Die Amerikanisierungsthese in der politischen Kommunikation. Wiesbaden, S. 307-330.

RADUNSKI, PETER (1980): *Wahlkämpfe.* Moderne Wahlkampfführung als politische Kommunikation; München.

RADUNSKI, PETER (1996): Politisches Wahlkampfmanagement. Die Amerikanisierung der Wahlkämpfe. In: BERTELSMANN STIFTUNG (HRSG.): *Politik überzeugend vermitteln.* Gütersloh, S. 33-52.

RAGER, GÜNTHER (1993): Unterhaltung – Mißachtete Produktstrategie? In: DERS. U.A. (Hrsg.): *Leselust statt Pflichtlektüre.* Die unterhaltsame Tageszeitung. Münster, Hamburg, S. 7-19.

SARCINELLI, ULRICH / TENSCHER, JENS (1998): Polit-Flimmern und sonst nichts? Das Fernsehen als Medium symbolischer Politik und politischer Talkshowisierung. In: KLINGLER, WALTER / ROTERS, GUNNAR / ZÖLLNER, OLIVER (Hrsg.): *Fernsehforschung in Deutschland.* Themen – Akteure – Methoden, Teilband 1. Südwestrundfunk Schriftenreihe Medienforschung, Bd. 1. Baden-Baden, S. 303-317.

SARCINELLI, ULRICH (2000): Politikvermittlung und Wahlen – Sonderfall oder Normalität des politischen Prozesses? Essayistische Anmerkungen und Anregungen für die Forschung. In: BOHRMANN, HANS U.A. (Hrsg.): *Wahlen und Politikvermittlung durch Massenmedien.* Wiesbaden. S. 19-30.

SCHICHA, CHRISTIAN (2000): Infotainmentelemente im Genre politischer Informationsprogramme. In: NIELAND, JÖRG-UWE / SCHICHA, CHRISTIAN (Hrsg.): *Infotainment und Aspekte medialer Wahrnehmung.* Ergebnisbericht und Stellungnahmen zum Workshop an der FU-Berlin von 02.06.1999 im Rahmen des DFG-Schwerpunktprogramms: „Theatralität". Duisburg. S. 72-89.

SCHULZE, GERHARD (1992): *Die Erlebnisgesellschaft.* Frankfurt / New York.

SCHWARZ, JOHANNES / BROSDA, CARSTEN (2001): ‚Amerikanisierung' der Politikvermittlung? Gesellschaftswandel – Medienwandel – Politikwandel. In: *Vorgänge,* H. 2, S. 70-76.

TENSCHER, JENS (1998): Politik für das Fernsehen – Politik im Fernsehen. Theorien, Trends und Perspektiven. In: SARCINELLI, ULRICH (Hrsg.): *Politikvermittlung und Demokratie in der Mediengesellschaft.* Bonn. S. 184-208.

WEISCHENBERG, SIEGFRIED (1999): Die Macht und die Worte. Gerhard Schröders politische Kommunikation – eine Presseschau. In: *PR-Magazin,* H. 11, S. 35-44.

WILLEMS, HERBERT (2000): Das kulturelle Forum der Massenmedien als Bühne von Symbolverkäufern und symbolischen Selbstverkäufern. In: NIELAND, JÖRG-UWE / SCHICHA, CHRISTIAN (HRSG.): *Infotainment und Aspekte medialer Wahrnehmung.* Ergebnisbericht und Stellungnahmen zum Workshop an der FU-Berlin von 02.06.1999 im Rahmen des DFG-Schwerpunktprogramms: „Theatralität". Duisburg. S. 49-61.

CLAUDIA WEGENER

Trotz Gegenwind im Markt behauptet
Politische Fernsehmagazine im Zeitalter des Infotainments

Vorbemerkung

Zu den Aufgaben politischer Magazine zählt seit je her die Faktendimensionierung, also die Einordnung, Erläuterung und Kommentierung gesellschaftspolitischer Zusammenhänge. Mit dieser Aufgabe können sie als fernsehspezifische Ergänzung der Nachrichtensendungen gesehen werden, deren Berichterstattung für das Verständnis komplexer politischer und gesellschaftlicher Prozesse allein nicht ausreicht. Darüber hinaus handelt es sich um eine Sendeform, die von den Programmverantwortlichen des öffentlich-rechtlichen Fernsehens seit Jahrzehnten als fester Bestandteil des Informationsprogramms gesehen und von den Zuschauern als solcher akzeptiert wird. Die Entwicklung politischer Informationsmagazine ist nicht nur die Geschichte einer beliebigen Sendeform. Dieses Genre kann als Vorreiter für eine Form der politischen Informationsvermittlung im Fernsehen gesehen werden, die sich mit Hintergründen, komplexen Zusammenhängen und der Einordnung von „Schlagzeilen" in ihren Gesamt-Kontext beschäftigt. Wie sich das Genre im Rahmen eines zunehmend auf Unterhaltung und auf den sogenannten „Massengeschmack" ausgerichteten Programmangebotes erfolgreich behaupten konnte, soll im Folgenden dargestellt werden. Im Mittelpunkt dieses Beitrags stehen die Ergebnisse einer quantitativen Analyse, auf deren Grundlage inhaltliche und formale Veränderungen politischer Magazine seit der Einführung des dualen Rundfunksystems untersucht und nachgewiesen werden konnten.[1]

Einleitung

Politische Magazine gehören zu den ältesten Sendeformen des Fernsehprogramms. Bereits 1957 geht *Panorama* als erstes politisches Magazin auf Sendung. Nach dem vornehmlich auf Unterhaltung ausgerichteten Programm der 50er Jahre ist es die Absicht der Sendung, die Zuschauer nun erstmals wieder mit „unbequemen" Themen der gesellschaftspolitischen Realität zu konfrontierten und eine neue kritische mediale Öffentlichkeit im deutschen Fernsehen zu etablieren. Das politische Magazin strebt keinesfalls nach Harmonie, Einklang und seichter Fernsehunterhaltung. Seit seiner ersten Stunde scheut die Sendung keine Konfrontation und nimmt insbesondere solche Themen auf, die den Verantwortlichen von *Panorama* bei Politikern nur wenig Sympathie einbringen. Entsprechend ist die Sendung von Beginn an umstritten.

„Joachim Fest schrieb 1969, dass um Panorama ‚lange Zeit ein Hauch von Skandal der Geruch von etwas tief Ungehörigem, eigentlich nicht Statthaftem' gewesen sei. Die

---

[1] Vgl. Wegener 2001

Fernsehnation, heißt es in einem Bonmot dieser Zeit, faßte Panorama als monatliche Abonnementsbeleidigung ihres Selbstwertgefühls auf."[2]

Im Laufe der vergangenen 40 Jahre konnte die Sendung auf zahlreiche Skandale zurückblicken, die nach Aussagen der Verantwortlichen bei der Brisanz der Themen nicht ausbleiben.[3] Das streitbare Magazin bleibt nicht lange allein. 1960 starten der Bayerische Rundfunk und der Süddeutsche Rundfunk unter dem Titel *Anno-Filmberichte zu Nachrichten von gestern und morgen* ein Nachrichtenmagazin der ARD, aus dem sechs Jahre später die Sendung *Report* werden sollte. Moderator und Leiter des Magazins ist Gunter Gaus, der als erfahrener und renommierter Journalist das politische Magazin bei seinen ersten Schritten begleitet. Eine Reihe weiterer Magazine sollte in den nächsten Jahren hinzu kommen und das Bild der politischen Berichterstattung im deutschen Fernsehen prägen. Dennoch, die kritische mediale Öffentlichkeit der 60er Jahre setzt sich in dieser Form nicht durch. Bereits in den 70er Jahren zeichnet sich eine deutliche Unterhaltungsausrichtung des Fernsehprogramms ab, die zu einer ersten Entpolitisierung und Ausdifferenzierung des Magazinsektors führt. Neben den politischen Magazinen entwickeln sich nicht nur zahlreiche Spartenmagazine, die populäre Themen in das Zentrum ihrer Berichterstattung rücken, auch werden die Programmplätze der klassischen Montagsmagazine von bisher 20.15 Uhr auf 21.00 Uhr verschoben.[4] Die Prime-Time ist von nun an für massenattraktive Unterhaltungssendungen reserviert. Daneben wird die „Schutzzone" für politische Magazine aufgehoben. Sie sollte verhindern, dass attraktive Sendungen parallel zur Sendezeit politischer Magazine ausgestrahlt werden.[5] Durch die gleichzeitige Platzierung unterhaltungsorientierter Sendungen beim Konkurrenzprogramm beginnen die Einschaltquoten politischer Magazine zu sinken. Als Ursache für diese Entwicklung macht Merseburger u.a. ein zunehmend politisches Desinteresse von Seiten der Zuschauer aus.[6] Während die zeitkritischen Montagsmagazine in den sechziger Jahren mit ihrem Interesse, das sie beim Zuschauer gefunden haben, eine Überpolitisierung der Bundesdeutschen zur Folge hatten – so der ehemalige Leiter und Moderator von *Panorama*, Peter Merseburger –, sind die großen emotionalisierenden Faktoren in der deutschen Politik nach den Ostverträgen weg. Als Folge davon gewinnen nun die persönlichen Probleme des Rezipienten an Bedeutung:

> „Der Fußpilz (im konkurrierenden ‚Gesundheitsmagazin') wird wichtiger als der Verteilungskampf, bei dem man ja schon weiß, wo man steht, wo man also nicht mehr so sonderlich viel Aufklärung braucht."[7]

Dennoch bleiben Magazinsendungen wie *Panorama*, *Report* und *Monitor* im Programmangebot und „überstehen" den ersten Konkurrenzkampf mit populären Unterhaltungsformaten.

Nach den Veränderungen der 70er Jahre stehen die 80er Jahre nochmals für eine deutliche Verschärfung der Konkurrenz um die Gunst des Zuschauers. Durch die Einführung des dualen Rundfunksystems und die Etablierung der privat-kommerziellen Fernsehsender

---

2 Leder 1989, S. 271
3 Vgl. http://www.ndrtv.de/panorama/
4 Vgl. Bleicher, 1992
5 Vgl. Donsbach & Mathes 1994
6 Vgl. Merseburger u.a. 1996
7 Merseburger, 1976, S. 3ff.

ergeben sich auch für die öffentlich-rechtlichen Fernsehanstalten und deren Programmangebote weitreichende Konsequenzen. Die Kommerzialisierung der Massenkommunikation lässt die Einschaltquoten zum Messwert für Erfolg werden. Sendungen, die sich durch Massenattraktivität auszeichnen und ein großes Publikum erreichen, müssen wesentlicher Bestandteil eines werbefinanzierten Programmangebotes sein, stellen sie letztlich doch seine Existenzgrundlage dar.[8] Entsprechend wird bei den privat-kommerziellen Rundfunkanstalten auch die Frage nach „Unterhaltung oder Information" zur Frage nach „Gewinn oder Verlust". Intellektuelle Spartensendungen, die kleine Rezipientenkreise erreichen und nur bei den über 50jährigen Zuschauern Anklang finden, können sich die privaten Veranstalter im wahrsten Sinne des Wortes nicht leisten. Aber auch die öffentlich-rechtlichen Sender sind kaum in der Lage, den Zuschauergeschmack zu ignorieren. Zwar garantieren Rundfunkgebühren die Finanzierung des Programms, dennoch würden sich die Verantwortlichen der öffentlich-rechtlichen Anstalten zur Rechtfertigung gezwungen sehen, sollte der Zuschauer eines Tages für ein Programm zahlen müssen, das keiner mehr sieht; der Auftrag der Grundversorgung lässt sich öffentlich nur schwer kommunizieren.

Erwartungsgemäß legen nun auch die in den 80er Jahren neu hinzukommenden politischen Magazine Wert auf Unterhaltungselemente und streben eine größere Publikumsattraktivität an. Dabei wollen sie sich bewusst von den Magazin-Klassikern absetzen. So beschreibt Friedrich Küppersbusch, Moderator des WDR-Magazins *ZAK*, das sechs Jahre nach seinem Start beim WDR 1993 in das erste Programm der ARD übernommen wird, den neuen Stil seiner Sendung wie folgt:

> „Es gibt Leute, die wollen politische Inhalte mit dem Aroma eines Leitz Ordners überreicht bekommen. Die gucken nach wie vor Monitor. Aber es gab früher auch Leute, die haben Monitor geguckt, obwohl sie sich das auch etwas lebendiger hätten vorstellen können. Die werden jetzt anders bedient."[9]

Auch wenn sich *ZAK* mit sprachlichen Finessen und Anlehnung an die Ästhetik der schnellen Videoclips an den Zuschauergeschmack der 90er Jahre anpasst, kann sich das Magazin langfristig nicht etablieren. Drei Jahre nach ihrem Wechsel in das erste Programm wird die Sendung eingestellt. *Monitor* hingegen, das Magazin, von dem sich Küppersbusch gezielt absetzen wollte, existiert nach mehr als 35 Jahren nach wie vor im Programmangebot der ARD. Dass Sendungen wie *Monitor*, *Panorama*, und *Report* nach mehreren Jahrzehnten immer noch fester Bestandteil des öffentlich-rechtlichen Fernsehens sind, spricht nicht nur für Konzepte und Formate der jeweiligen Magazine, sondern ganz offensichtlich auch für eine erfolgreiche Adaption neuer Rezeptionsformen und Sehgewohnheiten des Publikums. Ob diese zwangsläufig zu Lasten der politischen Ausrichtung sowie kritischer und streitbarer Berichterstattung geht, werden die folgenden Ausführungen zeigen.

---

8 Vgl. Löffelholz/Altmeppen, 1994
9 Küppersbusch, 1995, S. 32

Politische Magazine im Wandel der Zeit

Anlage der Untersuchung

Der Beitrag stellt in den weiteren Abschnitten die Ergebnisse einer Inhaltsanalyse vor, die untersucht, inwieweit sich die klassischen Polit-Magazine der öffentlich-rechtlichen Sendeanstalten dem Trend zum Infotainment anpassen und Information zugunsten der Unterhaltsamkeit reduzieren. Damit Veränderungen insgesamt wie auch in einzelnen Sendungen beobachtet werden konnten, gingen nur solche Magazine in die Analyse ein, die mindestens seit der Einführung des dualen Rundfunksystems 1985 existieren. Zusätzlich konzentrierte sich die Untersuchung auf eine Stichprobe von Magazinen privater Veranstalter, um Tendenzen der Anpassung sowie der Differenzierung zwischen Magazinen privater und öffentlich-rechtlicher Sender analysieren zu können. Die Magazine wurden anhand der Selbstbeschreibung der Sendung, der Ausweisung und Beschreibung in jeweils aktuellen Programmzeitschriften sowie der übereinstimmenden Zuordnung der Sendungen zum Genre „politischer Magazine" in einschlägigen wissenschaftlichen Arbeiten ausgewählt. Zudem wurden nur solche Sendungen berücksichtigt, die
- keine monothematische Ausrichtung aufweisen,
- keine tagesaktuelle Berichterstattung beanspruchen,
- sich als zeitkritische Sendungen verstehen,
- sich formal durch Periodizität und das für Magazine typische „Baukastenformat" auszeichnen.[10]

Insgesamt gingen 80 Magazinsendungen in die Analyse ein. Dabei handelt es sich um Ausgaben der Sendungen *Report München*, *Report Baden-Baden*, *Panorama*, *Monitor*, *Kennzeichen D*, *Kontraste* und *ZDF-Magazin* sowie dessen direkte Nachfolgesendungen *Studio 1* und *Frontal*. Aus den Sendungen der privaten Veranstalter wurden die Magazine *Stern-TV*, *Spiegel-TV* und *Focus-TV* ausgewählt.

Die Inhaltsanalyse geht der Frage nach, inwieweit sich die politischen Magazine der öffentlich-rechtlichen Sender seit der Einführung des dualen Rundfunksystems einem auf Unterhaltung und Infotainment ausgerichteten Zuschauergeschmack angepasst haben. Darüber hinaus gibt sie Aufschluss auf eine inhaltliche und formale Annäherung öffentlich-rechtlicher Magazine an die boulevardorientierten Informationsmagazine der privatkommerziellen Sender, um so ggf. Prozesse gerichteter Konvergenz aufzeigen zu können. Als Indikatoren für Infotainment sollen hier drei inhaltliche und formale Gestaltungsaspekte betrachtet werden:[11]
- erstens die Reduktion von politischer Berichterstattung zugunsten massenattraktiver Themen und Inhalte, verstanden als Reduktion von Information auf Sensation,
- zweitens die Tendenz zur Personalisierung von Strukturen im Sinne einer Berichterstattung, die sich vornehmlich auf Einzelpersonen, deren Geschichten und Handlungen bezieht,
- drittens die Berichterstattung über physische Gewalt und damit verbunden die Visualisierung gewaltbezogener Ereignisse und ihrer Folgen.

---

10 Vgl. Schult/Buchholz, 2000
11 Vgl. Groebel/Hoffmann-Riem/Köcher/Lange/Mahrenholz/Mestmäcker/Scheithauer/Schnieder, 1995

Würden diese Entwicklungen konsequent verfolgt und umgesetzt werden, ließen sich medienvermittelte Informationen künftig als eine Form des Infotainment sehen, bei der Informationen als Unterhaltung vermarktet und von jeglicher gesellschaftskritischer Relevanz befreit wären. Die ursprünglich gesellschaftskritische Absicht der politischen Magazine, als „Wächter und Mahner" aufzutreten und dabei eine Institution „der Information, Kritik und Kontrolle im Deutschen Fernsehen" zu bilden, wäre hinfällig.[12]

Ergebnisse

Reduktion von Information auf Sensation

Wirft man einen Blick auf die Themenbereiche der analysierten politischen Magazine öffentlich-rechtlicher Sender, so zeigen sich keine auffallenden Veränderungen im Zeitverlauf. In allen drei Untersuchungszeiträumen nimmt die Berichterstattung über Staat und Parteien den größten Raum ein. So sind 1985/86 über 26 Prozent aller Beiträge diesem Themenbereich zuzuordnen, 1991/92 beschäftigen sich 24,8 Prozent der Beiträge mit Staat und Parteien und auch im letzten Erhebungszeitraum 1997/98 entfallen 26,4 Prozent der Beiträge auf dieses Thema. Daneben stehen durchgängig Berichte über Gesundheit und Soziales an zweiter Steller der Berichterstattung. Die Vermutung, dass politische Magazine den Anteil gesellschaftspolitischer Beiträge zugunsten explizit unterhaltungsorientierter Themen reduziert haben, lässt sich also nicht belegen. Wenn auch keine Reduktion politischer Beiträge zu beobachten ist, so zeigt sich, dass die Magazine ihr Themenspektrum in den 90er Jahren erweitert haben. Im Gegensatz zum Untersuchungszeitraum 1985/86 finden sich 1997/98 erstmals Beiträge über Sport und Tourismus, über bildungsspezifische Themen, Verkehrssysteme, Sekten und – der politischen Situation in den 90er Jahren entsprechend – über die ehemalige DDR sowie Aspekte und Folgen der Wiedervereinigung. Offenbar liegt es im Interesse der Magazine, größere Zuschauerkreise anzusprechen und gleichzeitig auch die Interessen der jüngeren Zielgruppen zu bedienen. Dass dabei auf eine gewisse Sensationsorientierung nicht verzichtet wird, macht der enorme Anstieg von Beiträgen deutlich, die sich in der Kategorie „Verbrechen/ Kriminalität" finden. Ließen sich im Zeitraum 1985/86 nur 3,8 Prozent aller Magazinbeiträge diesem Bereich zuordnen, hat sich die Anzahl 1997/98 mit 9,1 Prozent mehr als verdoppelt.

Auch wenn die Magazine der öffentlich-rechtlichen Sender thematisch ganz offenbar „Zugeständnisse" an Anforderungen wie Massenattraktivität und Unterhaltsamkeit machen, ist ihre Ausrichtung keineswegs mit dem Infotainment-Stil privater Magazinsendungen vergleichbar. So zeigt sich bei letzteren ein Themenspektrum, das ihre Einordnung als politische Magazine kaum rechtfertigt. Erstellt man eine Rangliste der am häufigsten präsentierten Themen, findet sich die Berichterstattung über Verbrechen und Kriminalität mit 19,4 Prozent auf dem ersten Platz. Platz zwei wird von Beiträgen aus dem Bereich „Prominenz/Tratsch/Klatsch" belegt, die in keinem der öffentlich-rechtlichen Magazine zu sehen sind. Daneben berichten die privaten Magazinsendungen über Gesundheit und Soziales und informieren den Zuschauer über Unglücke und Verbrechen. Berichte über Staat und Partei-

---

12 Vgl. www.wdr.de/tv/monitor/36jahre.phtml

en finden sich bei *Stern-TV*, *Spiegel-TV* und *Focus-TV* mit einem Anteil von 2,8 Prozent nur selten.

Hinsichtlich formaler Veränderungen lässt sich ein eindeutiger Trend beobachten: Die klassischen politischen Magazine bei ARD und ZDF sind dynamischer geworden; die Anzahl der Beiträge, die im Rahmen einer Magazinausgabe ausgestrahlt werden, hat sich deutlich erhöht. Während 1985/86 bei einer Sendelänge von 45 Minuten in der Regel vier Beiträge präsentiert wurden, zeigen die Magazine 1997/98 bei gleicher Sendelänge fünf bis sieben Beiträge. Diese Beobachtung kann im Sinne einer stärkeren Fragmentierung interpretiert werden, die sich im gesamten Fernsehprogramm findet und häufig mit Begriffen wie „Beschleunigung" und „Häppchenkultur"[13] etikettiert wird. Dass diese Entwicklung auf Kosten der Ausführlichkeit geht, ist kaum zu vermeiden. Während die einzelnen Beiträge 1985/86 eine durchschnittliche Länge von 9,79 Minuten aufgewiesen haben, bleiben den Journalisten 1997/98 im Durchschnitt 6,76 Minuten Zeit, um dem Zuschauer Inhalte zu vermitteln und ihre Themen zu präsentieren.

Neben der zeitlichen Einschränkung kann ein Trend zur Vereinheitlichung der Darstellungsformen verzeichnet werden. Dabei verlieren nicht nur ehemals bewährte Präsentationsformen wie das Interview oder der Kommentar an Bedeutung.[14] Mit der Aufwertung der klassischen Berichtform dominiert nun eine Darstellungsform das Genre, die zugleich eine größere Visualisierung der Beiträge erlaubt sowie eine stärkere Beitragsgestaltung von Seiten der Journalisten. Damit nähern sich die öffentlich-rechtlichen Magazine an die private Konkurrenz an. So greifen die Journalisten bei Magazinen wie *Spiegel-TV* und *Focus-TV* ausschließlich auf den Bericht zurück, wenn sie Themen zuschauergerecht präsentieren. Veränderungen in der Darstellung öffentlich-rechtlicher Magazine zeigen sich auch im Hinblick auf explizit unterhaltungsorientierte Präsentationsformen, die – beispielsweise in Form von Comics, Videoclips oder Märchenerzählungen – häufig mit einem ironisierenden Charakter verbunden sind. Fanden sich diese Darstellungsformen in den ersten beiden Untersuchungszeiträumen nur sporadisch, hatte *Frontal* den ironisch kommentierenden Beitrag 1997/98 als regelmäßig wiederkehrendes Element in die Sendung integriert. So wurden im Rahmen der analysierten Ausgaben des Magazin imaginäre Briefe an Politiker verschickt, der ehemalige Unternehmer Jürgen Schneider wurde mit einem „Weihnachtsgruß" bedacht und Gerhard Schröder – damals noch Ministerpräsident in Niedersachen – fand sich (in Anlehnung an einen in den 90er Jahre populären Fernsehmehrteiler) als „König von Hannover" porträtiert.

---

13 Vgl. Kreuzer 1988
14 Vgl. Tabelle 1

Tab.1: Journalistische Darstellungsformen (Mehrfachnennungen; in Prozent)[15]

	Öffentlich-rechtliche Sender			Private Sender
	1985/86	1991/92	1997/98	1997/98
Interview	13,2	7,7	1,9	20,3[16]
Kommentar	1,9	1,9	-	-
Reportage	0,9	-	-	-
Bericht	74,6	78,9	85,8	79,7
Ironisierende Formen	3,8	6,2	12,3	-
Sonstiges	5,6	5,3	-	-

Dass es sich die politischen Magazine der öffentlich-rechtlichen Anstalten nicht leisten können, den Zuschergeschmack außer Acht zu lassen und dessen Bedürfnis nach Unterhaltung zu ignorieren, zeigt letztlich auch der deutlich erhöhte Einsatz von Musik im Rahmen der Beiträge: Der Musikeinsatz hat sich von 1985/86 bis 1997/98 mehr als verdreifacht; musikalische Untermalungen finden sich im letzten Erhebungszeitraum in mehr als der Hälfte aller Beiträge. Auch in diesem Punkt nähern sich die öffentlich-rechtlichen Magazine an die Sendungen der privaten Anbieter an. So sind hier in über 80 Prozent aller Beiträge einzelne Sequenzen und Ausschnitte mit Musik unterlegt. Betrachtet man die Beiträge mit Musikeinsatz genauer, lassen sich ganz unterschiedliche Funktionen der jeweiligen Klänge ausmachen: Musik wird eingesetzt, um Spannung und Dramatik spektakulärer Gefahrensituationen zu unterstreichen. Auch werden Trauer- und Angstgefühle dargestellter Akteure musikalisch zum Ausdruck gebracht. Musik ist aber keineswegs nur mit negativ konnotierten Darstellungen verbunden. Vielmehr der Erheiterung dienen musikalische Einlagen in einem Beitrag über den „Elch-Test": Während die Autos bei einem Fahrzeugtest über die Fahrbahn rutschen, erklingen die Takte des Wiener Walzers. Schließlich werden Lieder und einzelne Strophen auch zur ironischen Kommentierung von Sachverhalten eingesetzt. Texte wie „Bad boys", „Jetzt wird wieder in die Hände gespuckt", „Ich wär' so gerne Millionär" oder „I want it all" machen dem Zuschauer auf unterhaltsame Weise den Standpunkt der Redakteure deutlich.

Zusammenfassend kann festgestellt werden, dass sich Veränderungen öffentlich-rechtlicher Magazine sowohl auf formaler als auch auf inhaltlicher Ebene zeigen. Dabei werden die Magazine im Formalen dynamischer und inhaltlich vielfältiger, tendenziell aber auch unpolitischer. Eine Annäherung – im Sinne gerichteter Konvergenz – an die gesellschaftspolitischen Magazine der privat-kommerziellen Veranstalter lässt sich insgesamt aber nur eingeschränkt beobachten.

---

15 Wegener, 2001, S. 164.
16 Die in den privaten Magazinen dargestellten Interviews finden sich ausschließlich in der Sendung *Stern-TV*. Das Studio-Interview nimmt hier eine zentrale Rolle ein, was letztlich darauf zurückzuführen sein dürfte, dass einzig dieses Magazin mit einem Studiopublikum produziert wird.

Personalisierung von Strukturen und Sachverhalten

Betrachten wir im Hinblick auf die Personalisierung zunächst die formalen Veränderungen: Eine zunehmende Dynamik politischer Magazine öffentlich-rechtlicher Anstalten zeigt sich, wie oben aufgeführt, nicht nur in der Beitragsgestaltung, sondern ebenso mit Blick auf die Personen, die im Rahmen der einzelnen Magazinbeiträge zu Wort kommen. Obwohl sich die zeitliche Länge der Beiträge verkürzt hat, haben in den aktuellen politischen Magazinen pro Beitrag durchschnittlich zwei Personen mehr die Möglichkeit (5,6 Personen im Gegensatz zu 3,8), ihre Meinung zu äußern und Sachverhalte zu schildern. Hinsichtlich der Anzahl präsentierter Akteure pro Beitrag schließen sich die öffentlich-rechtlichen Magazine damit beinahe an die privaten Magazine an, in denen sich durchschnittlich 6,6 Akteure in einem Beitrag äußern. Ein Trend zur vermehrten Darstellung von Personen in politischen Magazinen kann somit bestätigt werden. Den Eigenschaften des Fernsehens als visuelles und tendenziell personenbezogenes Medium tragen die politischen Magazine der 90er Jahre Rechnung.[17] Die vermehrte Darstellung von Akteuren ist gleichzeitig mit einer Verkürzung ihrer Wortbeiträge verbunden. Die Gesamtlänge der Originaltonaussage pro Person reduziert sich im Untersuchungszeitraum um mehr als die Hälfte. Damit wird den Akteuren politischer Magazine öffentlich-rechtlicher Anstalten weniger Redezeit zugestanden als den Akteuren der privaten Magazine. Insbesondere Politiker haben immer seltener die Chance, sich ausführlich und unkommentiert im Rahmen politischer Magazine zu äußern. Umfasst der Wortbeitrag einzelner politischer Akteure in den 80er Jahren durchschnittlich noch über 90 Sekunden, reduziert sich diese Zeit auf knapp 23 Sekunden in den 90er Jahren drastisch. Eine Plattform zur Selbstdarstellung und persönlichen Inszenierung können die Polit-Magazine damit kaum mehr bieten.

Eine vermehrte Personendarstellung geht im Rahmen öffentlich-rechtlicher Magazine aber nicht mit einer größeren Personalisierung der einzelnen Magazinbeiträge einher.[18] In allen Erhebungszeiträumen dominiert der Grad mittlerer Personalisierung, d.h., dass sowohl Personen als auch abstrakte Sachverhalte im Zentrum der Berichterstattung stehen.[19] Im Gegensatz dazu weisen die privaten Magazine wesentlich mehr Beiträge auf, die sich durch eine große Personalisierung auszeichnen, in denen sich das Geschehen also primär um einige oder wenige namentlich genannte oder genau bezeichnete Personen dreht. Beinahe die Hälfte aller analysierten Beiträge können hier als stark personalisiert eingestuft werden. Damit entsprechen sie dem Stil populärer Boulevardmagazine wie *Explosiv* oder *taff*, bei denen das Einzelschicksal im Zentrum der Berichterstattung steht.[20]

---

17 Vgl. Kepplinger 1987, Dörner 2001
18 Vgl. Schulz, 1990
19 Vgl. Tabelle 2
20 Vgl. Wegener 2000

Tabelle 2: Grad der Personalisierung[21]

	Öffentlich-rechtliche Sender			Private Sender
	1985/86	1991/92	1997/98	1997/98
Keine	5,2	1,1	0,7	-
Geringe	32,0	19,4	23,7	17,0
Mittlere	39,2	55,9	47,4	36,2
Große	23,6	23,6	28,2	46,8

Zusammenfassend zeigen sich Personalisierungstendenzen in der Berichterstattung der öffentlich-rechtlichen Magazin-Klassiker weniger auf inhaltlicher, als vielmehr auf formaler Ebene. Die vermehrte Darstellung von Akteuren ist nicht mit einer Personalisierung von Strukturen verbunden, sondern muss ebenfalls im Sinne einer dynamischeren und thematisch vielfältigeren Berichterstattung interpretiert werden. Auf eine Orientierung am Einzelschicksal können die Polit-Magazine von ARD und ZDF bis heute offenbar verzichten.

Darstellung von Gewalt

Die klassischen Polit-Magazine der öffentlich-rechtlichen Fernsehsender zeichnen sich weder in den 80er noch in den 90er Jahren durch eine drastische Darstellung von Gewalt aus. Dieses zeigt ein Blick auf alle Magazinbeiträge, in denen Gewalthandlungen thematisiert werden, die mit schweren Verletzungen oder tödlichem Ausgang für die Opfer verbunden sind. Nicht nur, dass prozentual gesehen der Anteil entsprechender Beiträge im Zeitverlauf zurückgegangen ist, darüber hinaus werden in allen Erhebungszeiträumen weniger als ein Drittel solcher Beiträge durch entsprechendes Filmmaterial visualisiert.
Das Aufkommen von Sendeformen wie Reality-TV, die die Ausübung von Gewalt und deren Darstellung in den Mittelpunkt der Berichterstattung stellen, hat offenbar keine Auswirkungen auf die Beitragsgestaltung politischer Magazine genommen und nicht zu einer vermehrten Präsentation gewaltbezogener Handlungen geführt.[22] Diese Beobachtung trifft sowohl auf die Magazine der öffentlich-rechtlichen Sender als auch auf die analysierten Magazine der privaten Sender zu. Auch diese zeichnen sich nicht durch eine auffallend häufige Darstellung von Gewaltakten aus.
Sofern aber Gewalt gezeigt wird, lassen sich in unterschiedlichen Erhebungszeiträumen Beispiele für eine sehr drastische Visualisierung der Gewalthandlung finden. Bereits 1986 kann man bei *Kontraste* Hinrichtungen in detaillierter Form beobachten. Der Zuschauer sieht nicht nur, wie Menschen vor laufender Kamera erschossen werden, darüber hinaus hält die Kamera Nahaufnahmen der zusammenbrechenden, sterbenden Menschen fest. Der Beitrag befasst sich mit der Berichterstattung über den Krieg in Afghanistan im sowjetischen Fernsehen. Ähnliche Bilder finden sich 1997 in einem Bericht bei *Frontal* über die Rechtsprechung in Tschetschenien. Auch hier wird der Zuschauer Zeuge einer Hinrichtung.

---

21 Wegener 2001, S. 177
22 Vgl. Wegener 1994

Die Bilder stammen aus einer Live-Übertragung des Ereignisses durch das tschetschenische Fernsehen.
Während sich die Beiträge in der Grausamkeit ihrer Bilder zunächst einmal gleichen, zeigen sich bei genauerer Betrachtung deutliche Unterschiede in der Betonung der Gewaltdarstellung. Diese Unterschiede manifestieren sich bereits in der Anmoderation. *Kontraste* kündigt den entsprechenden Beitrag ohne Verweis auf die drastische Darstellung von Gewalt an, die der Zuschauer sehen wird. Mit den Worten „Peter Bauer berichtet" endet die Anmoderation des Beitrags. Im Beitrag selbst nehmen die Bilder der Hinrichtung keinen herausragenden Stellenwert ein. Die Opfer der Gewalt bleiben anonym, Angehörige sind weder im Bild zu sehen, noch werden sie von den Journalisten interviewt. Der Beitrag zeichnet sich insgesamt durch eine geringe Personalisierung aus. Menschen kommen zwar zu Wort, die Berichterstattung dreht sich jedoch primär um abstraktes Geschehen. Eine weitere Kommentierung der eindringlichen Bilder halten die berichtenden Journalisten nicht für notwendig.

Eine andere Form der Kontexteinbettung von Gewalt zeigt sich 10 Jahre später bei *Frontal*. Bereits in der Anmoderation wird deutlich, dass den Zuschauer nicht alltägliche Inhalte erwarten. Der Moderator verweist explizit auf die Emotionalität des folgenden Beitrags:

„Frontal-Reporter wagten sich in die Krisenregion, in die sich kaum noch ein Journalist traut und haben ein erschütterndes Dokument mitgebracht".

Der Beitrag selbst zeichnet sich durch eine große Personalisierung aus. Im Zentrum der Berichterstattung steht eine schwangere, zum Tode verurteilte Frau, die nach der Geburt ihres Kindes öffentlich hingerichtet werden soll. Die Bilder der Hinrichtung zeigen den Tod ihrer Schwester und ihres Schwagers, die aufgrund des gleichen Verbrechens bereits sterben mussten. Interviews mit den Kindern der Opfer sowie weiteren Angehörigen folgen. Die Darstellung der Gewaltsequenz ist mit insgesamt 44 Sekunden nicht nur 12 Sekunden länger als in dem vergleichbaren *Kontraste*-Beitrag, sie präsentiert darüber hinaus Gewaltopfer, die namentlich bekannt sind und deren familiärer Kontext dem Zuschauer präsentiert wird. Auf diese Weise kann sich ein Bezug zu den Opfern aufbauen, der emphatische Reaktionen der Rezipienten möglicherweise verstärkt. Emotionale Reaktionen werden zudem durch die Aussagen der Angehörigen unterstützt, die den Tod ihrer Verwandten einerseits bedauern, andererseits aber auch als gerechte Strafe ansehen.

In einer folgenden Sendung wird die Ausstrahlung der Bilder der Hinrichtung durch den Moderator gerechtfertigt. Der Zuschauer erfährt, dass der Magazinbeitrag eine öffentliche Diskussion entfacht und humanitäre Organisationen mobilisiert hat, so dass letztlich das Leben der Frau gerettet werden konnte. Aussagen wie „die Bilder von der Hinrichtung [...] all das hat [...] Leben gerettet..." sollen offenbar deutlich machen – und im Nachhinein rechtfertigen –, dass solche Bilder nicht der Unterhaltung des Zuschauers dienen, vielmehr sind sie dazu bestimmt, die Aufmerksamkeit des Rezipienten und der Öffentlichkeit für Ungerechtigkeit zu wecken und das Engagement einzelner Gruppen zu provozieren.

Ob die dargestellte Form der Berichterstattung repräsentativ für die jeweiligen Erhebungszeiträume ist, kann hier nicht gesagt werden. Sie unterstützt aber die formulierte Aussage, nach der insgesamt eine leichte Zunahme von Beiträgen mit großer Personalisierung beobachtet werden konnte. Zudem zeigen die Texte des Moderators 1997, dass sich offensichtlich das Bewusstsein für die Darstellung grausamer Bilder bei den Journalisten verändert hat. Einerseits sind sich die Kommunikatoren des Aufmerksamkeitsreizes bewusst, den drastische Gewaltdarstellungen mit sich bringen und platzieren entsprechende Verweise bereits in der Anmoderation. Im Sinne des Infotainments wird der Verweis auf ein „erschütterndes Dokument" als Stimulus genutzt, um die Neugier des Zuschauers zu wecken und ggf. auch an sein Sensationsbedürfnis zu appellieren. Andererseits erfordert die Darstellung solcher Bilder aber auch eine Rechtfertigung und wird von Seiten der Journalisten offenbar nicht als „normales" Gestaltungselement einer politischen Magazinsendung betrachtet. Ob die Rechtfertigung in dem geschilderten Beispiel allerdings eine Folge öffentlicher Reaktionen und Proteste war, kann hier nicht gesagt werden. Die Tatsache, dass entsprechende Erläuterungen erst in der nachfolgenden Magazinausgabe gegeben werden, legt eine solche Vermutung nahe.

Resümee

Die Veränderungen der politischen Magazine stehen maßgeblich in Zusammenhang mit einer Beschleunigung und Visualisierung der Informationsvermittlung. Dabei handelt es sich um allgemeine Tendenzen, die genreübergreifend im Programmangebot des Fernsehens beobachtet werden können.[23] Dass eine solche Entwicklung nicht zwangsläufig zu einer Sensationalisierung bzw. Trivialisierung des Informationsprogramms führen muss, hat die Langzeitanalyse politischer Magazine öffentlich-rechtlicher Sender gezeigt. An diesem Genre wird deutlich, dass Veränderungen in Informationssendungen, die auch im Sinne einer zunehmenden Unterhaltungsorientierung interpretiert werden können, nicht unvermeidlich mit einer Einschränkung der Informationsqualität verbunden sind.
Die zu Beginn thematisierten Vermutungen im Hinblick auf eine zunehmende Dramatisierung, Unterhaltungsorientierung und Entpolitisierung politischer Magazine lassen sich pauschal nicht bestätigen:
- Erstens kann keine Reduktion der Information auf Sensation ausgemacht werden, sofern man die Themenauswahl der politischen Magazine und deren Darstellung betrachtet. Der Bereich der Human-Interest-Themen ist in den politischen Magazinen der öffentlich-rechtlichen Sender kaum zu finden, Life-Style, Mode und Showbusiness spielen hier ebenfalls keine Rolle. Lediglich der vermehrte Anstieg der Berichterstattung über kriminelle Handlungen sowie der zunehmende Einsatz Spannung erzeugender Darstellungsmittel können als Ausdruck einer Beitragsgestaltung interpretiert werden, die auf Massenattraktivität Rücksicht nimmt und als eine Form sensationsorientierter Informationsvermittlung gewertet werden kann.
- Zweitens führt eine vermehrte Personendarstellung nicht zu einer steigenden Personalisierung von Strukturen. Zum einen hat sich die Anzahl der Beiträge, die sich durch einen hohen Personalisierungsgrad auszeichnen, nicht wesentlich erhöht. Zum anderen thematisieren die politischen Magazine in allen Erhebungszeiträumen ganz überwiegend Ereignisse, von denen mehr als eine Person maßgeblich betroffen ist.
- Drittens lässt sich kein Bedeutungsgewinn extremer Gewaltdarstellungen beobachten. Im Gegenteil hat sich offensichtlich dass Bewusstsein der Journalisten hinsichtlich der Darstellung von Gewalt verschärft. Einerseits wird sie durchaus als Aufmerksamkeits-

---

23 Vgl. Schumacher, 1994, Krüger & Zapf-Schramm 2001

reiz wahrgenommen, andererseits scheint eine Sensibilisierung hinsichtlich der Konsequenzen und der Wahrnehmung entsprechender Bilder stattgefunden zu haben. Insgesamt wird deutlich, dass eine in Teilen beobachtbare Annäherung der politischen Magazine öffentlich-rechtlicher Sender an die der privaten keinesfalls pauschal als bedenklich eingestuft werden kann. Obwohl verfassungsrechtlich weder eine einseitige Annäherung des öffentlich-rechtlichen Fernsehprogramms an das private Programm noch eine wechselseitige Annäherung zulässig ist, muss hier zwischen verschiedenen Ausprägungen entsprechender Annäherungstendenzen unterschieden werden. Eine formale Annäherung, die nicht auf Kosten umfassender Informationsvermittlung geht, erweist sich im Fall politischer Informationsmagazine öffentlich-rechtlicher Fernsehsender als unbedenklich für die Qualität der Informationsvermittlung; zumal sich kaum ausmachen lässt, ob es sich hier tatsächlich um eine bewusste Anpassung an privat-kommerzielle Sendungen handelt, oder ob nicht ebenso die Adaption technischer Neuerungen und zeitgemäßer Präsentationsformen für den Wandel der Informationsdarstellung verantwortlich gemacht werden können.

Dabei muss letztlich berücksichtigt werden, dass die Möglichkeit einer informationsorientierten, politischen Berichterstattung ganz offensichtlich auch auf die Rahmenbedingungen zurückzuführen ist, die den öffentlich-rechtlichen Magazinen durch die Struktur des öffentlich-rechtlichen Rundfunks gegeben werden. Magazine, die keinem unmittelbaren Wettbewerbsdruck ausgesetzt sind und nicht den Rahmen für Werbeunterbrechungen darstellen, können es sich eher erlauben, auf eine sensationsorientierte Berichterstattung zu verzichten.

Literatur

BLEICHER, JOAN KRISTIN (1992): *Chronik zur Programmgeschichte des deutschen Fernsehens.* Arbeitshefte Bildschirmmedien 32. Universität-Gesamthochschule Siegen.

DÖRNER, ANDREAS (2001): *Politainment.* Politik in der medialen Erlebnisgesellschaft. Frankfurt am Main.

DONSBACH, WOLFGANG / MATHES, RAINER (1994): Rundfunk. In: NOELLE-NEUMANN, ELISABETH / SCHULZ, WINFRIED / WILKE, JÜRGEN (HRSG.): *Fischer Lexikon Publizistik Massenkommunikation.* Frankfurt am Main.

GROEBEL, JO / HOFFMANN-RIEM, WOLFGANG / KÖCHER, RENATE / LANGE, BERND-PETER / MAHRENHOLZ, ERNST GOTTFRIED / MESTMÄCKER, ERNST-JOACHIM / SCHEITHAUER, INGRID / SCHNEIDER, NORBERT (1995): *Bericht zur Lage des Fernsehens für den Präsidenten der Bundesrepublik Deutschland.* Gütersloh.

KEPPLINGER, HANS MATHIAS (1987): *Darstellungseffekte.* Experimentelle Untersuchungen zur Wirkung von Pressefotos und Fernsehfilmen. München.

KREUZER, HELMUT / SCHUMACHER, HEIDEMARIE (HRSG.) (1988): *Magazine audiovisuell.* Politische und Kulturmagazine im Fernsehen der Bundesrepublik Deutschland. Berlin.

KRÜGER, UDO MICHAEL / ZAPF-SCHRAMM, THOMAS (2001): Die Boulevardisierungskluft im deutschen Fernsehen. Programmanalyse 2000: ARD, ZDF, RTL, SAT.1 und ProSieben im Vergleich. In: *Medium,* H. 7, S. 326-344.

KÜPPERSBUSCH, FRIEDRICH (1995): Aufklärungsanspruch ist vermessen. In: *UNI,* H. 1, S.32.

LEDER, DIETRICH (1989): Die Seiteneinsteiger – Joachim Wagner (Panorama). In: KAMMANN, UWE (HRSG.): *Die Schirm-Herren.* 12 politische TV-Moderatoren. Köln.

LÖFFELHOLZ, MARTIN / ALTMEPPEN, KLAUS-DIETER (1994): Kommunikation in der Informationsgesellschaft. In: MERTEN, KLAUS / SCHMIDT, SIEGFRIED J. / WEISCHENBERG, SIEGFRIED (HRSG.): *Die Wirklichkeit der Medien.* Eine Einführung in die Kommunikationswissenschaft. Opladen, S. 570-591.

MERSEBURGER, PETER (1976): Farbenleere? Zur Krise politischer Fernsehsendungen: Ein Interview mit Peter Merseburger. In: *Medium,* H. 6, S. 3-6.

SCHULT, GERHARD / BUCHHOLZ, AXEL (HRSG.) (2000). *Fernseh- Journalismus.* Ein Handbuch für Ausbildung und Praxis. München.

SCHULZ, WINFRIED (1990): *Die Konstruktion von Realität in den Nachrichtenmedien.* Analyse der aktuellen Berichterstattung (2., unveränd. Aufl.). Freiburg; München.

SCHUMACHER, HEIDEMARIE (1994): Ästhetik, Funktion und Geschichte der Magazine im Fernsehprogramm der Bundesrepublik Deutschland. In: LUDES, PETER / SCHUMACHER, HEIDEMARIE / ZIMMERMANN, PETER (HRSG.): *Geschichte des Fernsehens in der Bundesrepublik Deutschland*; Bd. 3: Informations- und Dokumentarsendungen. München.

WEGENER, CLAUDIA (1994). *Reality-TV.* Fernsehen zwischen Emotion und Information. Opladen.

WEGENER, CLAUDIA (2000): Wenn die Information zur Unterhaltung wird oder die Annäherung des „factual television" an das „fictional television". In: PAUS-HAASE, INGRID / SCHNATMEYER, DOROTHEE / WEGENER, CLAUDIA (HRSG.): *Informationen – Emotionen – Sensationen.* Wenn im Fernsehen Grenzen zerfließen. GMK-Schriften zur Medienpädagogik. Bielefeld, S. 46-61.

WEGENER, CLAUDIA (2001): *Informationsvermittlung im Zeitalter der Unterhaltung:* eine Langzeitanalyse politischer Fernsehmagazine. Opladen.

Internetquellen

http://www.wdr.de/tv/monitor/36jahre.phtml, Stand: Januar 2002
http://www.ndrtv.de/panorama/, Stand: Januar 2002

Rudi Renger

Politikentwürfe im Boulevard
Zur Ideologie von ‚Tabloid-Formaten'

Demokratie funktioniert, wenn die Medien funktionieren – und diese funktionieren wiederum nur, wenn die Demokratie intakt ist. Eine solche funktionale Interdependenz schließt aber auch die Vermutung mit ein, dass Informationsmedien ein gewisses Machtpotenzial in sich tragen müssen, das sich nicht nur in wirtschaftlichen, sondern durchaus auch in politischen und/oder ideologischen Einflussnahmen unterschiedlicher Art äußern könnte. Die mehr als 100-jährige Geschichte des Boulevardjournalismus zeigt in zahlreichen Beispielen, dass journalistische ‚Macht' trotz der Schwerpunktsetzungen dieses journalistischen Genres in den Bereichen ‚sex, crime & sports' in den wenigsten Fällen offen, aber recht häufig *verdeckt* ausgespielt wurde.[1] Nicht von ungefähr lautet deshalb die lapidare Antwort des Herausgebers und Chefredakteurs des reichweitenstarken österreichischen Boulevardblattes *Neue Kronen Zeitung*, Hans Dichand, auf die Frage, ob er journalistische Macht besitze, dass er und seine Redaktion sich lediglich „im Vorhof der Macht"[2] befänden – wobei er damit vermutlich den ‚Ort' des journalistische Aktionsfeldes rund um prominente PolitikerInnen und Wirtschaftsgrößen meint. Dichands Biograph und jetziger USA-Korrespondent, Hans Janitschek, bekräftigt derartige Sichtweisen auch in der vor zehn Jahren erschienenen Lebensgeschichte des Zeitungsmachers mit dem beschwichtigenden Titel „Nur ein Journalist".[3]

Besonders aber in Zeiten der ‚Spaßgesellschaft' mit ihrem erlebnisrationalem Umgang mit Medieninhalten und der ‚Eventisierung' der massenmedialen Kommunikation, wo sich Politik fast ausschließlich nur mehr mit den Mitteln der globalisierten Entertainmentindustrie, wenn nicht sogar selbst als „Boulevardformat"[4] erfolgreich verkaufen lässt, erhält die – ja nicht neue – Frage, ob auch JournalistInnen Macht – im Sinne der Verbreitung und Durchsetzung bestimmter Ideen und Meinungen – besitzen würden oder nicht, in verstärktem Ausmaß Relevanz. Generell wird dies zwiespältig beantwortet: während die Journalismus- und Medienforschung gerne vom Journalismus als der „vierten Macht"[5] im Staat spricht, Manipulationsthesen formuliert hat und eine intensive Qualitätsforschung[6] – nicht zuletzt als Kontrollinstrument für die journalistischen ‚Kontrollore' – fordert und gleichzeitig entwickelt, weisen die BerufspraktikerInnen die ihnen unterstellten Einflussmöglichkeiten meist rigoros zurück. Zu beobachten ist in jedem Fall der Kausaleffekt, dass die Macht der Medien umso mehr wächst, je weniger die Politik sich ihrer Macht besinnt oder sie durch Skandale verspielt.[7]

---

1 Vgl. Renger 2000, S. 31 ff.
2 Dichand 1996; relativiert werden derartige Aussagen z.B. durch das massive Engagement der *Neuen Kronen Zeitung* für das von der FPÖ im Januar 2002 initiierte „Anti-Temelin-Volksbegehren".
3 Janitschek 1992
4 Vgl. Fabris 2000, S. 36
5 Vgl. etwa Fabris/Hausjell 1991
6 Vgl. im Überblick Fabris/Rest 2001
7 Vgl. Reuber 2000, S. 6

Ist Journalismus nun in der Lage, bestimmte Auffassungen, Sinnzuweisungen und Ziele in der Öffentlichkeit durchzusetzen? Kann er Einfluss auf staatliche Bereiche oder auf die Ausgestaltung öffentlichen Lebens nehmen? Vermag er Individuen, Gruppen, Organisationen, Parteien, ja vielleicht sogar ganze Parlamente und Regierungen zu steuern? Auch wenn dies nur in Ansätzen bejaht werden kann, deutet es darauf hin, dass Journalismus *auch* Politik betreibt. Denn Tatsache ist, dass Journalismus als bedeutungsproduzierendes Textsystem *immer* bestimmte Interessen vertritt, da er sich nicht von den ihn ‚transportierenden' (ökonomisch orientierten) Medienunternehmen entkoppeln kann. Und diese Dynamiken, die u.a. in häufigen Widersprüchen und ‚Kämpfen' zwischen den Redaktionen und Marketingabteilungen[8] ihren Widerhall finden, verstärken sich dort, wo Produkte überdurchschnittlich große Reichweiten und Quoten aufweisen und ein millionenfaches Lese-, Zuhörer- und Zuseher-Publikum mit Informationen, Service- und Unterhaltungsangeboten versorgen. Dies trifft v.a. und besonders auf den sogenannten Boulevardjournalismus in Print- und Funkmedien zu, dessen inhaltliche Entfernung von einer politischen Aussagequalität u.a. von Habermas historisch analysiert wurde. Seiner Ansicht nach drücke sich die schon im 19. Jahrhundert beobachtbare Kommerzialisierung einer vormals nicht-öffentlich *räsonierenden* Öffentlichkeit und die gleichzeitige Entstehung eines kultur-*konsumierenden* Publikums im Phänomen der „Entpolitisierung" aus:

> „Ihren politischen Charakter büßt [...] diese erweiterte Öffentlichkeit in dem Maße ein, in dem die Mittel der ‚psychologischen Erleichterung' zum Selbstzweck einer kommerziell fixierten Verbraucherhaltung werden konnten. Schon an [... der] frühen Penny-Presse läßt sich beobachten, wie sie für die Maximierung ihres Absatzes mit der Entpolitisierung des Inhaltes zahlt."[9]

Mittlerweile wurde diese monokausale Perspektive dahingehend erweitert, als Journalismus in seinen populärjournalistischen Erscheinungsweisen recht unterschiedliche gesellschaftliche Wirkungen haben kann: *positive Effekte* in Form von Wissensvermittlung und Wissenserweiterung, *negative* durch die Implikation ideologischer Gehalte, *progressive* im Sinne der o.g. „vierten Macht" in den Demokratien oder *reaktionäre* im Sinne von sozialer Kontrolle, Inaktivierung und Kommerzialisierung des Publikums.[10]

Populärer Journalismus als Herausforderung für die Politik

Um den Zusammenhang zwischen Boulevardjournalismus und Politik theoretisch erklären zu können, ist es wichtig zu verstehen, dass diese Form des „Populären Journalismus"[11] sowohl unter den Bedingungen seiner spezifischen Produktion und seiner Texte wie auch als bedeutungsgenerierendes Textsystem im Alltag der RezipientInnen dargestellt werden kann. Sparks definiert populären Journalismus allgemein als jene Form journalistischen ‚Schreibens', die aus dem Schnittpunkt zwischen verschiedenen und zueinander in Widerspruch stehenden Diskursen, die insgesamt das Leben der Massen in der heutigen Gesell-

---

8 Vgl. Weber 2000, S. 146ff
9 Habermas 1976, S. 203
10 Vgl. Renger 2001, S. 77; Hartley 1996, S. 35
11 Renger 2000; Renger 2001, S. 71ff

schaft determinieren, resultiere.[12] Dass sich z.B. in Tageszeitungen, die früher mit Politik und Wirtschaft gefüllt waren, heute vermehrt Berichte über Stars und Sport finden, interpretiert er als „massive Krise der Demokratie".[13] Der Prozess der Popularisierung des Journalismus wurde dabei v.a. in zwei Bereichen verwirklicht: der erste Bereich betrifft die *Themenqualität* der Berichterstattung, der zweite die Art und Weise, *wie* berichtet wird:

„Tabloidisation is, first of all, a process in which the amount and prominence of material concerned with *public economic and political affairs is reduced* within the media. It is, secondly, a process by which the conventions of reporting and debate make immediate individual experience [of] the *prime source of evidence and value*."[14]

Die Welt, die der Populäre Journalismus darstellt, besitzt nach Einschätzung von Curran und Sparks *keinen unitären politischen bzw. ideologischen Charakter*.[15] Der Unterhaltungsinhalt der Boulevardprodukte ergänzt in diesem Zusammenhang hautsächlich jene Gedanken und Wertvorstellungen, die in ihren ‚politischen' Artikeln propagiert werden. Einige traditionelle Themen des (Informations-)Journalismus werden durch den Wandel von politischer Information zur Unterhaltung auch konterkariert und unterminiert (so z.B. kann der Hund des Politikers wichtiger sein als dessen Ideen und das Programm, das er vertritt). Eine ideologischen Mehrdeutigkeit dieser Art und vor allem das Primat der Unterhaltung über Politik könnte auch eine Erklärung dafür sein, warum im Zeitalter der Television und Computerkommunikation Boulevardzeitungen trotzdem täglich von Millionen von Menschen gelesen werden. Ein weiterer Grund dürfte darin bestehen, dass der Populäre Journalismus *ein Journalismus aus der LeserInnenperspektive* ist. So drängen Boulevardblätter ihrem Publikum nicht einfach eine bestimmte Weltsicht auf, sondern *gehen von deren Erfahrungen und Interessen aus* und verarbeiten diese zu einem Format, das vergnüglich und unterhaltend ist. ‚Human interest stories' liefern zwar nur eine fragmentarische und atomistische Sichtweise der Welt, die Thematisierung von individuellem Schicksal löst jedoch Hierarchien und Klassen auf. In diesem Sinne nutzt der Populäre Journalismus drei Möglichkeiten, um Individuen miteinander zu verbinden bzw. als Mitglieder von partikulären Gemeinschaften definieren zu können:

- durch geteilte menschliche Gefühle und bestimmte Zwangslagen;
- durch Teilnahme als KonsumentInnen in einer Marktdemokratie;
- durch dieselbe nationale Zugehörigkeit.[16]

Emotionen, Konsumismus und nationale Identitätsgefühle fördern auf diese Weise die soziale Integration innerhalb eines Gesellschaftsmodells, wo zum einen die Existenz von fundamentalen Interessensunterschieden latent verneint und zum anderen gemeinschaftliche Interessen, Identitäten, aber auch Vorurteile regelmäßig bestärkt werden.
Die populäre Presse und die populären TV-Sendungen stellen weiters ausschließlich Geschichten in den Vordergrund, *die keine Herausforderung bzw. kein Problem für die soziale Ordnung* darstellen. Für Barthes drücken alle „offiziellen Sprachinstitutionen", zu denen er die Schule, den Sport, die Werbung, die Massenware insgesamt, den Schlager und die

---

12 Vgl. Sparks 1996, S. 31
13 Sparks 1998a, S. 7
14 Ebd.
15 Vgl. Curran/Sparks 1991, S. 233
16 Vgl. Curran/Sparks 1991, S. 230f

Nachrichten zählt, „immer die gleiche Struktur, den gleichen Sinn, oft die gleichen Wörter" aus; die Stereotypie dieser „Wiederkäumaschinen" sei nicht nur ein politisches Faktum, sondern auch – da die „enkratische Sprache", die unter dem Schutz der Macht entstehe und sich ausbreite, ihrem Status nach eine „Wiederholungssprache" sei – die „Hauptfigur der Ideologie"[17]. Die in den populären Medien vermittelte Perspektive von der Welt – mit ihrem Blick auf die Individuen, ihrem ‚gesunden Menschenverstand' als Erklärungsrahmen und ihren eher moralischen denn politischen Lösungsvorschlägen – trägt deshalb häufig auch zur Stabilisierung der existierenden Machtverhältnisse bei.

Sparks Überlegung ist deshalb nicht von der Hand zu weisen, dass weniger die Boulevardisierung der Medien das Problem seien, sondern vielmehr die gesellschaftliche soziale und politische Struktur, die es ermögliche, dass der „Boulevardgeschmack" zu einer „reasonable strategy", einer Vernunfts- und Argumentationsstrategie werden könne. Hier ortet er auch ein Gefahrenpotenzial für die Kontinuität demokratischer Entwicklungen.[18] Für die Strategien des Boulevardjournalismus und die daraus folgenden Bedingungen auf der RezipientInnenseite lässt sich insgesamt eine Reihe von Aspekten[19] aneinander reihen, die nicht zuletzt auch den strukturellen Blick auf das Phänomen der politischen Ideologie des Populären Journalismus freigeben:

- In medienökonomischer Perspektive lässt sich ein gewisser Wandel hinsichtlich der ‚klassischen' Polaritäten zwischen qualitativen und populären journalistischen Produkten dahingehend feststellen, dass eine Aufweichung der ehemals bipolaren Fronten im Gange ist. Gestärkt wird dabei ein mediales Mittelfeld, das als „seriös-populär" oder „Journalismus light" zu bezeichnen wäre.[20]
- Populärer Journalismus beschäftigt sich allgemein mit *anderen Bewertungen und hat andere Prioritäten* als der Qualitätsjournalismus. Die wichtigsten *Themenaspekte der populärjournalistischen Medien* sind: „personalities, melodrama, sports writing, truly awful news, photojournalism".[21] Alltagsthemen und personenzentrierte Ereignisse lassen sich populärjournalistisch zwar sehr gut darstellen lassen, aber Populärer Journalismus kann nie Ersatz für jene Art von ‚Weltverstehen' sein, die durch qualitätsjournalistische Hintergrundanalyse möglich ist.
- Populärjournalistische Medien sind durch folgende Faktoren gekennzeichnet: sie geben dem Sport mehr Raum als der Politik, sie betonen die Kategorie des ‚human interest' stärker als das Wirtschaftsleben, sie konzentrieren sich stark auf Einzelpersonen und weniger auf Institutionen und sie beschäftigen sich mehr mit den lokalen, unmittelbaren Ereignissen und weniger mit internationalen, längerfristigen Themen. Populärjournalistische Inhalte weisen demnach im Vergleich zu Qualitätsmedien *starke themenspezifische Varietäten* auf. Die Struktur des Populären im modernen Journalismus ist dadurch aber auch massiv und systematisch *depolitisiert*, der in den Produkten angebotene Erklärungsrahmen dementsprechend *entpolitisiert*.
- Im Boulevardjournalismus existiert auch eine spezifisch *politische Dimension*. Diese ist aber weniger als objektive Politikdarstellung, sondern eher im Sinne eines ‚Politik-

---

17 Barthes 1996, S. 62
18 Vgl. Sparks 1998b
19 Vgl. dazu auch Neissl/Renger 2001; Renger 2000, S. 395ff; Sparks 1996, S. 37ff
20 Vgl. Neissl 2001, S. 97ff
21 Vgl. Dahlgren/Sparks 1996, S. v

- *Entwurfs*' zu sehen, welcher in erster Linie ideologischen wie medienökonomischen Zielen zu dienen scheint. Traditionalistische politische Inhalte finden sich in diesen Medien stark fragmentiert und im Umfang knapp bemessen. Da sich kürzere und meldungsbetonte Darstellungsformen aber mittlerweile auch zunehmend in der Qualitätspresse finden, muss das Interesse hier der Art und Weise gelten, *wie* über Ereignisse und Probleme des öffentlichen Interesses berichtet wird. So bettet die Populärpresse die Darstellung und Bewertung von öffentlichen Themen in eine *Form von Unmittelbarkeit bzw. Nähe und Totalität* ein. Diese Erklärungsnähe wird besonders dadurch erreicht, dass *an persönliche Erfahrungen der LeserInnen appelliert* wird. Die *populäre Konzeption des Persönlichen* bildet den Erklärungsrahmen, innerhalb dessen die soziale Ordnung ‚durchschaubar' wird.
- Während in der Qualitätspresse *das Persönliche* nur als singulärer Teil eines Ganzen präsent ist, verdeckt es in populären Medien das Politische als Erklärungsfaktor für menschliches Verhalten – es wird gleichsam *als universaler Interpretationsrahmen* angeboten. Beim Populären Journalismus geht es auf keinen Fall darum, Reflexionen über soziale und politische Strukturen zu fördern. Es wäre aber voreilig und verfehlt, würde man die Produkte des Populären Journalismus hinsichtlich ihrer Sprache, ihres Duktus, der allgemein vermittelten Ideologie und der Darstellungsweise von Tagespolitik pauschal als politisch reaktionär kategorisieren. Das zentrale Problem ist vielmehr, dass diese Medien die *individuellen Erfahrungen als direkten und nächstgelegenen Schlüssel zum Verständnis der sozialen Totalität* bereitstellen. Der grundlegende Unterschied zwischen der populären und der qualitativen Berichterstattung über ein und dasselbe Ereignis besteht demnach darin, dass die Populärpresse einen *unmittelbaren Erklärungsrahmen* zur Einordnung des Geschehens bereithält.
- Zwischen der medialen Ideologie und der sozialen Totalität des Publikums liegt die komplexe *Vermittlungsebene der institutionellen Strukturen, der wirtschaftlichen Beziehungen* etc. Jede Kritik an der Art der journalistischen Vermittlung des Populären Journalismus muss sich auch mit diesen dazwischenliegenden Ebenen auseinandersetzen.
- Für bestimmte TheoretikerInnen – etwa John Fiske – besteht die Absicht der Populärpresse darin, die *Alltäglichkeit als einen Ort des politischen Widerstands* zu zelebrieren. Um jedoch argumentieren zu können, dass das Populäre der Platz von einer Art von liberalisierender politischer Praxis sei, müsste sich beweisen lassen, dass die Probleme des Alltags dazu benutzt werden können, um eine allgemeine oppositionelle Position zu konstruieren, die dazu fähig wäre, die Grenzen der politischen Macht zu transzendieren und ein gewisses „intellektuelles Material zur Selbstbefreiung" zu liefern. In Hinblick auf den Populären Journalismus erscheint es aber insgesamt schwierig, solche Möglichkeiten zu erkennen. In diesem Sinne ist das Populäre nach Ansicht von Sparks ohne Zweifel „a necessarily reactionary category".[22]

---

22 Sparks 1996, S. 42

Politik in der Boulevardpresse

Zur Untersuchungsmethode

Um einige dieser Thesen empirisch untermauern zu können, habe ich exemplarisch die politische Berichterstattung in den größten deutschsprachigen Boulevard-Tageszeitungen untersucht.[23] Die deutsche *Bild*-Zeitung, die *Neue Kronen Zeitung* in Österreich und der Schweizer *Blick* wurden auf der Basis eines mehrstufigen Auswahlverfahrens[24] an sieben aufeinanderfolgenden Wochentagen vom 22. bis 27.10.2001 hinsichtlich ihrer Politikberichterstattung quantitativ und qualitativ untersucht. Die Stichprobe ergab für die quantitative Analyse insgesamt 134 journalistische Darstellungseinheiten der Textgattungen Nachricht/Meldung und Bericht. Diese wurden an Hand verschiedener Qualitäts- und Objektivitätskriterien[25] codiert. Mit einer Objektivitätsanalyse[26] wurde die *objektive Darstellung* in der Berichterstattung überprüft, etwa die Trennung von Nachricht und Meinung. Die Darstellungsformen Kommentar, Interview und Glosse wurden qualitativ untersucht.[27] Für ein generalisierbares Urteil über die Politikberichterstattung im Boulevardjournalismus ist die Stichprobe zwar zu gering, die möglichen Aussagen über gewisse Tendenzen geben insgesamt aber doch einen ersten Einblick in das hier darzustellende Thema.

Die wichtigsten Ergebnisse

Bei den *journalistischen Darstellungsformen* dominiert die kurze Meldung mit 70% deutlich vor dem etwas längeren Bericht (rund 30%). Während bei der *Krone* das Verhältnis fast ausgewogen ist (Nachricht/Meldung 56%, Bericht 44%), dominiert beim *Blick* (68:32) und v.a. bei *Bild*, die zu vier Fünftel Meldungen enthält, der fragmentierte Informationsstil. Die *Überschriften bzw. Aufmacher* der Politikseiten sind in den drei Boulevardblättern sehr unterschiedlich ‚eingefärbt': sind diese bei der *Krone* und beim *Blick* jeweils zu rund einem Drittel emotionalisiert, überwiegt bei der *Bild* mit 54% die Faktenorientierung.
Die *Themenschwerpunkte* liegen bei allen Titeln deutlich bei der Inlandsberichterstattung (ca. 55%), wobei die Information über „Inland mit Auslandsbezug" relativ groß ist. ‚Reine' Auslandsberichterstattung betreibt *Bild* zu 44%, während dieser Wert bei *Krone* und *Blick* jeweils rund 37% beträgt. Die politischen Themenbereiche umfassen in erster Linie die Bereiche Innenpolitik, Außenpolitik und Wirtschaftspolitik. Hier dominiert deutlich die Außenpolitik mit fast 43%. Auffallend ist beim *Blick* der geringe Anteil von Innenpolitik (19%) und das vergleichsweise hohe Ausmaß an Wirtschaftspolitik (35%).

---

23 Dank an Christian Wiesner für die Codierung und Datenauswertung.
24 Stufen der Auswahl (multi stage sampling) waren: regionale Auswahl, Organauswahl, zeitliche Auswahl sowie inhaltliche Auswahl; vgl. Merten 1995, 291ff.
25 Kategorien waren: Art der journalistischen Darstellungsform, Trennung Nachricht/Meinung, Faktenorientierung oder emotionale Orientierung von Aufmacher bzw. Überschriften, Ingroup-/Outgroup-Diskurs, boulevardeske Story- bzw. Narrationstypen, Schwerpunkte in der Themenstruktur, politische Themenbereiche, Quellentransparenz sowie Relevanzebene.
26 Der Objektivitätsfaktor misst das Verhältnis aller Eigenbewertungen zur Summe von allen Eigenbewertungen und allen Fremdbewertungen – also aller Wertungen; vgl. dazu Merten 1995, 27ff; 222f.
27 Hier wurden fünf Merkmalskennzeichnungen abgefragt: ideologische Zuordnung, Wort(neu)bildungen, verbale Bildhaftigkeit, Reizwörter (Ingroup-/Outgroup-Diskurs, Opfer-/Täter-Nennung) sowie Politik als Aufmacherthema.

In-/Outgroup-Diskurse, d.h. Polarisierungen wie z.B. wir/die anderen, Heimat/Ausland, Privilegierte/Machtlose oder gut/böse finden sich in allen drei Zeitungen. Während diese bei *Bild* und *Blick* in rund der Hälfte der Meldungen und Berichte aufscheinen, sind sie in der *Krone* zu fast 60% vertreten.

Das Ergebnis bei der Kategorie der *Relevanzebene* korreliert direkt mit dem Genre der Politikberichterstattung: Rund 55% aller Meldungen und Berichte sind der Makroebene, also dem Bezugssystem der Gesamtgesellschaft, zuzuordnen, fast 28% der Mesoebene (gesellschaftliche Subsystemen wie Institutionen, Unternehmen etc.), lediglich 17% betreffen die privat-individuelle Mikroebene. Bei diesen Gesamtwerten weichen aber *Krone* und *Blick* markant ab. Das Wiener Boulevardblatt thematisiert auf seinen Politikseiten zu rund vier Fünfteln (81%) gesamtgesellschaftliche Ereignisse und Handlungen, während beim *Blick* die Mesoebene mit 40% und v.a. die Mikroebene mit 27% stark hervorstechen.

Aufhorchen lassen die Berechnungen des *Objektivitätsfaktors*:[28] Insgesamt erscheint die „Sachorientierung" mit 44% sehr niedrig, während als Gegenpol die eindeutige „Wertungsorientierung" ein Viertel beträgt. Dazwischen liegen Mischvariablen wie „Sachorientierung mit geringer Wertungstendenz" (17%) und (etwas stärkere) „Wertungstendenz" (13%). Im Vergleich schneidet in dieser Kategorie *Bild* am besten ab: 57% ihrer Artikel sind sachorientiert, ‚nur' 13% werten explizit die Berichtsinhalte, während den geringsten Objektivitätswert die *Krone* mit lediglich 28% an sachorientierten Informationen erbringt. Die getrennte Berechnung der Codierungen von Meldungen und Berichten zeigt in diesem Zusammenhang, dass die Wertungsorientierung mit der Länge der Berichte stark ansteigt. Die *Krone* mischt explizit zu fast 44% und implizit zu 37% Meinung in ihre Berichte (Sachorientierung nur 19%), *Bild* bringt in diesem Segment ausschließlich sachorientierte Informationen mit geringer oder größerer Wertungstendenz (keine rein sachorientierten Berichte) und der *Blick* ‚punktet' mit knapp 42% „Wertungstendenz" und 58% klarer „Wertungsorientierung".

Die *Quellentransparenz* ist ein weiteres wichtiges Qualitätskriterium im Journalismus. In Summe beträgt der Anteil jener Artikel ohne Quellennennungen fast ein Viertel (23%), dieser Wert ist aber medienspezifisch sehr unterschiedlich ausgewiesen. *Bild* ist hier am qualitativsten mit 90% Quellenangaben, während der *Blick* diese zu 43% verschweigt.

Im Rahmen meiner exemplarischen Untersuchung sind in der Zusammenschau der Ergebnisse zur Politikberichterstattung[29] die *Neue Kronen Zeitung* und der *Blick* hinsichtlich der journalistischen Darstellungsformen Nachricht/Meldung und Bericht die *am wenigsten sachorientierten und am stärksten meinungs- und wertungsbestimmten Boulevard-Tageszeitungen*, während die *Bild*-Zeitung durchaus mit einigen Qualitätskriterien wie Faktenorientierung, Sachorientierung oder Quellentransparenz aufwarten kann.

Die qualitative Analyse der Textgattungen Nachricht/Meldung, Bericht, Kommentar und Interview dokumentiert zuallererst die *schmale Themenbreite* der populären Politikberichterstattung. Fanden sich in der *Krone* im Verlauf der untersuchten Oktoberwoche fünf Berichtsthemen[30], so berichteten *Bild* und *Blick* nur zu jeweils drei Themen[31].

---

28 In der quantitativen Inhaltsanalyse wurden nur die sogenannten *referierenden* journalistischen Darstellungsformen Nachricht/Meldung und Bericht untersucht.
29 Gemeint ist die Berechnung der Mittelwerte.
30 Die fünf *Krone*-Themen waren: Krieg gegen Taliban/Osama Bin Laden/innere Sicherheit Österreichs als Konsequenz, Skandal um Auslandsreisen österreichischer PolitikerInnen, Konjunktur Deutschland/Österreich, Wahl in Berlin, Strafrecht/Folgetäter.

Auf der *sprachlichen Ebene* sind bei den Überschriften auffällig:
- Metaphern („Tauwetter-Signal", der Westen als „Seelenräuber", Links-rechts-Duell"),
- militärisch gefärbte Reizwörter („Kampfabstimmung [in Tirol]", „[ÖGB] lässt die Muskel spielen"),
- Augenblickskomposita („Schläfer von Köln", „Versager-Rat [der Swissair]"), Redensarten wie „Schluck aus der Pulle" sowie bei der
- *Bild*-Zeitung und beim *Blick* zahlreiche direkte Anreden bzw. Aufforderungen an PolitikerInnen („Tötet Osama Bin Laden", „Lieber Präsident der Vereinigten Staaten...", „Frau Merkel, hört die CDU noch auf Sie?", „Warum erhöhen Sie die Tabaksteuer, Herr Eichel?", „Herr Hayek, warum braucht die Schweiz eine nationale Airline?" etc.)

Der *Blick* ist geprägt durch *nationale Abgrenzung* und spaltet in seiner Berichterstattung häufig zwischen den ‚guten' Schweizern/Schweizerinnen und den „Versagern" (beim „Crossair"-Fall). *Bild* stellt sich auf die Seite des kleinen Mannes/der kleinen Frau und beklagt die schlechte Konjunktur sowie die möglicherweise bevorstehenden Steuererhöhungen bzw. den Euro. Die *Kronen Zeitung* polarisiert zwischen dem österreichischen Bundespräsidenten Klestil, Bundeskanzler Schüssel und Außenministerin Ferrero-Waldner (beim ‚Auslandsreise-Skandal'). In den Nachrichten/Meldungen der *Kronen Zeitung* wird über Personen der FPÖ sehr neutral und ohne Bewertungen (weder Fremd- noch Eigenbewertungen) berichtet. Hinsichtlich der ideologischen Ausrichtung der einzelnen Tageszeitungen lassen sich in diesem Zusammenhang nur gewisse Tendenzen erkennen, wobei zuallererst auffällt, dass in allen drei Tageszeitungen *keine eindeutige* ideologische Richtung vertreten wird, sondern vielmehr Konstrukte wie Moral, Nationalität, Patriotismus, dem ‚kleinen Mann' verpflichtet etc. eine übergeordnete Rolle zu spielen scheinen.

Fazit: Ideologische Konformität und dramatisierte Wirklichkeit

Bei dieser Analyse ist deutlich geworden, dass Boulevard *als* Politik zum einen sehr breit als spezifischer *Mechanismus von kultureller Bedeutungsproduktion* aufzufassen ist, andererseits findet sich in boulevard- bzw. populärjournalistischen Produkten weniger jene Politikberichterstattung, wie wir sie aus traditionellen Qualitätsmedien kennen, sondern die Herstellung eines bestimmten *Politik-Entwurfs*, wo Pluralität durch Konformität ersetzt, die Wirklichkeit dramatisiert und die Unterhaltung des Publikums das oberste Ordnungsprinzip ist. Eine *ideologische Polysemie* entsteht in diesem Zusammenhang meiner Meinung nach v.a. dadurch, dass Boulevardmedien stets an die Erfahrungen und Interessen ihrer RezipientInnen anknüpfen und diese auch auf einer politischen Ebene zu einem Format komponieren, das Vergnügen bereitet und Unterhaltung verspricht. Daraus lassen sich m.E. sowohl Gewinne für die Demokratie ziehen – etwa im Sinne von Partizipation in der Zivilgesellschaft – als auch Gefahren ableiten.

Hinsichtlich der oben formulierten Thesen kann festgestellt werden:
- Eine Tendenz von den boulevardjournalistischen Randzonen hin zu einem *populärjournalistischen Mittelfeld* kann in bestimmten Merkmalen für die *Bild*-Zeitung angeführt werden;

---

31 *Bild*: Osama Bin Laden/Krieg gegen Taliban/Terror-Schläfer in Deutschland, Wahl in Berlin, Konjunktur in Deutschland; *Blick*: Krieg gegen Taliban, Neue Crossair, Wahl in Berlin.

- boulevardjournalistische Tageszeitungen wie die *Kronen Zeitung, Bild* und *Blick* bieten ein eher *schmales Spektrum an politischen Berichtsthemen*;
- die untersuchten Blätter betonen in ihrer Politikberichterstattung (überraschenderweise) weniger den individuell-privaten ‚human interest'-Bereich, sondern behandeln v.a. *innen- und außenpolitische Themen*;
- die gebotenen politischen *Inhalte sind stark fragmentiert* und in erster Linie als Nachricht/Meldung aufbereitet;
- Unmittelbarkeit und Nähe wird in der politischen Berichterstattung der Boulevardblätter u.a. durch *starke Wertungen und Meinungs-Sedimente* in – nach außen – objektiven journalistischen Darstellungsformen eingebettet;
- das Persönliche und Meinungsbetonte dient u.a. auch als *‚Andockstelle' für die individuellen Erfahrungen des Publikums*.

Aufgrund der zitierten empirischen Befunde wird auch klar, dass der Boulevard- und Populäre Journalismus als eine Art von ‚Diskursmaschine' aufzufassen ist, die in ihren Manifestationen Empörung initiiert und Vorurteile in – oft wochenlangen – Serien- und Kampagnenformen gezielt ‚managt' – und auf diese Weise auch durchaus Politik betreibt.

Literatur

BARTHES, ROLAND (1996): *Die Lust am Text.* Frankfurt am Main.

CURRAN, JAMES / SPARKS, COLIN (1991): Press and Popular Culture. In: *Media, Culture and Society*, H. 13/1991, S. 215-237.

DAHLGREN, PETER / SPARKS, COLIN (HRSG.) (1996): *Journalism and Popular Culture.* London; Thousand Oaks; New Delhi.

DICHAND, HANS (1996): *Im Vorhof der Macht.* Erinnerungen eines Journalisten Wien.

FABRIS, HANS HEINZ (2000): Politik im Boulevardformat. In: *Der Standard* vom 30.3.2000, S. 36.

FABRIS, HANS HEINZ / HAUSJELL, FRITZ (1991): *Die vierte Macht.* Zu Geschichte und Kultur des Journalismus in Österreich seit 1945. Wien.

FABRIS, HANS HEINZ / REST, FRANZ (2001): *Qualität als Gewinn.* Salzburger Beiträge zur Qualitätsforschung im Journalismus. Innsbruck u.a.

HABERMAS, JÜRGEN (1976): *Strukturwandel der Öffentlichkeit.* Untersuchungen zu einer Kategorie der bürgerlichen Gesellschaft. Neuwied; Berlin.

HARTLEY, JOHN (1996): *Popular Reality.* Journalism, Modernity, Popular Culture. London u.a.

JANITSCHEK, HANS (1992): *Nur ein Journalist.* Hans Dichand – ein Mann und drei Zeitungen. Wien.

MERTEN, KLAUS (1995): *Inhaltsanalyse.* Einführung in die Theorie, Methode und Praxis. Opladen.

NEISSL, JULIA (2001): Printjournalismus – Schnittstellen zwischen Information und Sensation. In: NEISSL, JULIA / SIEGERT, GABRIELE / RENGER, RUDI (HRSG.): *Cash und Content.* Populärer Journalismus und mediale Selbstthematisierung als Phänomene eines ökonomisierten Mediensystems. München, S. 97-153.

NEISSL, JULIA / RENGER, RUDI (2001): *Auf dem Weg zum „Journalismus light'?* Zur Popularisierung des Journalismus in Österreich. Referat im Rahmen der Jahrestagung 2001 der Deutschen Gesellschaft für Publizistik- und Kommunikationswissenschaft „Fakten und Fiktionen: Über den Umgang mit Medienwirklichkeiten", Münster 24.5.2001 (Drucklegung in Vorbereitung).

RENGER, RUDI (2000): *Populärer Journalismus.* Nachrichten zwischen Fakten und Fiktion. Innsbruck; Wien; München.

RENGER, RUDI (2001): Populärer Journalismus. Von der Boulevard- zur Populärkulturforschung. In: NEISSL, JULIA / SIEGERT, GABRIELE / RENGER, RUDI (HRSG.): *Cash und Content.* Populärer Journalismus und mediale Selbstthematisierung als Phänomene eines ökonomisierten Mediensystems. München, S. 71-95.

REUBER, LUDGER (2000): *Politik im Medienzirkus.* Frankfurt am Main.

SPARKS, COLIN (1996): Popular Journalism: Theories and Practice. In: DAHLGREN, PETER / SPARKS, COLIN (HRSG.): *Journalism and Popular Culture.* London; Thousand Oaks; New Dehli, S. 24-44.

SPARKS, COLIN (1998a): Introduction. In: *javnost/the public*, Journal of the European Institute for Communication and Culture, H. 3/1998 (Tabloidisation and the Media), S. 5-10.

SPARKS, COLIN (1998b): *Tabloidization in historical perspective.* Referat bei der Tagung „Tabloidization and the Media" des „European Institute for Communication and Culture – EURICOM" und des „Centre for Communication and Information Studies"/University of Westminster, London 12.9.1998.

WEBER, STEFAN (2000): *Was steuert Journalismus?* Ein System zwischen Selbstreferenz und Fremdsteuerung. Konstanz.

GÜNTHER RAGER / LARS RINSDORF

Wieviel Spaß muss sein?
Unterhaltsame Politikberichterstattung im Feldversuch

Was haben die lokale Tageszeitung und eine Kreissparkasse gemeinsam? Sie sind vor Ort präsent, seriös und langweilig. Aber Spaß beiseite: Zumindest die Tageszeitung lassen immer mehr Menschen links liegen – gerade die Jüngeren. Manch ein Wissenschaftler, Politiker oder Journalist schließt daraus, das Publikum wolle sich nur noch unterhalten, und sei an Informationen nicht mehr interessiert.
Wir halten diesen Schluss für voreilig. Denn Zeitunglesen macht nicht nur den Unterhaltungsorientierten, die um Informationsangebote in allen Medien einen Bogen machen, keinen Spaß, sondern auch vielen Leserinnen und Leser, die Themenmix und Aktualität der Zeitung zu schätzen wissen.
Unterhaltsamkeit ist unserer Meinung nach eine Qualität journalistischer Beiträge, die in der Mediendemokratie immer wichtiger wird. Sie erhöht die Wahrscheinlichkeit, dass auch politisch Nicht-Interessierte etwas über politische Ereignisse lesen. Das hilft nicht nur der Tageszeitung, sondern der Gesellschaft.
Unter dieser Perspektive erhöht eine unterhaltsame Berichterstattung die Partizipationschancen der Menschen, die reine Informationstexte langweilig finden. Demokratietheoretisch bedeutsamer ist aber ein anderer Punkt: Unterhaltsam aufbereitete Beiträge ziehen eher die Aufmerksamkeit des Publikums auf sich. Aufmerksamkeit wiederum zählt zu den knappsten Ressourcen in der Mediengesellschaft. Eine unterhaltsame Berichterstattung über Politik führt also dazu, dass politische Themen in der Öffentlichkeit stärker wahrgenommen werden.
Dieser Zusammenhang wurde im politischen Journalismus lange nicht ernst genommen. Eine Ursache dafür: Das rational geprägte Bild eines Publikums, dem man nur genügend Informationen liefern müsse. Dann würden die Informationen genutzt und schon könnten sich die Leser an politischen Entscheidungen beteiligen. Im Vordergrund stand stets die Vielfalt der Information, aber selten die Frage, wie das Publikum diese Informationen verarbeitet. Oder bildlich gesprochen: Die Köche in den politischen Redaktionen achteten vor allem auf den Nährwert des Informationsmenüs. Nur wenige fragten sich, ob dieses Menü auch schmeckt. Und wunderten sich, wenn das, was schmeckt, auch oft gewählt wird, auch bei mäßigem Nährwert.
Solchen Zusammenhängen nachzugehen, das ist eine Aufgabe der Journalistik. Um im Bild zu bleiben: Wissenschaftler sind Ernährungsberater – und zwar nicht für das Publikum, sondern für die Köche in den Redaktionen. Es geht darum, wie unterhaltsam journalistische Texte sein müssen, damit politische Informationen ankommen bei den Lesern, Hörern und Zuschauern.
Diese Frage kann man nicht theoretisch beantworten, sondern nur empirisch erkunden. Genau dies haben wir in einem Leseexperiment getan. Über 160 Testpersonen lasen und beurteilten Testartikel, die unterschiedlich stark unterhaltsam aufbereitet waren.
Die Zeitung haben wir stellvertretend für alle Printmedien ausgewählt, in denen über Politik berichtet wird. Und das nicht ohne Grund: Denn bislang ist die Tageszeitung immer noch *das* politische Informationsmedium – gerade im Lokalen. Zudem ist sie das Medium,

dessen Unterhaltungswert vom Publikum allgemein am niedrigsten eingeschätzt wird. Wir testeten also unter verschärften Bedingungen.
Die Ergebnisse unseres Experiments sind in erster Linie ein Denkanstoß. Denn wir haben lediglich in einem Lehrforschungsprojekt mit begrenztem Aufwand geforscht. Dennoch sind die Befunde aus unserer Sicht sehr aufschlussreich und stimmig. In diesem Beitrag stellen wir die Ergebnisse unseres Experiments vor und skizzieren die Konsequenzen der Befunde für die journalistische Praxis und die Theoriebildung in der Wissenschaft.

Ernst, aber nicht hoffnungslos: Die Lage der Tageszeitung

Ohne Tageszeitungen ist (politische) Öffentlichkeit in Deutschland nur schwer vorstellbar: Drei Viertel der Bevölkerung werden von der Tageszeitung erreicht.[1] Die Bindung der Stammleserschaft an ihre Blätter ist beneidenswert hoch die Zeitung genießt bei Ihren Lesern eine hohe Glaubwürdigkeit.
Wer genauer hinsieht, erkennt jedoch Risse in der Fassade: Auf lange Sicht hat die Zeitung in den letzten Jahren kontinuierlich Leser verloren. Insbesondere bei jüngeren Menschen hat die Tageszeitung Reichweite eingebüßt. Das bestätigt zum Beispiel die jüngste Welle der Langzeitstudie Massenkommunikation.[2] Als Unterhaltungsmedium, zeigt die selbe Studie, steht die Zeitung nicht hoch im Kurs.[3] Die Auflagen haben sich dabei regional sehr unterschiedlich entwickelt. Die meisten Zeitungen im Westen konnten ihre Auflagen halten oder sogar steigern, im Osten haben dagegen etliche Titel Abonnenten eingebüßt.[4] Neben diesen regionalen Differenzen hängt der Markterfolg aber auch von journalistischen Konzepten. Leser haben in den vergangenen Jahren vor allem Titel gewonnen, die auf Qualität und Seriosität setzten und auf eine „allzu emotionsheischende Berichterstattung" verzichteten Regionalzeitungen, die in ihrer Aufmachung auf boulevardeske Elementen setzten, konnten daraus wenig Nutzen ziehen – wenn man die Reichweite als Maßstab anlegt.[5]
Schönbachs Befund spricht allerdings nicht per se gegen mehr Unterhaltsamkeit in der Zeitung. Dieser Schluss wäre nur zulässig, wenn man Unterhaltsamkeit mit mehr Klatsch, Tratsch und Katastrophen gleich setzt. Das, so glauben wir, wäre aber unangemessen. Warum, skizzieren wir im folgenden Abschnitt.

Informativität und Unterhaltsamkeit – Dimensionen der Textqualität

Wir sprechen bewusst von Unterhaltsamkeit und Informativität, und nicht von Unterhaltung und Information. Denn in dem zweiten Begriffspaar schwingt noch mit, dass Unterhaltung und Information klar unterscheidbare und sich weitgehend ausschließende Gegensätze sind. Daran wird gezweifelt – nicht erst seit Elisabeth Klaus' programmatischer Formulierung „Der Gegensatz von Information ist Desinformation, der Gegensatz von Unterhaltung ist Langeweile".[6]

---

1 Vgl. BDZV 2001
2 Vgl. van Eimeren/Ridder 2001
3 Vgl. Oehmichen/Schröter 2001
4 Vgl. Schütz 2000, S. 22
5 Schönbach 1997, S. 84
6 Vgl. Klaus 1996

Vor allem in politisch bildender Absicht wurde Unterhaltung mit Vorliebe als tendenziell minderwertige Beschäftigung mit weniger wichtigen Themen verstanden. Inzwischen wird aber auch in der wissenschaftlichen Literatur Unterhaltung nicht mehr ausschließlich in der abwertenden bildungsbürgerlichen Tradition gesehen.[7] Unterhaltung kann beispielsweise auch als Form der Vermittlung begriffen werden.[8] Übrigens auch keine allzu neue Ansicht, wie *Spiegel*- und *Bild*-Leser wissen. Womit auch schon angedeutet ist, dass Unterhaltung auch als eine Form der Rezeption betrachtet werden muss.

Auch die sorgfältigste Trennung von Information und Unterhaltung in der Redaktion kann nicht ausschließen, dass Information als Unterhaltung konsumiert wird. Für das Fernsehen wurde dies u.a. von Dehm empirisch belegt.[9] Dabei ist wichtig, dass Unterhaltung sich eben nicht – wie in der reinen Lehre gern behauptet – nur auf weiche Nachrichtenfaktoren bezieht und damit thematisch abgrenzbar ist. Die Grenzziehung verläuft sicher nicht zwischen den Ressorts Vermischtes und Politik. Dieses Verständnis von Unterhaltung wird auch von der Bedeutungsgeschichte des Wortes gestützt. Hier ist die mündliche Kommunikation im Sinne des Gesprächs ebenso enthalten wie „der Begriff des Angenehmen und auch des Nützlichen und Belehrenden".[10]

Informativität und Unterhaltsamkeit sind unter dieser Perspektive komplementäre Textmerkmale, die die Nutzung unabhängig voneinander beeinflussen. Gleichwohl sind sie bis zu einem gewissen Grad abhängig voneinander. Sehr dichte Texte, die möglichst viele Informationen enthalten, lassen wenig Spielraum für unterhaltsame Formulierungen. Anders herum sind unterhaltsame Formulierungen wichtige Leseanreize. Sie steigern die Chance, dass Leser weiterlesen – und dadurch mehr Informationen aufnehmen.[11] Der unterhaltsame Beitrag ist dann aus Sicht der Leser informativer als ein Beitrag ohne zusätzliche Stimulanz.

Wie informativ und unterhaltsam ist ein Beitrag? Das hängt in hohem Maße davon ab, wie verständlich der Text geschrieben ist. Wir gehen von der Annahme aus, dass die Verständlichkeit eines Beitrags eine notwendige Bedingung für die Unterhaltsamkeit ist. Denn in einem schwer verständlichen Text gehen unterhaltsame Elementen schnell unter. Das ist wie beim Klavierspielen: Das macht nur Spaß, so lange das Stück nicht zu schwer ist.

Verständlichkeit ist, so unsere zweite Annahme, aber auch Voraussetzung für die Informativität eines Textes. Messlatte für die Informativität eines Artikels ist dabei für uns die Informationsmenge, die man sich mit vertretbarem Aufwand beim Lesen erschließen kann. Ein schwer verständlicher Text kann also eine Menge Informationen enthalten, aber trotzdem wenig informativ sein. Und zwar, weil der Text zu schwierig ist, um diese Informationen zu verarbeiten. Das leuchtet um so mehr ein, wenn man sich die typische Nutzungssituation bei der Tageszeitung in Erinnerung ruft: Zeitungen werden entweder sehr selektiv gelesen oder sehr oberflächlich oder beides. Was anderes lässt oft die Zeit nicht zu, die sich die Leser für die Zeitung nehmen – gemessenen an dem umfangreichen Angebot.

In Pretests zu unserem Experiment haben wir intersubjektiv nachvollziehbare Kriterien für Unterhaltsamkeit und Informativität entwickelt:

---

7   Vgl. Zillmann 1994
8   Vgl. Rager 1993
9   Vgl. Dehm 1984
10 Vgl. Bausinger 1994, S. 18
11 Vgl. Langer/Schulz von Thun 1981

- Als Indikatoren für die Unterhaltsamkeit eines Beitrags verwendeten wir seine Lebendigkeit und seine Emotionalität.
- Die Informativität eines Beitrags machten wir einerseits an der subjektiv empfunden Vollständigkeit des Textes fest und andererseits am persönlichen Nutzwert für die Testleser.

Informativität und Unterhaltsamkeit eines Textes lassen sich nur bewerten, wenn man die Leserinnen und Leser einbezieht. Ihr Vorwissen, ihre Lesekompetenz und ihre Stilvorlieben bestimmen mit darüber, ob ein Text als unterhaltsam und/oder informativ wahrgenommen wird (vgl. Früh 1994). Mit „objektiven" Textmerkmalen wie der Informationsdichte allein kommt man hier nicht weit. Entscheidend ist vielmehr, wie gut der Text von den Leserinnen und Lesern verarbeitet werden kann.

Für die Leserinnen und Leser können Unterhaltsamkeit und Informativität unterschiedlich wichtig sein. Das gilt sowohl für die Beurteilung von Texten (Welcher Text gefällt mir besonders gut?) als auch für die Präferenzen bei der Nutzung (Welchen Artikel lese ich?). Beide Aspekte können zusammenfallen, müssen es aber nicht. So kann einem Leser beispielsweise ein launiger Bericht zur Haushaltsdebatte besonders gut gefallen. Trotzdem wird er sich mitunter aber durch den Zahlenwust eines dichten, faktenorientierten Artikels zum selben Thema hindurchfressen, weil ihm Detailinformationen wichtig sind.

Die Präferenzen der Leserinnen und Leser können einerseits von Thema zu Thema differieren: Nicht jedes Thema eignet sich dafür, unterhaltsam aufbereitet zu werden und die Toleranzschwelle ist in diesem Punkt bei jedem Leser unterschiedlich hoch.

Auch das Interesse an einem Thema spielt eine wichtige Rolle: Unsere Untersuchungen mit Jugendlichen[12] zeigen zum Beispiel: Wenn junge Leser ein Thema interessant finden, lesen sie einen Artikel auch zu Ende – unabhängig davon, wie spannend er geschrieben ist – und nehmen auch eher unverständliche Formulierungen in Kauf. Studien zur Rezeption von Fernsehnachrichten liefern ähnliche Ergebnisse.

Unterschiedliche Zielgruppen können unterschiedliche Ansprüche an die Informativität und Unterhaltsamkeit von Zeitungstexten richten. Die Präferenzen können mit dem Alter der Leserinnen und Leser variieren, aber möglicherweise auch mit ihrer formalen Bildung oder ihrem Geschlecht. Zudem spielt eine Rolle, aus welcher Position heraus man Zeitung liest: Ob (Amateur-)politiker, Vereinsvertreter, Sportler, Unternehmer oder Bürger ohne besondere Funktion: Alle werden die Zeitungstexte anders wahrnehmen.

Forschungsfragen und Forschungsdesign

Textrezeption ist ein komplexer Vorgang. Die relevanten Einflussgrößen lassen sich kaum alle gemeinsam untersuchen. In unserem explorativen Experiment haben wir den Einfluss von Textmerkmalen auf die Rezeption unterhaltsamer und informativer Artikel untersucht.
Wir legten 166 Testteilnehmern drei unterschiedliche Artikel zu einem Thema vor. Die erste Variante war sehr unterhaltsam, aber wenig informativ; die zweite Variante war sehr informativ und wenig unterhaltsam; die dritte Variante war informativ und unterhaltsam. Anschließend befragten wir zu den drei Beiträgen. Unser Design sicherte, dass das Interes-

---

12 Vgl. Rager u.a. 2001

se am Thema nicht beeinflussen konnte, welche Variante die Testleser den anderen vorzogen.
Die 166 Befragten wählten wir entlang eines Quotenplans aus: Unter den Testlesern finden sich Menschen aller Altersgruppen und Bildungsniveaus. Frauen und Männer sind in der Stichprobe nahezu gleich stark vertreten. Auch der Anteil der Zeitungsleser bewegt sich im üblichen Rahmen. Im Vergleich zur Bevölkerung sind junge und formal hoch gebildete Menschen in der Stichprobe bewusst überrepräsentiert. Denn diese Zielgruppen haben im Gegensatz zu den älteren Lesern ein besonders prekäres Verhältnis zur Tageszeitung.
Das starke Gewicht dieser Zielgruppe muss bei der Interpretation der Gesamtergebnisse berücksichtigt werden. Wenn z.B. junge Menschen offener gegenüber Texten wären, die gleichzeitig informativ und unterhaltsam sind, dann würde die Bedeutung der Unterhaltsamkeit von Texten bezogen auf die Gesamtbevölkerung überschätzt. Hier könnte eine breit angelegte Studie genauere Daten liefern.
Die drei Testbeiträge wählten wir aus der zum Untersuchungszeitpunkt im Frühjahr 2000 aktuellen Berichterstattung über das Urteil des Europäischen Gerichtshofs aus, das Frauen den Weg zu den Kampfverbänden der Bundeswehr öffnete. Die realen Texte sollten die ökologische Validität der Experimentalsituation erhöhen. Die Wahl fiel auf einen Artikel der *Bild*-Zeitung (unterhaltsam), einen Beitrag der *FAZ* (informativ) und einen Text der *taz* (unterhaltsam und informativ).
Das Thema Frauen in der Bundeswehr hat für die Testteilnehmer hohe Relevanz. Junge Frauen sind direkt betroffen, jungen Männern ebenfalls. Aber auch in älteren Zielgruppen waren die Frauen in der Bundeswehr oft Gesprächsthema. Schließlich ging es darum, eine der letzten Bastionen der Ungleichbehandlung von Frauen und Männern zu schleifen, die lange als uneinnehmbar galt – mit dem Segen des Grundgesetzes.
Die hohe Relevanz des Themas hat dem Experiment einerseits vermutlich gut getan: Dank des größeren Interesses am Thema haben die Teilnehmer die Texte eher auch gelesen, um sich zu informieren, und nicht nur, um die Versuchsanordnung zu erfüllen. Andererseits kann das hohe Interesse am Thema auch dazu geführt haben, dass die Testpersonen mehr Mühe für die Lektüre aufwandten und sich z.B. eher durch unverständliche Textpassagen quälten.
Die Testartikel legten wir den Testlesern in einem neutralen Layout vor. Sie erhielten auch sonst keine Hinweise darauf, aus welchen Medien die Beiträge stammten. So sorgten wir dafür, dass Medienimages möglichst gering auf die Textbewertung ausstrahlten. Ganz verhindern konnten wir das aber vermutlich nicht. Denn geübte Zeitungleser dürften in der Lage gewesen sein, die Textsorten bestimmten Medien zuzuordnen.
Nach der Lektüre fragten wir die Testleser, welchen der Beiträge sie bei freier Auswahl am ehesten gelesen hätten. Außerdem erhoben wir für jeden Beitrag ein Globalurteil sowie Einschätzungen der Befragten zur Verständlichkeit, Unterhaltsamkeit und Informativität des Beitrags.
Zusätzlich erfassten wir, für wie verständlich die Testleser die Texte hielten. Außerdem baten wir sie um ein Gesamturteil zu den drei Beiträgen. Um Zusammenhänge zwischen der Beurteilung der Testartikel und den Präferenzen der Testleser für bestimmte Printmedien erfassen zu können, fragten wir zudem ab, ob und welche Zeitungen die Testleser normalerweise nutzen.

Als Indikator für die Verständlichkeit werteten wir die Zustimmung zum Statement „Der Artikel war verständlich". Die Lebendigkeit des Stils erhoben wir mit dem Item „Der Artikel war lebendig/anschaulich geschrieben.", die Emotionalität des Beitrags mit dem Item „Der Text hat in mir Emotionen (Ärger, Freude, Wut,...) geweckt." Die subjektiv empfundene Informativität maßen wir an der Zustimmung zur Aussage „Ich fühle mich vollständig über das behandelte Thema informiert". Den persönlichen Nutzwert des Beitrags schätzten wir mit Hilfe des Items „Der Artikel hat mir persönlich genutzt" ein. Alle Indikatoren sind vergleichsweise grob. In Folgeuntersuchungen könnte man die Ergebnisse mit feineren Instrumenten überprüfen.

Ergebnisse

Ist ein Beitrag unterhaltsam? Ist er informativ? Das sehen die Testleser, die an unserem Experiment teilnehmen ähnlich wie wir: Den Artikeln, die wir für unterhaltsam halten, attestieren auch die Testleser einen höheren Unterhaltungswert als der „nüchternen" Variante. Andersherum taxieren sie den Informationswert der *FAZ*-Variante höher als den der anderen Varianten. Das Experiment zeigt klar: Die Testleser bewerten die Texte differenziert und können die im Pretest entwickelten Kriterien nachvollziehen. Das verleiht unseren Ergebnissen ihre Aussagekraft.
So wird der *Bild*-Artikel von den meisten Befragten für sehr lebendig gehalten, dicht gefolgt von der *taz*-Variante. Das zeigt sich in einem hohen Anteil von Befragten, die dem entsprechenden Statement im Fragebogen zustimmen (Skalenwerte von 1 oder 2 auf einer 6er-Skala). Der *FAZ*-Beitrag schneidet in dieser Hinsicht deutlich schlechter ab. Bei der Emotionalität der Texte ergibt sich ein ähnliches Bild: Die unterhaltsamen Beiträge lösen bei den Lesern noch am ehesten Emotionen aus.
Beim *FAZ*-Text sind die Anteile der Befragten am größten, die den Beitrag für sehr informativ halten und/oder ihm einen hohen Nutzwert bescheinigen. Allerdings sind die Abstände zwischen den Beiträgen hier nicht so groß wie zum Beispiel bei der Lebendigkeit. So halten zum Beispiel nahezu gleich viele Testleser den *Bild*- und *FAZ*-Text für sehr informativ. Dieses Detail-Ergebnis spricht für die These, dass die Menge der vermittelten Informationen nicht allein beeinflusst, für wie informativ Leser einen Beitrag halten. Auch andere Faktoren scheinen hier eine Rolle zu spielen.
Zum einen scheint es darauf anzukommen, wie verständlich die Informationen vermittelt werden. In puncto Verständlichkeit liegt der *Bild*-Beitrag bei den Testlesern weit vor seinen beiden Konkurrenten.
Zum anderen dürfte das subjektive Urteil zur Informativität auch vom grundsätzlichen Interesse am Thema und den Randbedingungen der Rezeptionssituation abhängen. Wer sich grundsätzlich weniger für ein Thema interessiert oder wer wenig Zeit zum Lesen hat, findet einen Beitrag, der die Kerndaten zu einem Thema knapp zusammenfasst vermutlich ebenso informativ wie einen längeren Text, der zusätzlich weitere Detailinformationen enthält.
Unsere drei Versuchstexte enthalten alle die Kerninformationen zum EuGH-Urteil zu Frauen in den Kampftruppen. Das Wichtigste bekommt man mit, egal welchen Beitrag man liest. Zudem erfüllen alle drei Texte die professionellen Anforderungen an einen aktuellen Bericht. Das trägt sicher dazu bei, dass sich Grundmuster in den Bewertungsprofilen der drei Artikel ähneln – trotz aller Unterschiede im Detail. Am häufigsten wird das Prädikat

„verständlich" verliehen, gefolgt von der Lebendigkeit und der Informativität. Dagegen ist der persönliche Nutzwert der Artikel eher gering. Und nur bei einer Minderheit löst einer der drei Berichte Emotionen aus.

Unsere Testleser haben anscheinend zunächst die Artikel als informationsorientierte, journalistische Sachtexte beurteilt und sie im Kopf mit anderen Textsorten verglichen. Erst in einem zweiten Schritt scheinen sie die speziellen Stärken und Schwächen der Texte bewertet zu haben. Hier wäre interessant zu untersuchen, inwieweit die Gewohnheit das Urteil zu den Texten prägt: Die Testleser haben in ihrem Leben durch mehr oder weniger intensives Lesen Vorstellungen entwickelt, wie ein guter Zeitungsartikel aussieht. Diese Erfahrungen könnten als Vergleichsmaßstab die Bewertung der Texte prägen.

Ganz klar erkennbar ist: Die Lesegewohnheiten der Testpersonen schlagen sich darin nieder, welchen der drei Testbeiträge sie im Zweifel den anderen vorziehen würden. Die Leser überregionaler Tageszeitungen in unserem Sample entscheiden sich öfter als andere für den *FAZ*- oder den *taz*-Text. Wer sonst Boulevardzeitung liest, erklärt im Experiment auch häufiger den *Bild*-Text zu seinem Favoriten.

Ganz allgemein zeigt das Leseexperiment: Es gibt bei der Textgestaltung keinen Königsweg, mit dem man es einem großen Teil des Publikums recht machen könnte. Unsere Testleser waren sich alles andere als einig, welchen der drei Testartikel sie am ehesten lesen würden.

Allerdings bevorzugt der Großteil der Testleser klare Verhältnisse: entweder unterhaltsam oder informativ sollte es sein. Für die Mischform kann sich nur eine Minderheit begeistern. Jeweils rund 40 Prozent der Befragten entschieden sich für den unterhaltsamen Beitrag aus der Bildzeitung oder den informativen Beitrag aus der *FAZ*; 20 Prozent zogen den *taz*-Text den anderen Varianten vor, der informativ und unterhaltsam geschrieben war.

In Umrissen wird im Experiment erkennbar, welche Zielgruppen die unterschiedlichen Varianten bevorzugen:

- Der in erster Linie unterhaltsame *Bild*-Text kommt bei den Älteren und formal niedriger Gebildeten besonders gut an.
- Die informative Variante präferieren erstaunlicherweise jüngere Menschen überdurchschnittlich oft. Auch formal höher Gebildete entscheiden sich eher für den *FAZ*-Text.
- Die Anhänger der Misch-Variante aus der *taz* rekrutieren sich ebenfalls verstärkt aus den jungen, formal höher qualifizierten Befragten. Den größten Fan-Block hat sie bei den Akademikern: Gut jeder dritte Befragte mit Hochschulabschluss entscheidet sich für die *taz*-Variante. Jeder zweite Akademiker wählte dagegen die informative Variante aus. Kaum einer von ihnen präferiert dagegen unterhaltsame Variante.

Schon aus dieser Perspektive wird erkennbar, dass die Freunde der *taz*- und der *FAZ*-Variante sich untereinander relativ ähnlich sind und beide von den Testlesern unterscheiden, die den unterhaltsamen Text aus der *Bild*-Zeitung vorziehen. Dieser Eindruck verstärkt sich, wenn man sich anschaut, wie die drei Gruppen die Testartikel bewerten.

Die Urteile der *FAZ*- und *taz*-Liebhaber zum *FAZ*- und zum *taz*-Text liegen immer näher beieinander als im Vergleich zu den Freunden der *Bild*-Variante. Das gilt insbesondere für die jeweiligen Stärken der Beiträge: 46 Prozent der *FAZ*-Fans, 39 Prozent der *taz*-Fans, aber nur 18 Prozent der *Bild*-Fans finden etwa den *FAZ*-Artikel sehr informativ. Den *taz*-Beitrag halten wiederum 50 Prozent der *taz*-Fans, 37 Prozent der *FAZ*-Fans und 28 Prozent der *Bild*-Fans für sehr lebendig. Und bei beiden Beiträgen sind es vor allem die *Bild*-Fans, die die Texte weniger verständlich finden.

Es scheint, als scheiterten anspruchsvollere Texte eher bei Lesern, denen es vermutlich generell schwerer fällt, Texte zu verstehen. Daneben gibt es aber auch Leser, die von Zeitungstexten viel verlangen – seien es Detailinformationen, Sprachästhetik oder beides. All das können Texte wie unser Beispiel aus der *Bild*-Zeitung beiden Gruppen nicht bieten. Beide Konstellationen deuten darauf hin, dass unsere Testleser eher Varianten ausschließen, die ihren Vorlieben nicht entsprechen, und sich weniger aktiv für einen Text entscheiden, der ihnen besonders gut gefällt. Das müsste weiter untersucht werden.

Ob man die knappe, verständliche Darstellung bevorzugt oder anspruchsvollere Varianten, scheint auch von der eigenen Leseerfahrung abzuhängen. In unserem Experiment setzten die Befragten, die zum Zeitpunkt der Studie allenfalls sporadisch die Zeitung lasen, am ehesten auf den unterhaltsamen Text. Die Mischform aus der *taz* stößt dagegen bei den Nichtlesern auf besonders wenig Gegenliebe. Die feine Ironie der *taz*-Geschichte scheint nichts für Zeitungseinsteiger zu sein.

Aufschlussreich sind schließlich die Vorlieben der Befragten, die regelmäßig eine Regionalzeitung lesen. In dieser Zielgruppe liefern sich unsere drei Text-Varianten ein Kopf-an-Kopf-Rennen: 38 Prozent votieren für die unterhaltsame Fassung aus *Bild*, 35 Prozent für den informativen Text aus der *FAZ* und 27 Prozent für die Mischform aus der *taz*. Dieses Ergebnis deutet an, wie schwer es für die Regionalzeitung auch bei der Aufbereitung von Informationen ist, ihrem Ruf als Integrationsmedium gerecht zu werden.

Wie gut die Zeitungen den Spagat zwischen den unterschiedlichen Anforderungen bewältigen, dürfte auch davon abhängen, mit welchem Publikum sie es in ihrem Verbreitungsgebiet zu tun haben. So wäre zu erklären, warum zum Beispiel die *Rheinische Post* mit einer dezidierten Qualitätsstrategie in der Dienstleistungsmetropole Düsseldorf Erfolg hat. Und damit könnte zusammenhängen, dass die Ruhrgebietstitel, die auf knappe, wenig unterhaltsame Information setzen, es schwer haben, in den neuen Milieus, die sich mit dem Strukturwandel dort angesiedelt haben, Fuß zu fassen. Sicher ist dabei eines: Wer ganz auf unterhaltsame Elemente verzichtet, schreibt an der Mehrheit seiner Leserschaft vorbei. Und nicht nur das: Zeitungen, die auf die reine Information setzen, können auch ein beträchtliches Potential von Nichtlesern kaum für sich gewinnen, denen unterhaltsame Texte besser gefallen.

In jedem Fall muss die Aufbereitung von Informationen in den strategischen Überlegungen der Zeitung eine größere Rolle spielen. Es geht nicht nur darum, welche Informationen man auswählt, sondern auch, wie man darüber schreibt. Hier werden sich die Redaktionen ihr Angebot und die Vorlieben unterschiedlicher Zielgruppen genauer anschauen müssen als bisher. Dabei könnte sich herausstellen, dass die trockenen Sparversionen der Agentur-Berichte, die die Nachrichtenseiten vieler regionaler Titel bevölkern, an den Wünschen vieler Leser vorbeigehen.

An welchen Textmerkmalen aber liegt es, welcher (Test-)artikel den anderen vorgezogen würde, wenn man sich für einen entscheiden müsste? Das Leseexperiment liefert Hinweise darauf, dass es vor allem von der Verständlichkeit eines Textes abhängt, ob er den anderen Texten vorgezogen wird oder nicht. Erst danach kommen die Emotionalität, Lebendigkeit, Informationsgehalt und Nutzwert ins Spiel. Das besondere an diesem Ergebnis: Mit der Verständlichkeit von Zeitungstexten ist es nicht zum besten bestellt. Gerade junge Leser geben in Befragungen immer wieder an, mit Zeitungstexten nicht zurecht zu kommen.[13] Nicht nur die Bildzeitungsvariante favorisieren die Testleser vor allem, weil sie sie verständlicher finden als die anderen Varianten. Auch die Entscheidung für die *FAZ* macht sich primär an der Verständlichkeit fest. Wer bei dem langen Text den Durchblick nicht verliert, bevorzugt die informative Variante. Für die *taz*-Fans ist dagegen allein die Lebendigkeit der Sprache ausschlaggebend. Erstaunlich: Weder die Emotionalität der Beiträge noch deren wahrgenommene Informativität tragen bei diesem Thema wesentlich dazu bei, warum die Testleser einen Text den anderen Varianten vorziehen.[14]

Die Testleser, die sich für die (vor allem unterhaltende) *Bild*-Variante entschieden, fanden den Text vor allem besonders verständlich. Gleichzeitig hatten sie mit den anderen Varianten größere Verständnisprobleme. Neben der Verständlichkeit zählte für die *Bild*-Fans die Lebendigkeit des Textes. Dabei spielte es keine Rolle, wie die anderen Texte in dieser Hinsicht abschnitten. Für die Testleser, die den unterhaltsamen Text auf Platz eins setzten, hatte der *Bild*-Beitrag schließlich einen besonders hohen Nutzwert. Hier stand die *Bild*-Variante allerdings in Konkurrenz zum *FAZ*-Beitrag. Wer die *FAZ*-Variante besonders nützlich fand, favorisierte den *Bild*-Beitrag besonders selten.

Dieses Konkurrenzverhältnis wird auch deutlich in den Einschätzungen der Befragten, die sich für die *FAZ*-Alternative entschieden. Wer mit dem informativen Text keine Verständnisprobleme hat, gibt ihm mit hoher Wahrscheinlichkeit auch den Zuschlag. Wer dagegen den *Bild*-Text besonders verständlich findet, bevorzugt nur selten die *FAZ*-Variante. Das ist erstaunlich. Denn der *FAZ*-Text ist objektiv betrachtet vergleichsweise verständlich.

Ob ein Beitrag den anderen vorgezogen wird, hängt ausgerechnet bei dem nüchternen, informativen *FAZ*-Beitrag auch davon ab, ob die Leser ihn lebendig finden und ob er sie emotional anspricht. Dafür bieten sich zwei Erklärungen an. Entweder haben Leser, die informative Texte bevorzugen, andere Ansprüche an die Lebendigkeit bzw. Emotionalität eines Textes. Oder ihr positives Gesamturteil zum Artikel strahlt auf die – aus Sicht der Informationsorientierten – weniger bedeutsamen Merkmale Lebendigkeit und Emotionalität aus.

Wesentlich einfacher sieht die Entscheidung beim *taz*-Artikel aus. Ob er favorisiert wird, hängt einzig davon ab, für wie lebendig die Testleser den Beitrag halten. Nutzwert, Informationsgehalt, Verständlichkeit und Emotionalität rücken demgegenüber in den Hintergrund. Für die *taz*-Fans scheint der ironische Stil das entscheidende Argument für den Text zu sein.

Exkurs: Junge Leserinnen und Leser

Junge Menschen sind für die Tageszeitung eine wichtige Zielgruppe. Aus ihnen rekrutiert sich die Stammleserschaft, die langfristig die ökonomische Basis der regionalen Abonne-

---

13 Vgl. z.B. Werner 2001 FFJ
14 Das ist das Ergebnis einer logistischen Regressionsanalyse. Diese Analyse legt die Netto-Effekte der Einzelfaktoren auf die Artikelvorlieben frei, indem sie die Korrelationen zwischen den Einzelfaktoren herausrechnet. Bei dieser Analyse berücksichtigten wir sowohl die Urteile der Befragten zu ihrem favorisierten Artikel, als auch ihre Bewertungen der anderen beiden Beiträge. Die Regressionsanalyse hat vor allem explorativen Charakter, denn eine wichtige Voraussetzung für dieses Verfahren – eine Zufallsauswahl der Befragten – ist nicht gegeben. Gleichwohl sind die Ergebnisse aufschlussreich, auch wenn sie in weiteren Untersuchungen überprüft werden müssten.

mentszeitung sichert. Wir haben uns deshalb die Antworten der 99 Befragten im Sample, die höchstens 29 Jahre alt sind, genauer angesehen.
Für die jüngeren Testleser ist der *taz*-Artikel attraktiver als für die älteren Befragten. Die Kombination aus Unterhaltsamkeit und Informativität kommt offenbar in dieser Zielgruppe besser an. Im Gegenzug müssen der primär unterhaltsame Text aus *Bild* und der primär informative Text aus der *FAZ* Federn lassen.
Auch bei den Jugendlichen und jungen Erwachsenen ist es vor allem die Lebendigkeit, die für den *taz*-Text spricht. Anders als bei den älteren Lesern spielt es bei den die jüngeren Lesern auch eine Rolle, ob der *taz*-Beitrag sie emotional stark anspricht.
Die jüngeren Testleser, die die informative Variante präferieren, scheinen sich eher gegen die anderen Beiträge als für den *FAZ*-Text zu entscheiden. Denn von den vier signifikanten Faktoren im entsprechenden Regressionsmodell bezieht sich nur einer auf den *FAZ*-Beitrag. Dessen Liebhaber fühlen sich von ihm emotional stärker angesprochen als andere. Ansonsten finden sie den *Bild*-Text weniger verständlich. Dagegen kommen die jungen *FAZ*-Fans auch gut mit dem *taz*-Text zurecht, aber sie finden ihn nicht besonders lebendig. Die jungen *FAZ*-Fans sehen also gerade die Stärken nicht, die den anderen Varianten allgemein zugeschrieben werden. Womöglich entscheiden sie sich dann deshalb für die *FAZ*, weil sie von allen drei Beiträgen die meisten Informationen bringt.
Den primär unterhaltsamen *Bild*-Text favorisieren junge Leser, die an der *Bild*- und der *taz*-Variante die Lebendigkeit besonders schätzen. Aber der *taz*-Text ist für sie anscheinend zu schwer verständlich. In dieser Hinsicht kommt ihnen der *Bild*-Text besonders entgegen. Die Informationsdichte des *FAZ*-Textes scheint die *Bild*-Liebhaber dagegen zu überfordern. Diesen Text finden sie weniger informativ als andere Zielgruppen.

Schlussfolgerungen und offene Fragen

Die Ergebnisse unseres Experiments zeigen eins ganz deutlich: Die Puristen in den Nachrichtenredaktionen, die allein auf Fakten setzen, schreiben u.E. an der Mehrheit ihres Publikums vorbei. Natürlich gibt es nach wie vor Leser, die genau das schätzen – vom politisch engagierten Gymnasiasten bis zum Ministerialdirigenten im Ruhestand. Aber größer scheint die Zahl derer zu sein, die sich von Journalisten mehr erwarten als die nackten Fakten und die sich nur noch ungern darauf einlassen, den Politikteil pflichtschuldig durchzuackern.
Hinter den Präferenzen, die wir in unserem Experiment beobachtet haben, könnten sich drei unterschiedliche Formen der Rezeption der politischen Berichterstattung verbergen.
- Die erste Form könnte man Tempolesen und Minimallesen taufen – je nach Perspektive. Sie zeichnet sich aus durch einen schnellen Zugriff auf Informationen. Wer so liest, bleibt an der Oberfläche des Themas, es reichen die wichtigsten Fakten zu einem Thema. Zum Tempolesen wäre von unseren Varianten der *Bild*-Text besonders geeignet. Hinter dieser Form stehen vermutlich zwei Typen von Lesern: Solche, die Themen nur an der Oberfläche verstehen (Minimallesen) und solche, die bei einem bestimmten Thema mit einem Grundgerüst von Fakten zufrieden sind (Tempolesen).
- Die zweite Form nennen wir Faktensammeln. Hier geht es darum, möglichst viele Informationen zu einem Text zusammenzutragen, auch wenn es anstrengend ist. Der *FAZ*-Text kommt dieser Form des Lesens gerade recht.

- Die dritte Form ist das Genusslesen. Hier ist Zeitunglesen nicht nur Mittel zum Zweck – wie bei den anderen beiden Formen. Das Lesen hat auch einen Eigenwert als positiv erlebte Aktivität. Genussleser wären mit dem *taz*-Text besonders gut bedient.

Wir halten es für plausibel, dass viele Leser auf alle drei Arten Texte rezipieren – abhängig von den Randbedingungen der Lesesituation, Interessen und individuellen Ansprüchen an die Unterhaltsamkeit von Texten.

Tempolesen käme bei den Themen in Frage, die einen weniger interessieren, oder in Situationen, in denen man wenig Zeit hat, Informationen aufzunehmen. Unter diesen Umständen scheint ein holzschnittartiges Bild des Themas völlig auszureichen. Dies könnte man zwar auch in einer nüchternen Meldung zeichnen. In vielen Fällen wird aber aus unser Sicht die Unterhaltsamkeit des Textes in vielen Fällen darüber entscheiden, ob man sich dem Thema überhaupt zuwendet – ganz im Sinne der zusätzlichen Anreize im Hamburger Verständlichkeitsmodell.[15] Genauso wird vermutlich jeder zum Faktensammler, wenn das Interesse an oder die Betroffenheit von einem Ereignis nur hinreichend groß ist und man die Zeit hat, sich intensiv mit einem Thema zu beschäftigen. Zum Genusslesen wiederum dürfte ein Artikel Anlass bieten, der die persönlichen Ansprüche an einen unterhaltsamen Text erfüllt: Diese Ansprüche können sehr unterschiedlich sein. Es kann einem die feine Ironie eines Streiflichts zusagen oder der derbe Humor mancher *Bild*-Schlagzeile, man kann bestimmte Stilmittel, z.B. die Übertreibung, besonders schätzen usw.

Alle drei Formen des Lesens können sich vermutlich bei einzelnen Lesern zu stabilen Präferenzen weiterentwickeln. Und zwar in dem Sinne, dass sie in der Regel einen bestimmten Texttyp anderen Formen der Aufbereitung von Informationen vorziehen.

Welche Vorliebe man entwickelt, könnte von der Lesekompetenz abhängen: Je geübter die Leser, desto leichter fällt es ihnen, auch Texte mit hoher Informationsdichte zu rezipieren. Zum Genussleser dürften sich eher Menschen entwickeln, die für Sprachästhetik besonders sensibilisiert sind – zum Beispiel durch die regelmäßige Lektüre von Lyrik oder von Romanen. Aber auch das Pflichtbewusstsein dürfte eine Rolle spielen. Intensive *FAZ*-Lektüre dürfte durchaus geeignet sein, das Selbstbild als guter Demokrat zu stabilisieren.

Nur: Auf dieses Pflichtbewusstsein kann keine Zeitung setzen, die weiterhin eine breite Leserschaft erreichen will. Die Zeitung als Gattung muss sich wandeln vom reinen Informationsmedium zu einem Medium, das unterhaltsam ist, ohne unpolitisch zu sein. Sie wäre nicht das erste Medium, das diesen Wandel erfolgreich durchmacht. Der Hörfunk hat schon vor Jahren in seinen reichweitenstarken Programmen die langen Wortstrecken durch Magazinformate ersetzt.

Der springende Punkt dabei ist: Die Einführung der Magazine war zunächst heiß umstritten – auch wegen der negativen Folgen für die Meinungsbildung. Auf lange Sicht haben sich diese Befürchtungen sich jedoch als unbegründet erwiesen. Wellen wie WDR 2 bereiten politische Ereignisse nicht so gründlich auf wie reine Wortprogramme, aber dafür hören mehr Leute zu. Analoges gilt für die Tageszeitung. Die detailverliebte Sachlichkeit im Stile der *FAZ* spricht nur eine Minderheit im Publikum an. Die Mehrheit dagegen steigt aus – und hat nichts von den vielen Informationen, die sich dort aneinander reihen. Ein unterhaltsamer Text kann dagegen Anreiz sein, sich auch mit den politischen Themen zu beschäftigen, die einem eigentlich fern liegen.

---

15 Vgl. Schulz von Thun/Langer 1981

Unter diesen Umständen bekommt auch die Vielfaltsdebatte einen etwas anderen Akzent: Die Vielfalt der Darstellungsformen gewinnt als Voraussetzung für die freie Meinungsbildung an Bedeutung. Denn die Bürger verwenden weniger Zeit denn je darauf, sich mit jedem Thema intensiv zu beschäftigen. Zudem klaffen die Wissensbestände von Laien und Experten auf einem Gebiet immer stärker auseinander. Wenn Medien unter diesen Bedingungen Diskurse ermöglichen wollen, müssen sie noch stärker als bisher Informationen für verschiedene Zielgruppen unterschiedlich aufbereiten, damit jeder auf seinem Niveau in die Debatte einsteigen kann. Dazu gehören u.U. auch kurze, hoch informative Zusammenfassungen, die wir empirisch in unserem Experiment nicht getestet haben.

Einsteigen auf jedem Niveau – dabei geht es zunächst darum, wie unterhaltsam politische Texte geschrieben werden, denn Unterhaltsamkeit sichert Aufmerksamkeit für Themen. Fast noch wichtiger scheint jedoch die Verständlichkeit der Texte zu sein. Hier zeigt unser Experiment, dass gerade der *FAZ*-Text mit seiner hohen Informationsdichte etliche Testleser überfordert. Dieselben Leser loben die (unterhaltsame!) *Bild*-Variante als besonders verständlich. Den Partizipationschancen vieler Bürger – insbesondere der formal weniger hoch Gebildeten – täte es gut, wenn Journalisten sich intensiver als bisher mit der Verständlichkeit auseinander setzten.

All diese Überlegungen stehen allerdings unter dem Vorbehalt, dass sie auf explorativ erhobenen Daten fußen. Aus unser Sicht zeigen sie aber, dass es sich lohnt, den Zusammenhängen zwischen der Unterhaltsamkeit und der Informativität journalistischer Texte aus der Perspektive des Publikums weiter nachzugehen: mit verfeinerten Instrumenten und einer breiteren empirischen Basis.

Überdies hat das Leseexperiment einige Forschungsfragen aufgeworfen, die weiter bearbeitet werden sollten:
- Wie viele Informationen verträgt ein verständlicher Text?
- Was tragen unterhaltende Elemente zur Verständlichkeit eines Textes bei? Und wie wichtig ist die Unterhaltsamkeit, wenn sich Leser zwischen gleich verständlichen Texten entscheiden sollen?
- Beeinflussen Lesegewohnheiten – bezogen auf die Nutzung unterschiedlicher Zeitungstypen – die Präferenzstruktur bei der sprachlichen Aufbereitung von Ereignissen in journalistischen Texten? Oder führen eher die Präferenzen dazu, bestimmte Medien zu nutzen?
- Und schließlich: Bewähren sich die Befunde bei der Replikation der Studie mit einem aufwendigeren Erhebungsdesign und einem differenzierteren Fragebogen?

Literatur

BAUSINGER, HERMANN (1994): Ist der Ruf erst ruiniert... Zur Karriere der Unterhaltung. In: BOSSHART, LUIS / HOFFMANN-RIEM, WOLFGANG (HRSG.): *Medienlust und Mediennutz*. Unterhaltung als öffentliche Kommunikation. München, S. 15-27.

BDZV (HRSG.) (2001): *Zeitungen 2001*. Bonn.

DEHM, URSULA (1984): *Fernsehunterhaltung*. Zeitvertreib, Flucht oder Zwang? Mainz.

EIMEREN BIRGIT VON / RIDDER, CHRISTA-MARIA (2001): Trends in der Nutzung und Bewertung der Medien 1970 bis 2000. In: *Media Perspektiven,* H. 11, S. 538-553.

FRÜH, WERNER (1994): *Realitätsvermittlung durch Massenmedien.* Opladen.

KLAUS, ELISABETH (1996): Der Gegensatz von Information ist Desinformation, der Gegensatz von Unterhaltung ist Langeweile. In: *Rundfunk und Fernsehen*, H. 3/1996, Jg. 44, S. 402-417.

OEHMICHEN, EKKEHARD / SCHRÖTER, CHRISTIAN (2001): Information: Stellenwert des Internets im Kontext klassischer Medien. In: *Media Perspektiven,* H. 8, S. 410-421.

RAGER, GÜNTHER (1993): Unterhaltung – Mißachtete Produktstrategie? In: RAGER, GÜNTHER / MÜLLER-GERBES, SIGRUN / WEBER, BERND (HRSG.): *Leselust statt Pflichtlektüre.* Die unterhaltsame Tageszeitung. Arbeitshefte zur Medienpraxis Heft 1. Münster; Hamburg, S. 7-19.

RAGER, GÜNTHER / MÜLLER-GERBES, SIGRUN (1993): Erst kommt die Zeitung, dann das Vergnügen. Zur Lage des Tageszeitung. In: RAGER, GÜNTHER / WERNER, PETRA (HRSG.): *Die tägliche Neu-Erscheinung*: Untersuchung zur Zukunft der Zeitung. Münster; Hamburg, S. 11-24.

RAGER, GÜNTHER U.A. (2001): *Fortsetzungsantrag zum Projekt „Zeitunglesen lernen" im DFG-Schwerpunktprogramm „Lesen in der Mediengesellschaft".* Dortmund, unveröffentlichtes Manuskript.

SCHÖNBACH, KLAUS (HRSG.) (1997): *Zeitungen in den Neunzigern.* Faktoren ihres Erfolgs. Bonn.

SCHÜTZ, WALTER J. (2000): Deutsche Tagespresse 1999. In: *Media Perspektiven*, H. 1, S. 8-29.

ZILLMANN, DOLF (1994): Über behagende Unterhaltung in unbehagter Medienkultur. In: BOSSHART, LUIS / HOFFMANN-RIEM, WOLFGANG (HRSG.): *Medienlust und Mediennutz.* Unterhaltung als öffentliche Kommunikation. München, S. 41-60.

Anhang

Artikel Nr. 1: *Bild*-Zeitung

Parteien: Grundgesetz muss geändert werden

Wir beantworten die wichtigsten Fragen zum Waffenurteil aus der EU

Frauen in Kampfanzügen, mit dem Gewehr im Anschlag, als Pilotin im Kampfjet, als Richtschütze im Leopard-Panzer – was in anderen Armeen längst normal ist, soll künftig auch für die Bundeswehr gelten.
Nach dem Urteil des Europäischen Gerichtshof steht die Bundeswehr vor dem größten Umbau ihrer 44-jährigen Geschichte!
Welche Auswirkungen hat das Urteil auf die Zukunft der Bundeswehr.
Verteidigungsminister Rudolf Scharping: „Nach sorgfältiger Planung wird noch in diesem Jahr entschieden, wie weitere Laufbahnen, über die Sanitäts- und Musikbereiche hinaus, für Frauen geöffnet werden können."
Kommt nach dem Urteil die Wehrpflicht für Frauen?

Die Wehrexperten sind sich einig: Es wird keine Wehrpflicht für Frauen geben. Paul Breuer, verteidigungspolitischer Sprecher von CDU/CSU: „Die Wehrpflicht für Männer reicht aus, die Verteidigungsfähigkeit zu gewährleisten."
Oder wird die Wehrpflicht überhaupt abgeschafft?
Scharping: „Das Urteil berührt nicht die Wehrpflicht." Ganz anders sieht das Angelika Beer, verteidigungspolitische Sprecherin der Grünen. Sie erklärte uns gegenüber: „Ich rechne damit, dass die Wehrpflicht in zwei bis fünf Jahren fallen wird." Ihre Begründung: „Es kann nicht sein, dass Frauen freiwillig an der Waffe Dienst tun können, Männer aber der Wehrpflicht unterliegen. Das würde neue Ungerechtigkeiten schaffen."
Muss das Grundgesetz geändert werden?
SPD, CDU und Grüne sind dafür. Paul Breuer: „Das Grundgesetz muss den Weg für den freiwilligen Einsatz der Frauen frei machen."
Wo können Frauen überall in der Bundeswehr eingesetzt werden?
Wie in anderen Armeen auch, könnten Frauen als Fallschirmjäger, Hubschrauber- und Jet-Piloten, Panzerfahrer, Fernmeldetechniker oder als Wachsoldaten eingesetzt werden. Ausnahmen: U-Boote, Kampfschwimmer und Kommando-Spezial-Kräfte (werden gegen Terroristen eingesetzt).
Was, wenn Soldatinnen schwanger werden?
Oberst Bernhard Gertz, Vorsitzender des Bundeswehrverbandes: „Mutterschaftsurlaub und die Rückkehr von Berufssoldatinnen nach der Schwangerschaft müssen neu im Soldatengesetz geregelt werden."
Werden die Bundeswehr-Apotheken Kondome ausgeben?
Frauenministerin Dr. Christiane Bergmann (SPD): „Ich glaube, das wird der Markt schon regeln, da müssen wir nicht eingreifen." Verteidigungsminister Scharping lehnt das kategorisch ab: „Nein, das wird es nicht geben."

Artikel Nr. 2: *Frankfurter Allgemeine Zeitung*

Bundeswehr muss bewaffnete Einheiten für Frauen öffnen

Die EU-Richtlinie zur Gleichbehandlung / Urteil des Gerichtshofes der Europäischen Gemeinschaften

Frauen dürfen nach einem Urteil des Gerichtshofes der Europäischen Gemeinschaften in Luxemburg nicht generell von bewaffneten Einheiten der Bundeswehr ausgeschlossen werden. Der vollständige Ausschluss der Frauen vom Dienst mit der Waffe verstoße gegen die europäische Richtlinie zur Gleichbehandlung von Frauen und Männern im Arbeitsleben, befanden die Richter in dem am Dienstag verkündeten Urteil (Aktenzeichen: C-285/98). Bundesverteidigungsminister Scharping (SPD) hat daraufhin angekündigt, es solle geprüft werden, welche Laufbahnen in der Bundeswehr für Frauen in Betracht kämen.
Der europäische Gerichtshof hatte über den Fall der Deutschen Tanja Kreil zu entscheiden. Die junge Frau wollte bei der Bundeswehr als Elektronikerin arbeiten. Ihre

Bewerbung wurde mit der Begründung abgelehnt, es sei gesetzlich ausgeschlossen, dass Frauen Waffendienst leisteten. So erlaubt das Soldatengesetz, welches die Grundgesetzvorschriften zum Wehrdienst konkretisiert, Frauen nur den Zugang zum Sanitäts- und Musikdienst. Frau Kreil erhob Klage beim Verwaltungsgericht Hannover, weil sie der Ansicht war, ihr dürfe die Arbeit in bewaffneten Einheiten der Bundeswehr nicht allein deshalb verwehrt werden, weil sie eine Frau sei; das verstoße gegen das Diskriminierungsverbot im europäischen Gemeinschaftsrecht. Das Verwaltungsgericht rief daraufhin den Gerichtshof in Luxemburg an, damit dieser kläre, ob der Ausschluss der Frauen vom Waffendienst mit der Gleichbehandlungs-Richtlinie vereinbar sei.

Die Luxemburger Richter kamen zu dem Ergebnis, es sei unverhältnismäßig, dass sämtliche bewaffneten Einheiten der Bundeswehr ausschließlich Männern offenstünden. Der Ausschluss von Frauen sei so weitreichend, dass er nicht unter die europäischen Ausnahmebestimmungen falle, die eine unterschiedliche Behandlung von Männern und Frauen zuließen. So dürfen die Mitgliedstaaten Beschäftigungsverbote für Männer und Frauen erlassen, sofern das Geschlecht für die jeweilige Arbeit „eine unabdingbare Voraussetzung" ist. Der Gerichtshof befand, es sei nicht anzunehmen, dass die Tätigkeiten in sämtlichen bewaffneten Einheiten der Bundeswehr nur von Männern verrichtet werden könnten. Im übrigen gebe es auch in den Diensten, zu denen Frauen Zugang hätten, eine Ausbildung an der Waffe.

Die Bundesregierung könne sich auch nicht darauf berufen, der Ausschluss vom Waffendienst diene dem Schutz der Frauen in Kriegszeiten. Eine Ungleichbehandlung zum Schutz der Frau sei nur gerechtfertigt, so der Gerichtshof, soweit es um die körperliche Verfassung der Frau und die Beziehung zwischen Mutter und Kind gehe. Der generelle Hinweis, dass Frauen stärker gegen Gefahren geschützt werden müssten als Männer, genüge nicht, um sie vom Dienst mit der Waffe fernzuhalten. In früheren Entscheidungen hat der Gerichtshof ein Beschäftigungsverbot für Frauen bei bestimmten Einheiten der Polizei anerkannt.

Artikel Nr. 3: *tageszeitung*

Frauen dürfen in der nächsten Saison Tarnfarben tragen

Europäisches Gericht sieht Frauen bei Bundeswehr diskriminiert und verlangt Öffnung der Streitkräfte

Berlin (taz/dpa) – Die Bundeswehr muss schleunigst mehr Stiefel der Größen 36 bis 40 bestellen – schon ab 2001 will Verteidigungsminister Rudolf Scharping (SPD) mehr Bereiche der Bundeswehr für Frauen öffnen. Dazu zwingt ihn das Grundsatzurteil des Europäischen Gerichtshofes in Luxemburg, der gestern die Klage der Energie-Elektronikerin Tanja Kriel positiv entschied. Der Ausschluss von Frauen aus allen Bereichen der Bundeswehr bis auf den Sanitäts- und Militärmusikdienst verstößt gegen die Gleichbehandlungsrichtlinien der EU, befanden die Richter gestern.
Scharping nahm das Urteil mit gemischten Gefühlen auf: Einerseits hatte er schon öf-

ter durchblicken lassen, dass er Soldatinnen zumindest gerne im Wachdienst der SanitäterInnen sähe, damit nicht pausenlos die Männer auf Streife geschickt werden müssen, andererseits konnte er die Sorge um die Folgen des Urteils nicht ganz verbergen: Der Europäische Gerichtshof wolle Gemeinschaftsrecht in einer Frage angewendet wissen, „auf einem Gebiet, in dem es Gemeinschaftsrecht aus guten Gründen in der Europäischen Union nicht gibt", gab er zu bedenken. Der EuGH darf sich normalerweise in Verteidigungspolitik der EU-Länder nicht einmischen. Doch im Fall Kreil befand das Gericht, es handele sich eher um eine Frage des Arbeitsrechts, für das er durchaus zuständig sei. Entgegen kam der EuGH den Streitkräften, indem er der Regierung die Entscheidung überlässt, welche Verwendungsbereiche sie von dem Gleichbehandlungsgebot ausnehmen wollen. Spezielle Kampftruppen könnten so, wie in vielen anderen Ländern, rein männlich bleiben.

Außer der PDS begrüßten alle Parteien die Öffnung der Bundeswehr. Die Grünen und einige SPD-Politiker sind weiterhin der Ansicht, dass damit auch die Wehrpflicht für Männer fallen müsse. Die verteidigungspolitische Sprecherin der Grünen, Angelika Beer regte ebenso wie der niedersächsische Ministerpräsident Sigmar Gabriel an, jetzt eine politische Debatte über die Wehrpflicht zu führen. Die FDP fordert ebenso wie die Grünen und einige PolitikerInnen der SPD, dass ausnahmslos alle Bereiche der Bundeswehr für Frauen geöffnet werden sollten.

Noch zu klären ist die Frage, ob der Satz „Frauen dürfen auf keinen Fall Dienst mit der Waffe leisten" aus dem Grundgesetz gestrichen wird, oder ob man ihn lediglich uminterpretiert, weil er sich nur auf Pflichtdienste bezieht.

ANDREAS HEPP

Westerwelle im Container
Journalismus und Politik in der ‚Spaßgesellschaft'

Das Ende der ‚Spaßgesellschaft'?

Setzt man sich mit dem auseinander, was in den Medien gemeinhin als ‚Spaßgesellschaft' bezeichnet wird, ist man aktuell sehr schnell bei den Terroranschlägen auf die USA am 11. September 2001. Während in den letzten Jahren in verschiedenen Feuilleton-Artikeln der unterschiedlichsten Zeitungen und Zeitschriften die Verbreitung einer ‚Spaßgesellschaft' in Deutschland diagnostiziert und kritisiert wurde, stellt man nun das Ende eben dieser ‚Spaßgesellschaft' fest. Ein Beispiel hierfür ist die Auseinandersetzung mit der jüngsten Werbekampagne des Unternehmens Benetton, wie sie unter der Unterüberschrift „Auch in der Werbung droht das Ende der Spaßgesellschaft"[1] in einem Artikel der *taz* vom 24. Oktober 2001 zu finden ist. Benetton stellt in einer aktuellen Werbekampagne seit Oktober 2001 in über 50 Ländern mehr als 100 ehrenamtliche Helfer in Anzeigen vor, und wirbt damit nicht nur für das eigenen Unternehmen und die eigenen Produkte, sondern gleichzeitig auch für die UN. In dem genannten Artikel der *taz* wird genau diese Kampagne als Ausgangspunkt für eine Reflexion darüber genommen, ob nun – oder schon bereits vor dem 11. September 2001 – das Ende der ‚Spaßgesellschaft' in der Werbung droht bzw. ob Benetton in Zeiten lauter werdender Kritik von „No Logo"-Kampagnen[2] einen Weg gefunden hat, globale Image-Werbung zu betreiben und gleichzeitig die Schattenseiten der Globalisierung zu thematisieren.
Ich möchte mich hier nicht weiter mit diesem sicherlich interessanten Phänomen der Berichterstattung über die Werbekampagne von Benetton auseinander setzen. Allerdings erscheint sie mir als Beispiel hochgradig interessant zu sein, indem sie auf zwei Aspekte verweist, die grundlegend für eine Auseinandersetzung mit Fragen von Journalismus und Politik in der ‚Spaßgesellschaft' wichtig sind: Erstens verweist die Berichterstattung über die Kampagne auf den Kontext, aus dem der Ausdruck ‚Spaßgesellschaft' stammt. Dabei handelt es sich nämlich um kein wissenschaftlich ‚gehärtetes' Konzept, sondern um einen Ausdruck, der in der Presse selbst aufkam zur Charakterisierung aktueller Unterhaltungs- und Vergnügensorientierungen in verschiedenen soziokulturellen Kontexten der Populärkultur. Geht man analytisch heran, so muss man sich also nicht mit ‚Spaßgesellschaft' als einem Publikationsphänomen der journalistischen Berichterstattung auseinander setzen, sondern mit umfassenderen soziokulturellen Prozessen. Zweitens verweist das Beispiel paradoxerweise gerade dadurch, dass auch hier ‚Spaßgesellschaft' thematisiert wird, darauf, dass solche längerfristigen soziokulturellen Wandlungsprozesse nicht einfach durch ein einzelnes Ereignis wie die Terroranschläge vom 11. September gestoppt werden, auch wenn solche Ereignisse einschneidende Veränderungen zur Folge haben können. Entsprechend kann das zukünftig mögliche ‚Verschwinden' von Ausdrücken wie dem der ‚Spaß-

---
1 Vgl. Krämer 2001
2 Vgl. Klein 2000

gesellschaft' aus der Presseberichterstattung nicht eindimensional mit dem Ende längerfristiger, populärkultureller Entwicklungen gleichgesetzt werden.

Medien und die ‚Spaßgesellschaft'

Was sind also die soziokulturellen Prozesse, um die es hier geht und die in der journalistischen Berichterstattung in dem Ausdruck ‚Spaßgesellschaft' kumulieren? Meiner Meinung nach können hier in Bezug auf Medienkommunikation zumindest fünf Prozesse oder Phänomenbereiche heraus gestrichen werden, die miteinander in Beziehung stehen bzw. ineinander über gehen.

Erlebnisrationaler Umgang mit Medieninhalten

Wie bereits Gerhard Schulze in seiner „Erlebnisgesellschaft"[3] argumentiert hat, wie aber auch verschiedene Aneignungsstudien der Cultural Studies nahe legen,[4] zeichnet sich der aktuelle Umgang der Rezipierenden mit Medien dadurch aus, dass diese mit der Etablierung von Populärkultur gelernt haben, rational mit ihrem Erleben umzugehen. Medien sind für die Menschen u.a. Instanzen, die es ihnen ermöglichen, gezielt spezifische Emotionen zu erleben, ob man nun den Actionthriller oder Horrorfilm ansieht, um kontrolliert Angst- oder Gruselgefühle zu erleben, Nachrichten wegen des ‚Gefühls' informiert zu sein, oder ein Boulevard-Magazin wegen des Amüsements an der Kuriosität der gesehenen Personen und Handlungen. Die alltägliche Medienrezeption in der heutigen Zeit muss im Hinblick auf einen solchen erlebnisrationalen Umgang mit Medien als Teil von Populärkultur analysiert werden.

Fragmentierung der Erlebnispotenziale

Gleichzeitig ist eine Situation auszumachen, in der diese medial vermittelten Erlebnispotenziale umfassend fragmentiert sind: Es gibt nicht mehr nur den einen Krimi, der in den 60er Jahren als ‚Gassenfeger' einen Großteil der Bevölkerung vor den Fernseher gelockt hat und damit ein umfassendes, kollektives Erleben in der „vorgestellten Gemeinschaft"[5] der Nation bot. Ebenso gibt es kaum mehr die eine Tageszeitung oder Wochenzeitung bzw. die eine Zeitschrift, die man gelesen haben muss. Mit der Dualisierung und Kommerzialisierung der Medienlandschaft und einem ausdifferenzierten Angebot an verschiedenen Zeitungs- und Zeitschriftentiteln gibt es ein vielfältiges Angebot, aus dem jede und jeder prinzipiell auch dasjenige auswählen kann, was seinen Erlebniswünschen am ehesten entspricht. Gleichzeitig sind solche ‚Wahlentscheidungen' allerdings nicht als autonom zu begreifen, sondern als vermittelt durch hegemoniale Diskurse der Bedeutungsproduktion.

---

3 Vgl. Schulze 1993
4 Vgl. Hepp 1999
5 Vgl. Anderson 1983

Eventisierung der Medienkommunikation

Mit dieser Fragmentierung zusammen hängt die Eventisierung der Medienkommunikation: In einer differenzierten, vielfältigen Medienlandschaft kann ein Angebot nur dann ein Erlebnis für eine größere Gruppe werden, wenn es als ‚Ereignis' herausragt – ob als Programmevent, Eventradio oder Kinoevent. Das Vorhandensein einer Vielzahl von ausgerufenen und tatsächlichen Medienereignissen mit einem spezifischen Erlebniswert ist konstitutiv für die gegenwärtige Medienlandschaft geworden. Damit sind an die Seite von ‚rituellen Medienereignissen' wie die Übertragungen von Krönungen, Sportwettkämpfen und Eroberungen, die bereits seit längerem Betrachtungsgegenstand der Medien- und Kommunikationswissenschaft waren,[6] ‚populäre Medienereignisse' getreten.[7]

Ironisierung, Parodisierung und Selbstreferentialität

Die Suche nach immer neuen ‚Ereignissen' als spezifische Erlebnisangebote hat dazu beigetragen, dass die Medien selbstbezüglicher geworden sind. Sie haben sich mehr und mehr selbst als Ereignis erkannt, nicht nur in Einzelsendungen wie *TV Total*, die eine parodistisch-ironische Berichterstattung insbesondere über die ‚Höhepunkte' des täglichen Boulevard-Fernsehjournalismus ist. Auch in anderen Genres und Formaten geht es immer wieder um die Medien, wie exemplarisch an der Boulevard-Berichterstattung über die Stars und Sternchen des Boulevard selbst deutlich wird. All das geschieht mit einem ‚zwinkernden Auge' der Ironie.

Inszenierung von ‚außeralltäglicher Alltäglichkeit'

Als letzte Tendenz möchte ich hier herausstreichen, dass insbesondere im Fernsehen eine Entwicklung dahingehend besteht, den Alltag selbst als ein Event zu inszenieren. Dafür stehen verschiedenste Sendungen und Formate, angefangen von *Big Brother* bis hin zu den unterschiedlichen Daily Talk und Daily Soap Sendungen. Gemeinsam ist solchen Sendungen, dass hier Alltag medial inszeniert wird und ihnen damit paradoxerweise gerade als ‚aus dem Alltag heraus gegriffener Alltag' außeralltägliche Momente zukommen. Alltägliche Vergnügungen, aber auch Probleme und Konflikte werden zum Ereignis, das weite Teile der Bevölkerung über Wochen hinweg fesseln kann, wie schon vor *Big Brother* das populäre Medienereignis „Regina Zindler/Maschendrahtzaun" deutlich gemacht hat.

Wie gesagt könnte man diesen fünf Tendenzen sicherlich weitere zur Seite stellen. Was aber bereits die hier herausgegriffenen deutlich machen ist, dass der kulturelle Wandel, der ‚hinter' dem steht, was in der populären Presse als ‚Spaßgesellschaft' charakterisiert wird, auf historisch anhaltende und komplexe Prozesse verweist, die sich sicherlich nicht von einem Moment zum anderen folgenlos auflösen. Wie Winfried Gebhardt, Ronald Hitzler und Michaela Pfadenhauer zeigen konnten, ist gerade die Eventisierung von Gesellschaft ein historischer Vorgang, der verschiedenste kulturelle Segmente (Szenen, Spezialkulturen,

---

6 Vgl. Dayan/Katz 1992
7 Vgl. Hepp/Vogelgesang 2002

Lebensstile) umfasst.[8] Ein ebenso umfassender Prozess ist die Etablierung einer Populärkultur, als deren Teil Eventisierung ebenso wie die populäre Medienberichterstattung begriffen werden muss.[9] Was also verschwinden wird, ist allenfalls der Begriff der ‚Spaßgesellschaft', wenn die Medien selbst an ihm den Gefallen verlieren, keinesfalls solche umfassenderen Prozesse, auf die er verweist.

‚Spaßgesellschaft' als Herausforderung für Journalismus und Politik

Verwendet man trotz all der bisher herausgestrichenen Probleme einmal den Begriff der ‚Spaßgesellschaft', um zusammenfassend die bezogen auf Medienkommunikation herausgestrichenen Tendenzen zu fassen, so kann man in solchen Entwicklungen eine zweifache Herausforderung für Journalismus und Politik sehen:

(1) Es ergibt sich eine Herausforderung dadurch, dass sich Politikerinnen und Politiker selbst in vielfältigen ‚Events' als ‚Marken' inszenieren müssen, wenn sie überhaupt hinreichend Aufmerksamkeit in verschiedenen kulturellen Segmenten erzielen wollen. Dies geschieht mal mit mehr Erfolg, wie bei Joschka Fischer mit seinem Buch „Der Weg zu mir selbst" oder bei Guido Westerwelle mit seinem Auftritt bei *Big Brother* – mal mit weniger Erfolg, wie bei Rudolf Scharping mit der Inszenierung seiner ‚neuen Liebe' in Zeiten des Mazedonieneinsatzes, als eine unzeitgemäße Fotoreportage über seinen Urlaub ihn fast zum Rücktritt zwang.

(2) Eine zweite Herausforderung ergibt sich dadurch, dass der ‚faktische Journalismus' mit seiner sachlichen und kritischen Berichterstattung – falls er nicht immer schon ein Ideal war – zunehmend einem „populären Journalismus"[10] weicht, der bei seiner Berichterstattung Anschluss an das Populäre und damit auch das im Alltag Ereignishafte sucht.

Beides sind nicht nur Herausforderungen für den Journalismus, der mit der strategisch geschickten Selbstinszenierung der Politik umgehen muss, und für die Politik, die einem populären Journalismus gerecht werden muss. Man kann hierin auch eine Herausforderung für das Herangehen an dieses Themenfeld überhaupt sehen: Gemeinhin denkt man Journalismus und Politik als zwei zwar miteinander in Beziehung stehende, dennoch zuerst einmal voneinander getrennte Bereiche. Im Alltag geht man bspw. vom Ideal aus, dass der Journalismus durch seine (investigative) Berichterstattung die (nationale) Politik ‚kontrollieren' oder doch zumindest Skandale aufdecken soll. Aber auch in der Medien- und Kommunikationswissenschaft werden Politik und Journalismus zumeist als zwei, auf eigenen Codes basierende ‚Systeme' oder ‚Sphären' konzeptionalisiert. In der Politik gehe es dabei primär um Fragen der Macht, im Journalismus primär um die Frage, etwas in faktisch-analytischem Stil öffentlich zu machen oder nicht. Indem Politiker auf die ereignishaften Inszenierungsangebote der Medien ebenso angewiesen sind wie die Journalisten auf ‚Politik-Events', erscheint es wesentlich sinnvoller, von einem Unschärfebereich zwischen beiden ‚Systemen' oder ‚Sphären' auszugehen. Eine Auseinandersetzung mit Journalismus und Politik in dem, was die Medien selbst ‚Spaßgesellschaft' nennen, erfordert also ebenso neue theoretische wie auch empirische Wege. Indem die hier angeschnittenen Zusammen-

---

8 Vgl. Gebhardt/Hitzler/Pfadenhauer 2000
9 Vgl. Fiske 1989b; Fiske 1989a
10 Vgl. Renger 2000; vgl. auch den Beitrag von Renger in diesem Band

hänge für verschiedene Medien, Genres und Formate charakteristisch sind, muss auch der Auftritt von Westerwelle im *Big Brother*-Container als prototypischer Fall gesehen werden. Ein Politiker suchte hier Anschluss zu finden an die Eventisierung von Medienkommunikation, um sich dabei als ‚Marke' zu inszenieren und auch noch etwas über Politik selbst zu vermitteln. Die medienethisch relevante Frage besteht vielleicht darin, wie und vor allem zu welchen Kosten all dies gelingen kann.

Literatur

ANDERSON, BENEDICT (1983): *Imagined Communities*: Reflections on the Origins and Spread of Nationalism. New York.

DAYAN, DANIEL / KATZ, ELIHU (1992): *Media Events*. The Live Broadcasting of History. Cambridge; London.

FISKE, JOHN (1989a): *Reading the Popular*. Boston; London; Sydney; Wellington.

FISKE, JOHN (1989b): *Understanding Popular Culture*. Boston; London; Sydney; Wellington.

GEBHARDT, WINFRIED / HITZLER, RONALD / PFADENHAUER, MICHAELA (HRSG.) (2000): *Events*. Soziologie des Außergewöhnlichen. Opladen.

HEPP, ANDREAS (1999): *Cultural Studies und Medienanalyse*. Eine Einführung. Opladen.

HEPP, ANDREAS / VOGELGESANG, WALDEMAR (HRSG.) (2002): *Populäre Events*: Medienevents, Spielevents und Spaßevents. Opladen.

KLEIN, NAOMI (2000): *No Logo*. Taking Aim at the Brand Bullets. London.

KRÄMER, AXEL (2001): Der Vorstand spricht als Antiglobalisierer. Auch in der Werbung droht das Ende der Spaßgesellschaft. In: *taz* vom 24.10.2001, S. 17.

RENGER, RUDI (2000): *Populärer Journalismus*. Nachrichten zwischen Fakten und Fiktion. Innsbruck; Wien; München.

SCHULZE, GERHARD (1993): *Die Erlebnisgesellschaft*. Kultursoziologie der Gegenwart. Frankfurt am Main; New York.

Zu den Autorinnen und Autoren

Carsten Brosda, Dipl.-Journ., *1974, Pressereferent; Lehrbeauftragter an der Freien Universität Berlin; Redakteur der Zeitschrift für Kommunikationsökologie; Arbeit an einer Promotion über diskursiven Journalismus. Arbeitsschwerpunkte: Öffentlichkeits- und Journalismustheorie, Medien und Politik, Politische Kommunikation. Aktuelle Publikationen u.a.:
- „Und von Hause aus bin ich Rechtsanwalt und habe einen Hund" Politikerauftritte in Unterhaltungssendungen am Beispiel von Big Brother. In: Schweer, Martin K.W. / Schicha, Christian / Nieland, Jörg-Uwe (Hrsg.): Das Private in der öffentlichen Kommunikation. Big Brother und die Folgen. Köln, S. 206-232.
- Diskurs-Inszenierungen. Zu Struktur politischer Vermittlungsprozesse am Beispiel der „ökologischen Steuerreform". Wiesbaden 2001 (mit T. Meyer und C. Schicha).
- Medienethik zwischen Theorie und Praxis. Normen für die Kommunikationsgesellschaft. Münster 2000 (Hrsg. mit C. Schicha).

Thymian Bussemer, *1972, Lehrbeauftragter an der Universität der Künste u. der Freien Universität Berlin; Verantwortlicher Redakteur der Zeitschrift vorgänge; wissenschaftlicher Mitarbeiter im Medienbereich der Bertelsmann Stiftung; promoviert über Propagandaforschung. Aktuelle Publikationen u.a.:
- Propaganda und Populärkultur. Konstruktion von Erlebniswelten im Nationalsozialismus. Wiesbaden 2000.

Andreas Dörner, PD Dr. phil., *1960, wissenschaftlicher Mitarbeiter am Institut für Politikwissenschaft der Otto-von-Guericke-Universität Magdeburg. Arbeitsschwerpunkte: Politische Theorie, Politische Kultur- und Kommunikationsforschung, Vergleichende Politikwissenschaft mit dem Schwerpunkt angelsächsische Länder. Aktuelle Publikationen u.a.:
- Wahl-Kämpfe. Betrachtungen über ein demokratisches Ritual, Frankfurt am Main 2002 (Hrsg. mit L. Vogt).
- Politainment. Politik in der medialen Erlebnisgesellschaft, Frankfurt am Main 2001.
- Politische Kultur und Medienunterhaltung. Zur Inszenierung politischer Identitäten in der amerikanischen Film- und Fernsehwelt, Konstanz 2000.
- Politischer Mythos und symbolische Politik. Sinnstiftung durch symbolische Formen am Beispiel des Hermannsmythos, Opladen 1995 (Taschenbuch: Reinbek 1996).

Alexander Geisler, M.A., *1975, wissenschaftliche Hilfskraft und Projektmitarbeiter am Institut für Politikwissenschaft der Universität Koblenz-Landau, Campus Landau. Aktuelle Publikationen u.a.:
- Modernisierung von Wahlkämpfen und Modernisierung von Demokratie? In: Dörner, Andreas / Vogt, Ludgera (Hrsg.): Wahl-Kämpfe. Frankfurt am Main 2002 (mit U. Sarcinelli).
- „Amerikanisierung" der Wahlkampagne? Zur Modernität von Kommunikationsstrukturen und -strategien im nordrhein-westfälischen Landtagswahlkampf 2000. In: Sarcinelli, Ulrich / Schatz, Heribert (Hrsg.). Mediendemokratie im Medienland? Opladen 2002, S. 53-117 (mit J. Tenscher).

Andreas Hepp, Dr., *1970, wissenschaftlicher Assistent im Fachgebiet Medienwissenschaft am Institut für Medien- und Kommunikationswissenschaft der TU Ilmenau. Arbeitsschwerpunkte: Medien- und Kulturtheorie, Mediensoziologie, Cultural Studies, transkulturelle Medienforschung, Medienaneignungsforschung, qualitative Methoden der Medienforschung. Aktuelle Publikationen u.a.:
- Transkulturelle Kommunikation. Ein internationaler Reader. Konstanz 2002 (mit M. Löffelholz).
- Cultural Studies und Medienanalyse. Eine Einführung. Opladen 1999, zweite Auflage 2001.
- Fernsehaneignung und Alltagsgespräche. Fernsehnutzung aus der Perspektive der Cultural Studies. Opladen 1998.
- Kultur – Medien – Macht. Cultural Studies und Medienanalyse. Opladen, Westdeutscher Verlag 1997, erweiterte Zweitauflage 1999 (mit R. Winter).

Thomas Meyer, Prof. Dr., *1943, Professor am Institut für Politikwissenschaft der Universität Dortmund. Arbeitsschwerpunkte: Politische Kommunikation, Medien und Politik, kulturelle Grundlagen der Politik. Aktuelle Publikationen u.a.:
- Mediokratie. Die Kolonialisierung der Politik durch die Medien. Frankfurt am Main 2001.
- Diskurs-Inszenierungen. Zur Struktur politischer Vermittlungsprozesse am Beispiel der „ökologischen Steuerreform". Wiesbaden 2001 (mit C. Schicha und C. Brosda).
- Die Inszenierung des Politischen. Zur Theatralität von Mediendiskursen. Wiesbaden 2000 (mit Rüdiger Ontrup und Christian Schicha).
- Politik als Theater. Die neue Macht der Darstellungskunst. Berlin 1998 (mit M. Kampmann).

Horst Pöttker, Prof. Dr. phil., *1944, Professor am Institut für Journalistik der Universität Dortmund. Arbeitsschwerpunkte: Handlungstheorie und Sozialstrukturanalyse, Sprache im Journalismus, Klassiker der Sozialwissenschaft, Berufsethik und Qualitätsmaßstäbe im Journalismus, Geschichte des Journalismus und der Kommunikationswissenschaft. Aktuelle Publikationen u.a.:
- Öffentlichkeit als gesellschaftlicher Auftrag. Klassiker der Sozialwissenschaft über Journalismus und Medien. Konstanz 2001 (Hrsg.).
- Kompensation von Komplexität. Journalismustheorie als Begründung journalistischer Qualitätsmaßstäbe. In: Martin Löffelholz (Hrsg.): Theorien des Journalismus. Wiesbaden 2000, S. 375-390.
- Journalismus, Journalistik, Soziologie. In: Soziologische Revue, H. 4/2000, S. 444-456.
- Stilistik für Journalisten. Wiesbaden 2000 (mit J. Kurz, D. Müller und J. Pötschke).

Günther Rager, Prof. Dr. rer. soc., *1943, Professor am Institut für Journalistik der Universität Dortmund. Arbeitsschwerpunkte: Journalistische Qualität, Rezeption von Hörfunk und Printmedien, Theatralität und Argumentativität in der Informationsgesellschaft, Produktionsbedingungen im Journalismus, Journalismustheorie. Aktuelle Publikationen u.a.:
- Agenda Setting bei der Ausstellung Körperwelten. In: Publizistik, H. 3/2001, Jg. 46, S. 277-294 (mit L. Rinsdorf und M. Charlton).
- Ethik – eine Dimension von Qualität? In Schicha, Christian / Brosda, Carsten (Hrsg.): Medienethik zwischen Theorie und Praxis. Münster 2000, S. 76-89.
- Wie verändern die neuen Techniken die Tageszeitungen? Skizze einer Entwicklung – Ein Gruß von Zeitungsliebhaber zu Zeitungsliebhaber. In Schäfer, Ulrich P. / Schiller, Thomas / Schütte, Georg (Hrsg.), Journalismus in Theorie und Praxis. Konstanz 1999, S. 135-144.
- Wer führt Regie auf der medialen Bühne? Zur Inszenierungsleistung des Printjournalismus. In: Schicha, Christian / Ontrup, Rüdiger (Hrsg.): Medieninszenierungen im Wandel. Münster 1999, S. 131-137 (mit L. Rinsdorf).

Lars Rinsdorf, Dipl.-Journ., *1971, Projektleiter Forschung „media consulting team Dortmund GmbH". Arbeitsschwerpunkte: Leserschaftsforschung, Jugendforschung, Redaktionsforschung. Aktuelle Publikationen u.a.:
- Zur Rezeption informativer (Hyper-)Texte. In Boehnke, B. / Döring, N. (Hrsg.): Neue Medien im Alltag: Die Vielfalt in den Nutzungsweisen. Lengerich 2001, S. 35-55 (mit G. Rager).
- Wenn die „Gruselleichen" kommen. Die Körperwelten in der Presse. In: Tag, B. / Wetz, F.-J. (Hrsg.): Schöne neue Körperwelten. Stuttgart 2000, S. 303-328 (mit G. Rager).
- Kommunikatoren in den nicht-kommerziellen Lokalradios in Niedersachen. Schriftenreihe der NLM, Band 9. Berlin 2000 (mit G. Rager).

Rudi Renger, Ao. Univ.-Prof. Dr. phil., *1957, Professor am Salzburger Institut für Kommunikationswissenschaft. Arbeitsschwerpunkte: Journalismusforschung, Kommunikatorforschung, Populärkulturforschung, Kulturtheorie. Aktuelle Publikationen u.a.:
- Cash Und Content. Populärer Journalismus und mediale Selbstthematisierung als Phänomene eines ökonomisierten Mediensystems. München 2001 (mit J. Neissl und G. Siegert).
- Zwischen Sein und Schein. Populärjournalistische Tendenzen in österreichischen Medien. In: Medien Journal, H. 1+2/2001, S. 26-37 (mit J. Neissl).
- Bericht zur Lage des Journalismus in Österreich. Salzburg 2001 (Hrsg. mit H.H. Fabris und F. Rest).
- Populärer Journalismus. Nachrichten zwischen Fakten und Fiktionen. Innsbruck; Wien; München 2000.

Christian Schicha, Dr., *1964, Forschungsstipendiat der Deutschen Forschungsgemeinschaft an der Universität Dortmund; Dozent an der Business Information and Technology School (BiTS) in Iserlohn; Vorstandssprecher des Institutes für Informations- und Kommunikationsökologie e.V. (IKÖ) und verantwortlicher Redakteur der Zeitschrift für Kommunikationsökologie. Arbeitsschwerpunkte: Medien und Politik, Medienethik, Medienöffentlichkeit. Aktuelle Publikationen u.a.:
- Das Private in der öffentlichen Kommunikation, Big Brother und die Folgen. Köln 2002 (Hrsg. mit M.K.W. Schweer und J.-U. Nieland).
- Diskurs-Inszenierungen. Zu Struktur politischer Vermittlungsprozesse am Beispiel der „ökologischen Steuerreform". Wiesbaden 2001 (mit T. Meyer und C. Brosda).
- Medienethik zwischen Theorie und Praxis. Normen für die Kommunikationsgesellschaft. Münster 2000 (Hrsg. mit C. Brosda).
- Die Inszenierung des Politischen. Zur Theatralität von Mediendiskursen. Wiesbaden 2000 (mit T. Meyer und R. Ontrup).

Tanjev Schultz, M.A. (USA), *1974, wissenschaftlicher Mitarbeiter am Institut für Politikwissenschaft / Institut für Interkulturelle und Internationale Studien der Universität Bremen. Arbeitsschwerpunkte: Theorie und Empirie von Öffentlichkeit(en), Kommunikations- und Medienforschung, Journalistik, Migration, „multikulturelle Gesellschaften", Demokratietheorie, politische Theorie. Aktuelle Publikationen u.a.:
- Die „Große Gemeinschaft": Kommunikation, Demokratie und Öffentlichkeit im Pragmatismus von John Dewey. Essen 2001.
- Mediatisierte Verständigung. In: Zeitschrift für Soziologie Jg. 30, 2/2001, S. 85-102.
- Mass media and the concept of interactivity: an exploratory study of online forums and reader email. In: Media, Culture & Society, Vol. 22, No. 2/2000, S. 205-221.
- Prophets of gloom: Why do newspaper journalists have so little faith in the future of newspapers? In: Newspaper Research Journal, Vol. 20, No. 2, Spring 1999, S. 23-40 (mit P. Voakes)

Hannes Schwarz, Dipl.-Pol., *1973, Pressereferent in Berlin; Lehrbeauftragter an der Freien Universität Berlin. Arbeitsschwerpunkte: Politische Kommunikation, Wahlkampfkommunikation. Aktuelle Publikationen u.a.:
- ‚Amerikanisierung' der Politikvermittlung. Gesellschaftswandel – Medienwandel – Politikwandel. In: Vorgänge, Heft 2/2001, S. 70-76 (mit C. Brosda).
- Die Visualisierung des Politischen in der Öffentlichkeit. Der Wandel der politischen Kommunikation im Bildmedium Fernsehen. In: Zeitschrift für Kommunikationsökologie, H. 4/2000, 2.Jg., S. 24-28.

Jens Tenscher, M.A., *1969, wissenschaftlicher Mitarbeiter am Institut für Politikwissenschaft der Universität Koblenz-Landau, Campus Landau. Aktuelle Publikationen u.a.:
- Verkünder – Vermittler – Vertrauensperson. Regierungssprecher im Wandel der Zeit. In: Schatz, Heribert / Rössler, Patrick / Nieland, Jörg-Uwe (Hrsg.): Politische Akteure in der Mediendemokratie. Wiesbaden 2002, S. 245-269.
- „Sabine Christiansen" und „Talk im Turm". Eine Fallanalyse politischer Fernsehtalkshows. In: Publizistik, H. 3/1999, S. 317-333.
- Showdown im Fernsehen. Eine Analyse des Diskussions- und Rollenverhaltens der Moderatoren in den deutschen Wahlkampfdebatten. Stuttgart 1998.

Ludgera Vogt, Dr. phil., *1962; wissenschaftliche Assistentin am Institut für Soziologie der Universität Regensburg. Arbeitsschwerpunkte: Soziologische Theorie, Politische Soziologie, Kultursoziologie, soziale Ungleichheit und Bürgergesellschaft. Aktuelle Publikationen u.a.:
- Wahl-Kämpfe. Betrachtungen über ein demokratisches Ritual. Frankfurt am Main 2002 (Hrsg. mit A. Dörner).
- Identitäten in der modernen Welt. Wiesbaden 2000 (Hrsg. mit R. Hettlage).
- Hauptwerke der Soziologie. Stuttgart: Kröner 2000 (Hrsg. mit D. Kaesler).
- Zur Logik der Ehre in der Gegenwartsgesellschaft. Differenzierung – Macht – Integration. Frankfurt am Main 1997.

Claudia Wegener, Dr. phil, *1970, wissenschaftliche Mitarbeiterin an der Fakultät für Pädagogik der Universität Bielefeld; freiberuflich tätig als Projektleiterin für MMB Institut für Medien- und Kompetenzforschung, Essen, und für das Adolf Grimme Institut in Marl. Arbeitsschwerpunkte: Jugend und Medien, Medienkompetenzforschung, qualitative Medienforschung, Infotainment und politische Kommunikation. Aktuelle Publikationen u.a.:
- Informationsvermittlung im Zeitalter der Unterhaltung: eine Langzeitanalyse politischer Fernsehmagazine. Opladen 2001.
- Informationen – Emotionen – Sensationen. Wenn im Fernsehen Grenzen zerfließen. GMK-Schriften zur Medienpädagogik. Bielefeld 2000 (Hrsg. mit I. Paus-Haase und D. Schnatmeyer).
- Reality-TV. Fernsehen zwischen Emotion und Information. Opladen 1994.

ikö-Publikationen

herausgegeben vom Institut für Informations- und Kommunikationsökologie e. V.

Christian Schicha; Rüdiger Ontrup (Hrsg.)
Medieninszenierungen im Wandel
Interdisziplinäre Zugänge
Bd. 1, 1999, 272 S., 24,90 €, br., ISBN 3-8258-4125-1

Christian Schicha; Carsten Brosda (Hg.)
Medienethik zwischen Theorie und Praxis
Normen für die Kommunikationsgesellschaft
Die Disziplin der "Medienethik" wird zur Sensibilisierung mit dem Ziel der Normbildung herangezogen, um Defizite im Bereich der Medienangebote, der Mediennutzung sowie der Programminhalte aufzuzeigen. Sie soll alternative Handlungskonzepte anbieten, anhand derer die Qualität und Angemessenheit medialen Handelns bewertet werden können.
Die Forderung nach einem ethischen Regelwerk wird vor allem dann verstärkt erhoben, wenn in spektakulären Einzelfällen Lügen, Fälschungen und Manipulationen sowie Verletzungen des Persönlichkeitsschutzes innerhalb der Berichterstattung nachgewiesen werden können.
Eine hinreichend fundierte Medienethik muss aber über solche fallbezogenen Erörterungen hinausgehen und statt dessen die Strukturbedingungen und Handlungsspielräume aufzeigen, unter denen Journalisten in einer kommerziell orientierten Medienlandschaft agieren. Daher stellt sich in dieser Publikation explizit die Frage, welchen grundlegenden Beitrag abstrakte philosophische Moralkonzeptionen für die journalistische und allgemein die mediale Praxis leisten können. Weiterhin wird diskutiert, wie effektiv die bereits existierenden publizistischen Selbstkontrollinstanzen – etwa in Form des Deutschen Presserates – faktisch arbeiten. Neben den medienethischen Steuerungsmechanismen in den USA wird der Fokus auch auf die osteuropäische Medienentwicklung gelegt.
Bd. 2, 2000, 224 S., 25,90 €, br., ISBN 3-8258-4700-4

Christian Schicha; Carsten Brosda; Jörg-Uwe Nieland (Hrsg.)
Politikvermittlung in Unterhaltungsformaten
Politikvermittlung in der "Mediendemokratie" wird zunehmend durch Formate geprägt, die nicht mehr dem konventionellen Bild einer traditionellen Berichterstattung über politische Prozesse entsprechen. Dabei ist eine Vermischung von politischer Information mit Unterhaltungselementen (Infotainment) zu beobachten. In dem Band werden die Motive und Ziele derartiger Entwicklungen problematisiert. Es soll der Frage nachgegangen werden, ob die unterhaltsame Präsentation des Politischen die Grenze einer angemessenen Berichterstattung überschreitet oder ob durch derartige Mechanismen die Rezipienten dazu motiviert werden, Interesse und Aufmerksamkeit für politische Zusammenhänge zu entwickeln.
Bd. 3, Frühjahr 2002, ca. 248 S., ca. 25,90 €, br., ISBN 3-8258-5484-1

Christian Schicha; Carsten Brosda (Hrsg.)
Medien und Terrorismus
Der 11. September 2001 steht im Zeichen der Terroranschläge in New York und Washington. Die Ruinen des World Trade Centers dokumentieren seit der Zerstörung die Tragödie: Mehr als 3000 Menschen starben und ein Symbol der freien Welt lag in Schutt und Asche. Durch die umfassende Berichterstattung ist es den Terroristen gelungen, weltweite Aufmerksamkeit für ihr verbrecherisches Handeln zu erzielen. Nie zuvor wurde ein Massenmord live im Fernsehen ausgestrahlt. Etwa 80 Millionen Amerikaner verfolgten die Schreckensbilder der Terroranschläge live im Fernsehen und auch in Deutschland verzeichneten Sondersendungen und TV-Nachrichten Rekordeinschaltquoten. „Es ist nichts mehr, wie es war." Das war einer der häufigsten gebrauchten Sätze in den Tagen nach den Attentaten. Das Ende der „Spaßgesellschaft" wurde prognostiziert und zahlreiche Fernsehsender verzichteten aus Respekt vor den Opfern tagelang auf Werbung und Unterhaltungselemente in ihren Programmen. „Krieg gegen Amerika" und ähnliche Schlagzeilen prägen bis heute die Berichterstattung in den Medien nach den Anschlägen.
Bd. 4, Frühjahr 2002, ca. 250 S., ca. 20,90 €, br., ISBN 3-8258-5923-1

Kommunikationsökologie

herausgegeben von
Barbara Mettler-v. Meibom
(Universität Gesamthochschule Essen)
und Claus Eurich (Universität Dortmund)

Barbara Mettler-v. Meibom (Hrsg.)
Einsamkeit in der Mediengesellschaft
Bd. 1, 1996, 248 S., 15,90 €, br., ISBN 3-8258-3053-5

Katja Weinig
Wie Technik Kommunikation verändert
Das Beispiel Videokonferenz
Bd. 2, 1996, 280 S., 19,90 €, br., ISBN 3-8258-3054-3

Tanja Busse
Mythos in Musikvideos
Weltbilder und Inhalte von MTV und VIVA
Bd. 3, 1997, 192 S., 14,90 €, br., ISBN 3-8258-3117-5

LIT Verlag Münster – Hamburg – Berlin – London
Grevener Str. 179 48159 Münster
Tel.: 0251 – 23 50 91 – Fax: 0251 – 23 19 72
e-Mail: vertrieb@lit-verlag.de – http://www.lit-verlag.de
Preise: unv. PE

Matthias Donath; Barbara Mettler-v. Meibom
Kommunikationsökologie: Systematische und historische Aspekte
Bd. 4, 1998, 152 S., 12,90 €, br., ISBN 3-8258-3584-7

Monika Maaßen; Thomas Groll; Hermann Timmerbrink (Hrsg.)
Mensch versteht sich nicht von selbst
Telefonseelsorge zwischen Kommunikationstechnik und Therapie
Bd. 5, 2. Aufl.1999, 200 S., 15,90 €, br., ISBN 3-8258-3539-1

Dominik Klenk
"Gegenwartsverlust" in der Kommunikationsgesellschaft
Anstöße zu einer dialogischen Ethik der (Massen)Kommunikation mit Martin Buber und zwei Gespräche mit Harry Pross
Bd. 6, 1999, 144 S., 15,90 €, br., ISBN 3-8258-4109-x

Thomas Muntschik
Wenn die Welt ins Dorf kommt
Verdrängung direkt-menschlicher Kommunikation durch technische und Massenmedien am Beispiel eines Dorfes
Bd. 7 (2 Bde.), 1998, 986 S., 45,90 €, br., ISBN 3-8258-3653-3

Nicole Bitter; Gabriele LeitnerFrühjahr 2002
Tanz als spirituelle Kommunikation
Die Raving Society
Bd. 8, Frühjahr 2002, ca. 150 S., ca. 17,90 €, br., ISBN 3-8258-2064-5

Barbara Driessen
Tragödie der Technik, Triumph der Medien
Die Berichterstattung über den Untergang der Titanic in der zeitgenössischen deutschen und britischen Presse
Bd. 9, 1999, 128 S., 15,90 €, br., ISBN 3-8258-4200-2

Yasmine Ait Ichou
Stille und Mediengesellschaft
Ein Beitrag zu den Ursachen, Zusammenhängen und Konsequenzen der heutigen Negation von Stille, unter der besonderen Berücksichtigung des Einflusses neuer Medien
Die heutige, von Medien dominierte und entscheidend beeinflusste Gesellschaft, zeichnet sich insbesondere durch die Abwesenheit von Stille aus. Die Sinnzusammenhänge medialer Funktions- und Wirkungsweise und des Stille-Defizits werden mittels einer eingehenden, kritischen Analyse zu erkennen und zu deuten versucht. Sichtbar wird ein elementarer Mangel an Verbindung zum eigenen Selbst, zur Umwelt und zum Gesamten. Die Trennung, Entfernung und Entfremdung des Menschen seinen natürlichen inneren und äußeren Bezugspunkten gegenüber, hat in vielen Fällen ein Maß erreicht, dass ein Umdenken dringend erforderlich macht. Als Perspektive entwickelt die Autorin verschiedene gesellschaftliche und persönliche Veränderungsvorschläge. Diese könnten dazu beitragen, die vorherrschende, extrem einseitige Ausrichtung auf Funktionalität und Effektivität sowie eine konsumorientierte Maßlosigkeit schrittweise wieder auszugleichen. Erst dann könnte etwas ganzheitlich Neues auf einer höheren Bewusstseinsebene entstehen.
Bd. 10, 2000, 160 S., 15,90 €, br., ISBN 3-8258-4427-7

Zeitschrift für Kommunikationsökologie

herausgegeben vom Institut für Informations- und Kommunikationsökologie e. V., Duisburg

Zeitschrift für Kommunikationsökologie
Schwerpunkt: Kriegsberichterstattung
Bd. 1. Jahrgang, Ausgabe 2/1999, 1999, 64 S., 6,90 €, br., ISBN 3-8258-4427-7

Zeitschrift für Kommunikationsökologie
Schwerpunkt: Wahlkampfberichterstattung
Bd. 2. Jahrgang, Ausgabe 1/2000, 2000, 64 S., 6,90 €, br., ISSN 3-8258-4427-7

Zeitschrift für Kommunikationsökologie
Schwerpunkt: Medien und MigranTinnen
Bd. 2. Jahrgang, Ausgabe 2/2000, 2000, 64 S., 6,90 €, br., ISSN 3-8258-4427-7

Zeitschrift für Kommunikationsökologie
Schwerpunkt: Frauen und Technik
Bd. 2. Jahrgang, Ausgabe 3/2000, 2000, 64 S., 6,90 €, br., ISSN 3-8258-4427-7

Zeitschrift für Kommunikationsökologie
Schwerpunkt: Öffentlichkeit
Bd. 2. Jahrgang, Ausgabe 4/2000, 2001, 64 S., 6,90 €, br., ISSN 3-8258-4427-7

Zeitschrift für Kommunikationsökologie
Schwerpunkt: Arbeitswelt und Neue Medien
Bd. 3. Jahrgang, Ausgabe 1/2001, 2001, 64 S., 6,90 €, br., ISSN 3-8258-4427-7

LIT Verlag Münster – Hamburg – Berlin – London
Grevener Str. 179 48159 Münster
Tel.: 0251 – 23 50 91 – Fax: 0251 – 23 19 72
e-Mail: vertrieb@lit-verlag.de – http://www.lit-verlag.de
Preise: unv. PE

Zeitschrift für Kommunikationsökologie:
Schwerpunkt: Sprachökologie
Bd. 4. Jahrgang, Ausgabe 1/2002, 2002, 64 S.,
6,90 €, Jahresabo (4 Ausgaben): 20,00 €, br.,
ISSN 3-8258-4427-7

Medien- und Geschlechterforschung
hrsg. von Elisabeth Klaus (Zentrum für
interdisziplinäre Medienwissenschaft,
Georg-August-Universität Göttingen) und Jutta
Röser (Institut für Journalistik, Universität
Hamburg)

Ulrike Röttger
Medienbiographien von jungen Frauen
Bd. 1, 1994, 264 S., 19,90 €, br., ISBN 3-89473-813-8

Sabine Wirths
Freiberuflerinnen im Journalismus
Selbstverständnisse, Arbeitsformen,
Probleme und Strategien
Bd. 2, 1994, 560 S., 40,90 €, br., ISBN 3-89473-656-9

Jutta Röser (Hrsg.)
Fernsehshows der 90er Jahre
"Alles Männer oder was?"
Bd. 3, 1994, 150 S., 15,90 €, br., ISBN 3-8258-2013-0

Anne Sattler
Und was erfuhr des Soldaten Weib?
Private und öffentliche Kommunikation im
Kriegsalltag
Bd. 4, 1994, 140 S., 15,90 €, br., ISBN 3-8258-2030-0

Susanne Keil
Einsame Spitze?
Frauen in Führungspositionen im öffentlich-
rechtlichen Rundfunk
Immer mehr Frauen gelangen in den Medien in
Spitzenpositionen. Dies gilt insbesondere für den
öffentlich-rechtlichen Rundfunk. Was bedeutet
die verstärkte Präsenz von Frauen in den Füh-
rungsetagen? Wirkt sie sich auf formelle und
informelle Strukturen, Kommunikationsstile und
Programminhalte aus? Diesen Fragen ist die Autorin in Intensivinterviews mit Chefredakteurinnen,
Hauptabteilungsleiterinnen und Direktorinnen
nachgegangen. Die Untersuchung zeigt, wie die
Frauen ihre Leitungsfunktion ausüben und welche
Kriterien sie für die Programmgestaltung formulieren. Darüber hinaus wird ausgelotet, wie Frauen
auf verschiedenen hierarchischen Ebenen gemeinsam Einfluss auf Sender und Programme nehmen
können.
Bd. 6, 2000, 224 S., 20,90 €, br., ISBN 3-8258-4511-7

Elisabeth Klaus
**Kommunikationswissenschaftliche
Geschlechterforschung**
Zur Bedeutung der Frauen in den Massenmedien und im Journalismus
"Die vorliegende Publikation ist eines der sel-
tenen Bücher, das einen Überblick zu gleich
zwei großen Bereichen bietet: Medienforschung
und Gender Studies... Das Buch besteht aus
drei Teilen: Der erste erklärt die theoretischen
Grundlagen einer feministischen Medienanalyse. Der zweite Teil untersucht den Einfluss von
Geschlecht auf Medieninstitutionen, Programme
und Rezipienten, während der dritte mehrere kon-
zeptuelle Vorschläge anbietet, um 'Geschlecht'
zum integralen Aspekt von Medienforschung zu
machen." (Gertrude Robinson in: Publizistik 4/99,
S. 475) "Elisabeth Klaus' Studie bietet neben
der theoretischen Fundierung und Systemati-
sierung eine sehr umfangreiche und sorgfältige
Bibliographie der gesamten deutschsprachigen
kommunikationswissenschaftlichen Literatur zur
Geschlechterforschung, in einzelnen Fragen ergänzt um englischsprachige Arbeiten sowie ein
komplexes Personen-, Medien- und Sachwortre-
gister." (Margret Lünenborg in: Rundfunk und
Fernsehen 2-3/98, S. 403) Im Vorwort zur hier
vorgelegten korrigierten Neuauflage werden die
seit der Erstauflage 1998 erschienen Monografien
und Sammelbände ergänzend vorgestellt. Kurzinfo
Autorin
Bd. 7, Aktualis. u. korr. Neuaufl. Frühjahr 2002, ca. 400 S.,
ca. 20,90 €, br., ISBN 3-8258-5513-9

Sabine Winter
**Sexismus in deutschen
Nachrichtenmagazinen**
Geschlechtsspezifische Darstellungskonventionen in SPIEGEL und FOCUS
Die Autorin untersucht die Realitätskonstrukte der
beiden bundesrepublikanischen Meinungsführer-
und Leitmedien, SPIEGEL und FOCUS, im Bereich der Titelbilder, -themen, -berichte und
Nachrichtenfaktoren auf Sexismus, der sich im
Veröffentlichen von geschlechtsspezifischen Darstellungskonventionen zeigt. Vier Größen leiten
den Untersuchungsgegenstand theoretisch her:
die interdisziplinäre Dimension (Geschlechterforschung), die normative, ökonomische und
kommunikationswissenschaftliche Dimension.
Dabei kommt die Verfasserin infolge ihrer auf-
wendigen, strikt hypothesengeleiteten statistischen
Untersuchung zu dem Schluß, dass die Differenz
zwischen den Geschlechtern in Form von geschlechtsspezifischen Darstellungskonventionen
konstruiert wird, um einen geschlechtsspezifi-

schen, hierarchischen Status zuzuweisen.
Bd. 8, 2001, 256 S., 25,90 €, br., ISBN 3-8258-5570-8

Uta Scheer
Neue Geschlechterwelten?
Eine Analyse der Star-Trek-Serien "Deep Space Nine" und "Voyager"
Bd. 9, Frühjahr 2002, ca. 128 S., ca. 17,90 €, br., ISBN 3-8258-5581-3

Medien & Kommunikation

herausgegeben von Hans-Dieter Kübler (Fachhochschule Hamburg, Erster Vorsitzender des Instituts für Medien und Kommunikation, München)

Joachim Siedler
"Holocaust"
Die Fernsehserie in der deutschen Presse
Bd. 7, 1984, 300 S., 30,90 €, br., ISBN 3-88660-078-5

Ali Hussain Tuwaina
Die Berichterstattung in der "Prawda" über Afghanistan
Das Verhältnis von Informationspolitik und öffentlicher Meinung in der Sowjetunion
Bd. 9, 1988, 300 S., 30,90 €, br., ISBN 3-88660-438-1

Peter Seeger
Telematik
Bd. 10, 1988, 250 S., 24,90 €, br., ISBN 3–88660–429–2

Shahjahan Sayed
Radio Pakistan
Historische Entwicklung und Gegenwart
Bd. 11, 1988, 350 S., 35,90 €, br., ISBN 3-88660-445-4

Martin Löffelholz
Politik im Wissenschaftssystem
Planung und Implementation der hochschulgebundenen Journalistenausbildung (Eine Fallstudie)
Bd. 12, 1989, 300 S., 30,90 €, br., ISBN 3-88660-455-1

Astrid Stein
Friedrich Hebbel als Publizist
Bd. 13, 1989, 500 S., 35,90 €, br., ISBN 3-88660-506-x

Ateff Salama
Ausländer Schreiben
Deutschsprachige kulturpolitische Ausländerzeitschriften in der BRD
Bd. 14, 1990, 368 S., 35,90 €, br., ISBN 3-88660-583-5

Vera Koberger
Product Placement – Sponsoring – Merchandising
im öffentlich-rechtlichen Fernsehen. Vorwort: Prof. Klaus Merten
Bd. 15, 1991, 210 S., 19,90 €, br., ISBN 3-88660-610-4

Ingrid Paus-Haase (Hrsg.)
Neue Helden für die Kleinen
Das (un)heimliche Kinderprogramm des Fernsehens
Bd. 16, 3. unv. Aufl., 1997, 210 S., 12,90 €, br., ISBN 3-88660-322-5

Thomas Steffen
Sexualität in Illustrierten
Eine quantitativ-qualitative Themenanalyse
Bd. 17, 1991, 208 S., 24,90 €, br., ISBN 3-88660-789-5

Mechthild Winkelmann
Berichterstattung aus dem Dunkel der Geheimdienste – Journalisten auf verlorenem Posten?
Untersuchung zu den Entstehungsbedingungen eines Themas politischer Kommunikation
Bd. 18, 1993, 400 S., 39,90 €, br., ISBN 3-89473-124-9

Claudia Nothelle
Zwischen Pop und Politik
Zum Weltbild der Jugendzeitschriften "Bravo", " 'ran" und "Junge Zeit"
Bd. 19, 1994, 384 S., 35,90 €, br., ISBN 3-89473-812-x

Arno Bernhard Cesare Marti
Entwicklung und Probleme audiovisueller Medien in der EG
Bd. 20, 1994, 120 S., 12,90 €, br., ISBN 3-89473-815-4

Hans-Dieter Kübler
Kommunikation und Massenkommunikation
Ein Studienbuch
Bd. 21, 1994, 240 S., 15,90 €, br., ISBN 3-8258-2056-4

Magdi Keshk
Die BR Deutschland-Berichterstattung in der ägyptischen Presse
Eine vergleichende Analyse anhand der drei wichtigsten Zeitungen "Al Achbar", "Al Ahram", "Al Gomhorreya"
Bd. 22, 1995, 254 S., 30,90 €, br., ISBN 3-8258-2387-3

Peter A. Bruck; Günther Stocker
Die ganz normale Vielfältigkeit des Lesens
Zur Rezeption von Boulevardzeitungen
Bd. 23, 1996, 344 S., 24,90 €, br., ISBN 3-8258-2535-3

LIT Verlag Münster – Hamburg – Berlin – London
Grevener Str. 179 48159 Münster
Tel.: 0251 – 23 50 91 – Fax: 0251 – 23 19 72
e-Mail: vertrieb@lit-verlag.de – http://www.lit-verlag.de
Preise: unv. PE

Roland Reck
Wasserträger des Regimes
Rolle und Selbstverständnis von DDR-Journalisten vor und nach der Wende 1989/90
Bd. 24, 1996, 415 S., 30,90 €, br., ISBN 3-8258-2761-5

Martina Götz
"Im Osten was Neues"
Die Entwicklung der Werbewirtschaft in den neuen Bundesländern unter vorrangiger Berücksichtigung der ostdeutschen Agenturszene
Bd. 25, 1998, 240 S., 24,90 €, br., ISBN 3-8258-3334-8

Jae-Hyeon An
Fernlesen im Vormarsch: Formen, Inhalte und Funktionen des Videotextes
Bd. 26, 1997, 168 S., 20,90 €, br., ISBN 3-8258-3602-9

Christoph Peters
Deutschland und die Deutschen im Spiegel britischer Tageszeitungen
Die Berichterstattung der überregionalen Presse Großbritanniens 1989 – 1994
Diese Arbeit bildet seit mehr als 25 Jahren die erste umfassende Untersuchung der britischen Sicht Deutschlands. Dabei liegt der Schwerpunkt auf der Analyse zentraler Tageszeitungen Großbritanniens, die in den theoretischen, historischen und aktuellen Kontext eingebunden ist. Die Berichterstattung in der historisch sehr bewegten Zeitspanne von 1989 bis 1994 bietet eine äußerst differenzierte, teilweise auch kontrovers geführte, jedoch nahezu durchgängig sachliche und kenntnisreiche Auseinandersetzung mit der Bundesrepublik und ihren Bürgern.
Bd. 28, 2000, 376 S., 25,90 €, br., ISBN 3-8258-4430-7

Julia Schramm
Die deutsche Einigung 1989 – 1990 aus der Sicht ausgewählter Schweizer Tageszeitungen
Mit einem Vorwort von Ulrich Saxer
Der Fall der Berliner Mauer im November 1989 stellte für die schweizerische Presse wie für die gesamte Medienöffentlichkeit ein unerwartetes Ereignis dar. Er wurde in der eidgenössischen Presse als Überwindung der deutschen und europäischen Teilung begrüßt, gleichzeitig wurden jedoch auch Befürchtungen gegenüber einer Veränderung des europäischen Gleichgewichts angesprochen. Dieses Buch geht den Reaktionen ausgewählter schweizerischer Zeitungen auf die Entwicklungsetappen der Einigung zwischen der Bundesrepublik und der DDR nach. Berücksichtigt wird die Perspektive von Tageszeitungen aus der deutschen, französischen und italienischen Sprachregion.

Den Schwerpunkt der Betrachtung bilden dabei charakteristische Stellungnahmen sowie die sich abzeichnenden durchgängigen Interpretationsmuster zu den einzelnen Teilaspekten der Einigung. Eingegangen wird ferner auf die Herstellung von historischen Bezügen bei der Kommentierung des deutschen Einigungsvorgangs.
Bd. 29, 2000, 408 S., 30,90 €, br., ISBN 3-8258-4678-4

Sportpublizistik

herausgegeben von Michael Schaffrath (Lehrstuhl für Sport, Medien und Kommunikation, Technische Universität München)

Thorsten Knobbe
Spektakel Spitzensport
Der Moloch aus Stars, Rekorden, Doping, Medienwahn, Sponsorenmacht
Was ist los im internationalen Spitzensport? Um die Jahrtausendwende wird die professionelle Leibesertüchtigung von zahlreichen Skandalen, Todesfällen und Krisen bis hin zum Super-Gau der Tour de France 1998 geschüttelt. Doch der moderne Spitzensport – längst Mediensport, Mega-Show, ja Kulturgut – ist so präsent wie nie zuvor.
Wo also steht der olympische Geist des "höher, schneller, weiter" heute? Welche Sportrealität präsentieren uns die Medien mit welchen Mechanismen? Wie groß ist der Einfluss der Wirtschaftsbosse und Medientycoone? Und wo bleiben in diesem Multimilliarden-Moloch Athleten und ehrliche Leistung?
Wer in Zukunft fundiert über Sport mitreden möchte, sollte dieses Buch lesen.
Denn die Show hat erst begonnen.
Bd. 1, 2000, 264 S., 20,90 €, br., ISBN 3-8258-5061-7

Michael Schaffrath
Das sportjournalistische Interview im deutschen Fernsehen
Empirische Vergleichsstudie zu Live-Gesprächen bei Fußballübertragungen auf ARD, ZDF, RTL, SAT.1, DSF und Premiere
Günther Jauch (RTL): "Franz Beckenbauer, dieses 2:2, zum Leben zu wenig und zum Sterben zu viel? Ich behaupte einmal, das war schon das Totenglöcklein in der Champions League für den FC Bayern!" *Franz Beckenbauer (FC Bayern München):* "Äh, es könnte sein, ja. Wenn wir noch eine Chance haben wollen, dann müssen wir jetzt die restlichen vier Spiele gewinnen. Man kann jedes Spiel gewinnen, man kann aber auch jedes Spiel verlieren." In der Tat, und solch profunde Fußballweisheiten verkündet nicht nur der "Kaiser" mehrmals pro Woche in die aufnahmebereiten

---

LIT Verlag Münster – Hamburg – Berlin – London
Grevener Str. 179 48159 Münster
Tel.: 0251 – 23 50 91 – Fax: 0251 – 23 19 72
e-Mail: vertrieb@lit-verlag.de – http://www.lit-verlag.de
Preise: unv. PE

TV-Mikrofone. Im sportjournalistischen Dialog sind derartige Platitüden ebenso häufig anzutreffen wie die standardisierte Frage: "Wie haben Sie sich gefühlt?" In der vorliegenden Studie werden 214 Interviews aus 22 Live-Übertragungen auf den Sendern ARD, ZDF, RTL, SAT.1, DSF und Premiere analysiert. 1.400 Fragen und 1.256 Antworten werden auf ihre journalistische Qualität bzw. ihr rhetorisches Niveau überprüft. Die gewonnenen Erkenntnisse werden durch eine Fülle an Zitaten illustriert. Viele Fragestellungen und Redewendungen geben Anlaß zum Schmunzeln, andere werden eher Nachdenklichkeit herausfordern.
Bd. 2, 2000, 200 S., 12,90 €, br., ISBN 3-8258-5171-0

Beiträge zur Kommunikation in Politik und Gesellschaft

herausgegeben von Otfried Jarren (Institut für Journalistik, Universität Hamburg) und Heribert Schatz (Universität Duisburg, Fachbereich Politikwissenschaft)

Otfried Jarren; Frank Marcinkowski; Heribert Schatz (Hrsg.)
Landesmedienanstalten – Steuerung der Rundfunkentwicklung?
Jahrbuch 1993 der Arbeitskreise "Politik und Kommunikation" der DVPW und der DGPuK
Bd. 1, 1993, 247 S., 24,90 €, br., ISBN 3-89473-597-x

Bettina Strenske
Rundfunk und Parteien in Italien
Bd. 2, 1993, 408 S., 30,90 €, br., ISBN 3-89473-575-9

Silke Holgersson; Otfried Jarren; Heribert Schatz (Hrsg.)
Dualer Rundfunk in Deutschland
Beiträge zu einer Theorie der Rundfunkentwicklung
Jahrbuch 1994 der Arbeitskreise "Politik und Kommunikation" der DVPW und der DGPuK
Bd. 3, 1994, 220 S., 24,90 €, br., ISBN 3-89473-527-9

Otfried Jarren; Bettina Knaup; Heribert Schatz (Hrsg.)
Rundfunk im politischen Kommunikationsprozeß
Jahrbuch 1995 der Arbeitskreise "Politik und Kommunikation" der DVPW und der DGPuK
Bd. 4, 1995, 250 S., 24,90 €, br., ISBN 3-8258-2488-8

Journalismus: Theorie und Praxis

Ralf Hohlfeld; Klaus Meier; Christoph Neuberger (Hrsg.)
Innovationen im Journalismus
Forschung für die Praxis
Inwieweit prägen Innovationen den Journalismus? Wie verändert sich der Journalismus aufgrund neuer Techniken, neuer Medien oder sich wandelnder gesellschaftlicher Rahmenbedingungen? Drei zukunftsprägende Trends des Journalismus werden in diesem Sammelband mit den Mitteln der empirischen Journalismusforschung analysiert: die zunehmende Publikumsorientierung redaktioneller Entscheidungen, die Professionalisierung des Redaktionsmanagements und der Wandel des Journalismus im Internet. Dabei bleibt das Buch nicht auf der Stufe der analysierenden Wissenschaft stehen: Die Forschungsergebnisse werden von Journalisten kommentiert, evaluiert und ergänzt. Kennzeichen der Publikation ist eine Verknüpfung von Theorie und Praxis, von Journalismusforschung und Journalismus, um gemeinsam herauszuarbeiten, welchen Nutzen die Journalismusforschung für die Medienpraxis haben kann.
Bd. 2, Frühjahr 2002, ca. 250 S., ca. 17,90 €, br., ISBN 3-8258-5772-7

Rudi Holzberger
Die journalistische Praxis: Medium und Methode
Die journalistische Praxis: Eine Welt für sich. Nur von innen zu begreifen. Mit dem Blick des Insiders. Der seine Methode kennt und reflektiert. Das Medium zugleich von außen betrachtet. Die journalistische Praxis: Sie lebt aus der Intuition, operiert "aus dem Bauch". Sie schmiegt sich an ihr Thema an, spürt es hautnah – im Rücken. Die journalistische Praxis: Eine Welt der Beziehungen. Einer Dreiecksbeziehung: Thema – Darstellung – Publikum. Rudi Holzberger versucht die Beziehungen journalistig zu fassen: Wort und Bild, Text und Thema, Medium und Methode. Seine These: Ohne journalistische Methode wird die Journalistik keinen Einblick gewinnen.
Bd. 3, Frühjahr 2002, ca. 224 S., ca. 20,90 €, br., ISBN 3-8258-5810-3

L**IT** Verlag Münster – Hamburg – Berlin – London
Grevener Str. 179 48159 Münster
Tel.: 0251 – 23 50 91 – Fax: 0251 – 23 19 72
e-Mail: vertrieb@lit-verlag.de – http://www.lit-verlag.de

Preise: unv. PE